Uwe Rose
Kants Ethik im Ganzen

Kantstudien-Ergänzungshefte

Im Auftrag der Kant-Gesellschaft
herausgegeben von
Manfred Baum, Bernd Dörflinger,
Heiner F. Klemme und Konstantin Pollok

Band 216

Uwe Rose

Kants Ethik im Ganzen

Studien zur Anwendung des kategorischen Imperativs

DE GRUYTER

ISBN 978-3-11-127076-0
e-ISBN (PDF) 978-3-11-073216-0
e-ISBN (EPUB) 978-3-11-073219-1
ISSN 0340-6059

Library of Congress Control Number: 2021939868

Bibliografische Information der Deutschen Nationalbibliothek
Die Deutsche Nationalbibliothek verzeichnet diese Publikation in der Deutschen Nationalbibliografie; detaillierte bibliografische Daten sind im Internet über http://dnb.dnb.de abrufbar.

© 2023 Walter de Gruyter GmbH, Berlin/Boston
Dieser Band ist text- und seitenidentisch mit der 2021 erschienenen gebundenen Ausgabe.
Printing and binding: CPI books GmbH, Leck

www.degruyter.com

Meinen Eltern
in Liebe und Dankbarkeit

Es wäre möglich, daß manche Lehren der Kantischen Philosophie von niemand *ganz* verstanden würden, und jeder glaubte, der andere verstünde sie besser als er, und sich daher mit einer undeutlichen Einsicht begnügte oder gar mitunter glaubte, es sei seine eigene Unfähigkeit, die ihn verhinderte so deutlich zu sehn, als andere.

(Lichtenberg, Sudelbücher L 225)

Jeder Philosoph hat eben seinen eigenen Kant.

(Einstein, zitiert nach Wickert (1991), S. 23)

Vorwort

Vor mehr als 20 Jahren weckten die Seminare und Vorlesungen von Prof. Dr. Konrad Cramer mein Interesse an der Philosophie Kants. Seither haben meine Versuche, ein angemessenes Verständnis der Ethik Kants zu gewinnen, unterschiedliche Verläufe und Formen genommen. Ein Ergebnis sind die hier vorgelegten Studien.

In den letzten Jahren hatte ich immer wieder die Gelegenheit, meine Überlegungen und Ausarbeitungen im Oberseminar von Prof. Dr. Ludwig sowie im Kolloquium von Prof. Dr. Steinfath in Göttingen vorzustellen und kritisch zu diskutieren. Die vielen Diskussionen und Anregungen haben meine Überlegungen nachhaltig beeinflusst und meine Studien vorangebracht. Dafür möchte ich mich bei allen Teilnehmerinnen und Teilnehmern dieser Veranstaltungen herzlich bedanken.

Bei den Herausgebern der *Kantstudien-Ergänzungshefte* bedanke ich mich für die Möglichkeit, das Buch an einem erstklassigen Ort publizieren zu können.

Für die mühsamen Korrekturarbeiten danke ich Mareike Fuhrmeister, Judith Kolbe und Maria Stein. Meine Eltern haben mich auf meinem Weg immer begleitet und meine philosophischen Überlegungen stets mit Interesse unterstützt – ihnen ist dieses Buch in großer Liebe und Dankbarkeit gewidmet.

Im Hinblick auf das Ganze der Studien, die ich hier vorlege, muss ich doch auch bekennen, dass es nicht das Buch ist, das ich schreiben *wollte*, sondern letztendlich (nur) das Buch, das ich hier und jetzt schreiben *konnte*. Dass folglich meine Auseinandersetzung mit der Philosophie Kants weitergeht.

Homberg/Efze, im April 2021   Uwe Rose

Inhalt

Vorwort —— IX

Vorbemerkungen zu diesem Buch: Quellen und Zitierweise —— XV

1 Einleitung: Programmatische Hinweise —— 1
- 1.1 Kants Ethik im Ganzen —— 1
- 1.1.1 Erläuterungen zum Titel des Buches —— 1
- 1.1.2 Aufbau und Gliederung des Buches —— 5
- 1.2 Grundlegung und Anwendung —— 5
- 1.2.1 Der Grundgedanke einer Verschränkung von Grundlegung und Anwendung —— 5
- 1.2.2 Exemplifikation des Grundgedankens —— 9
- 1.3 Kants Hinwendung zur Praxis —— 15
- 1.4 Stufenmodell in vier Ebenen und integrative Ethik —— 17
- 1.5 Kant-Kritiker: Vorwürfe und Einwände —— 19
- 1.6 Thesen im Überblick —— 22
- 1.7 Forschungsstand —— 22

2 Der Begriff der Anwendung —— 27
- 2.1 Zugänge zur Anwendungsproblematik —— 27
- 2.2 Theorie und Praxis als ein Verhältnis der Anwendung —— 31
- 2.2.1 Die Bedeutung des *Gemeinspruch*-Aufsatzes für die Anwendungsproblematik —— 31
- 2.2.2 Das Verhältnis der Pflichttheorie zur Praxis —— 35
- 2.3 Anwendung und Ausübung in der *Grundlegung* —— 37
- 2.4 Einteilung der Ethik —— 39
- 2.5 Fazit: Anwendung —— 46

Exkurs: Anwendbarkeitsdefizite und Unanwendbarkeit —— 48

3 Von der reinen Moralphilosophie zur Sittenlehre —— 53
- 3.1 Das Projekt im Überblick: Vier Abstraktionsebenen —— 53
- 3.1.1 Einleitung —— 53
- 3.1.2 Erste Abstraktionsebene: Reine Moralphilosophie —— 53
- 3.1.3 Zweite Abstraktionsebene: Sittenlehre* —— 55
- 3.1.4 Dritte Abstraktionsebene: Tugendlehre —— 57

3.1.5 Vierte Abstraktionsebene: Moralische Kasuistik —— 61
3.1.5.1 Kasuistik —— 61
3.1.5.2 Zustände und Umstände —— 63
3.1.6 Fazit: Tabellarische Übersicht —— 66
3.2 Anwendung als Konkretisierung und Spezifizierung —— 67
3.3 Vom Sittengesetz zum kategorischen Imperativ —— 69
3.4 Unterschiedliche Interpretationen des Maximentests —— 73
3.5 Erläuterungen zum Maximentest anhand des Depositum-Beispiels —— 77
3.6 Fazit der Beispielanalyse —— 86

Exkurs: Formalismus —— 91

4 Von der Sittenlehre* zur Tugendlehre —— 104
4.1 Problemaufriss und Grundlinien —— 104
4.2 Die Pflichten der Tugendlehre —— 107
4.2.1 Der mehrdeutige Begriff *Tugendlehre* —— 107
4.3 Begriffliche Vorüberlegungen zum Übergang von der Sittenlehre* zur Tugendlehre —— 112
4.3.1 Form und Materie —— 112
4.3.2 Die Materie der Maxime —— 113
4.3.3 Die Form der Maxime —— 117
4.4 Erster Zugang: Von der Sittenlehre* zur Tugendlehre —— 120
4.5 Zweiter Zugang: Von der Natur des Menschen zur Tugendlehre —— 126
4.6 Der Begriff von einem Zweck, der zugleich Pflicht ist —— 134
4.7 Einordnung und Interpretation des obersten Prinzips der Tugendlehre —— 142
4.8 Eigene Vollkommenheit und fremde Glückseligkeit —— 152
4.8.1 Hinleitung zu den Zwecken, die zugleich Pflicht sind —— 152
4.8.2 Eigene Vollkommenheit —— 154
4.8.2.1 Eigene physische Vollkommenheit oder Naturvollkommenheit —— 156
4.8.2.2 Eigene moralische Vollkommenheit —— 158
4.8.2.3 Anzeichen für Inkongruenzen —— 163
4.8.3 Fremde Glückseligkeit —— 166
4.8.3.1 Physische Glückseligkeit anderer Menschen —— 168
4.8.3.2 Begründungsprobleme —— 171
4.8.3.3 Differenzierungen —— 174
4.9 Fazit: Wechselseitige Bedingungsverhältnisse —— 176

Exkurs: Gesinnungsethik und Folgen-Indifferenz —— 179

5 Von der Tugendlehre zur Kasuistik —— 189
    5.1   Einteilung der Pflichten in der *Ethischen Elementarlehre* —— 189
    5.2   Spielraum, Pflichtenkollision und Rangordnung —— 219
    5.2.1   Spielraum —— 219
    5.2.2   Pflichtenkollision —— 221
    5.2.3   Rangordnung der Pflichten —— 228
    5.3   Kasuistische Reflexionen —— 244
    5.3.1   Jesuitenkasuistik, kasuistische Fragen und Kasuistik —— 244
    5.3.2   Zwei Konzepte einer moralischen Kasuistik —— 247
    5.3.2.1 Das Kasuistik-Konzept in den *Vorarbeiten* —— 248
    5.3.2.2 Das Kasuistik-Konzept in der *Tugendlehre* —— 250
    5.3.3   Gemeinsame Merkmale beider Konzepte —— 253
    5.3.4   Eine Systematik der *Casuistischen Fragen* —— 256
    5.3.5   Fazit: Drei Stufen kasuistischer Reflexionen —— 260
    5.4   Pockeninokulation als „moralische Waghälsigkeit" —— 265

Exkurs: Rigorismus —— 275

6 Fazit: Kants Ethik im Ganzen —— 285

Literaturverzeichnis —— 296

Personenregister —— 305

Sachregister —— 307

Vorbemerkungen zu diesem Buch: Quellen und Zitierweise

Hinweise zur Zitation: Kants Schriften und Äußerungen werden im Allgemeinen nach der Akademie-Ausgabe (Berlin 1900 ff.) zitiert, und zwar nach dem folgenden Muster: Siglum, AA Band-Nummer: Seite.Zeile. Also zum Beispiel: GMS, AA 04:389.27. Die Siglen folgen dem Siglenverzeichnis für Publikationen in den *Kant-Studien*. Reflexionen sind zusätzlich mit „R" sowie ihrer Nummer nach der Akademie-Ausgabe gekennzeichnet. Also zum Beispiel: R 5237.

Ausnahmen bilden Zitate aus der Vorlesungsnachschrift von Kaehler, die nicht in der Akademie-Ausgabe enthalten ist. Hier wird nach der folgenden Ausgabe zitiert: Immanuel Kant (2004): *Vorlesungen zur Moralphilosophie* herausgegeben von Werner Stark sowie ein Zitat aus: *Immanuel Kant's Menschenkunde oder philosophische Anthropologie (Nach den handschriftlichen Vorlesungen)* 1831 herausgegeben von Friedrich Starke. Außerdem wird für mündliche Äußerungen Kants auf die folgende Sammlung zurückgegriffen: *Immanuel Kant in Rede und Gespräch* (1990) herausgegeben von Rudolf Malter.

Alle anderen Zitate werden nach dem amerikanischen Verfahren, also durch Angabe von Autor, Erscheinungsjahr und Seitenzahl, gekennzeichnet. Also zum Beispiel: Ludwig (2013), S. 59. Die weiteren bibliographischen Angaben sind dem *Literaturverzeichnis* zu entnehmen.

Kants Hervorhebungen sind generell durch S p e r r s c h r i f t gekennzeichnet. Andere und zusätzliche Hervorhebungen im Original – zum Beispiel durch **Fettdruck** – werden im Sinn einer diplomatischen Textwiedergabe ebenfalls übernommen, so dass es in wenigen Einzelfällen zu doppelten Hervorhebungen kommen kann. Im Hinblick auf Orthographie, Grammatik und Interpunktion ist die Wiedergabe ebenfalls diplomatisch, d. h. sämtliche Eigenheiten und auch offensichtliche Fehler werden übernommen. Alle eingerückten Kant-Zitate werden mit einem Punkt als Satzschlusszeichen abgeschlossen, auch wenn dies im Original nicht der Fall ist. Eigene Hervorhebungen werden *kursiviert* und mit einem entsprechenden Hinweis [Hervorhebung UR] versehen. Fremdsprachliche, v. a. lateinische Ausdrücke in den Kant-Zitaten werden ebenfalls *kursiv* geschrieben.

Darüber hinaus erscheinen Titel, Überschriften und Teilüberschriften ebenfalls *kursiv*. Wenn also beispielsweise von dem Werk *Tugendlehre* – als abkürzende Bezeichnung für den eigentlichen Titel: *Metaphysische Anfangsgründe der Tugendlehre* – die Rede ist, erscheint der Titel kursiv; ist allerdings nicht vom Werk, sondern z. B. von der Tugendlehre als inhaltlichem Lehrstück die Rede, dann wird der Begriff nicht kursiviert. Vorlesungsnachschriften werden durch Kursiv-Druck des jeweiligen Namensgebers akzentuiert, also z. B. *Vigilantius*-Nachschrift.

Quellenangaben erfolgen in der Regel unmittelbar nach einem Zitat oder nach Sinneinheiten; stammen allerdings mehrere aufeinanderfolgende Zitate aus derselben Quelle und derselben Seite, erfolgt nur *ein* Quellennachweis nach dem letzten Zitat.

Hinweise auf Abschnitte (z. B. Abschnitt 3.2) beziehen sich als Querverweise stets auf Abschnitte in diesem Buch.

1 Einleitung: Programmatische Hinweise

1.1 Kants Ethik im Ganzen

1.1.1 Erläuterungen zum Titel des Buches

Der prätentiöse Titel *Kants Ethik im Ganzen* mag falsche Erwartungen wecken und Missverständnisse hervorrufen. Es geht nicht darum, die Ethik Kants vollständig und in Gänze darzustellen. Das präpositionale Attribut *im Ganzen* soll vielmehr auf eine bestimmte Perspektive der Interpretation hinweisen, bei der das Sowohl-als-auch gegenüber einer einseitigen und strikten Entweder-oder-Perspektive akzentuiert werden soll. Dies bedeutet, dass die *Grundlegung* der Ethik und die *Anwendung* zusammen als eine Einheit betrachtet werden. Dabei werden die strikten Dichotomien von formaler und materialer, von reiner und unreiner Ethik, von apriorischen und empirischen Elementen, von Theorie und Praxis, von Gesinnungs- und Verantwortungsethik, vom Richtigen und Guten, von Fragen der Sittlichkeit und Fragen der Glückseligkeit in einer mehr integrativen Betrachtungsweise zusammengeführt. Es soll freilich nicht einer Beliebigkeit oder – in Kants Worten – einem „ekelhaften Mischmasch" (GMS, AA 04:409.30) das Wort geredet und am Ende ein impressionistisches und verwaschenes Gesamtbild gezeichnet werden. Das Ziel besteht vielmehr darin, ein angemesseneres und differenzierteres Bild von Kants Ethik zu entwerfen, mit dessen Hilfe nicht nur zentrale Einwände und Vorwürfe zurückgewiesen werden können, sondern ein Bild, das auch anschlussfähig für systematische und zeitgenössische Diskurse ist. Dieses Ziel orientiert sich an vier interpretatorischen Leitlinien, die hier zunächst mehr oder minder metaphorisch zu verstehen sind und die erst durch die einzelnen Ausarbeitungen an Präzision gewinnen:

(1) Es geht um eine Ethik der *Grenzziehung* und der Begrenzung; um ein Projekt der Bestimmung von Inhalt, Umfang und Grenze – die Konturierung eines wechselseitigen Einschränkungs- und Bedingungsgefüges. Dieses Projekt sollte nicht mit dem kritischen Projekt verwechselt werden, bei dem es um den Inhalt, den Umfang und die Grenze der Vernunft selbst geht (vgl. KpV, AA 05:8).

(2) Dabei ist nicht so sehr der Bereich jenseits der Grenze, also die Exklusion hervorzuheben, sondern vielmehr die Eröffnung und Konzeption eines großen und weiten *Binnenraumes*, der sich als offenes Feld mit vielen *Spielräumen* charakterisieren lässt (vgl. TL, AA 06:390).

(3) In diesem Binnenraum konstituiert sich die Ethik im Ganzen als eine komplexe Struktur, die nicht nur Stufungen, Hierarchisierungen und Rangordnungen von

Pflichten kennt, sondern sich durch eine *Integration* verschiedener Elemente auszeichnet. Die Ethik im Ganzen ist in diesem Sinne eine integrative Ethik.

(4) Bei dieser Interpretationsperspektive kommt dem Begriff der *Anwendung* mit Bezug auf ein viergliedriges *Stufenmodell* eine Schlüsselfunktion zu. Innerhalb des Binnenraums, der durch die äußere (moralische) Grenze konstituiert und konturiert wird, ist es jedem (moralischen) Akteur selbst überlassen, wie er lebt und handelt. Die Ethik Kants eröffnet somit nicht nur individuelle Gestaltungsspielräume, sondern betont, dass diese Spielräume nach Maßgabe der eigenen Lust und des eigenen Glücks gestaltet werden können. Kants Ethik basiert gewiss nicht auf dem Glücksstreben wie die eudämonistischen Ethiken, aber es wäre verfehlt, wollte man ihr Lustfeindlichkeit oder gar die Unterdrückung von Freude und Glück vorhalten. Eine zentrale und von Kant oft geradezu als Leitmotiv benutzte Metapher ist das *fröhliche Herz Epikurs*, zu dem er stets auffordert und mit dem der Königsberger Philosoph sein Œuvre in der *Tugendlehre* 1797 auch abschließt.[1] Eigenes und fremdes Glück sind wesentliche Elemente der Ethik Kants. Man sollte sich stets vor Augen halten, was Kant bereits in seinen Moralvorlesungen Mitte der 1770er Jahre äußert und was auch späterhin Gültigkeit behält:

> Der Mensch, der weder seine noch des andern Pflicht verletzt, kann so viel Vergnügen genüssen als er nur immer kann und will, er bleibt dabey immer gutartig und erfüllt den Zwek der Schöpfung. (Kant (2004), S. 253)

Solche und ähnliche Textstellen sollten Anlass geben, ein einseitiges Schwarz-Weiß-Bild sowie den vermeintlich freudlosen Negativcharakter der Ethik Kants zu revidieren und durch ein facettenreicheres und umfassenderes Bild zu ersetzen.

Es geht um *Studien zur Anwendung des kategorischen Imperativs* – wie es im Untertitel heißt –, mit deren Hilfe bestimmte Einseitigkeiten und Zuspitzungen in der Kant-Rezeption durch ein angemesseneres und vollständigeres Bild zurückgewiesen und überwunden werden sollen. Dabei können nur Ansätze und Skizzen zu einem solchen Bild geliefert werden, die eine andere Perspektive eröffnen, nicht aber das vollständige Bild. Deswegen ist auch hier im Plural von *Studien* die Rede. Der Plural macht außerdem noch auf den Umstand aufmerksam, dass es sich um diverse und zum Teil separate Untersuchungen (in den einzelnen Kapiteln) handelt, die zwar alle auf Kants Ethik im Ganzen fokussiert sind, aber durchaus unabhängig voneinander gelesen werden können.

Insofern der kategorische Imperativ selbst bereits eine Anwendungsmodifikation des deskriptiven Sittengesetzes der reinen Moralphilosophie darstellt, wäre der Untertitel *Studien zur Anwendung des Sittengesetzes* treffender und präziser

---

1 Vgl. z. B. TL, AA 06:485.5; KpV, AA 05:115.35 und Anth, AA 07:235.23 f.

gewesen. Allerdings schien mir der Begriff des *kategorischen Imperativs* eingängiger und unmissverständlicher im Hinblick auf den Gegenstand dieser Studien.

Zum Schluss dieser Erläuterungen über den Titel des Buches noch ein Wort zum Begriff *Kants Ethik*. Auch hier lauern erhebliche Gefahren des Missverständnisses. Worauf bezieht sich der Ausdruck *Ethik*? In Kants Œuvre begegnet man mindestens zwei verschiedenen Begriffen von Ethik: Zum einen verwendet Kant *Ethik im weiten Sinne* als Bezeichnung für eine Wissenschaft, die sich mit den Gesetzen der Freiheit beschäftigt und die auch unter den Synonymen *Sittenlehre (philosophia moralis)* oder *allgemeine Pflichtenlehre* firmiert (vgl. GMS, AA 04:387 sowie MS, AA 06:379). In der *Grundlegung* unterscheidet Kant zudem noch einen rationalen und empirischen Teil der Ethik. Mit Bezug auf die Pflichten kann gesagt werden: „Ethik umfaßt alle Pflichten" (V-NR/Feyerabend, AA 27:1338.10). Zum anderen gebraucht Kant *Ethik im engen Sinne*, worunter er ein Teilgebiet der Sittenlehre versteht, welches nur diejenigen Pflichten umfasst, die keiner äußeren Gesetzgebung fähig sind. Hierfür gebraucht Kant auch den Namen *Tugendlehre (Ethica)*. Er bezeichnet mit dem Ausdruck *Tugendlehre* also einen Teilbereich der Pflichtenlehre und nicht so sehr eine an der Antike orientierte Lehre der Tugenden im Sinne der aristotelischen ἀρετή (vgl. MS, AA 06:379). Es erweist sich allerdings als problematisch, den Begriff *Ethik* (i. e. S.) mit Bezug auf den Begriff *Tugendlehre* zu explizieren, da auch dieser Begriff von Kant nicht einheitlich verwendet wird. So lässt sich beispielsweise ein programmatischer Begriff der Tugendlehre von einem dann tatsächlich in der *Ethischen Elementarlehre* ausgeführten Begriff der Tugendlehre unterscheiden.[2] Diese wenigen Andeutungen und Hinweise zum Ethik-Begriff bei Kant mögen schon erkennen lassen, dass es hier nicht um bloße terminologische Fragen geht, sondern dass man sich bereits mitten in einer zum Teil verwickelten Argumentation befindet. Diese Mehrdeutigkeiten und Ambivalenzen sind auch eine Hypothek für die folgenden Studien und den Gebrauch des Titels: *Kants Ethik im Ganzen*, insofern nämlich dem Ethik-Begriff hierbei eine gewisse ‚Unschärfe' anhaftet. Als approximative Bestimmung kann Folgendes festgehalten werden: Der Ethik-Begriff verbindet hier den Grundlegungs- mit dem Anwendungskontext und weist somit über den Begriff der reinen Moralphilosophie hinaus. Die reine Moralphilosophie – genauer das Sittengesetz in seiner deskriptiven Form – wird auf den Menschen in bestimmten Zuständen und Umständen angewendet. Dadurch ‚konstituiert' sich eine erweiterte und auch um empirische Elemente angereicherte Ethik. Diese Ethik überschreitet in puncto Kasuistik das eigentliche System der Metaphysik der Sitten, deckt aber auch andererseits nicht das

---

[2] Dabei stellt sich – nach einer Interpretation von Ludwig (2013) – heraus, dass die inneren Rechtspflichten, also diejenigen äußeren Pflichten, die sich auf das eigene Selbst beziehen (z. B. das Selbstentleibungsverbot), als Teil der Tugendlehre einzuordnen sind.

gesamte Feld der Rechtslehre, z. B. die speziellen Themen des privaten und öffentlichen Rechts, ab. Ethik bezieht sich auf alles, was man tun und lassen soll. Sie bezieht sich auf *alle* Pflichten – nicht nur die Tugendpflichten, sondern auch die Rechtspflichten. Damit erweist sich der hier gebrauchte Ethik-Begriff als inkongruent zur Tugendlehre (Ethik i. e. S.), aber eben auch als inkongruent zur allgemeinen Pflichtenlehre (Ethik i. w. S.). Es ist auch das Anliegen der vorliegenden Studien herauszuarbeiten, was die Titel-Formulierung *Kants Ethik im Ganzen* genau meint und umfasst. Diese einführenden Erläuterungen zum Titel dieses Buches – *Kants Ethik im Ganzen* – müssen zunächst genügen, um vor den gröbsten Missverständnissen zu bewahren und in jene Richtung zu weisen, in die die folgenden Untersuchungen führen werden. Zur vorläufigen Orientierung kann die Übersicht in Abb. 1 dienen.

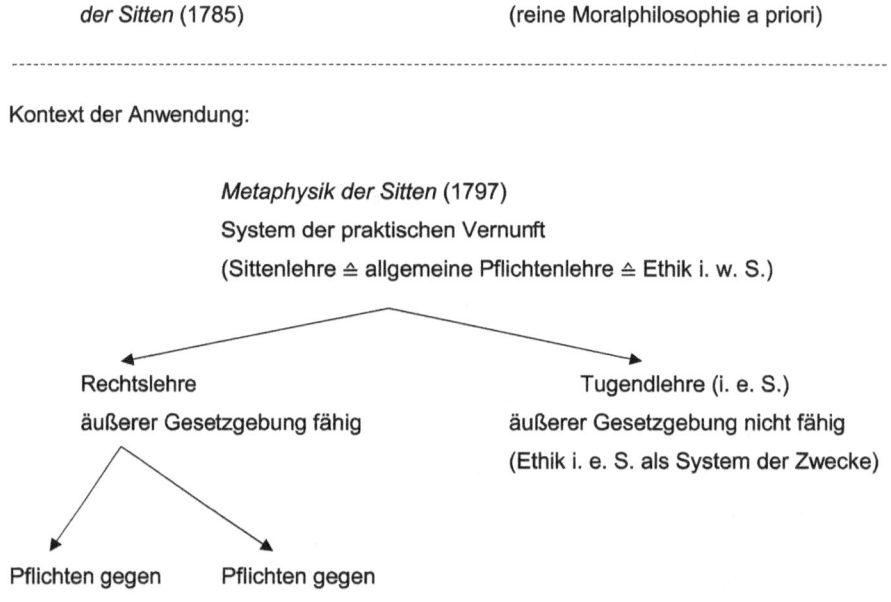

Abb. 1: Grundlegungs- und Anwendungskontext

1.1.2 Aufbau und Gliederung des Buches

Das Buch gliedert sich in die sechs folgenden Kapitel:
1. Einleitung: Programmatische Hinweise
2. Der Begriff der Anwendung
3. Von der reinen Moralphilosophie zur Sittenlehre*
4. Von der Sittenlehre* zur Tugendlehre
5. Von der Tugendlehre zur Kasuistik
6. Fazit: Kants Ethik im Ganzen

In der Einleitung (Kapitel 1) werden zunächst einige programmatische Hinweise vorangestellt und eine Orientierung vermittelt, in welche Richtung die Untersuchungen zielen. Dabei werden wesentliche Thesen und methodische Leitlinien zur Orientierung gegeben, die dann durch die eigentlichen Studien in den folgenden Kapiteln expliziert und begründet werden.

In Kapitel 2 schließen sich Explikationen zum zentralen Begriff der Anwendung an. Die darauf folgenden Kapitel orientieren sich an einem Stufenmodell. Dabei werden einzelne Anwendungen bzw. Übergänge thematisiert. Bei diesen Übergängen geht es zunächst um den Übergang von der reinen Moralphilosophie zur Sittenlehre* (Kapitel 3), sodann von der Sittenlehre* zur Tugendlehre (Kapitel 4) und schließlich von der Tugendlehre zur moralischen Kasuistik (Kapitel 5).[3] In den einzelnen Kapiteln werden verschiedene Aspekte der Übergänge thematisiert und damit Kants Ethik von ihrem ‚Zentrum' her immer mehr angereichert und komplettiert. Ein kurzes und eher synoptisches Kapitel 6 bietet ein Fazit.

1.2 Grundlegung und Anwendung

1.2.1 Der Grundgedanke einer Verschränkung von Grundlegung und Anwendung

Die diversen und endlosen Mühseligkeiten der Anwendung wurden von Kant und werden von seinen Interpretinnen und Interpreten nicht mit der gleichen Intensität und dem gleichen Enthusiasmus betrieben wie die verwickelten Aufgaben der Grundlegung des obersten Moralprinzips. Dieses eigentümliche Phänomen mag seine Erklärung darin finden, dass es den Forschenden mit seinem Wurzel-

---

[3] Mein Gebrauch des Ausdrucks *Sittenlehre** (mit einem Asterix) wird in den Abschnitten 3.1.3 und 3.3 erläutert.

trieb mehr zu den Ursprüngen und Grundlagen sowie dem Unbedingten zieht als in die unüberschaubaren und bedingten Weiten der Anwendung, die man gerne dem Praktiker mit seinem ausgeprägten Sinn für Ertrag und Nutzen überlässt. Es mag auch daran liegen, dass man die Anwendung nur noch als eine lästige Fleißaufgabe betrachtet, die mehr oder minder routinemäßig und ‚schablonenhaft' vollzogen werden kann, wenn erst einmal die Grundlagen gelegt sind; eine Vorstellung, die sich aber als Irrtum erweist. Es ist das Ziel der folgenden Überlegungen zu zeigen, dass das Bild einer strikten Trennung von Grundlegungs- und Anwendungskontext in die Irre führt und für eine angemessene Erfassung der Ethik Kants im Ganzen beide Bereiche zusammen gesehen und aufeinander bezogen werden sollten. Anwendung heißt hierbei nicht, dass eine vollständige und fertige Theorie auf gewisse Bereiche und Fälle der Erfahrung bezogen wird; etwa im Sinne des heutigen Verständnisses von angewandter Ethik.[4] Vielmehr erweist sich die Anwendung in diesen Studien selbst als ein wesentlicher Aspekt der Theorienkonstitution. Mehr noch: Es wird die Anwendung der reinen Moralphilosophie als ein Erweiterungsprozess zu beschreiben sein, dessen Resultat überhaupt erst die Ethik Kants schrittweise ‚konstituiert'. Und allererst diese Ethik im Ganzen könnte sinnvollerweise auf bestimmte (aktuelle) Bereiche – im Sinne der Bereichsethiken – bezogen werden. Das ist freilich eine Aufgabe, die jenseits der folgenden Ausführungen liegt.

Auf den ersten Blick scheint es sinnvoll und methodisch angebracht, die *Grundlegung zur Metaphysik der Sitten* (1785) und die *Kritik der praktischen Vernunft* (1788) als die beiden Grundlegungsschriften mit je eigenen Aufgaben und Zielsetzungen von der *Metaphysik der Sitten* (1797) als einem Werk, in dem Fragen der Anwendung im Vordergrund stehen, abzugrenzen. Diese Auffassung wird auch durch Kants programmatische Angaben sowie die Architektonik seines Œuvres gestützt. Denn Kant zufolge besteht die Aufgabe der *Grundlegung* in der „Aufsuchung und Festsetzung des obersten Princips der Moralität" (GMS, AA 04:392.3f.) und die *Kritik der praktischen Vernunft* beschäftigt sich mit dem Nachweis der Möglichkeit, dass „reine Vernunft wirklich praktisch ist" (KpV, AA 05:3.11). In der *Metaphysik der Sitten* jedoch geht es darum, ein System, also ein geordnetes Ganzes, auf der Grundlage von Prinzipien zu entwickeln, die nun auf Gegenstände der Erfahrung bezogen bzw. *angewendet* werden. Bei diesen Gegenständen handelt es sich in erster Linie um die *besondere Natur des Menschen*, sodann aber auch um seine *Zustände* (z. B. Stand, Alter, Geschlecht) sowie die *Umstände*, also die konkreten Situationen, in denen er sich befindet. Kants *Metaphysik der Sitten* und im Besonderen die darin enthaltene *Tugendlehre* er-

---

4 Vgl. Nida-Rümelin (2005).

weisen sich somit auch als ein Anwendungsunternehmen: Eine „Metaphysik der Sitten kann nicht auf Anthropologie gegründet, aber doch auf sie angewandt werden" (MS, AA 06:217.6 ff.).[5] Da in dieses Unternehmen empirische Elemente einfließen müssen, kann das System als Ganzes nie vollständig erfasst und dargestellt werden. Deswegen hält Kant – wie schon beim architektonischen Gegenstück mit dem Titel: *Metaphysische Anfangsgründe der Naturwissenschaft* aus dem Jahre 1786 – allein die Ausdrücke *Metaphysische Anfangsgründe der Rechtslehre* sowie *Metaphysische Anfangsgründe der Tugendlehre* als Kennzeichnung für die beiden Teilbereiche seiner *Metaphysik der Sitten* für angemessen (vgl. MS, AA 06:205). Damit wird deutlich, dass es sich jeweils nur um Annäherungen an ein System handelt, welches aber im Hinblick auf die empirische Rechtspraxis bzw. eine moralische Kasuistik in der *Tugendlehre* prinzipiell unabschließbar und offen bleiben muss.

In der *Grundlegung* kündigt Kant eine *Metaphysik der Sitten* an und beabsichtigt in diesem künftigen Werk sowohl eine Einteilung der Pflichten als auch eine Anwendung des obersten Moralprinzips vorzulegen (vgl. GMS, AA 04:391 sowie 422). Inwieweit die zwölf Jahre später veröffentlichte Schrift mit dem Titel *Metaphysik der Sitten* noch genau diesen Vorsätzen und Vorstellungen von 1785 entspricht, muss im Detail offen bleiben. Es scheint mir aber als Arbeitshypothese sinnvoll, in diesem Werk das zu erkennen, was Kant programmatisch angekündigt hatte: eine Anwendungsschrift.

Die bisherigen Ausführungen scheinen indes den ersten Eindruck zu bestätigen, wonach Grundlegungs- und Anwendungskontext – verteilt auf die entsprechenden Werke – klar zu trennen sind. Blickt man jedoch genauer in die betreffenden Schriften und betrachtet die drei Werke unter der methodischen Prämisse einer kontinuierlichen Fortschreibung und Weiterentwicklung *eines* Projektes, dann lässt sich der Übergang von der *Grundlegung* zur *Metaphysik der Sitten* als eine Anwendung der reinen Moralphilosophie auf die besondere Natur des Menschen und seine (soziale) Umwelt interpretieren. Dabei wird die durch *Abstraktion* gewonnene reine Moralphilosophie stufenweise angereichert und erweitert und findet in einer zunehmenden *Konkretisierung* und *Spezifizierung* ihre volle Gestalt.

Es wäre eine Fehldeutung und ein gravierendes Missverständnis anzunehmen, dass die reine Moralphilosophie – wie sie in der *Grundlegung* und vor allem in der *Kritik der praktischen Vernunft* exponiert wird – bereits eine komplette Ethik darstellt. Die gängigen Vorwürfe (Formalismus, Rigorismus u. a.) haben unter anderem in dieser Fehldeutung ihren Ursprung. Die reine Moralphilosophie Kants

---

5 Zur epochalen Bedeutung dieses Programmes vgl. Stiening (2017).

verhält sich zu seiner Ethik im Ganzen wie ein Grundriss zum fertigen Gebäude. Wenn man den Vorwurf des Formalismus erhebt, dann ist das so, als würde man – um im Bild zu bleiben – einem Architekten vorhalten, dass man in seinen Grundrissen und Plänen nicht wohnen könne. Dieser Grundgedanke der Transformation einer reinen Moralphilosophie zu einer Ethik im Ganzen, von einem abstrakten Gebilde zu einem mit vielen verschiedenen Elementen angereicherten konkreten und mannigfaltigen Ganzen, wird in den folgenden Studien im Einzelnen entwickelt und präzisiert. Hier kommt es mir nur darauf an, die mit diesem Grundgedanken einhergehende Verschränkung von Grundlegung und Anwendung zu betonen und das Bild einer strikten Trennung beider Bereiche zurückzuweisen. Die Anwendung sollte als ein stufenweiser Prozess aufgefasst werden, in dem sich schrittweise die Ethik Kants als Ganze ‚konstituiert'. Die Anwendung ist ein Erweiterungsprozess, der neue Begriffe, Aspekte und Themen in die bestehenden Strukturen integriert.

Es scheint mir daher unangebracht und missverständlich, mit Blick auf die *Tugendlehre* von Kants ‚später Ethik' zu sprechen,[6] die von seiner Ethik in den Grundlegungsschriften abgegrenzt werden sollte. Vielmehr handelt es sich um eine durch Anwendung erweiterte, modifizierte und differenzierte Form der bereits grundgelegten Stufe seiner Ethik.

In diesen Studien wird der Zusammenhang zwischen Grundlegungs- und Anwendungskontext durch eine von mir als *Anwendungsthese* bezeichnete Perspektive betont. Das ist eine Sichtweise, die freilich nicht von allen Kantforscherinnen und Kantforschern geteilt wird. Vielmehr besteht eine Kontroverse darüber, ob die Ethik, wie sie Kant zuletzt in der *Tugendlehre* exponiert, kompatibel ist mit seiner Theorie, wie sie in den vorausgegangenen Schriften entwickelt wurde. Einige Autoren betonen hier den Bruch zwischen beiden Phasen – so etwa Anderson (1921) oder Tafani (2006) – und erblicken in der *Tugendlehre* letztendlich ein Scheitern der formalen Ethik Kants. Dagegen wenden sich die folgenden Studien, die das ‚Aufeinanderbezogensein' der beiden Phasen betonen. Es besteht eine wechselseitige Verschränkung zwischen der Grundlegung und der Anwendung: Der Theorie-Kern der Grundlegung erweitert sich durch Anwendung stufenweise zu einer Ethik im Ganzen und erst diese Ethik im Ganzen enthält wesentliche Präzisierungen und Differenzierungen für den Theorie-Kern der Grundlegung. Grundlegung und Anwendung können zwar methodisch getrennt werden, im Hinblick auf das Konzept einer Ethik im Ganzen aber stellen sie zwei Seiten *eines* Projektes dar. Betrachtet man Grundlegung und Anwendung als komplementäre Momente in der Ethik Kants, betrachtet man also die *Grundle-*

---

[6] So z. B. die eher unreflektierte Begriffsverwendung bei Anderson (2008) oder Goy/Höffe (2015).

gungsschriften und die *Metaphysik der Sitten* als miteinander verschränkt bzw. als Einheit, dann ergeben sich auch interessante und erhellende Interpretationen. Diesen Grundgedanken meiner Überlegungen möchte ich im Folgenden anhand der berühmten Eingangspassage der *Grundlegung* exemplifizieren.

1.2.2 Exemplifikation des Grundgedankens

Die berühmte Eingangspassage in die *Grundlegung* hebt die Singularität und Sonderstellung des guten Willens in einer Art und Weise hervor, dass alle anderen Natur- und Glücksgaben nicht nur überstrahlt und zur Seite gedrängt, sondern geradezu in eine Oppositionsstellung gerückt werden. Dieser markante Gegensatz ist zwar mitbedingt durch Kants zuweilen überzogene Rhetorik und sein ausgeprägtes Denken in Dichotomien, aber weit mehr noch durch eine einseitige Rezeption und Kritik, die einen unüberbrückbaren Abgrund zwischen Pflicht und Neigung, Form und Materie sowie zwischen Theorie und Praxis bei Kant unterstellt. Dieser weit verbreitete Vorwurf besteht allerdings zu Unrecht, wenn man die Ethik Kants im Ganzen von ihrer Grundlegung bis zu ihrer Anwendung in den Blick nimmt.

Kants These vom absoluten Wert eines guten Willens und seiner Sonderstellung eröffnet schlagartig das bahnbrechende Werk:

> Es ist überall nichts in der Welt, ja überhaupt auch außer derselben zu denken möglich, was ohne Einschränkung für gut könnte gehalten werden, als allein ein **guter Wille**. (GMS, AA 04:393.5 ff.)

Andere Tugenden und Güter werden dem guten Willen kontrastiv gegenüber gestellt. Es wäre aber verfehlt, wollte man darin eine unversöhnliche Frontstellung erkennen; vielmehr soll im Folgenden eine Interpretation gestärkt werden, die den Gedanken der Unter- sowie der Einordnung und letztlich der Integration dieser anderen Tugenden und Güter sowie die damit verbundenen Prinzipien in die Ethik Kants hervorhebt. Zugespitzt und bildlich gesprochen ist der gute Wille und sein Prinzip der Orientierungsrahmen und gleichsam die Form, in die sich die materialen Werte und ihre Prinzipien einfügen lassen. Das Verhältnis ist aber nicht das eines bloßen ‚Enthaltenseins', sondern das einer ‚Modifikation', die aus der Anwendung hervorgeht. Wie das genau zu verstehen ist, werden die folgenden Studien zeigen. Die formalen und materialen Elemente der Ethik Kants bilden keine Gegensätze, sondern sind in der Anwendung aufeinander bezogen und gleichsam die beiden Seiten *einer* Medaille.

Als verfehlte Alternativen zum absoluten Wert eines guten Willens thematisiert Kant drei andere Ebenen oder Stufen von Tugenden und Gütern: (1) Einige (*moralische*) *Eigenschaften* befördern den guten Willen und machen sogar einen „Theil vom i n n e r n Werthe der Person" aus, nämlich „Mäßigung in Affecten und Leidenschaften, Selbstbeherrschung und nüchterne Überlegung" (GMS, AA 04:394.4 ff.). Hierin erkennt man unschwer stoisch-ciceronisches Gedankengut und entsprechende Prinzipien, die Kant in der *Tugendlehre* zwölf Jahre später wieder aufgreift und explizit macht, indem er dort auf die Pflicht zur Apathie und auf die Selbstbeherrschung verweist. Die Verbotspflicht, sich also nicht von seinen Affekten und Leidenschaften bestimmen zu lassen, sowie das positive Gebot, der Vernunft die Herrschaft über sich selbst zu geben, bilden für Kant die beiden Pflichten, welche die „zwei Stücke" der „inneren Freiheit" ausmachen (TL, AA 06:407.19).

(2) Bestimmte *Naturgaben* – Kant unterscheidet hier (a) die „T a l e n t e des Geistes" (Verstand, Witz, Urteilskraft u. a.) von (b) den „Eigenschaften des T e m p e r a m e n t s" (Mut, Entschlossenheit, Beharrlichkeit im Vorsatz u. a.) – sind „ohne Zweifel in mancher Absicht gut" (GMS, AA 04:393.8 ff.). Es fällt nicht schwer, gemäß der aristotelischen Tugendlehre hierin Exponenten dianoetischer und ethischer Tugenden zu erkennen. Diese Tugenden sind Kant zufolge zwar nicht unbedingt und uneingeschränkt gut, aber sie sind doch zumindest dann gut, wenn sie unter der Voraussetzung eines guten Willens stehen. Auf die Pflege und Vervollkommnung dieser Naturgaben kommt Kant in seiner *Tugendlehre* erneut zurück, insofern er die eigene Vervollkommnung als eine Pflicht thematisiert. Moralische Grundsätze, die Baumgarten in seinem Werk *Initia philosophiae practicae primae* (1760) anführt – welches Kant auch als Unterrichtswerk benutzte –, wie zum Beispiel „quaere perfectionem [Strebe nach Vollkommenheit], Vive convenienter naturae [Lebe der Natur entsprechend]" u. a. (Baumgarten (2019), S. 66 ff.), sind auch moralische Regeln in Kants *Tugendlehre* (TL, AA 06:419). Allerdings ist der Status dieser moralischen Regeln bei ihm ein anderer: Sie gehören nicht zur *philosophia moralis pura*, sondern zur *philosophia moralis applicata theoretica*. Denn sie beziehen sich auf die Natur des Menschen und sind deswegen auch „empirisch" (HN, AA 19:220.2, R 6984).[7] Das heißt, insofern Kant die ethi-

---

[7] Welchen erkenntnistheoretischen Status die Erkenntnisse und Prinzipien der theoretischen *philosophia moralis applicata* genau haben, ist eine komplizierte Frage und Kant ist in diesem Punkt auch nicht immer kohärent. Ihre Kennzeichnung als „empirisch" darf bezweifelt werden, da sie sich zwar auf Gegenstände der Empirie beziehen, aber sonst nichts weiter aus der Erfahrung entlehnen und schon gar nicht auf einem empirischen Erkenntnisprinzip beruhen. Hierbei ist es wichtig, zwei verschiedene Gebrauchsweisen des Begriffes „empirisch" zu unterscheiden: (1) der bloße Bezug auf einen Gegenstand der Erfahrung mittels Vernunft (z. B. auf die Natur des

schen Grundsätze der Stoa oder auch der Schulphilosophie des 18. Jahrhunderts adaptiert und in seine *Tugendlehre* aufnimmt, handelt es sich um Grundsätze (besser: allgemeine Regeln) der Anwendungsstufe, die durch Anwendung des kategorischen Imperativs auf den Menschen hervorgegangen sind.

Schließlich kommt Kant in der Eingangspassage der *Grundlegung* auch noch auf die (3) *Glücksgaben* zu sprechen. Beispielhaft hierfür sind ihm „Macht, Reichtum, Ehre [und] Gesundheit", die er als Mittel zum Wohlbefinden ausweist, und schließlich zusammen unter dem „Namen der Glückseligkeit" anführt (GMS, AA 04:393.14 ff.). Hierbei kann man auf die epikureische Tradition und ihre (in kantischer Perspektive) nur pragmatischen Klugheitsgrundsätze verweisen (vgl. V-Mo/Col, AA 27:276). Gleichwohl wird auch die Beförderung fremder Glückseligkeit in der *Tugendlehre* zu einer zentralen Pflicht innerhalb der Pflichtenlehre Kants (vgl. TL, AA 06:385 ff). Und auch seine eigene Glückseligkeit zu sichern, gilt ihm als indirekte Pflicht (vgl. GMS, AA 04:398).

Neben den stoischen und epikureischen Einflüssen lassen sich eine platonisch-augustinisch geprägte genuin christliche Moralauffassung sowie neuzeitliches Gedankengut von Hobbes, Smith, Rousseau u. a. in der Eingangspassage ausmachen. Der breite Strom der antiken sowie neuzeitlichen Einflüsse, Gedanken und Moralprinzipien, die sich in der Eingangspassage zur *Grundlegung* niederschlagen, ist gut herausgearbeitet und dokumentiert worden.[8]

Diese verschiedenen Naturgaben, Tugenden sowie Güter und die ihnen korrespondierenden Moralprinzipien sind aber noch nicht – soweit ich sehe – im Lichte der Anwendung der späteren *Tugendlehre* betrachtet worden. Hierbei lässt sich eine eher einordnende und integrative Sichtweise auf die Eingangspassage anlegen: Ein innerer Zusammenhang sowie eine konzeptuelle Orientierung im Hinblick auf die Ethik Kants im Ganzen kann von hieraus in den Blick genommen werden. Im Fokus der Interpretation steht meist das Moment der Abgrenzung und der Gegenüberstellung, das zweifellos vorhanden und wichtig ist, aber um das Moment der Integration ergänzt werden sollte. Was ist damit genau gemeint?

Die aufgelisteten Eigenschaften, Naturgaben und Glücksgüter sind keineswegs schlecht oder böse an sich, vielmehr handelt es sich um Werte, die – im Gegensatz zum guten Willen – nicht ohne Einschränkung gut sind. Das heißt aber auch, dass sie durchaus gut sein können und gut sind, wenn sie nämlich unter der Voraussetzung bzw. der Bedingung eines guten Willens zum Einsatz kommen. Als Mittel zur Beförderung des Endzwecks eines guten Willens sind sie dann aus-

---

Menschen) und (2) die Rechtfertigung einer bestimmten Erkenntnis durch die Erfahrung. Vgl. Abschnitt 2.4.
8 Vgl. Forschner (1993).

nahmslos gut. Sie sind zwar nicht unbedingt und uneingeschränkt gut und können nicht als oberste Prinzipien der Moralität verankert, gleichwohl aber als ‚abgeleitete' und angewandte ‚Größen' innerhalb der Ethik Kants aufgefasst werden.

Durchgängig im gesamten Werk Kants trifft man auf unterschiedliche traditionelle und populäre Moralvorschriften, die der Philosoph auch explizit als Formeln und noch genauer als „ethisch-classische Formeln" bezeichnet (TL, AA 06:404.27).[9] Die wichtigsten sind die folgenden: (1) Das christliche Gebot: *Liebe deinen Nächsten wie dich selbst* (TL, AA 06:451), (2) die drei Ulpianischen Formeln: (2a) *honeste vive*, (2b) *neminem laede* sowie (2c) *suum cuique tribue* (RL, AA 06:236f.), (3) der stoische Grundsatz *naturae convenienter vive* (TL, AA 06:419), aber auch die in der Schulphilosophie zur Zeit Kants prominenten Vervollkommnungsformeln: (4a) *perfice te ut medium* und (4b) *perfice te ut finem* (AA, TL 06:419) sowie die moralischen Formeln: (5a) *fac bonum* und (5b) *omitte malum* (V-MS/Vigil, AA 27:517), schließlich auch der (6) aristotelische Leitsatz: *medium tenuere beati* (TL, AA 06:404) und die (7) Goldene Regel: *Quod tibi fieri non vis, alteri ne feceris* (GMS, AA 04:430).

Alle diese Formeln und Zugangsweisen zum obersten Prinzip der Moralität werden von Kant ausnahmslos zurückgewiesen, insofern es um die Grundlegung der Moralität geht; also um das, was er in der *Grundlegung* als die „Aufsuchung und Festsetzung des **obersten Princips der Moralität**" bezeichnet (GMS, AA 04:392.3f.). Alle diese traditionellen und populären Formeln verfehlen aus verschiedenen Gründen ihr Ziel und sind insgesamt heteronom. Ihnen setzt er seinen kategorischen Imperativ als ein autonomes Prinzip entgegen. Auch der kategorische Imperativ erfindet kein neues Moralprinzip oder gar eine neue Moral, sondern stellt nur eine neue Formel auf. Diese Formel allerdings stellt nach Ansicht Kants den ersten gelungenen Versuch dar, das „Princip der Sittlichkeit ausfindig zu machen", während „alle bisherige Bemühungen, die jemals unternommen worden [...], haben fehlschlagen müssen" (GMS, AA 04:432.25ff.).

---

9 Mit dem Begriff der Formel kennzeichnet Kant unterschiedliche (1) Zugangsweisen und Explikationen des (einen) obersten moralischen Prinzips. Das Prinzip selbst als komplexer Gedanke sollte von seiner Formel unterschieden werden. Die Formel in Ansehung der Pflicht ist (analog zur mathematischen Formel) eine (2) Vorschrift, die genau bestimmt, was zu tun ist. Schließlich ist eine Formel auch (3) eine Art und Weise sich etwas vorzustellen, ein Hilfsmittel und eine Gedächtnisstütze, die das Verständnis und die Anwendung vereinfacht. Kant weist ihr mithin eine didaktische Funktion zu. Negativ ist für Kant allerdings, dass Formeln zu einem „mechanischen Werkzeuge" und zu „Fußschellen einer immerwährenden Unmündigkeit" degenerieren können (WA, AA 08:36.8ff.).

Der für die Interpretation der Ethik Kants zentrale Leitgedanke ist nun der, dass der kategorische Imperativ in seiner Anwendung alle anderen Formeln *umschließt*. Alle angeführten Formeln 1–7 mit Ausnahme von 6 sind mit gewissen Einschränkungen aus dem kategorischen Imperativ ‚abgeleitet' oder werden durch Anwendung desselben gebildet. Das ist eine Behauptung, die erst in den folgenden Studien belegt werden kann. Alle diese Prinzipien werden in Kants Ethik im Hinblick auf den guten Willen als Endzweck stufenweise und als Modifikationen der Anwendung eingebunden und integriert. Die Ethik Kants erweist sich somit in ihrer Anwendung als eine integrative Ethik, in der andere Prinzipien und Grundsätze ihren Platz finden. Kant selbst spricht in einer späten Vorlesung davon, dass sein eigenes Prinzip der Sittlichkeit, nämlich der kategorische Imperativ, „alle übrigen" Prinzipien „in sich fasse" (V-MS/Vigil, AA 27:518.18), wobei sich das „alle übrigen" an der betreffenden Stelle explizit auf die folgenden Prinzipien bezieht: *fac bonum, omitte malum, quaere perfectionem, quantum potes* sowie *vive convenienter naturae*.

So deutlich und ausdrücklich Kant sein eigenes Moralprinzip von allen traditionellen Prinzipien auch in puncto Grundlegung abgrenzt, indem er sie als unzureichend und verfehlt zurückweist, genauso unverkennbar ist es doch, dass sein eigenes Prinzip mit den vielen anderen traditionellen Prinzipien in puncto Anwendung gleichsam ‚konvergiert'. Dies leuchtet auch ein, wenn man sich verdeutlicht, dass Kant mit seinem neuen Moralprinzip keine neue Moral begründen oder gar dieselbe reformieren, sondern „nur eine neue Formel" aufstellen wollte:

> Wer wollte aber auch einen neuen Grundsatz aller Sittlichkeit einführen und diese gleichsam zuerst erfinden? gleich als ob vor ihm die Welt in dem, was Pflicht sei, unwissend oder in durchgängigem Irrthume gewesen wäre. (KpV, AA 05:8.31 ff.)

Die Idee der Integration als Leitgedanke der Interpretation kann in der Eingangspassage zur *Grundlegung* deutlich gemacht werden, wenn man die einzelnen Elemente der Gegenüberstellung als Elemente einer mehrstufigen Hierarchie auffasst, an deren Spitze der gute Wille steht, der seinerseits von der praktischen Vernunft regiert wird und sich mit einem Zweck verknüpft, den „wiederum nur Vernunft bestimmt" (GMS, AA 04:396.35 f.). Der gute Wille steht dann nicht nur in einer bloßen Opposition zu den anderen Werten und Prinzipien, sondern dient vielmehr als Orientierungspunkt und Endzweck, auf den hin sich alles orientiert und dem sich alles unterordnet. Dabei sind einige Elemente dem absoluten Wert ‚näher' als andere. Somit ergibt sich das Bild eines gestuften Dreieckes (s. Abb. 2).

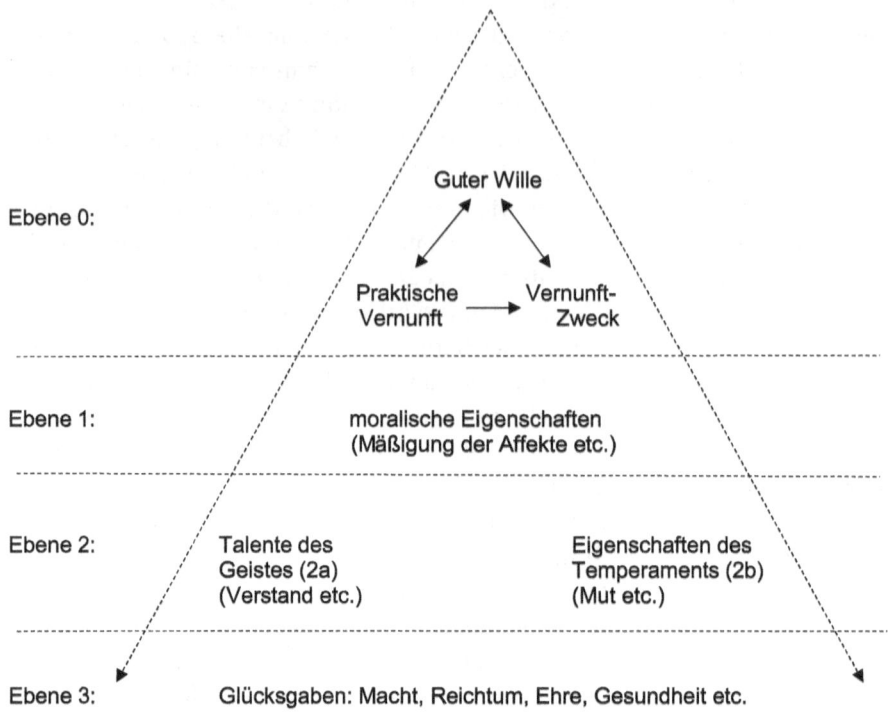

Abb. 2: Graphische Interpretationsskizze zur Eingangspassage der GMS

Liest man also die Eingangspassage der *Grundlegung* im Lichte der *Tugendlehre*, erscheinen die eingeschränkten Tugenden und Naturgaben sowie die ihnen entsprechenden Prinzipien nicht so sehr in Opposition zum absoluten Wert eines guten Willens, sondern vielmehr als davon ‚abgeleitete' und aus Anwendungsprozeduren hervorgegangene ‚Größen' und Prinzipien. Konkret: Kants moralische Zwecklehre (in der *Tugendlehre*) spiegelt sich mit ihren Elementen (1) eigene moralische Vollkommenheit, (2) eigene Naturvollkommenheit sowie (3) fremde Glückseligkeit in den drei Ebenen wider. Ebenso verweisen die Prinzipien zur Strukturierung der *Ethischen Elementarlehre* retrospektiv auf die Eingangspassage zurück (vgl. Abschnitt 5.1). Umgekehrt hat der Gedanke einer Vor-Strukturierung bzw. einer Vor-Orientierung der Ethik Kants im Ganzen einiges für sich und es lassen sich zumindest Anklänge eines Anwendungs- und Strukturierungsprogramms in der Eingangspassage entdecken. Es ist auch das Anliegen dieser Studien, Kants Ethik im Ganzen in den Blick zu nehmen und dabei deutlich zu machen, wie in der Anwendung des obersten Prinzips der Moralität andere ethische Prinzipien in das kantische System eingegliedert und integriert werden.

Grundlegung und Anwendung erweisen sich als vielfach miteinander verschränkt und ‚konstituieren' erst zusammen das, was der Titel dieser Publikation als *Kants Ethik im Ganzen* auszeichnet.

1.3 Kants Hinwendung zur Praxis

Der klare Übergang von der Grundlegung zur Anwendung und die wechselseitige Verschränkung der beiden Bereiche sollten nicht darüber hinwegtäuschen, dass sich die Genese von Kants Ethik im Ganzen keineswegs bruchlos und kontinuierlich vollzogen hat. Vielmehr stellt Kants mäandernder Gedankenweg – so wie wir ihn heute aus seinen zahlreichen Notizen und Reflexionen aus dem Nachlass, aus seinen Vorlesungen und vor allem aus seinen veröffentlichten Abhandlungen und Werken rekonstruieren können – über viele Dekaden hindurch einen verwickelten und äußerst komplexen Entwicklungsprozess dar; einen Prozess, der durch eine Reihe von Umbrüchen, Revisionen, Neuansätzen und diversen Modifikationen gekennzeichnet ist. Diese Dynamik eines beständigen Fortschreitens und Weiterentwickelns im Denken Kants ist erst in den letzten Jahren stärker in den Fokus der Forschung gerückt.[10] Kants Œuvre ist damit auch ‚work in progress' und gewinnt Züge eines gleichsam ‚evolutionären' Prozesses, bei dem man sich nicht selten auf die knifflige Suche nach einem *missing link* begeben muss. Kants Gedankengang mit all seinen Verästelungen, Sackgassen und Neuansätzen ist in seiner Gesamtheit schwer zu erfassen. Dieser Umstand wird zusätzlich noch dadurch erschwert, dass Kant eigene Umbrüche und Neuansätze meist kaum kommentiert oder gar evaluiert, sondern im Grunde genommen immerfort weiterdenkt. Die systematischen Resultate dieses Prozesses stellen die Kant-Rezipienten vor nicht geringe Herausforderungen. Wo sind die Höhepunkte des kantischen Denkens erreicht? Wo fällt es hinter die eigenen Errungenschaften und Entdeckungen wieder zurück? Ist die transzendentale Deduktion der Kategorien in der B-Auflage der *Kritik der reinen Vernunft* ‚besser' als in der A-Auflage (vgl. Carl (1992))? Ist die Trennung von Dijudikations- und Exekutionsprinzip aussichtsreicher als ihre Zusammenfügung (vgl. Kühn (2004))? Welche von Kants diversen Freiheitskonzeptionen zwischen 1781 und 1797 führt die am wenigsten prekären Implikationen mit sich (vgl. Ludwig (2014))? Ist die Differenzierung zwischen vollkommenen und unvollkommenen Pflichten 1797 angemessener als 1785 (vgl.

---

10 Exemplarisch kann hier auf eine internationale Arbeitstagung des Göttinger Philosophischen Seminars vom 24. – 26. September 2018 verwiesen werden mit dem Titel: *Revisionen und Umbrüche in Kants Philosophie?*

Kersting (1984))? Betrachtet Kant die Kasuistik als Mittel der Täuschung oder als notwendiges Element seiner Ethik? Ist die moralische Zwecklehre von 1797 ein Fremdkörper oder ein integraler Bestandteil in Kants Ethik? usw. Und ganz grundsätzlich die Frage: Weist die *Metaphysik der Sitten* mit ihren Differenzierungen und der moralischen Zwecklehre über die Grundlegungsschriften hinaus oder fällt sie hinter diese zurück? Lange Zeit wurde die Rezeption von Kants ‚Spätwerk' – namentlich der *Tugendlehre* – durch den Hinweis auf die „Altersschwäche" des Autors stark beeinträchtigt (Schopenhauer (2007), S. 17). Infolge dieser Hypothek führte die *Metaphysik der Sitten* lange Zeit ein eher stiefmütterliches Dasein innerhalb der Kant-Rezeption. Trotz der offensichtlichen Mängel und Herausforderungen dieses Alterswerkes für die Leserschaft[11] wird man heute doch mit Fug und Recht die These vertreten können, dass Kants Ethik im Ganzen ohne diese Schrift nicht nur unvollständig wäre, sondern dass damit auch wesentliche Elemente fehlen würden, die für ein angemessenes Verständnis essentiell sind. Hierbei sind in erster Linie zu nennen: die Hinwendung zur besonderen Natur des Menschen (vgl. MS, AA 06:216 f.), seine Zustände und Umstände sowie die Wirkungen und Zwecke seiner Handlungen (vgl. TL, AA 06:292), Kants Lehrstück von der ethischen und juridischen Gesetzgebung (vgl. MS, AA 06:218 ff.), der Begriff von einem Zweck, der zugleich Pflicht ist und die darauf aufbauende moralische Zwecklehre (vgl. TL, AA 06:282 ff.), der Autokratie-Begriff und seine Implikationen (vgl. TL, AA 06:283 ff.), das oberste Prinzip der Tugendlehre (vgl. TL, AA 06:395), Kants Betrachtung der ästhetischen Vorbegriffe (vgl. TL, AA 06:399 ff.), das Phänomen der Pflichtenkollision (vgl. MS, AA 06:224) sowie die Kasuistik als ein Bereich der Tugendlehre (vgl. TL, AA 06:411).

Innerhalb der vielen Umbrüche und Neuansätze des kantischen Denkens möchte ich ein Phänomen besonders hervorheben, das man als Kants Hinwendung zur Praxis charakterisieren könnte. Diese Hinwendung zur Praxis ist in der letzten Dekade von Kants Arbeits- und Schaffenszeit zu verzeichnen. Sie markiert den Übergang von der *Kritik der praktischen Vernunft* zur *Metaphysik der Sitten* und damit den Übergang von der Grundlegung zur Anwendung.

Ein historisches Schlüsselereignis ist sicherlich der Ausbruch der Französischen Revolution im Sommer 1789 und ihre dramatische Entwicklung, für die der Königsberger Philosoph großes Interesse zeigte. Ein zentrales Dokument dieser Hinwendung stellt die Abhandlung *Über den Gemeinspruch: Das mag in der Theorie richtig sein, taugt aber nicht für die Praxis* aus dem Jahre 1793 dar. In dieser Schrift setzt sich Kant explizit mit Einwänden seiner Kritiker auseinander, die seiner Theorie Praxis- und Realitätsferne und letztendlich Unanwendbarkeit

---

11 Vgl. dazu Ludwig (2017).

vorgeworfen hatten. Bei seiner Erwiderung beschränkt Kant sich nicht auf die Moralphilosophie, sondern entwickelt auch Überlegungen zum Staats- und Völkerrecht sowie zur historischen Entwicklung der Menschheit insgesamt. Kants Hinwendung zur Praxis schlägt sich auch in einer Reihe von weiteren Abhandlungen nieder, von denen hier exemplarisch nur die Schrift *Zum ewigen Frieden* (1795), der berühmt-berüchtigte Aufsatz *Über ein vermeintes Recht aus Menschenliebe zu lügen* (1797) und die aus seinen Vorlesungen hervorgegangene *Anthropologie in pragmatischer Hinsicht* (1798) genannt seien. Kant richtet seinen Fokus auf den Menschen, seine Erziehung, die Gesellschaft und die Geschichte.

Die Hinwendung zur Praxis stellt aber keine Abkehr von den Grundlegungsschriften, sondern eher eine Schwerpunktverlagerung und Ergänzung dar. Dabei wird die Theorie, d.h. die reine Moralphilosophie, weder revidiert noch zurückgenommen, viel eher modifiziert und erweitert. Die Prinzipien der Anwendung, die nun in den Fokus rücken und in der *Metaphysik der Sitten* explizit werden, können indes nicht Teil der zugrunde gelegten reinen Theorie sein, denn dann müsste es für diese Prinzipien der Anwendung auch wieder Anwendungsregeln geben und man geriete in einen unendlichen Regress. Das Vermögen, das hier einen Ausweg bietet und gleichsam als „Mittelglied der Verknüpfung" zwischen Theorie und Praxis, zwischen Grundlegung und Anwendung fungiert, ist die Urteilskraft (TP, AA 08:275.8 f.). Dieses Vermögen hatte Kant zum Gegenstand seiner dritten Kritik gemacht – der *Kritik der Urteilskraft* aus dem Jahre 1790. Somit fügt sich die dritte Kritik und ihre Funktion ebenfalls in das Bild einer Hinwendung zur Praxis und in den Problembereich der Anwendung.

Die folgenden Studien zur Anwendung des kategorischen Imperativs richten ihren Fokus auf Kants Hinwendung zur Praxis und insbesondere auf die *Tugendlehre* als einer expliziten Anwendungsschrift. Dabei verstehen sich die folgenden Überlegungen nicht als genetisch-entwicklungsgeschichtliche Studien zur Ethik Kants, obgleich es hierzu einige Berührungspunkte geben mag, sondern vielmehr als systematische Erarbeitungen dessen, was es heißt, den kategorischen Imperativ auf den Menschen und seine Welt anzuwenden. Es geht dabei auch um einen Beitrag zu einer systematischen Weiterentwicklung der kantischen Ethik im Hinblick auf ihre Anwendungsdimension.

1.4 Stufenmodell in vier Ebenen und integrative Ethik

Die Anwendung als ein immer komplexer und konkreter werdender Stufenprozess lässt sich vereinfacht in einem schematischen Stufenmodell darstellen (vgl. Abb. 3).

Abb. 3: Viergliedriges Stufenmodell

Es lassen sich vier Stufen unterscheiden: (1) Auf der höchsten und abstraktesten Stufe, der reinen Moralphilosophie, befindet sich das Sittengesetz in seiner deskriptiven Form. Dieses wird dann in einer ersten Anwendung (A_1) auf vernünftige Wesen bezogen, die aber auch von diesem Gesetz abweichen können. Dadurch wird das Gesetz für sie zum kategorischen Imperativ. (2) Die Darstellung des kategorischen Imperativs in der *Grundlegung* mithilfe des Pflichtbegriffes bildet die zweite Stufe. (3) Auf der nächsten Stufe wird der Menschen betrachtet. Dieser Anwendungsbezug (A_2) auf die besondere Natur des Menschen führt durch eine Spezifizierung und Konkretisierung zum obersten Tugendprinzip. (4) Auf einer weiteren Stufe der Konkretisierung treten neue empirische Elemente hinzu (Zustände und Umstände), die dann zu einem Bereich führen, der eigentlich nicht mehr zum metaphysischen System gehört. In der Übersicht wird der Übergang zu dieser Stufe durch die gestrichelte Trennungslinie angedeutet. Es ergeben sich infolge dieser Anwendung (A_3) auf in der Erfahrung vorkommende Fälle modifizierte Regeln, die allerdings keine nur auf Vernunft gestützte Einsichten darstellen, aber doch zur Vollständigkeit des Ganzen hinzugehören.

Kants Ethik im Ganzen kann somit auch als eine integrative Ethik charakterisiert werden, da sie im Zuge einer fortgesetzten Anwendung immer mehr Elemente in sich aufnimmt. Der Sache nach hat man es mit einem Erweiterungs-, Konkretisierungs- und Spezifizierungsprozess zu tun, bei dem die ursprüngliche

und durch den Grundlegungskontext bedingte Abstraktion zurückgenommen wird und immer mehr Elemente der Erfahrung einbezogen werden. Dieses Moment der *Integration* lässt sich in dreifacher Hinsicht ausbuchstabieren:
(1) Die reine Moralphilosophie des Grundlegungskontextes wird stufenweise auf immer spezifischere Objekte der Erfahrung bezogen und dadurch angereichert und erweitert. Hierbei werden Grundlegung und Anwendung miteinander verschränkt.
(2) In den Binnenraum der kantischen Ethik im Ganzen lassen sich bestimmte inhaltliche Aspekte heteronomer Ethiken (z. B. der stoischen, epikureischen, aber auch der für Kant zeitgenössischen Ethik von Wolff bzw. Baumgarten) integrieren.
(3) Stufenweise werden besondere Aspekte und Elemente der menschlichen Natur sowie Zustände und Umstände berücksichtigt, sodass immer mehr empirische Elemente in die Ethik im Ganzen hineinkommen und das gesamte System in eine offene Kasuistik mündet.

1.5 Kant-Kritiker: Vorwürfe und Einwände

Fasst man Kants Ethik als eine integrative Ethik im Ganzen auf, wie es in den vorangegangenen Abschnitten skizziert wurde, können eine ganze Reihe von mittlerweile ‚klassischen' Einwänden und Kritikpunkten, die man im Laufe der Zeit gegen seine Ethik vorgebracht hat, entkräftet werden.

Die kantische Philosophie und die Ethik im Besonderen hat von Anfang an eine große Anzahl von Kritikern und Gegnern auf den Plan gerufen. Die Geschichte dieser Kritik ist so umfangreich und komplex, aber auch so aufschlussreich und für ein angemesseneres Verständnis der Ethik Kants so gewinnbringend, dass sie innerhalb der Kant-Forschung ein ganz eigenes und fruchtbares Kapitel darstellt. Aus diesem weiten Feld können im Rahmen dieser Studien nur einige wenige Schlaglichter in mehr oder minder resümierenden Exkursen betrachtet werden. Es handelt sich dabei um Vorwürfe und Einwände, die m. E. – wenn man die Ethik Kants im Ganzen betrachtet – entkräftet und zurückgewiesen werden können. Insgesamt befasse ich mich mit vier gängigen Vorwürfen und Einwänden, die ich unter den Stichworten (1) Anwendbarkeitsdefizite und Unanwendbarkeit, (2) Formalismus, (3) Gesinnungsethik und Folgen-Indifferenz sowie (4) Rigorismus zusammenfasse. Diese Kritikfelder repräsentieren nur einige, aber zentrale Bereiche der Kant-Kritik. Diese Kritikfelder setzen sich aus vielen einzelnen Kritikpunkten zusammen, die sich gegenseitig überlagern und bedingen und oft ein sehr diffuses Netz von Argumenten, Einsprüchen, Zweifeln und Vorbehalten bilden. Es ist hierbei nicht immer leicht, den Kern der

Kritik herauszupräparieren und den neuralgischen Punkt zu identifizieren, an dem die Kritik genau treffen soll.

Ein krudes, aber auch überaus populäres und wirkmächtiges Schwarz-Weiß-Bild der kantischen Ethik charakterisiert sie als eine abstrakte Ethik mit einem formalen Verfahren, das gleichsam wie ein Algorithmus funktioniert. Und dieser Algorithmus schreibe ohne die geringste Rücksichtnahme auf Kontexte und Umstände den gleichsam weltlosen Subjekten unerbittlich vor, was sie zu tun und zu lassen haben. Die Moralität des Sittengesetzes mutiert zum Ausdruck eines Maschinen- und Militärgeistes, die kantische Reinheit wird zu einer Säuberungsaktion von allem Menschlichen und es entsteht schlussendlich das Zerrbild einer Maschinen- und „Stahl-Ethik" (Jauch (2014), S. 226). Die „formalistische Hohlheit der preußischen Pflichtethik" – mit ihrer „Apotheose der Lieblosigkeit" (Schopenhauer (2007), S. 32) – „wird [schließlich] bei den führenden Nazis zu einem demagogischen Zynismus allen sozialen Inhalten gegenüber" (Lukács ap. Haffner/Venohr (2008), S. 16). Ein solches Bild der kantischen Ethik ist nicht nur irreführend und falsch, sondern geradezu eine böswillige und absurde Perversion. Wenngleich eine solche Verzerrung so absurd ist, dass eine ernste Auseinandersetzung damit gar nicht lohnt, gehen die Ursprünge und Urgründe dafür doch auch auf die oben genannten vier Kritikfelder zurück, die ihrerseits eine Auseinandersetzung und Erwiderung verdienen.

(1) Die (vermeintliche) Unanwendbarkeit des kategorischen Imperativs umfasst zahlreiche Spielarten einer Kritik. Sie reicht vom pauschalen Vorwurf der Unanwendbarkeit und der Behauptung, „nichts kann aus dieser leeren Formel [sc. dem kategorischen Imperativ] abgeleitet werden" (Kelsen (2016), S. 37) bis zu differenzierteren Beurteilungen, wonach es Kant – namentlich in seinen diversen Beispielen – nicht gelungen sei, geeignete Arten und Weisen der Anwendung seines Prinzips zu entwickeln und darzustellen (vgl. Mill (2006) und Tugendhat (1993)). Bei Singer ist schließlich zu lesen, dass „Kant selbst sein eigenes Prinzip falsch anwandte" (Singer (1975), S. 266). Milde Formen dieser Kritik – wie die zuletzt zitierte – scheinen zu unterstellen, dass die Grundidee des kategorischen Imperativs rettbar und auch anwendbar ist, man müsse es – im Gegensatz zu Kant – nur richtig machen.

(2) Der Vorwurf des Formalismus geht auf Hegel zurück; lässt sich aber schon früher lokalisieren, z. B. bei Rehberg (1794). Diese Kritik zielt in das Herzstück der Ethik Kants und hat eine besondere und äußerst wirkmächtige Tradition entfaltet, auf die viele andere Spielarten der Kritik zurückgeführt werden können. Der zentrale Einwand betrifft den sogenannten „leeren Formalismus" (Hegel (2015), S. 252) und wird von Hegel immer wieder thematisiert und aufgegriffen. Hegels Kritik unter dem Etikett des *leeren Formalismus* war und ist außerordentlich

einflussreich; sie kann und muss aber sehr unterschiedlich ausbuchstabiert werden.

(3) Eine eher heterogene Gruppe von sehr allgemeinen Einwänden lässt sich unter die Stichwörter der (inhaltsleeren) *Gesinnungsethik* bzw. des reinen Intellektualismus und der (vermeintlichen) *Folgen-Indifferenz* subsumieren. Hierbei steht nicht so sehr die Unanwendbarkeit des kategorischen Imperativs im Vordergrund als vielmehr die Ansicht, dass der kategorische Imperativ (als eine bloße Verbotsformel) viel zu unkonkret bleibe. Es wird behauptet, dass der kategorische Imperativ in keiner Weise sage, was man tun solle, und last but not least überhaupt nicht die menschliche Natur (z. B. das Streben nach Glück) oder die empirischen Handlungszusammenhänge (z. B. die Umstände und Folgen) berücksichtige. Kurz: Die Ethik Kants vernachlässige den lebensweltlichen Kontext und sei somit völlig realitäts- und praxisfern. Prominente Repräsentanten dieser Gruppe sind die frühen Kritiker Garve, Gentz sowie Rehberg, aber auch Schiller und Schopenhauer. Im zwanzigsten Jahrhundert kann man auf Simmel, Weber und Jonas verweisen. Ein interessantes und gegenwärtiges Sonderproblem manifestiert sich in dem Einwand, dass Kants Ethik moralische Konfliktfälle weder angemessen erfassen noch lösen könne (vgl. Esser (2008)).

(4) Ein weiterer Aspekt, der Kritik hervorgerufen hat, wird unter dem Etikett *Rigorismus* zusammengefasst. Damit verbindet sich ein ganzes Spektrum verschiedener Vorwürfe (vgl. Timmermann (2001)). Der zentrale Kritikpunkt hierbei lautet, dass es bei Kant für moralische Vorschriften, Regeln und Gesetze keinerlei Ausnahmen gäbe und dass sie unter allen Umständen gelten. Eine besondere Aufmerksamkeit bekommt hierbei das Lügen-Verbot und Kants berühmt-berüchtigte Stellungnahme, nach der man selbst einen Mörder nicht anlügen dürfe, um dessen Verbrechen zu verhindern.[12]

Auf alle diese Kritikpunkte wird in gesonderten Exkursen eingegangen. Die folgenden Studien thematisieren die Anwendbarkeit des kategorischen Imperativs im Detail und zeigen durch eine Reihe von textbezogenen Einzeluntersuchungen auf, wie durch die Anwendung des kategorischen Imperativs auf Menschen und ihre ganz konkreten Situationen eine Ethik im Ganzen ‚konstituiert' wird, die den vorgebrachten Einwänden und Kritikpunkten entgegengehalten werden kann. In vielen Fällen wird sich herausstellen, dass die Kritiker mit einem einseitigen und verzerrten Bild von Kants Ethik operieren und eben nicht Kants Ethik im Ganzen in den Blick nehmen.

---

[12] Zur Auseinandersetzung mit diesem Themenkreis vgl. Pippin (2005) und speziell zur Lügenthematik Paton (1953/54), Geismann/Oberer (1986) sowie Varden (2010).

1.6 Thesen im Überblick

Zusammenfassend lassen sich folgende Thesen formulieren, die einen Überblick über das Projekt *Kants Ethik im Ganzen* ermöglichen und in den folgenden Studien näher ausgeleuchtet und präzisiert werden:

(A) *Interpretationsmaxime:* Ein Bild von Kants Ethik im Ganzen zu skizzieren bedeutet, eine Sichtweise einzunehmen, bei der Grundlegungs- und Anwendungskontext miteinander verschränkt werden. Ausgehend von einer abstrakten Grenzziehung wird ein Binnenraum gebildet, in dem sich durch stufenweise Anwendung die Struktur einer integrativen Ethik im Ganzen ‚konstituiert'.

(B) *These von der Hinwendung zur Praxis:* In Kants Arbeits- und Denkprozess lässt sich am Ende der 1780er Jahre – spätestens mit der Französischen Revolution – eine zunehmende Hinwendung zu Fragen der Praxis und der Anwendung ausmachen.

(C) *Anwendungsthese:* Anwendung heißt hierbei stufenweise Erweiterung der reinen Moralphilosophie um verschiedene – auch empirische – Elemente. Dies geschieht durch Bezugnahme auf Gegenstände der Erfahrung. Durch Spezifizierung und Konkretisierung konstituiert sich ein komplexer und offener Binnenraum. Durch die Anwendungsthese können Grundlegungs- und Anwendungskontext als zwei Seiten einer Medaille aufgefasst werden.

(D) *These einer integrativen Ethik:* Durch diesen stufenweisen Anwendungsprozess ‚konstituiert' sich eine Ethik im Ganzen, die als integrative Ethik charakterisiert werden kann. Sie ist in der Lage, verschiedene Aspekte und Elemente zu integrieren: (D_1) Grundlegung und Anwendung, (D_2) inhaltliche Elemente heteronomer Ethiken sowie (D_3) besondere Aspekte der menschlichen Natur sowie (D_4) spezifische Zustände und Umstände der sozialen Welt des Menschen (d.h. moralische Alltagssituationen).

(E) *Kritikerthese:* Mithilfe einer Interpretationsperspektive, die Kants Ethik im Ganzen in den Blick nimmt, lassen sich zentrale und wirkmächtige Einwände von Kants Kritikern entkräften.

1.7 Forschungsstand

Die folgenden Studien stehen in einer Rezeptionslinie, welche die *Metaphysik der Sitten* als ein bedeutendes und wichtiges Werk der Ethik Kants im Ganzen interpretiert und dieses ‚Spätwerk' nicht als ein von „Altersschwäche" und grillenhaften Grübeleien gekennzeichnetes Erzeugnis abqualifiziert (vgl. Schopenhauer (2007), S. 17). Verschiedene Beiträge in Monographien und Sammelbände zur

Metaphysik der Sitten und insbesondere zur *Tugendlehre* haben herausgearbeitet, dass dieses Werk essentiell für ein angemessenes und vollumfängliches Verständnis der Ethik Kants ist. Wichtige Forschungsergebnisse und Systematisierungen auf diesem Weg stellen unter anderem folgende Beiträge dar: Mary J. Gregor: *Laws of Freedom* (1963), Ralf Ludwig: *Kategorischer Imperativ und Metaphysik der Sitten* (1992), Markus Forkl: *Kants System der Tugendpflichten* (2001), Andrea Esser: *Eine Ethik für Endliche* (2004) sowie Georg Geismann: *Recht und Moral* (2006). Maßgebliche Impulse gingen auch von Bernd Ludwigs Untersuchung und Rekonstruktion aus: *Kants Rechtslehre* (1988). Hinzuweisen ist ebenfalls auf die Bände: *Kant's ‚Metaphysics of Morals'* (2002) herausgegeben von Mark Timmons, *Kant's ‚Metaphysics of Morals'* (2010) herausgegeben von Lara Denis, *Kant's „Tugendlehre"* (2013) herausgegeben von Andreas Trampota, Oliver Sensen und Jens Timmermann, *Kants „Metaphysik der Sitten" in der Diskussion* (2013) herausgegeben von Werner Euler und Burkhard Tuschling sowie *Immanuel Kant: Metaphysische Anfangsgründe der Tugendlehre* (2019) herausgegeben von Otfried Höffe. Unnötig zu betonen, dass dies nur eine kleine Auswahl der Abhandlungen in der kaum mehr zu überblickenden Menge an Publikationen zu Kants *Tugendlehre* darstellt. Augenfällig ist das besonders im letzten Jahrzehnt wachsende Interesse an Kants *Tugendlehre*.

Die folgenden Überlegungen betonen – bei aller gebotenen Vorsicht – die Kontinuität und die systematische Fortentwicklung der Ethik Kants von der *Grundlegung* über die *Kritik der praktischen Vernunft* bis zur *Metaphysik der Sitten*. Das ‚Spätwerk' wird dabei nicht so sehr unter dem Gesichtspunkt von Umbrüchen und Revisionen betrachtet, sondern eher als komplementäre Ergänzung zur formalen Grundlegung und vor allem als Anwendungsschrift. Betont werden dabei auch die materiale Seite von Kants Ethik sowie die durch die Anwendung mit hineinkommenden anthropologischen und empirischen Elemente.[13] Dabei verstehen sich die folgenden Studien auch als eine Art Brücke und Bindeglied zwischen den Untersuchungen von Konrad Cramer zum nicht-reinen Apriori (vgl. Cramer (1985) und (1997)) einerseits und Robert Loudens Abhandlung *Kant's Impure Ethics* (2000) andererseits.[14] Ein Leitgedanke für diese Studien kommt

---

[13] Diesen Weg haben bereits viele Kant-Forscherinnen und Kant-Forscher zuvor beschritten. Wichtige Anregungen verdanken meine Studien dabei folgenden Abhandlungen: Georg Anderson: *Die ‚Materie' in Kants Tugendlehre und der Formalismus der kritischen Ethik* (1921), Josef Schmucker: *Der Formalismus und die materialen Zweckprinzipien in der Ethik Kants* (1955) und Maximilian Forschner: *Reine Moralehre und Anthropologie* (1983).
[14] Loudens Ansatz von einer „two-tiered conception of ethics" (Louden (2000), S. 182), nämlich einer reinen und unreinen bzw. empirischen Ethikkomponente bei Kant, wird in meinen Studien aufgegriffen und weiter ausdifferenziert. Während Louden sich Kants Ethik gewissermaßen von

auch in einem Aufsatztitel von Allen Wood zum Ausdruck: *The Final Form of Kant's Practical Philosophy* (2002). Es ist die Suche nach einer möglichst umfassenden und angemessenen Sichtweise auf Kants Ethik, die möglichst viele seiner eigenen Gedanken und Differenzierungen integriert und in das mündet, was ich *Kants Ethik im Ganzen* nennen möchte.

Auf eine Art Stufenmodell haben ansatzweise und in anderer Art und Weise als der hier entwickelten Form bereits Höffe (³2000) und Geismann (2010) aufmerksam gemacht. Höffe unterscheidet bezogen auf den Maximentest zwei Anwendungsstufen des kategorischen Imperativs:

> Auf der systematisch gesehen ersten Anwendungsstufe wird der Verallgemeinerungstest zur Begründung moralischer Pflichten durchgeführt [...], auf der zweiten Stufe [...] wird eine moralische Pflicht situationsgerecht konkretisiert. (Höffe (³2000), S. 215)

Die Anwendungsproblematik sowie die Integration empirischer Aspekte in die Ethik Kants wird von Höffe weiterhin thematisiert in: *Kategorische Rechtsprinzipien* (1995). Geismann bringt die Idee klar auf den Punkt:

> Überhaupt kann man die kantische Moralphilosophie insgesamt, also die *Grundlegung zur Metaphysik der Sitten*, die *Kritik der praktischen Vernunft*, die *Metaphysischen Anfangsgründe* der Rechts- und der Tugendlehre sowie die (von Kant nicht mehr ausgeführte) „Metaphysik der Sitten"[15], als ein abgestuftes System immer konkreter („materialer") werdender Imperative (Pflichten) verstehen. (Geismann (2010), S. 36 f.)

---

der empirischen Seite nähert und zu diesem Zweck Kants Pädagogik, Anthropologie, Kunst- und Religions- sowie Geschichtsphilosophie näher betrachtet, steht in den folgenden Untersuchungen der Übergang von der reinen Moralphilosophie zur Tugendlehre und schließlich zu einer moralischen Kasuistik mit empirischen Elementen im Fokus. Beiden Ansätzen gemein ist aber die Absicht, Grundlegung und Anwendung bzw. *philosophia moralis pura* und *applicata* zusammenzuführen zu einer Einheit: Kants Ethik im Ganzen. Louden selbst scheint der Unterschied zwischen einer *theoretischen* und einer *praktischen philosophia moralis applicata* entgangen zu sein oder er hielt ihn für unwesentlich, jedenfalls findet sich keine entsprechende Differenzierung bei ihm. Für ihn fallen dann auch *philosophia moralis applicata* und moralische Anthropologie zusammen. Will man allerdings den Übergang von der reinen zur unreinen Moralphilosophie genauer bestimmen, scheint mir die *philosophia moralis applicata theoretica* ein wichtiges ‚Teilstück' (zu diesen Differenzierungen vgl. Abschnitt 2.4). Hinzuweisen ist auch auf das Werk von Borges (2019), das ich allerdings in meine Studien nicht mehr einbinden konnte.

15 Damit ist natürlich nicht das gleichnamige Werk gemeint, sondern das gesamte System und Projekt einer Metaphysik der Sitten, das auch mannigfaltige empirische Elemente inklusive einer Kasuistik beinhalten müsste. In diesem Sinne wird es verständlich, wieso Geismann davon sprechen kann, dass dieses Projekt nicht mehr ausgeführt worden sei.

Sowohl Höffe als auch Geismann begnügen sich allerdings mit Andeutungen und eher kursorischen Bemerkungen zum Stufenmodell, ohne es näher und im Einzelnen auszuführen. Dieser Aufgabe widmen sich die folgenden Studien. Dabei werden abweichend zu Höffe insgesamt vier Stufen bzw. Ebenen unterschieden und der Übergang von einer Stufe zur nächsten wird in einem je eigenen Sinne als Anwendungsprozedur interpretiert. Erst der Blick auf die gesamte ‚Stufenkomposition' ergibt ein angemessenes Bild von Kants Ethik. Und erst Kants Ethik im Ganzen kann angemessen und wirkungsvoll den Einwänden und Vorwürfen seiner Kritiker begegnen. Neben den Detailuntersuchungen bezüglich der Anwendungsprozeduren liegt das neuartige Hauptaugenmerk dieser Überlegungen in der systematischen Perspektive, mit der Kants Ethik im Ganzen gegenüber den immer wieder erhobenen Vorwürfen verteidigt werden kann. Diese Auseinandersetzungen werden in erster Linie in den beigefügten Exkursen geführt.

Darüber hinaus ist es das Anliegen dieser Studien, einen Beitrag zum komplexen Thema der Anwendung des obersten moralischen Prinzips zu liefern und das, was Paton die „Anwendungs*methode*" in der *Metaphysik der Sitten* genannt hat, besser zu verstehen (Paton (1962), S. VI). Mein Fokus liegt dabei auf den unteren Stufen der Anwendung – der Tugendlehre und der moralischen Kasuistik. Wenngleich dieser eher vernachlässigte Bereich der Kant-Forschung in den letzten Jahren mehr Aufmerksamkeit auf sich gezogen hat, liegt hier – im Hinblick auf die systematische Stellung der Kasuistik im Gesamtzusammenhang der Ethik Kants noch ein erhebliches Forschungsdesiderat. Ich hoffe, mit den folgenden Studien – namentlich im vierten und fünften Kapitel dieser Abhandlung – die vorliegenden Forschungsansätze[16] kritisch zu betrachten und weiter entwickeln zu können.

Mitunter weisen diese Studien auf vermeintliche oder tatsächliche offene Fragen und Diskrepanzen in Kants Argumentation hin, die im Rahmen meiner Ausführungen nur benannt, nicht aber ausführlicher thematisiert oder gar aufgelöst werden können. Dabei handelt es sich sowohl um zentrale und kontroverse Streitpunkte in der Kantforschung (wie z. B. die Stellung der Rechtslehre), aber auch um interessante Einzelaspekte, die sich im Zusammenhang mit meinem Projekt ergeben. Es ist unmöglich, allen diesen Fragen den Raum zu geben, den sie durchaus verdienen. Meine Studien würden ausufern und ihr eigentliches Ziel

---

16 Hinzuweisen ist hier besonders auf David James: *Twenty Questions: Kant's Applied Ethics* (1992), Yvonne Unna: *Kant's Answers to the Casuistical Questions Concerning Self-Disembodiment* (2003) sowie Rudolf Schüssler: *Kant und die Kasuistik: Fragen zur Tugendlehre* (2012). Beiträge aus dem Band: *Kasuistik und Theorie des Gewissens. Von Pascal bis Kant: Akten der Kant-Pascal-Tagung in Tübingen, 12.–14. April 2018* (2020), herausgegeben von Sara Di Giulio und Alberto Frigo, konnten in meine Überlegungen keinen Eingang mehr finden.

aus den Augen verlieren. Es muss also an etlichen Stellen bei Fragen und Problemen bleiben, die freilich Ausblicke und Perspektiven eröffnen. Dennoch bleibt bei solchen ‚offenen Enden im Gewebe der Argumentation' immer das Gefühl der Unabgeschlossenheit und der Insuffizienz. Außerdem kann an einigen Stellen auch nur auf das Potential hingewiesen und allenfalls der Ausblick auf eine systematische Fortentwicklung der kantischen Theorie eröffnet werden, ohne diesen Weg im Rahmen dieser Studien beschreiten zu können. Das gilt insbesondere für die Anwendung der kantischen Ethik auf die unterschiedlichen Bereichsethiken oder den Hinweis auf eine Ethik des Risikos.

2 Der Begriff der Anwendung

2.1 Zugänge zur Anwendungsproblematik

Mit Blick auf Kants Moralphilosophie hat Paton eine Unterscheidung eingeführt, anhand derer nicht nur ein erster Problemaufriss für die folgenden Studien aufgezeigt werden kann, sondern der auch allgemein eine wichtige heuristische Funktion zukommt:

> Wir müssen unterscheiden: (1) moralische Prinzipien, (2) moralische Gesetze wie die 10 Gebote, die sich an die Menschen als solche wenden, (3) moralische Vorschriften [moral rules], wie der Satz, daß es die Pflicht eines Soldaten oder eines Henkers sein kann zu töten, und (4) einzelne moralische Urteile, wie etwa, daß ich John Smith nicht töten soll. (Paton (1962), S. 8)

Paton war sich gewiss im Klaren darüber, dass eine solch dezidierte und eindeutige Unterscheidung im Werk Kants nirgendwo zu finden ist und dass Kant selbst in seinem Gebrauch der Termini „Prinzip", „Gesetz", „Vorschrift" usw. keineswegs so kohärent und eindeutig ist, wie das Patons Unterscheidung vorgibt. Nicht ganz zu Unrecht hat man Kant vorgeworfen, eine hochgradige Fachsprache eingeführt, diese aber selbst nicht immer präzise verwendet zu haben.[17] Dies ist zweifellos ein Umstand, auf den viele Missverständnisse und zahlreiche Kontroversen um Kants Terminologie zurückzuführen sind. Paton dürfte darüber hinaus bewusst gewesen sein, dass seine Unterscheidung weitere zentrale Begriffe wie „Maxime", „Pflicht", „Imperativ" u. a. nicht enthält und dass deren Einordnung nicht unproblematisch ist.[18] Trotz dieser Unzulänglichkeiten ermöglicht die Differenzierung von Paton einen ersten Zugang zu Kants praktischer Philosophie und einen ersten Problemaufriss, wenn es um die Anwendungsproblematik geht.

Was genau meint Paton, wenn er von „moralischen Prinzipien" im Plural spricht? Kant ist doch ganz dezidiert der Auffassung, dass es nur *ein* oberstes Prinzip der Moralität gibt (vgl. GMS, AA 04:392 sowie 421). Paton dürfte hier die „fünf verschiedenen Formeln" des (einen) kategorischen Imperativs meinen,[19] obgleich Kant nur von drei Formeln spricht. In Patons Nummerierung und Benennung sind dies: (I) Die Formel des allgemeinen Gesetzes, (Ia) die Formel des Naturgesetzes, (II) die Formel des Zwecks an sich selbst, (III) die Formel der

---

[17] Vgl. Beck (1985), S. 270.
[18] Vgl. Beck (1985), S. 82ff.
[19] Vgl. Paton (1962), S. 310.

Autonomie sowie (IIIa) die Formel des Reichs der Zwecke (vgl. Paton (1962), S. 152). Unnötig zu erwähnen, dass die Anzahl der Formeln sowie ihre inhaltliche Exposition in der Kant-Forschung ein Gegenstand der Kontroverse ist. Ebenfalls ist der Zusammenhang und die Abhängigkeit der Formeln untereinander höchst problematisch und ein nach wie vor viel diskutierter Gegenstand.[20] Kant selbst hatte behauptet, dass die dritte Formel aus den beiden anderen „folgt" (GMS, AA 04:431.14) und dass „die eine [Formel] die anderen zwei von selbst in sich vereinigt" (ebd. 436.10). Ob hier wirklich eine Art Ableitungsverhältnis zwischen den Formeln besteht, wie es Kants Ausdrucksweise suggeriert, darf bezweifelt werden. Diese Problematik ist nicht der Gegenstand der folgenden Untersuchungen.

Nicht weniger problematisch ist das Abhängigkeitsverhältnis zwischen dem Prinzip bzw. den Prinzipien und dem, was Paton die „moralischen Gesetze" nennt. Die zentrale Frage hierbei lautet: Lassen sich die moralischen Gesetze aus dem kategorischen Imperativ *ableiten?* Mit anderen Worten: Lassen sich inhaltlich bestimmte Gesetze bzw. Gebote aus dem formalen Prinzip des kategorischen Imperativs *ableiten?* Paton verweist exemplarisch auf die Zehn Gebote – also zum Beispiel auf die Gebote: *Du sollst Vater und Mutter ehren* (4. Gebot), *Du sollst nicht morden* (5. Gebot), *Du sollst nicht ehebrechen* (6. Gebot), *Du sollst nicht stehlen* (7. Gebot), *Du sollst nicht lügen* (8. Gebot) usw. Wie aber kommt man vom formalen Prinzip des kategorischen Imperativs zu diesen inhaltlich bestimmten Geboten bzw. Verboten? Werden diese Gebote bzw. Verbote, die uns Menschen als Sollensforderungen (Pflichten) entgegentreten, vom kategorischen Imperativ *abgeleitet?* Und falls ja, wie?

In der *Grundlegung* gibt es (wenigstens) vier Stellen, die diesen Gedanken nahelegen; zumindest verwendet Kant den Begriff der *Ableitung* und äußert sich explizit wie folgt:

> [A]lso ist es [sc. das oberste praktische Prinzip] zugleich ein o b j e c t i v e s Princip, woraus als einem obersten praktischen Grunde alle Gesetze des Willens müssen *abgeleitet* [Hervorhebung UR] werden können. (GMS, AA 04:429.7 ff.)

Und in einer Fußnote zum Thema angewandte Metaphysik behauptet Kant, dass aus den sittlichen Prinzipien a priori „auch für die menschliche [Natur] praktische Regeln müssen *abgeleitet* [Hervorhebung UR] werden können" (GMS, AA 04:410.35 f.).[21] Was genau meint Kant, wenn er an diesen Stellen davon spricht, dass aus den Prinzipien etwas „abgeleitet" wird?

---

20 Vgl. Paton (1962), Kap. XIII, Schönecker/Wood (2011), S. 125 ff. sowie König (1994), S. 97 ff.
21 Neben diesen beiden Stellen taucht der Ableitungsbegriff sowohl in GMS, AA 04:421.9 und 423.37 auf; wobei es mit Bezug auf die letzte Stelle eine philologische Kontroverse gibt, ob der

Meines Erachtens ist aus diesen wenigen und überdies problematischen Aussagen kaum nachzuvollziehen, wie die (inhaltlich bestimmten) Pflichten bzw. die moralischen Gesetze (Gebote, Verbote, Erlaubnisse) allein aus dem formalen Prinzip des kategorischen Imperativs abgeleitet werden können, insofern man hier unter Ableitung einen deduktiven Schluss im Sinne der Logik versteht (vgl. Log, AA 09:114). Es liegt die Vermutung nahe, dass Kant den Ableitungsbegriff an diesen Stellen eher in einem ungenauen bzw. weiten Sinne benutzt.[22]

Mit Bezug auf die Ableitungskontroverse erläutert Paton, dass Kant zwar so gesprochen habe, dass bestimmte kategorische Imperative, wie *Du sollst nicht töten*, von dem einen kategorischen Imperativ abgeleitet wären, aber dass dies nicht bedeutet, dass sie aus ihm „deduziert worden sind" (Paton (1962), S. 157). Ableitung – selbst wenn Kant den Begriff hier verwendet – sollte nicht als (logische) Deduktion, sondern muss (nach Patons Interpretation) eher als „Anwendung" aufgefasst werden. Das ist zunächst einmal lediglich eine terminologische Verschiebung von „Ableitung" zu „Anwendung", macht aber negativ deutlich, um was für ein Verhältnis es sich nicht handelt. Unklar bleibt allerdings, wie das Verhältnis zwischen kategorischem Imperativ und den inhaltlich bestimmten Pflichten dann genau aussieht. Was genau kann *Anwendung* hier bedeuten? Wie und worauf muss ich den kategorischen Imperativ anwenden, damit bestimmte Pflichten daraus hervorgehen?

Mit Blick auf den Begriff „Vorschriften" bzw. „Regeln" wird man wiederum fragen müssen: Was ist genau gemeint? Wie unterscheiden sich Vorschriften von moralischen Gesetzen? Und vor allem: Wie kommt man von den Pflichten bzw. Gesetzen zu den Vorschriften? Welchen Status haben die Vorschriften? Sind die Vorschriften in den Gesetzen enthalten? Sind sie logisch ableitbar von diesen? Auch hier ist die Antwort: Nein. Und die These dieser Studien ist, dass es sich auch hier um besondere *Anwendungen* der Gesetze handelt. Gewissermaßen um Gesetze *in concreto*, wie es in einer interessanten Reflexion vermutlich aus den 1770er Jahren heißt:

> Weil die Regel die anwendung eines Gesetzes *in concreto* ist, wozu gesunder Verstand gehört, dessen stelle nicht durch eine allgemeine Vorschrift kann ersetzt werden, so gelten die Re-

---

Begriff „Abtheilung" oder „Ableitung" heißen muss. Vgl. dazu Timmermann (2004), S. 122. Timmermann bringt entgegen den Ausgaben von Hartenstein (1838) sowie neueren Herausgebern, wie z. B. Vorländer (7. Auflage von 1994), gute Gründe für den Begriff „Abtheilung" statt „Ableitung" und kehrt damit in seiner eigenen Edition zur Originalausgabe zurück.

22 Kant benutzt den Terminus „Ableitung" innerhalb seiner praktischen Philosophie nicht einheitlich. So redet er zum Beispiel auch von der „Ableitung der Handlungen von Gesetzen" (GMS, AA 04:412.28f.), von „Ableitung als rechtlicher Act" (MS, AA 06:271.22) u. v. a.

> geln, weil sie von den mehrsten Fallen empirisch abstrahirt sind und darum keine wahre allgemeinheit haben, auch nicht pünktlich, und es ist also keine regel ohne exception.
> Gesetze sollen ohne ausnahmen seyn, imgleichen axiomen; aber Regeln sind niemals ohne ausnahme. (HN, AA 18:128.4 ff., R 5237)

In dieser Reflexion klingen bereits wichtige Themen im Umkreis der Anwendungsproblematik an, nämlich die Rolle der Empirie, die Funktion der Urteilskraft – auch wenn der Terminus nicht explizit erscheint – und die Frage nach möglichen Ausnahmen. Das sind Themen, die in den folgenden Studien eine wichtige Rolle spielen werden. Festzuhalten ist, dass Kant den Begriff der Regel (als Anwendung eines Gesetzes *in concreto*) mit dem der Ausnahme verknüpft und hierbei empirische Aspekte am Werk sieht. Dennoch ist auch Vorsicht geboten, diese Reflexion – die im Kontext der *Metaphysica* von Baumgarten erscheint – auf die praktische Philosophie zu übertragen. Insofern es hier allerdings um die allgemeine Explikation der Grundbegriffe geht, scheint dies gerechtfertigt.

Wie diese Anwendung der Gesetze „auf in der Erfahrung vorkommende Fälle" genau aussieht und was daraus resultiert, wird zu erläutern sein. Kant spricht hierbei auch von „modificirte[n] Regeln" (TL, AA 06:468, 25) und weist ihnen einen empirischen Status zu. Auch diese Qualifikation wird näher zu beleuchten sein (vgl. Abschnitt 5.1).

Bleiben nach Patons Unterscheidung noch die moralischen Einzelurteile. Von denen Paton auch behauptet: „Einzelne moralische Urteile können nicht der Gegenstand der Philosophie sein." (Paton (1962), S. 8). Dies dürfte wohl so zu verstehen sein, dass es in der Philosophie (nicht nur im Sinne Kants) als einer Vernunfttätigkeit um allgemeine Erkenntnisse und erste Prinzipien, nicht aber um Einzelurteile geht. Dennoch – so meine ich – sollte eine vollständige Moraltheorie in der Anwendung auch Einzelbeurteilungen liefern können und beispielsweise Senecas Selbsttötung, Jenners Pockenimpfung oder auch Georg Elsers Attentat auf Hitler und Gandhis Hungerstreik moralisch beurteilen können. Moralische Einzelurteile sind dann zwar kein Gegenstand der Philosophie, müssen aber in einem Bezug dazu stehen. Darüber hinaus sollte eine Theorie der Ethik auch auf komplexe Probleme der Anwendung, wie sie unter anderem die verschiedenen Bereichsethiken mit sich bringen, Bezug nehmen können. Somit stehen auch die allerdings sehr weitläufigen Fragen nach der Anwendung der Ethik Kants im Ganzen auf die Bereiche der Medizinethik, der Tierethik, der Umweltethik oder auch der Wirtschaftsethik u. a. im Raum, die aber ein eigenes weites Feld eröffnen und im Folgenden nicht näher thematisiert werden können.[23] Eine solche Anwendung muss und kann von der kantischen Ethik im Ganzen und ihrer syste-

---

23 Vgl. dazu Altman (2014).

matischen Weiterentwicklung gefordert werden, obgleich man damit natürlich Bereiche betritt, die Kant in seiner Zeit gar nicht oder kaum im Blick hatte.

Als Fazit dieses ersten Problemaufrisses bleibt festzuhalten, dass die folgenden Untersuchungen zur Anwendungsproblematik ihren methodischen Ausgangspunkt von einem hierarchischen Stufenmodell nehmen, welches – mit Prinzipien, Gesetzen, Vorschriften bzw. Regeln und Einzelurteilen – verschiedene Stufen aufweist. Und dass der Zusammenhang – entgegen Kants eigener und missverständlicher Terminologie – zwischen den einzelnen Stufen bzw. Elementen dieses Modells nicht als Ableitung (im deduktiven Sinne), sondern als *Anwendung* aufgefasst werden sollte, wobei vorerst noch unbestimmt bleibt, was hierbei unter *Anwendung* genau zu verstehen ist.

2.2 Theorie und Praxis als ein Verhältnis der Anwendung

2.2.1 Die Bedeutung des *Gemeinspruch*-Aufsatzes für die Anwendungsproblematik

Das Verhältnis von Theorie und Praxis hat Kant 1793 in seinem Aufsatz *Über den Gemeinspruch: Das mag in der Theorie richtig sein, taugt aber nicht für die Praxis* thematisiert. Auch wenn in diesem Aufsatz der Begriff der Anwendung nicht explizit vorkommt, ist die Anwendung doch ein zentrales Thema und ‚verbirgt' sich hinter dem Begriff der Praxis.[24] Der Abhandlung kommt im Gesamtwerk Kants eine wichtige Brückenfunktion zu: Sie verbindet die Grundlegungsarbeiten zur praktischen Philosophie mit der Thematik der Anwendung. Dieser Aufsatz markiert somit einen wichtigen Schritt in Kants Hinwendung zur Praxis. Der *Gemeinspruch* ist auch im Umkreis der Diskussion um die Französische Revolution und ihre politischen Folgen zu sehen. Dieses historische Ereignis hatte die brisante Frage nach der Rolle und der Verantwortung philosophischer Theorien in

---

24 Die einschlägigen Lexika und Wörterbücher der Kant-Zeit weisen auf eine breite Bedeutungspalette des Begriffes der Anwendung (lat. applicatio) hin (vgl. z. B. Adelung (1793 ff.) oder Grimm (1854 ff.)). Die für unseren Zusammenhang entscheidende Bedeutung besteht darin, etwas Allgemeines (die Theorie) auf einen besonderen Fall (die Praxis) anzuwenden. Der Anwendungsbegriff taucht in Kants praktischer Philosophie darüber hinaus in verschiedenen Kontexten auf: Kant spricht von der Anwendung „auf Gegenstände" (nämlich Gut und Böse) (KpV, AA 05:16.32); er thematisiert die Anwendung im Sinne der Typik der reinen praktischen Urteilskraft (vgl. KpV, AA 05:67) und schließlich kann man auch von der Anwendung im Sinne des Universalisierungstests für Maximen sprechen. Dies ist aber nicht primär das Thema, wenn in den folgenden Studien von der Anwendung des kategorischen Imperativs die Rede ist.

Bezug auf die Praxis – hier insbesondere in Bezug auf die Revolution und die folgende jakobinische Terrorherrschaft – neu beflügelt und zugespitzt. Der von Kant benutzte Ausdruck „Gemeinspruch" (im Sinne von Gemeinplatz) ist im Gegensatz zu Sprichwörtern oder Volksweisheiten eher abwertend gemeint. Er bezieht sich damals wie heute pejorativ auf solche Theorien, die im Hinblick auf die Probleme der Praxis verfehlt oder unbrauchbar sind. Einer solchen Kritik war und ist auch Kants eigene Moraltheorie immer wieder ausgesetzt. Garve hatte 1792 in einer Abhandlung kritisiert, dass sich die theoretische Unterscheidung zwischen dem Streben nach Glückseligkeit (Prinzip der Selbstliebe) und dem Streben danach, der Glückseligkeit würdig zu sein (Prinzip der Pflicht bzw. Sittlichkeit), in der Praxis gar nicht begreifen und mithin auch gar nicht anwenden lasse:

> Solche feine Unterschiede der Ideen verdunkeln sich schon im Nachdenken über partikuläre Gegenstände. Aber sie verlieren sich gänzlich, wenn es aufs Handeln ankommt, – wenn sie auf Begierden und Absichten angewandt werden sollen. (Garve (1967a), S. 135)

Garves Kritik war der Anlass für Kants *Gemeinspruch*. Im ersten Teil der dreiteiligen Abhandlung setzt sich Kant mit Garves Kritik auseinander, weist sie zurück und kritisiert seinerseits jede Moralphilosophie, die den Unterschied zwischen dem Prinzip der Selbstliebe und dem Prinzip der Pflicht nicht beachtet. Im zweiten und dritten Teil thematisiert Kant dann das Verhältnis von Theorie und Praxis im Staats- bzw. im Völkerrecht.

Kants äußerst komprimierter und voraussetzungsreicher Gedankengang lässt sich mit Bezug auf die hier interessierende Anwendungsproblematik wie folgt zusammenfassen: Es wird zwischen Theorien unterschieden, die Gegenstände der Erfahrung beschreiben oder erklären (z. B. die Mechanik oder Ballistik), und Theorien, deren Gegenstände „nur durch Begriffe vorgestellt werden" (TP, AA 08:276.28). Kant hebt hier die Differenz zwischen empirischen und nicht-empirischen Theorien hervor. Nicht-empirische Theorien liegen in der Mathematik und der Philosophie vor. Hier besteht die Gefahr, dass die Gegenstände dieser Theorien „bloß leere Ideen" darstellen (TP, AA 08:276.31f.), die in der Erfahrung gar nicht möglich sind und dann hätte der Gemeinspruch in der Tat seine Berechtigung.

Doch im Falle der kantischen „Theorie, welche auf den Pflichtbegriff gegründet ist" –im Folgenden kurz: Pflichttheorie – (TP, AA 08:276, 35f.), ist dies nicht der Fall. Denn für Kant ist klar: Eine Theorie, die auf dem Pflichtbegriff beruht, ist eine Theorie, der die Gesetze der Freiheit zugrunde liegen (nicht die Gesetze der Natur) und der Begriff der Pflicht stellt keine „leere Idealität" dar. Denn „es würde nicht Pflicht sein, auf eine gewisse Wirkung unsers Willens auszugehen, wenn diese nicht auch in der Erfahrung [...] möglich wäre" (TP, AA

08:276 f. 36 ff.). Kants fundamentale Unterscheidung zwischen Natur und Freiheit sowie der Grundsatz, dass das Sollen auch ein Können impliziert – „er könne dieses, weil er es soll" (TP, AA 08:287.35) –, werden an dieser Stelle nicht weiter begründet, sondern gelten ihm durch seine Grundlegungsarbeiten als gesichert.[25] Die objektive Realität des Pflichtbegriffes also vorausgesetzt, erweist sich die kantische Pflichttheorie als eine nicht-empirische Theorie, die nicht von einer leeren Idealität handelt, sondern von Gegenständen, die auch in der Erfahrung möglich sind. Das zumindest beansprucht Kant in den Grundlegungsarbeiten gezeigt zu haben. Das heißt freilich nicht, dass diese Gegenstände auch *wirklich* in der Erfahrung gegeben sind. Die Pflichttheorie handelt nicht von in der Erfahrung tatsächlich beobachtbaren Gegenständen, denn sie ist keine empirische Theorie. Die Pflichttheorie ist der Inbegriff aller moralischen Gesetze des freien Handelns bzw. Unterlassens.

Empirische Theorien können mittels bestimmter Beobachtungen und Experimente *durch die Erfahrung* revidiert werden. Ganz gleich wie man diese Art von empirischer Wissenschaft darstellt – entweder mit Hilfe von Poppers Falsifikationismus oder mit Hilfe von Kuhns Anomalie-Begriff und seiner Paradigmentheorie –, immer ist es die Erfahrung, die auf die Theorie ‚zurückwirkt' und diese ‚korrigiert'. Das ist nicht das Modell, das Kant vor Augen hat, wenn er im *Gemeinspruch* seine auf den Pflichtbegriff gegründete Theorie und deren Anwendung in der Praxis betrachtet. Denn hier haben wir es mit einer nicht-empirischen Theorie des Sollens zu tun.

Wenn also das faktische Verhalten der Menschen von den Forderungen der Theorie abweicht, wenn also – wie Kant betont – noch nie ein Beispiel für eine Handlung aus Pflicht gegeben wurde und dies auch in Zukunft vielleicht niemals geschehen wird, dann ist dies kein Beleg für die Ungültigkeit oder Untauglichkeit der Theorie. Die Pflichttheorie kann durch keinerlei empirische Beobachtungen und Befunde verifiziert oder falsifiziert werden. Da die kantische Pflichttheorie – in der Perspektive Poppers – gegenüber jeder Falsifikation immun ist, würde sie auch gar keine Wissenschaft im Sinne Poppers sein. Für Kant freilich stellt sie die – wenn man so will – höchste Form der Wissenschaft dar, da nur sie – frei von empirischen Beimischungen – notwendige und universelle Gesetze liefert, die von apodiktischer (und nicht bloß empirischer) Gewissheit sind. Die systematische Pointe des kantischen Wissenschaftsbegriffes (zumindest in diesem Kontext) besteht gerade darin, dass ihre Erkenntnisse gerade nicht durch einen Prozess der Falsifikation widerlegt werden können.

---

25 Einschlägige Stellen zur Sollen-Können-Implikation sind unter anderem KpV, AA 05:30 sowie 159 und RGV 6:47. Vgl. dazu auch Timmermann (2003a).

In welchem Sinne kann dann aber mit Bezug auf die Pflichttheorie überhaupt von einer Anwendung auf die Praxis die Rede sein? Hier ist zunächst die Unterscheidung zwischen *Anwendung* und *Ausübung* zu berücksichtigen (vgl. TP, AA 08:275 f.) und sodann ist es sinnvoll, zwischen zwei verschiedenen Praxisbegriffen zu differenzieren. Es dürfte deutlich geworden sein, dass die gelingende oder misslingende Ausübung der Pflichttheorie in der Praxis – die Feststellung des abweichenden oder nicht abweichenden menschlichen Verhaltens vom Pflichtgesetz – keinerlei Einfluss auf die Gültigkeit oder Ungültigkeit sowie auf die Tauglichkeit oder Untauglichkeit der Theorie hat. Hierbei spielen vielmehr Bedingungen der Ausübung eine Rolle, die aber nicht zur eigentlichen Pflichttheorie gehören. Wenn nun von der *Anwendung* der Theorie auf die Praxis die Rede ist, dann können die in der empirischen Wirklichkeit gemachten Beobachtungen über den Nutzen und den Erfolg der Theorie oder ihr Scheitern ebenfalls keine Rolle spielen. Die *Anwendung* ist von der *Ausübung* zu unterscheiden. Was aber bedeutet dann *Anwendung*?

Die Anwendung sollte hier als ein Konkretisierungsprozess interpretiert werden, bei dem die Abstraktion der Theorie sukzessive zurückgeführt wird. Dies geschieht, indem die Theorie auf (immer konkretere) Akteure in immer konkreteren Situationen bezogen wird. Das heißt, es werden Menschen in bestimmten Zuständen (Alter, Stand, Geschlecht usw.) und unter bestimmten Umständen betrachtet und die moralischen Gesetze *in abstracto* werden dabei modifiziert zu Regeln *in concreto*. Die Anwendung der Theorie auf die Praxis (im Sinne konkreter und spezifischer Situationen) hat hierbei eine ganz andere Bedeutung als im empirischen Modell der angewandten Wissenschaften. Mithilfe des Depositum-Beispiels im *Gemeinspruch* illustriert Kant, dass und wie seine Pflichttheorie auf eine konkrete Situation angewendet werden kann. Sollte dies in der empirischen Wirklichkeit, das heißt in der *Ausübungspraxis* (Praxis[1]) scheitern, kann dies nicht gegen die Theorie angeführt werden. Wenn beispielsweise der Depositar aus Habsucht das Depositum einbehält, dann ist das kein Versagen der Theorie, sondern liegt an den subjektiven Ausführungsbedingungen: Die Neigungen waren faktisch stärker als die Pflicht. Die Theorie-Anwendung verstanden als Bezugnahme auf bestimmte konkrete Situationen (Praxis[2]) ist aber sehr wohl möglich. Die *Anwendungspraxis* ist hier nicht die empirische Wirklichkeit, sondern eine konkrete (gedachte) Situation. Anwendung heißt eben nicht Ausübung. Erfahrungen von Abweichungen oder gar von Theorieversagen in der Ausübungspraxis (Praxis[1]) haben keinen Einfluss auf die Gültigkeit oder Tauglichkeit der Theorie und ihre Anwendung auf konkrete Situationen (Praxis[2]).

Genauere Betrachtungen im Kasuistik-Kapitel werden zeigen, dass und wie die Anwendungspraxis (Praxis[2]) auf die Theorie ‚rückwirken' kann. Sie tut dies nicht nach dem empirischen Modell (im Sinne der Falsifikation), wohl aber im

Sinne der Erweiterung der Theorie. Durch kasuistische Überlegungen kann es zu neuen Entdeckungen und Erweiterungen im Rahmen der ethischen Theorie kommen, sodass sich neue hypothetische Regeln ergeben (vgl. Abschnitt 5.3.1). Es gibt somit ein komplexes Wechselspiel zwischen Theorie und Anwendungspraxis (Praxis²) im kantischen Modell. Mit anderen Worten: Pflichttheorie und Praxis² verschränken sich zu einer Art *theoretischer* Einheit. Die Pflichttheorie wird durch ihre Anwendung auf die Praxis² schrittweise erweitert und dadurch auch modifiziert. Dies geschieht bereits vor der kasuistischen Ebene, wenn die Pflichttheorie auf konkrete Gegenstände der Erfahrung (z. B. Menschen) angewendet wird.

2.2.2 Das Verhältnis der Pflichttheorie zur Praxis

Die zur Pflichttheorie gehörende Anwendungspraxis (Praxis²) ist im Grunde genommen nichts anderes als die (gedankliche) Anwendung der Theorie unter besonderen Bedingungen (der Erfahrung). Es ist die Anwendung der Theorie auf besondere Fälle der Erfahrung. Dieser Gedanke muss richtig verstanden werden: Die besonderen Bedingungen der Anwendung, um die es in der Anwendungspraxis (Praxis²) geht, dürfen nicht mit den besonderen Bedingungen der Ausübung (in der Erfahrung) verwechselt werden. In der Praxis² geht es um die besonderen Bedingungen der Anwendung (auf die Erfahrung). Anwendung auf die Erfahrung und Ausübung in der Erfahrung sind also strikt zu trennen. Die Bedingungen der Ausübung sind nicht Gegenstand einer Theorie a priori und können es auch nicht sein, sondern von ihnen wird gerade abstrahiert. Die Bedingungen der Anwendung hingegen müssen als Teil der Theorie a priori aufgefasst werden (vgl. MS, AA 06:216).

Die Praxis² (im Folgenden nur noch Praxis) lässt sich somit als eine theorieabhängige Restriktion der Theorie unter den Bedingungen der Anwendung begreifen, wodurch es allerdings zu einer Ausdifferenzierung und Erweiterung der Theorie kommt. Die Praxis, um die es bei einer Anwendung der Pflichttheorie überhaupt gehen kann, ist eine Praxis, deren Gegenstände[26] nicht unter den Gesetzen der Natur, sondern nur unter den Gesetzen der Freiheit stehen. Pflicht*theorie* (als Inbegriff aller Freiheitsgesetze des Handelns) und (moralische) Praxis (als Handlungen unter den Gesetzen der Freiheit) sind also miteinander verschränkt und nicht etwa zwei ganz verschiedene Sphären. Das „Mittelglied der

---

[26] Kant gebraucht hierfür auch den Ausdruck „Hantirung" (TP, AA 08:275.5) und hebt damit auf äußere Alltagshandlungen ab, die auf Erwerb und Erfolg abzielen.

Verknüpfung und des Übergangs" zwischen beiden ist die Urteilskraft (TP, AA 08:275.9 f.). Dieser Gedankengang wird von Kant wie folgt ausgedrückt:

> Denn hier ist es um den Kanon der Vernunft (im Praktischen) zu thun, wo der Werth der Praxis gänzlich auf ihrer Angemessenheit zu der ihr untergelegten Theorie beruht, und Alles verloren ist, wenn die empirischen und daher zufälligen Bedingungen der Ausführung des Gesetzes zu Bedingungen des Gesetzes selbst gemacht und so eine Praxis, welche auf einen nach bisheriger Erfahrung wahrscheinlichen Ausgang berechnet ist, die für sich selbst bestehende Theorie zu meistern berechtigt wird. (TP, AA 08:277.14 ff.)

Der „Werth der Praxis" – wie Kant es nennt – beruht auf ihrer Angemessenheit zur Theorie. Mit anderen Worten: Die Praxis muss in Bezug auf die Theorie – welcher hier gewissermaßen das Primat zukommt – angemessen sein und nicht etwa umgekehrt. Kant sagt an anderer Stelle auch: „Freylich wird die Theorie ohne Versuche u. Beyspiele nicht praxis." (HN, AA 23:136.3). Aus diesem Zitat erhellt die besondere Abhängigkeit der Praxis von der Theorie: Theorie *wird* Praxis. Theorie und Praxis sind eben nicht Gegensätze. Praxis ist das auf Vernunftgründe (Gesetze der Freiheit) gegründete Handeln. Und zwar nicht das Handeln, wie es in der Erfahrung *tatsächlich* ausgeübt und angetroffen wird, sondern wie es ausgeübt werden *soll*. Die Praxis verbleibt gleichsam in der Sphäre des Sollens. Es ist eben nicht so, dass die Praxis unabhängig von der Theorie besteht und einen eigenen unabhängigen Bereich bildet, auf den dann die Theorie angewendet wird.[27] Zugespitzt formuliert: Praxis (im Sinne von Praxis²) ‚spiegelt' die Anwendung der Gesetze in concreto, aber nicht de facto. Praxis ist die Konkretisierung der Theorie, das heißt, die Gesetze unter den Bedingungen der Anwendung betrachtet.

Kants Kritiker – Garve, Gentz und Rehberg – hatten immer wieder behauptet, dass die Moraltheorie Kants praxisfern und nicht anwendbar sei, weil es ihr an empirischen Elementen fehle. Diese Kritik verfehlt aber den kantischen Standpunkt bzw. das kantische Modell von Wissenschaft. Hier wird ein ganz anderes Verhältnis von Theorie und Praxis vorausgesetzt, das dem kantischen Verständnis geradezu zuwiderläuft. Kants Auffassung in diesem Punkt kommt in der Abhandlung *Zum ewigen Frieden* explizit zum Ausdruck:

> Die Moral [im Sinne von Pflichttheorie] ist schon an sich selbst eine Praxis in objectiver Bedeutung, als Inbegriff von unbedingt gebietenden Gesetzen, nach denen wir handeln sollen, und es ist offenbare Ungereimtheit, nachdem man diesem Pflichtbegriff seine Autorität zugestanden hat, noch sagen zu wollen, daß man es doch nicht könne. Denn alsdann fällt dieser Begriff aus der Moral von selbst weg (*ultra posse nemo obligatur*); mithin kann es keinen Streit der Politik als ausübender Rechtslehre mit der Moral als einer solchen,

---

27 Vgl. dazu auch Henrich (1967), S. 14 ff.

aber theoretischen (mithin keinen Streit der Praxis mit der Theorie) geben. (ZeF, AA 08:370.5 ff.)

Wenngleich der Begriff der ‚ausübenden' Rechtslehre im Zusammenhang mit den voraufgegangenen Überlegungen missverständlich erscheint und durch den Begriff der ‚angewandten' Rechtslehre präzisiert werden sollte, kann doch kein Zweifel daran bestehen, dass für die kantische Moraltheorie der Gemeinspruch nicht zutreffen kann. Für Kant dreht sich die Erläuterungsbedürftigkeit geradezu um: Die Übereinstimmung von Theorie und Praxis ist für ihn der selbstverständliche Normalfall mit Bezug auf eine Pflichttheorie und es wäre völlig ungereimt, wollte man – wie dies der Gemeinspruch allerdings tut – behaupten, die Theorie würde von der Praxis abweichen. Dies ist für ihn unverständlich. Der Gemeinspruch wird mit Bezug auf die Ethik Kants ad absurdum geführt.

2.3 Anwendung und Ausübung in der *Grundlegung*

Die Unterscheidung von *Anwendung* und *Ausübung* ist allerdings kein Produkt von Kants Hinwendung zur Praxis. Man begegnet ihr bereits in der *Vorrede* der *Grundlegung*:

> [A]uf den Menschen *angewandt* [Hervorhebung UR], entlehnt sie [sc. die reine Moralphilosophie] nicht das mindeste von der Kenntniß desselben (Anthropologie), sondern giebt ihm, als vernünftigem Wesen, Gesetze *a priori*, die freilich noch durch Erfahrung geschärfte Urtheilskraft erfordern, um theils zu unterscheiden, in welchen Fällen sie ihre *Anwendung* [Hervorhebung UR] haben, theils ihnen Eingang in den Willen des Menschen und Nachdruck zur *Ausübung* [Hervorhebung UR] zu verschaffen, da dieser, als selbst mit so viel Neigungen afficirt, der Idee einer praktischen reinen Vernunft zwar fähig, aber nicht so leicht vermögend ist, sie in seinem Lebenswandel *in concreto* wirksam zu machen. (GMS, AA 04:389.27 ff.)

Genau genommen ist in dem Zitat von zwei verschiedenen *Anwendungen* die Rede: Wird das Sittengesetz auf den Menschen (als solchen) als Sonderfall eines vernünftigen Wesens „angewandt", dann resultieren aus dieser Anwendung Gesetze a priori. Es werden also Vernunftgesetze (gr. *nomoi*) für den Menschen (gr. *anthropos*) aufgestellt und Kant führt später in der *Metaphysik der Sitten* für diesen besonderen Bereich auch die Bezeichnung „A n t h r o p o n o m i e" ein (TL, AA 06:406.3).[28]

---

[28] Das Kunstwort „Anthroponomie" taucht – soweit ich sehe – in der Moralphilosophie vor Kant nicht auf. Es könnte sich also um eine Begriffsprägung von Kant handeln. In Publikationen nach 1800 lässt sich der Begriff häufiger nachweisen. Er wird dort allerdings eher vage und mit deutlich

Diese Gesetze ihrerseits müssen gleichsam in einer zweiten Stufe noch <u>auf</u> besondere Fälle der Erfahrung angewendet werden, wozu es einer „durch Erfahrung geschärften Urtheilskraft" bedarf. Bei dieser zweiten Anwendung – über die Kant nicht viel sagt – kommt der Erfahrung eine doppelte Funktion zu: Zum einen spielt die Erfahrung bei der Schärfung der Urteilskraft eine Rolle und zum anderen handelt es sich um Fälle der Erfahrung – aufzufassen als konkrete Situationen (im Sinne von Praxis²). Die Urteilskraft muss entscheiden, ob ein bestimmter Fall unter ein bestimmtes Gesetz zu subsumieren ist oder nicht. Die Urteilskraft als das Bindeglied zwischen Theorie (Gesetz) und Praxis (konkreter Einzelfall) bringt somit empirische Elemente ins Spiel, die sich bei der Anwendung mit der Theorie ‚verknüpfen'. Diese empirischen Elemente konkretisieren das abstrakte Gesetz a priori, haben aber keine konstitutive oder korrektive Funktion in Bezug auf die Pflichttheorie.

Verfolgt man das Zitat weiter, wird deutlich, dass es nicht nur um die (doppelte) Anwendung der moralischen Gesetze, sondern auch darum geht, ihnen „Eingang in den Willen des Menschen" und „Nachdruck zur Ausübung" zu verschaffen. Auch hierbei schreibt Kant der Urteilskraft eine wesentliche Funktion zu. Bei der Thematik des Eingangs der moralischen Gesetze in den menschlichen Willen geht es wohl um Lehr- und Lernprozesse (Erziehung und Moralunterricht). Insofern Kant Beispielen und der Kasuistik im Moralunterricht eine wichtige Rolle zuweist, wird sofort einsichtig, dass auch hier Erfahrung und Urteilskraft eine wichtige Rolle spielen.²⁹ Doch wie sieht es im Hinblick auf die „Ausübung" der moralischen Gesetze aus? Welche Rolle spielen hier Erfahrung und vor allem Urteilskraft? Die Ausübung der moralischen Gesetze bezieht sich auf den „Lebenswandel *in concreto*".³⁰ Der menschliche Wille und das menschliche Handeln weichen de facto (oft) von den Forderungen des moralischen Gesetzes ab. Dies liegt nach Kant unter anderem an der „Gebrechlichkeit" oder der „Unlauterkeit" der menschlichen Natur (RGV, AA 06:29.18 und 21) – also den subjektiven Bedingungen der Ausübung. Willensschwäche durch übertrumpfende Neigungen oder die Beimischung nicht-moralischer Triebfedern führen zu diesen Abweichungen in der tatsächlichen Ausübung. Wie soll nun die Urteilskraft mehr

---

empirischen Bezügen verwendet und meint ganz allgemein die Lehre vom Menschen. Vgl. z. B. den dritten Teil der Anthropologie von Wilhelm Liebsch mit dem Titel *Anthroponomie* (1808) oder auch die *Encyclopädie und Methodologie der Anthroponomie (oder Menschenlehre) im Grundrisse* (1813).

29 Vgl. MS, AA 06:411 und 478 und 484 sowie Abschnitt 5.3.1.

30 M. E. sollte Kant hier ganz präzise von der ‚Ausübung der Gesetze im faktischen Lebenswandel in concreto' sprechen, um der Differenz zwischen ‚Ausübung' und ‚Anwendung' einerseits und zwischen ‚de facto' und ‚in concreto' andererseits Rechnung zu tragen.

Nachdruck zur (richtigen) Ausübung hervorbringen? Die Urteilskraft ist ein Erkenntnisvermögen der Subsumtion und kann als solches das moralische Gesetz als Triebfeder allenfalls indirekt stärken, indem uns Einzelfälle als gelingende Orientierungsmuster vor Augen geführt werden. Kant spricht in diesem Zusammenhang auch von der „lebendigen Darstellung der moralischen Gesinnung an Beispielen" (KpV, AA 05:160.27 f.), um dem Gesetz der Pflicht leichteren Eingang und eben auch stärkere Ausübung zu verschaffen. Wie auch immer diese Steigerung des Nachdrucks zur Ausübung mittels Urteilsraft genau gemeint ist: Kant weist der Urteilskraft sowohl mit Bezug auf die Anwendung als auch mit Bezug auf die Ausübung (und den Eingang) eine wichtige Rolle zu, ohne diese aber im Detail zu explizieren. Darüber hinaus macht das Zitat deutlich, dass die auf den Menschen bezogenen Gesetze a priori (*Anthroponomie*) allein nicht ausreichen, um zu einer Anwendung auf konkrete Fälle und zu einer Ausübung *in concreto* zu kommen. Hierfür kommt der Urteilskraft mit ihren Erfahrungsbezügen eine wichtige Funktion zu.

Für unseren Diskussionszusammenhang bleibt noch einmal zu betonen, dass die Unterscheidung zwischen *Anwendung* und *Ausführung* bzw. *Ausübung* bereits in der *Grundlegung* greifbar wird. Sie ist kein Produkt späterer Überlegungen, wenngleich sie in der *Grundlegung* noch nicht so deutlich ausbuchstabiert und in allen Feinheiten artikuliert wird.

2.4 Einteilung der Ethik

Die Unterscheidung von Anwendung und Ausübung spiegelt sich auch in der Einteilung der Ethik in verschiedene Teile bzw. Bereiche wider. Dieser Sachverhalt soll im Folgenden expliziert werden. Bringt man die in der *Vorrede* der *Grundlegung* entwickelte Einteilung der Philosophie und ihre Prinzipien in eine graphische Übersicht, so kann diese wie in Abb. 4 dargestellt aussehen.

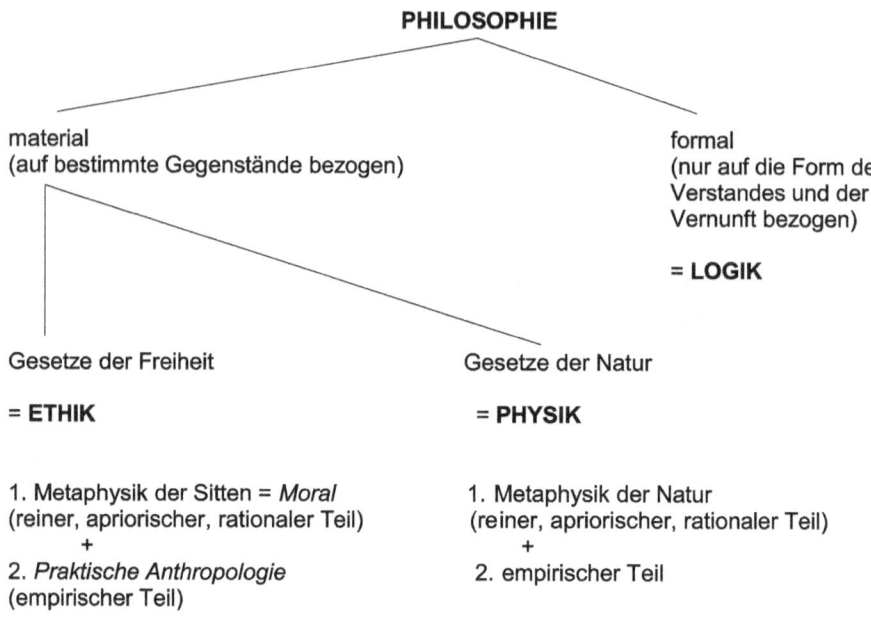

Abb. 4: Einteilung der Philosophie gemäß der GMS

Die für die kantische Philosophie fundamentale „Idee einer zwiefachen Metaphysik" (GMS, AA 04:388.9) fällt sogleich ins Auge. Darüber hinaus wird deutlich, dass für Kant die Ethik (wie auch die Physik) einen *empirischen* und einen *nicht-empirischen* Teil aufweist. Es ist das methodische Grundprinzip Kants, beide Teile sorgfältig voneinander zu trennen. Der nicht-empirische Teil basiert auf reiner Vernunfterkenntnis aus bloßen Vernunftbegriffen und heißt reine Philosophie oder Metaphysik (vgl. MAN, AA 04:469). Er ist vollkommen unabhängig von allen Erfahrungsprinzipien. Mit Bezug auf die Metaphysik der Natur nimmt Kant in den *Metaphysischen Anfangsgründen der Naturwissenschaft* weitere Differenzierungen vor: Die Metaphysik der Natur kann entweder „ohne Beziehung auf irgend ein bestimmtes Erfahrungsobject" von Gesetzen handeln oder „sie beschäftigt sich mit einer besonderen Natur dieser oder jener Art Dinge, von denen ein empirischer Begriff gegeben ist, doch so, daß außer dem, was in diesem Begriff liegt, kein anderes empirisches Princip zur Erkenntnis derselben gebraucht wird" (MAN, AA 04:469 f. 34 ff.). Im letzteren Fall haben wir es immer noch mit einer Metaphysik zu tun, die zu ihren Erkenntnissen (über Erfahrungsobjekte) durch Vernunftprinzipien a priori kommt, allerdings diese auf empirisch gegebene Begriffe anwendet. Mit Cramer (1985) scheint es in diesem Falle sinnvoll, zwischen einer allgemeinen oder reinen Metaphysik (die gänzlich frei von empirischen Beimischungen ist) und einer besonderen oder nicht reinen Metaphysik (die empirische Bestandteile enthält, aber nicht von diesen abhängt) zu unterscheiden. Diese Differenzierung kann man unter Verwendung der kantischen Begrifflichkeiten wie folgt zusammenfassen:

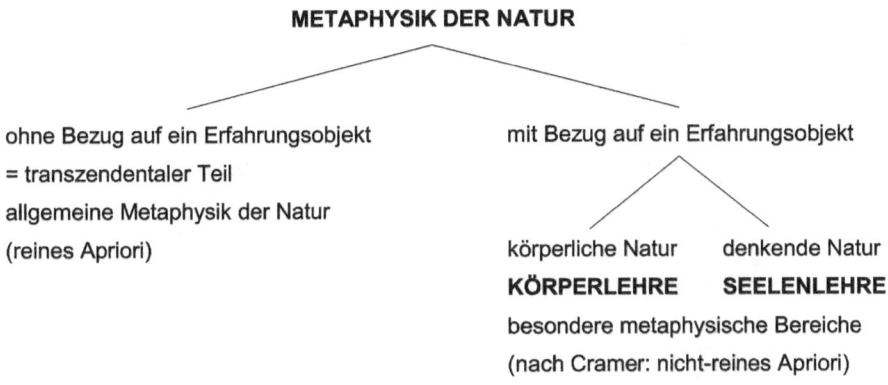

Abb. 5: Einteilung der Metaphysik der Natur

Kant drückt sich dann auch so aus, dass er sagt, dass die transzendentalen Prinzipien der allgemeinen Metaphysik der Natur „auf die zwei Gattungen der Gegenstände unserer Sinne [sc. körperliche und denkende Wesen] angewandt werden" (MAN, AA 04:470.11 f.). Die Körperlehre (als eine besondere nicht-reine Metaphysik a priori) beschäftigt sich mit Gegenständen des äußeren Sinnes, nämlich der ausgedehnten Natur, und die Seelenlehre (ebenfalls als eine besondere nicht-reine Metaphysik a priori) beschäftigt sich mit den Gegenständen des inneren Sinnes, nämlich mit der denkenden Natur.

Die Sachlage wird allerdings noch dadurch verkompliziert, dass Kant selbst „zweierlei Bedeutungen des Wortes r e i n" unterscheidet: Erkenntnisse a priori heißen „rein", wenn ihnen „nichts Empirisches b e i g e m i s c h t ist", sie heißen aber auch „rein", wenn sie „von nichts Empirischem a b h ä n g i g" sind (ÜGTP, AA 08:183 f.37 ff.). Im ersten (strengen) Fall liegt also gar kein Bezug auf ein Objekt der Erfahrung vor und es dürfen auch gar keine aus der Erfahrung entnommenen Begriffe vorkommen. Im zweiten Fall wird ein Objekt der Erfahrung einbezogen bzw. Begriffe aus der Erfahrung entlehnt, aber die Gültigkeit der gewonnen Erkenntnis beruht nicht auf der Erfahrung – ihre Wahrheit wird unabhängig von der Erfahrung (z. B. Beobachtungen und dergleichen) eingesehen. Somit würde Kant also auch die Metaphysik der Natur und der Sitten als rein bezeichnen, aber – streng genommen – nur im zweiten Sinne, d. h., ihre Erkenntnisse sind von der Erfahrung unabhängig, können aber empirische Beimischungen enthalten. Es ist indes nicht immer eindeutig und klar, wie Kant den Ausdruck „reine Moralphilosophie" beispielsweise in der *Grundlegung* genau gebraucht. Es ist aber wichtig, diese Doppelbedeutung stets mit zu berücksichtigen.

Die für unseren Zusammenhang entscheidende Frage lautet nun, ob auch die Metaphysik der Sitten eine ähnliche Differenzierung aufweist. Die erste Antwort, die man mit Blick auf die *Kritik der reinen Vernunft* geben könnte, lautet: Nein. Kant hatte hier die „obersten Grundsätze der Moralität und die Grundbegriffe derselben" zwar als Erkenntnisse a priori bezeichnet, sie aber gleichzeitig von der Transzendentalphilosophie ausgeschlossen:

> [W]eil sie die Begriffe der Lust und Unlust, der Begierden und Neigungen etc., die insgesammt empirischen Ursprungs sind, zwar selbst nicht zum Grunde ihrer Vorschriften legen, aber doch im Begriffe der Pflicht als Hinderniß, das überwunden, oder als Anreitz, der nicht zum Bewegungsgrunde gemacht werden soll, nothwendig in die Abfassung des Systems der reinen Sittlichkeit mit hineinziehen müssen. (KrV, AA 03:45.23 ff.)

Demzufolge kann eine Metaphysik der Sitten keinen transzendentalen Teil (kein reines Apriori) aufweisen, denn allein im Begriff der Pflicht treten gewissermaßen ‚empirische Verunreinigungen' zutage, die in die reine Sittlichkeit mit hineingezogen werden. (Kant könnte sie natürlich immer noch als „rein" kennzeichnen, würde damit aber nur meinen, dass sie vom Empirischen *unabhängig* sind, nicht aber frei von empirischen Beimischungen.) Doch das ist nur die eine Sicht auf die Angelegenheit. Cramer (1997) interpretiert die Darlegungen der *Kritik der praktischen Vernunft* – die das oberste Prinzip der Moral bekanntlich ohne Rekurs auf den Pflichtbegriff exponieren – als eine reine Moralphilosophie (ohne empirische Beimischungen). Und falls dies tatsächlich zutrifft, dann wäre auch Kants eigener Einwand in der *Kritik der reinen Vernunft* obsolet: Eine reine Moralphilosophie a priori wäre denkbar und zwar in einem strengen Sinne von „rein". Dies wäre aber nicht die reine Moralphilosophie, von der in der *Grundlegung* die Rede ist, wohl aber in der *Kritik der praktischen Vernunft*. Und die von Kant auf den Pflichtbegriff gestützte (im strengen Sinne) nicht-reine Moralphilosophie a priori (in der *Grundlegung*) würde gleichsam nur eine spezielle Art der Anwendung der reinen Moralphilosophie darstellen. Nämlich eine Anwendung auf endliche vernünftige Wesen. Und insofern der Mensch (als solcher) eine spezielle Unter-Gattung dieser Gattung darstellt, ist diejenige Metaphysik der Sitten, die das Erfahrungsobjekt *Mensch* zum Gegenstand erhebt, als eine besondere nicht-reine (aber dennoch apriorische) Metaphysik der Sitten zu klassifizieren. Sie ist *Anthroponomie* und wird von Kant auch als *angewandte Metaphysik der Sitten* bezeichnet (vgl. GMS, AA 04:410). Als Übersicht ergibt sich Abb. 6.

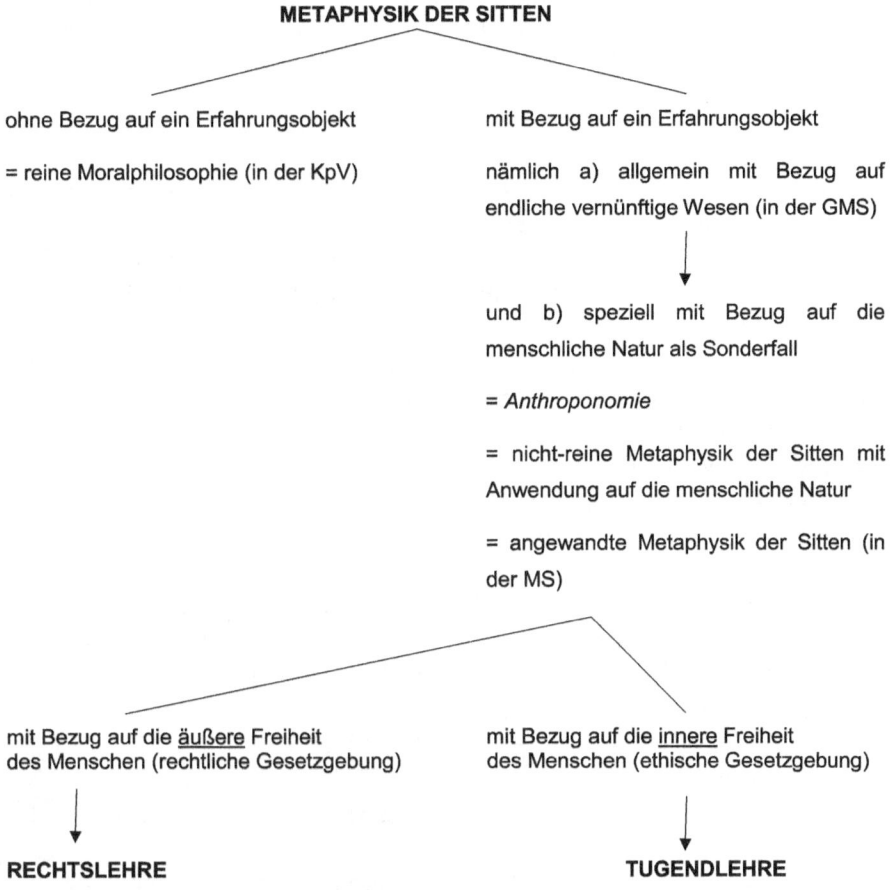

Abb. 6: Einteilung der Metaphysik der Sitten

Durch Bezug auf die Reflexionsbegriffe *Inneres/Äußeres* ergibt sich – wie bereits in der Metaphysik der Natur – auch in der Metaphysik der Sitten am Ende eine Zweiteilung der besonderen nicht-reinen Metaphysik, nämlich in *Rechtslehre* und *Tugendlehre*. Diese Zweiteilung ist wohl analog zu der Zweiteilung in Körperlehre und Seelenlehre.

Diese Überlegungen werden auch durch eine wichtige Textstelle in der *Einleitung* der *Metaphysik der Sitten* gestützt:

> So wie es aber in einer Metaphysik der Natur auch Principien der Anwendung jener allgemeinen obersten Grundsätze von einer Natur überhaupt auf Gegenstände der Erfahrung geben muß, so wird es auch eine Metaphysik der Sitten daran nicht können mangeln lassen, und wir werden oft die besondere N a t u r des Menschen, die nur durch Erfahrung erkannt

> wird, zum Gegenstande nehmen müssen, um an ihr die Folgerungen aus den allgemeinen moralischen Principien zu zeigen, ohne daß jedoch dadurch der Reinigkeit der letzteren etwas benommen, noch ihr Ursprung *a priori* dadurch zweifelhaft gemacht wird. – Das will so viel sagen als: eine Metaphysik der Sitten kann nicht auf Anthropologie gegründet, aber doch auf sie angewandt werden. (MS, AA 06:216 f. 34 ff.)

Darüber hinaus verweist Kant in den *Vorarbeiten* zur *Metaphysik der Sitten* explizit auf die Zweiteilung der *Metaphysik der Natur*, nämlich in die körperliche und die denkende Natur, wenn er dann analog dazu die *Metaphysik der Sitten* ebenfalls mittels einer Zweiteilung, nämlich in Rechtslehre und Tugendlehre, konstituiert (vgl. HN, AA 23:247).

Folgt man diesen Überlegungen zur Einteilung der Metaphysik der Sitten, kann man resümierend festhalten, dass bei Kant die Ethik im Ganzen – wie wir sie am Ausgangspunkt der *Grundlegung* vorfinden – aus drei unterschiedlichen Teilen bzw. Bereichen besteht:

1) einer allgemeinen reinen Metaphysik der Sitten (ohne Bezug auf ein Erfahrungsobjekt): reine Sittenlehre.
2) einer besonderen und nicht-reinen Metphysik der Sitten a priori mit Bezug auf diverse Erfahrungsobjekte (nämlich endliche vernünftige Wesen und dann spezifischer: die besondere Natur des Menschen) als Anwendung des reinen Teils auf einen empirisch gegebenen Begriff: *Anthroponomie*. Diese lässt sich weiter ausdifferenzieren in
    (A) Rechtslehre sowie
    (B) Tugendlehre.
3) einem empirischen Teil: praktische bzw. moralische Anthropologie.

Während der Bereich 2 aus dem Bereich 1 aufgrund einer Anwendung des Sittengesetzes auf besondere Erfahrungsobjekte hervorgeht und beide miteinander verwoben sind, muss der Bereich 3 – nach Auskunft Kants – streng abgetrennt werden von den übrigen Bereichen. Dieser empirische Bereich wird von Kant in der *Grundlegung* als „praktische Anthropologie" (GMS, AA 04:388.13) bezeichnet und nicht näher bestimmt. In der *Metaphysik der Sitten* taucht dann allerdings der Begriff „moralische Anthropologie" (MS, AA 06:217.10 f.) auf:

> [W]elche, aber nur die subjective, hindernde sowohl als begünstigende Bedingungen der Ausführung der Gesetze der ersteren [sc. der Metaphysik der Sitten] in der menschlichen Natur, die Erzeugung, Ausbreitung und Stärkung moralischer Grundsätze (in Erziehung, der Schul- und Volksbelehrung) und dergleichen andere sich auf Erfahrung gründende Lehren und Vorschriften enthalten würde. (MS, AA 06:217.11 ff.)

Ob beide deckungsgleich sind oder ob die praktische Anthropologie im Gegensatz zur moralischen nicht auch Überlappungen mit der besonderen Metaphysik der Sitten aufweist (insofern diese auf die besondere Natur des Menschen Bezug nimmt und mithin empirische Elemente enthält (vgl. GMS, AA 04:412)), kann man kritisch diskutieren, soll hier aber nicht weiter thematisiert werden.

Anmerkung: Diese Rekonstruktion einer Einteilung der Metaphysik der Sitten korrespondiert auch mit einigen Reflexionen Kants. Dort gliedert er die Moralphilosophie in „philosophia moralis pura" (≙ Bereich 1) und „applicata". Die *philosophia moralis applicata* untergliedert er noch weiter in „theoretica" (≙ Bereich 2) und „practica" (≙ Bereich 3) und erläutert letztere durch die Begriffe „Erziehung, Gesetzgebung" (HN, AA 19:93.2ff., R. 6578).[31] Während die *philosophia moralis pura* mit dem Projekt einer reinen Moralphilosophie identifiziert werden kann, wie es im *Vorwort* der *Grundlegung* entworfen wird, bezieht sich die *philosophia moralis applicata theoretica* (als eine Metaphysik der Sitten) auf die besondere Natur des Menschen. Sie bleibt aber in ihren Prinzipien und Erkenntnissen *a priori* – wenngleich auch ohne ‚Reinheit', da sie sich auf Gegenstände der Erfahrung bezieht. Erst die *philosophia moralis applicata practica* – als eine Art komplementäres Gegenstück zur *philosophia moralis applicata theoretica* kann als eine empirische Disziplin charakterisiert werden. Die folgenden Studien konzentrieren sich auf die *philosophia moralis applicata theoretica* als einer Art komplementäre Ergänzung bzw. Erweiterung zur reinen Moralphilosophie und als eine Art ‚Brückenglied' zwischen dieser und der moralischen Anthropologie.

Für unsere Überlegungen zur Differenz von Anwendung und Ausübung bzw. Ausführung ergibt sich nun Folgendes: Vor dem Hintergrund dieser Einteilung können und sollten die Begriffe *Anwendung* und *Ausübung* (bzw. der synonym verwendete Begriff *Ausführung*) unterschiedlichen Bereichen zugewiesen werden. Die Anwendung sowie die Bedingungen und Prinzipien der Anwendung gehören zur Metaphysik der Sitten; genauer zur besonderen nicht-reinen Metaphysik der Sitten, die sich auf die besondere Natur des Menschen bezieht. Ihre Resultate sind a priori, da sie sich nicht auf Erfahrungsprinzipien stützen und keine weiteren empirischen Erkenntnisse hinzuziehen, außer den Begriff der besonderen Natur des Menschen. Die Theorie abstrahiert von allen Bedingungen, die auf die „Ausübung nothwendig Einfluss haben" (TP, AA 08:275.4). Ganz anders ist es mit dem Begriff der *Ausübung* bzw. *Ausführung* bestellt: Dieser gehört eindeutig in die empirische Sphäre (der Ethik) und somit in die moralische Anthropologie. Bei ihm

---

31 Vgl. auch HN, AA 19:112, R 6618 sowie für eine noch umfassendere Gliederung und Einordnung HN, AA 18:11, R 4855.

geht es um die „Erzeugung, Ausbreitung und Stärkung moralischer Grundsätze" (MS, AA 06:217.13 f.).

Die tatsächliche Ausübung des moralischen Gesetzes ist als ein empirischer Akt aufzufassen; im Unterschied zur Anwendung des moralischen Gesetzes, der einen theoretischen Akt der Explanation und Modifikation darstellt. Während bei der Anwendung des Gesetzes auf die Erfahrung die Anwendung ein gedanklicher Prozess ist, der gar nicht in der Erfahrung stattfindet und auch kein Gegenstand der Erfahrung ist, ist die Ausübung eine Umsetzung oder Verwirklichung des Gesetzes in der Erfahrung. Die Ausübung ist ein Vorgang in der Sinnen- bzw. Erfahrungswelt und deswegen kann auch gesagt werden, dass „sie [sc. die Ausübung] die Erfahrung lehrt" (MS, AA 06:227.8). Hier kann die Erfahrung helfen „zu lernen, wie sie [sc. die Theorie] besser und allgemeiner ins Werk gerichtet werden könne" (TP, AA 08:289.2 f.). Die Erfahrung vermag die Ausübung (nicht aber die Anwendung) zu modifizieren. Denn die Bedingungen der Ausübung sind ein Gegenstand der empirischen Forschung.

2.5 Fazit: Anwendung

Die Überlegungen haben gezeigt, dass
1) folgende hierarchische Stufung als methodische Herangehensweise und als Leitgedanke für die Interpretation der praktischen Philosophie Kants sinnvoll ist: moralische Prinzipien → moralische Gesetze → moralische Regeln (möglicherweise mit Ausnahmen) → moralische Einzelurteile.
2) Kants problematische Redeweise von der „Ableitung" spezifischer Pflichten aus dem kategorischen Imperativ nicht als (logische) Deduktion interpretiert, sondern als eine Prozedur der Anwendung aufgefasst werden sollte.
3) die Anwendung der Theorie strikt von der Ausübung zu trennen ist: Anwendung ist die Bezugnahme auf spezifische Situationen und stellt einen Bezug auf die Erfahrung dar. Ausübung hingegen meint die wirkliche Umsetzung der Theorie in der Erfahrung/Wirklichkeit.
4) es sinnvoll ist, zwei verschiedene Praxis-Begriffe zu unterscheiden: zum einen Praxis als empirische Wirklichkeit und zum anderen Praxis als komplexe spezifische Situation. Wenn Kants Pflichttheorie auf die Praxis als komplexe spezifische Situation bezogen wird, dann wird der Gemeinspruch – *Das mag in der Theorie richtig sein, taugt aber nicht für die Praxis* – und damit die Kritik an Kant gleichsam witzlos. Denn bei Kant sind Theorie und Praxis nicht durch ein Verhältnis von Vorhersage und Falsifikation, sondern durch ein Verhältnis von Erweiterung und Modifikation miteinander verschränkt (Konkretisierung und Spezifizierung). Die Praxis kann damit der Theorie nicht widersprechen.

2.5 Fazit: Anwendung — 47

5) wenn man Kants Pflichttheorie auf die empirische Wirklichkeit (Praxis^1) bezieht, man von Ausübung sprechen sollte: Hierbei kann die Praxis^1 sehr wohl vom Pflichtgesetz abweichen. Und wenn man Kants Pflichttheorie auf konkrete Situationen bezieht, sollte man von Anwendung reden: Und hier kann die Praxis^2 nicht vom Pflichtgesetz abweichen.
6) die Differenzierung von Anwendung und Ausübung, die bereits in der *Grundlegung* greifbar wird, zu bestimmten Teilbereichen von Kants Ethik-Konzept korrespondiert.
7) dieses Ethik-Konzept drei Bereiche umfasst, nämlich i) eine allgemeine reine Metaphysik der Sitten (*philosophia moralis pura*), ii) eine besondere und nicht-reine Metaphysik der Sitten a priori mit Bezug auf Erfahrungsobjekte (aus der dann Rechtslehre sowie Tugendlehre hervorgehen) (*philosophia moralis applicata theoretica*) und iii) einen empirischen Bereich: praktische bzw. moralische Anthropologie (*philosophia moralis applicata practica*). Während der zweite Bereich durch Anwendung vom ersten Bereich auf empirische Elemente hervorgeht, haben wir es im dritten Bereich mit Problemen der Ausübung zu tun.
8) sowohl bei der Anwendung als auch bei der Ausübung der Urteilskraft eine wesentliche Rolle zukommt.
9) sich die sukzessive Anwendung als eine Art Rückführung der Abstraktion, mithin als eine zunehmende Spezifizierung oder genauer Konkretisierung des Gegenstandsbereiches der Theorie erweist. Dieser Konkretisierungsprozess geht mit einer schrittweisen Aufnahme empirischer Elemente einher, bedeutet allerdings nicht, dass die Theorie selbst eine empirische Theorie wird. Sie verliert – in der Begrifflichkeit Kants – zwar an Reinheit, nicht aber ihren Status a priori. Gleichwohl stehen am Ende dieser Prozedur modifizierte empirische Regeln, die gleichsam mit weniger Strenge und Gewissheit aus dem eigentlichen System der Metaphysik und den metaphysischen Anfangsgründen ‚hinausragen'.

Exkurs: Anwendbarkeitsdefizite und Unanwendbarkeit

Es ist ein Gemeinplatz der Kant-Rezeption, dass der kategorische Imperativ in der konkreten Anwendung erhebliche Probleme und Defizite aufweise, ja, dass er sogar *unanwendbar* sei. Von den ersten Kritikern bis in die Gegenwart hinein lassen sich verschiedene Spielarten der Anwendungskritik ausmachen. So heißt es etwa bei Habermas:

> Ethiken des Kantischen Typs sind auf Fragen der *Rechtfertigung* spezialisiert; Fragen der *Anwendung* lassen sie unbeantwortet. Es bedarf einer zusätzlichen Anstrengung, um die im Begründungsprozess zunächst unvermeidliche Abstraktion von jeweils besonderen Situationen und einzelnen Fällen *rückgängig* zu machen. (Habermas (2009), S. 132)

Und äußerst zugespitzt formuliert Treml folgende These zur Diskussion:

> Seine [sc. Kants] rein formale Gesinnungsethik ist völlig inhaltsleer und auf keine empirischen Handlungszusammenhänge anwendbar. Kein Wunder, dass alle konkreten Beispiele, die Kant in sein Werk eingestreut hat, auf heftigen Widerspruch gestoßen sind und in der Forschung darüber keine Einigkeit besteht. (Treml (2003), S. 16)

Diese beiden Zitate illustrieren eine wirkmächtige Auffassung, die die Kant-Rezeption bis heute beeinflusst. Die Kritik an der unzureichenden Anwendbarkeit der Theorie Kants weist unterschiedliche Varianten auf. Sie reicht vom Vorwurf der totalen Unanwendbarkeit über die Diskussion partieller Anwendungsprobleme bis zu der Behauptung, Kant habe sein eigenes Prinzip falsch angewendet, aber man könne dies korrigieren. Auch in der Art und Weise der spezifischen Anwendungskritik lassen sich sehr viele verschiedene Kritikpunkte ausmachen. Im Folgenden sollen einige Kritikpunkte aus diesem weiten Feld herausgestellt werden. Im Anschluss an die einzelnen Kritikpunkte werden mögliche Repliken angeführt.

1. Abstraktionsvorwurf: Bereits bei Garve, Gentz und Rehberg findet sich der Vorwurf, die kantische Theorie sei viel zu abstrakt und lasse sich nicht auf „partikuläre Gegenstände" anwenden (Garve (1967a), S. 135). Sie reiche nicht hin, „um die *Praxis des Lebens* zu dirigieren" (Gentz (1967), S. 94) und man könne von ihr kein „System von einzeln bestimmten Pflichten" ableiten, da sie als rein formale Theorie in der Anwendung unzulänglich und unvollständig sei (Rehberg (1967), S. 117). Es müsse „etwas empirisch Erkanntes hinzukommen" (ebd.), um das Anwendungsproblem zu lösen. Dieser Kritikpunkt findet sich auch in der zeitgenössischen Kant-Rezeption, wenn es beispielsweise heißt, dass Kants Ethik auf „individuelle Situationen, persönliche Unterschiede oder mildernde Umstände keine Rücksicht nimmt" (Singer (1975), S. 257) oder wenn moniert wird, dass die „Konkretisierung einer Handlungsgesinnung in bestimmten Situationen [von Kants Theorie] nicht befriedigend geleistet" werde (Ludwig (1992), S. 111).[32] Insgesamt würde Kant den Kontext nur unzureichend oder gar nicht berücksichtigen: „A common complaint against Kant is that he fails to consider the context in which the categorical imperative is applied." (Altman (2014), S. 182). Altman arbeitet heraus, dass Kant die Eingebundenheit der moralischen Akteure in soziale und kulturelle Kontexte nicht hinlänglich berücksichtige.

Den zentralen Kritikpunkt sehe ich hier nicht in einem leeren Formalismus schlechthin, wie er zwar auch bei Rehberg anklingt und bei Hegel seine paradigmatische Form annimmt, sondern darin, dass Kant konkrete Situationen und Umstände nicht (genügend) berücksichtige und dass seiner Theorie der empirische Gehalt fehle. Dieser durchaus wichtigen Kritik ist Kant zum Teil selbst begegnet, indem er gegen Garve im *Gemeinspruch* unter anderem auf das Depositum-Beispiel verweist und an diesem exemplarischen Fall deutlich macht, dass und wie seine Theorie auch auf partikuläre Gegenstände angewendet werden kann. Darüber hinaus kann die *Tugendlehre* als ein Werk aufgefasst werden, in dem Kant besonders diese Aspekte der Anwendungsproblematik thematisiert. Ohne diese Abhandlung – so möchte ich behaupten – hat man eben nicht die ganze ethische Theorie Kants. Will man dieser traditionellen Kritik angemessen begegnen, kommt man nicht umhin, dieses Werk mit seiner materialen Zwecklehre sowie seinen kasuistischen Ansätzen einzubeziehen. Darüber hinaus sollte nicht vergessen werden, dass folgende empirische Elemente in der Anwendung von Kants Theorie eine wichtige Rolle spielen: 1) Maximen (mit ihrem empirischen Gehalt), 2) die besondere Natur des Menschen, 3) bestimmte menschliche Zustände (wie z. B. Alter, Geschlecht und Stand) sowie 4) die besonderen Umstände und Situationen in der Welt. Dadurch wird gleichsam der Abstraktionsprozess sowie die Dekontextualisierung rückgängig gemacht. Das, was Habermas in dem Eingangszitat als „Anstrengung" forderte, leistet Kant in der *Tugendlehre* zu einem gewissen Grade selbst. Dennoch darf auch nicht verkannt werden, dass er die Bedeutung und den Umfang dieser Problematik nicht hinreichend artikuliert hat.

2. Vorwurf der falschen Anwendung: Eine weitere Spielart der Anwendungskritik schlägt sich in der Behauptung nieder, Kant habe seine eigene Theorie – namentlich den kategorischen Imperativ – falsch angewendet. Das Prinzip sei

---

32 Ähnliche Kritikpunkte äußern Williams (1985) und Vuillemin (1982).

also richtig, nur seine Anwendung mangelhaft. So liest man zum Beispiel bei Singer, dass „Kant selbst sein eigenes Prinzip falsch anwandte" (Singer (1975), S. 266). Diese Kritik geht von der prinzipiellen Anwendbarkeit des kategorischen Imperativs aus, behauptet aber, dass Kant bei seiner Darstellung und Diskussion von konkreten Fällen Fehler gemacht habe. Bei diesen Kritikern besteht die Tendenz, die Theorie Kants von „mancherlei Einseitigkeiten und Überspitzungen zu lösen" und der Sache nach – unabhängig von Kants eigener Darstellung – systematisch weiterzuentwickeln (Patzig (1978), S. 158). Hierbei rückt vor allem die unerbittliche und rigide Gesetzesbefolgung, namentlich der Vorwurf, dass Kant keinerlei Ausnahmen zulasse, in den Fokus. Dieser Kritik-Punkt findet sich schon bei Rehberg:[33]

> Ich glaube, daß nicht eine einzige bestimmte Pflicht angegeben werden könne, von welcher nicht Fälle erdacht werden möchten, in denen von der Regel abgewichen werden müsse, um dem höchsten Gesetze der Sittlichkeit Genüge zu tun. (Rehberg (1967), S. 120)

Ohne Frage finden sich bei Kant die kritisierten Einseitigkeiten und Überspitzungen in der Anwendung, man denke nur an den berüchtigten Aufsatz *Über ein vermeintes Recht aus Menschliebe zu lügen* (1797). Aber es lassen sich auch gegenläufige Textstellen ausfindig machen, in denen er in Bezug auf einzelne Fälle (etwa auch zum Thema Notlüge) sehr vorsichtig abwägt und Konzessionen diskutiert. Besonders in seinen Vorlesungen zur Moralphilosophie lassen sich zahlreiche Stellen finden, die etwa zum Thema Selbstmord und Lüge sehr differenzierte Beurteilungen erkennen lassen. Ein Schwerpunkt der folgenden Studien liegt hierbei auch auf der Kasuistik, durch deren eingehende Betrachtung die Diskussion um die Anwendungsproblematik differenzierter geführt werden kann. Darüber hinaus sollte man die Ebene der moralischen Gesetze einerseits, die keinerlei Ausnahmen zulassen, von der Ebene der generellen Regeln, die Ausnahmen zulassen, unterscheiden: „Gesetze sollen ohne ausnahme seyn, imgleichen axiomen; aber Regeln sind niemals ohne ausnahme" (HN, AA 18:128.9f., R 5237). Solche und ähnliche Texthinweise ergeben ein differenzierteres Kant-Bild.

Richtig scheint mir allerdings, dass Kant der Anwendungsproblematik nicht so viel Aufmerksamkeit geschenkt hat wie der Grundlegungsthematik und dass die Anwendungsthematik nicht auf einem ähnlichen Niveau entwickelt vorliegt, wie dies von der Grundlegungsthematik gesagt werden kann. Deshalb ist die Forderung einer systematischen Weiterentwicklung der kantischen Theorie in

---

33 Ebenso bei Garve (1967b), S. 157. Vgl. auch Paton (1953/54) sowie Singer (1975), Kap. VIII.

diesem Punkt gewiss sinnvoll. Dies gilt vor allem auch im Hinblick auf den nächsten Kritikpunkt.

3. Kritik an der Reichweite der Anwendung: Kants Ethik formuliert Pflichten gegen sich selbst und gegenüber anderen Menschen und beschränkt sich daher auf das Zusammenleben der Menschen. Besonders in der Gegenwart spielen aber moralische Fragen und Probleme in den sogenannten Bereichsethiken, wie etwa in der Tierethik oder der ökologischen Ethik, eine wichtige Rolle.[34] Kants Ethik bedarf hier mindestens einer „Ergänzung", um moralische Verbindlichkeiten in diesen wichtigen Bereichen zu begründen (Patzig (1978), S. 162).[35] In Kants *Metaphysik der Sitten* sowie in der gleichnamigen Vorlesung, die uns Vigilantius in seiner Nachschrift mitteilt, finden sich indirekte Ansätze zu Umwelt- und Tierschutzproblemen auf der Grundlage des Anthropozentrismus:

> In Ansehung des S c h ö n e n, obgleich Leblosen in der Natur ist ein Hang zum bloßen Zerstören (*spiritus destructionis*) der Pflicht des Menschen gegen sich selbst zuwider [...]. In Ansehung des lebenden, obgleich vernunftlosen Theils der Geschöpfe ist die Pflicht der Enthaltung von gewaltsamer und zugleich grausamer Behandlung der Thiere der Pflicht des Menschen gegen sich selbst weit inniglicher entgegengesetzt. (TL, AA 06:443.2ff.)

Natürlich steht es außer Frage, dass diese Ansätze zu den großen Problemen der ökologischen Ethik unserer Zeit unzureichend sind und die Kritik einer unzulänglichen Anwendungsreichweite berechtigt ist. Diese Probleme waren allerdings in Kants Zeit auch weniger drängend und standen nicht im Fokus. Es ist eine Herausforderung, die ohne Zweifel in der kantischen Ethik enthaltenen Ansätze zu dieser Problematik auszuarbeiten und systematisch weiterzuentwickeln. Und dabei die Fragen zu thematisieren, inwieweit Kants Ethik im Ganzen auch auf Tiere und die Biosphäre insgesamt, aber auch auf künftige Generationen angewendet werden kann. Dieser Problemkreis würde aber den Rahmen dieser Studien sprengen.[36]

4. Formalismus-Vorwurf: Die kritischen Bemerkungen, dass das „höchste Grundgesetz der Sittlichkeit [...] kein anderes sein [kann] als ein formales" und dass mit der kantischen Theorie etwas „bloß Formales" vorliege, „wodurch die Pflichten in Ansehung ihrer Gegenstände nicht bestimmt werden" (Rehberg (1967), S. 117 f.), sind schon bei Rehberg zu finden. Hegel prägt dann das pointierte

---

34 Vgl. Nida-Rümelin (2005), S. 63 ff.
35 Vgl. Altman (2014).
36 Vgl. Altman (2014) sowie Korsgaard (2021).

Schlagwort vom „*leeren Formalismus*" (Hegel (2015), S. 252), das gleichsam eine eigene Tradition der Kant-Kritik ausbildet.[37] Im Zentrum dieser Kritik steht das Prinzip des kategorischen Imperativs und der damit einhergehende Widerspruchstest, mit dessen Hilfe überprüft werden soll, ob sich eine gegebene Maxime zum allgemeinen Gesetz qualifiziert oder nicht. Der pauschale Kritik-Punkt lautet, dass dieses Verfahren überhaupt nicht zu inhaltlich bestimmten Pflichten führe. So bemerkt etwa Kelsen:

> Wenn man die konkreten Beispiele untersucht, mit denen Kant die Anwendung seines kategorischen Imperativs zu illustrieren versucht, muss man feststellen, dass es durchwegs Vorschriften der traditionellen Moral und des positiven Rechts seiner Zeit sind. Sie sind keineswegs – wie die Theorie des kategorischen Imperativs vorgibt – aus dem kategorischen Imperativ abgeleitet, denn nichts kann aus dieser leeren Formel abgeleitet werden. (Kelsen (2016), S. 37)

Während man Kelsens irreführender Darstellung gegenüber entgegnen kann, dass Kant die zu prüfenden Vorschriften (Maximen) natürlich aus der Moral seiner Zeit entlehnte – woher denn sonst – und dass es grob simplifizierend ist zu behaupten, diese Vorschriften werden aus dem kategorischen Imperativ *abgeleitet* – die vermeintliche Ableitung sollte nämlich als eine komplexe Anwendungsprozedur begriffen werden –, bleibt freilich das Menetekel an der Wand: Nichts könne aus dieser „leeren Formel" abgeleitet werden. Dieser zentrale und wichtige Kritikpunkt betrifft das Herzstück der Ethik Kants und soll in einem eigenen Exkurs genauer thematisiert werden.

---

[37] Eine Kritiklinie, die sich von Hegel: *Phänomenologie des Geistes* (1807), über Schopenhauer: *Die beiden Grundprobleme der Ethik* (1841), Mill: *Utilitarianism* (1861), Simmel: *Kant. Sechzehn Vorlesungen* (1904) und Scheler: *Der Formalismus in der Ethik und die materielle Wertethik* (1913 ff.) bis hin zu Kelsen: *Was ist Gerechtigkeit* (1953) und Pippin: *Die Verwirklichung der Freiheit* (2005) verfolgen lässt.

3 Von der reinen Moralphilosophie zur Sittenlehre

3.1 Das Projekt im Überblick: Vier Abstraktionsebenen

3.1.1 Einleitung

Betrachtet man Kants Ausführungen zur Ethik im Ganzen, lassen sich mindestens vier verschiedene Stufen bzw. Ebenen unterscheiden. Eine solche Differenzierung ist nicht nur als ein heuristisches Hilfsmittel zur Auflösung bestimmter Interpretationsprobleme sinnvoll, sondern bietet auch einen inhaltlich angemessenen Zugang zur Auseinandersetzung mit der Anwendungsproblematik. Es ist eine zentrale These dieser Studien, dass diese Ebenen auch als unterschiedliche Anwendungsebenen interpretiert werden können und dass sich erst auf der vierten Ebene Kants Ethik im Ganzen als Resultat mehrfacher Anwendungsprozesse voll entfaltet.

Die einzelnen Abstraktionsebenen unterscheiden sich in erster Linie durch (1) unterschiedliche moralische Subjekte, durch (2) unterschiedliche empirische bzw. anthropologische Bezüge und Voraussetzungen, die in den Theoriezusammenhang Eingang finden, sowie durch (3) unterschiedliche Problem- und Fragestellungen und schließlich durch (4) unterschiedliche Grundbegriffe, die eingeführt werden.

3.1.2 Erste Abstraktionsebene: Reine Moralphilosophie

Das Programm der höchsten Abstraktionsebene, das Konzept einer *reinen Moralphilosophie*,[38] die „von allem, was nur empirisch sein mag und zur Anthropologie gehört, völlig gesäubert wäre" (GMS, AA 04:389.8f.), wird von Kant in der *Vorrede* sowie im *Ersten Abschnitt* der *Grundlegung* skizziert und dann im strengen Sinne des Begriffes „rein" erst in der *Kritik der praktischen Vernunft* ausgeführt (vgl. Abschnitt 2.4).

---

38 Auf der höchsten Ebene, in der reinen Moralphilosophie, behauptet Kant eine Analogie zur Mathematik im Hinblick auf die Gewissheit. Die praktischen Gesetze auf dieser Ebene seien „gleich mathematischen Postulaten u n e r w e i s l i c h und doch a p o d i k t i s c h zu finden" (MS, AA 06:225.27f.). Die Doppeldeutigkeit des Begriffes *rein* sollte nicht vergessen werden (vgl. Abschnitt 2.4).

In der reinen Moralphilosophie werden die Prinzipien der praktischen Vernunft nicht nur „ohne besondere Beziehung auf die menschliche Natur" (KpV, AA 05.8.22) entwickelt, sondern es wird „aus dem Gesichtspunkt eines ganz der Vernunft gemäßen [...] Willens" argumentiert (GMS, AA 04.424.26 ff.). Ein solcher, allein der Vernunft gemäßer Wille wird von Kant als reiner und guter Wille aufgefasst, der durch keinerlei sinnliche Antriebe affiziert wird, sondern dem moralischen Gesetz vollkommen angemessen ist und diesem von selbst entspricht. Kant bezeichnet einen solchen Willen auch als göttlichen bzw. heiligen Willen und bemerkt dazu:

> Ein vollkommen guter Wille würde also eben sowohl unter objectiven Gesetzen (des Guten) stehen, aber nicht dadurch als zu gesetzmäßigen Handlungen genöthigt vorgestellt werden können, weil er von selbst nach seiner subjectiven Beschaffenheit nur durch die Vorstellung des Guten bestimmt werden kann. Daher gelten für den göttlichen und überhaupt für einen heiligen Willen keine Imperativen; das Sollen ist hier am unrechten Orte, weil das Wollen schon von selbst mit dem Gesetz nothwendig einstimmig ist. (GMS, AA 04:414.1 ff.).

Eine reine Moralphilosophie fokussiert auf alle Vernunftwesen. Von allen weiteren Bestimmungen wird dabei vollkommen abstrahiert. Somit muss auch ganz klar gesagt werden, dass es auf dieser Ebene nicht um vernünftige Wesen der Sinnenwelt geht, da diese durch ihre physisch-sinnlichen Einschränkungen gar nicht zur Heiligkeit fähig wären (vgl. KpV, AA 05:122).[39] Der Aspekt der Sinnenwelt kommt erst auf der nächsten Ebene hinzu. Wie eine solche reine Moralphilosophie mittels eines begrifflichen Instrumentariums, dessen Begriffe man als reine Begriffe a priori qualifizieren kann, im Einzelnen entwickelt wird und ob diese Argumentation – wie sie von Kant vorgetragen wird – stichhaltig ist, ist für die Unterscheidung der verschiedenen Abstraktionsebenen, auf die es ankommt, zweitrangig und soll hier nicht weiter erörtert werden. In Cramer (1997) sind diese

---

39 Auseinanderzuhalten sind die Begriffe *Sinnenwesen*, *vernünftiges Wesen* und *Vernunftwesen*: Beim vernünftigen Wesen ist die praktische Vernunft anderen Triebfedern dienstbar, aber nicht für sich selbst praktisch wie beim Vernunftwesen. Das vernünftige Wesen in Abgrenzung zum Vernunftwesen hat vielleicht nur eine theoretische Vernunft und mithin gar keine Moral. Diese Differenzierung wird bei Kant erst in der *Metaphysik der Sitten* explizit (vgl. TL, AA 06:417 f.). Vgl. dazu Hruschka (2015), S. 171 sowie Klinge (2018), S. 43 ff. Dieser Dreiteilung entspricht auch die Dreiteilung der Anlagen zum Guten in der *Religionsschrift:* Tierheit, Menschheit und Persönlichkeit (vgl. RGV, AA 06:26 f.). Wenn im Folgenden von sinnlich-vernünftigen oder auch endlich-vernünftigen Wesen die Rede ist, so sind dabei stets moralfähige Wesen gemeint, also Vernunftwesen.

Überlegungen in detaillierter Weise ausgeführt. Allein das Ergebnis hierbei ist entscheidend:

> So hat man es in der *Kritik der praktischen Vernunft* mit einem Teil der Moralphilosophie zu tun, der den propositionalen Gehalt des mit dem Grundgesetz der reinen praktischen Vernunft identifizierten Sittengesetzes und damit den Begriff des guten Willens nicht aus den besonderen Eigenschaften der menschlichen Natur, sondern aus dem Begriff eines mit einem Willen ausgestatteten vernünftigen Wesens als solchen entwickelt. Die Exposition des Sittengesetzes steht hier nicht unter der Voraussetzung, daß Mitglieder der natürlichen Spezies *homo sapiens* seine Adressaten sind, sondern unter der Voraussetzung, daß vernünftige Wesen einen Willen haben, und legt dar, was einen solchen Willen als einen gesetzlicher Selbstbestimmung und damit rein vernünftiger Bestimmung fähigen zu denken erlaubt. (Cramer (1997), S. 309 f.)

Es gibt also bei Kant eine reine Moralphilosophie, welche innerhalb seines Theoriezusammenhanges die höchste Abstraktionsebene darstellt. Auf dieser Ebene und in diesem Argumentationsgang spielen die Begriffe ‚Nötigung', ‚Sollen', ‚Pflicht' sowie der kategorische Imperativ noch gar keine Rolle.[40]

3.1.3 Zweite Abstraktionsebene: Sittenlehre*

Die Einführung der Begriffe ‚Nötigung' und ‚Sollen' und ‚Pflicht' sowie des kategorischen Imperativs ist erst dann am rechten Ort, wenn wir es mit einem unreinen *Willen* zu tun haben. Ein solcher unreiner und auch unvollkommener Wille ist aber nicht identisch mit dem menschlichen Willen; obgleich ein menschlicher Wille ein besonderes Beispiel für einen solchen unreinen Willen darstellt (vgl. GMS, AA 04:414). Der menschliche Wille wird erst auf der nächsten, nämlich der dritten Abstraktionsebene in den Fokus genommen. Die besondere Natur des Menschen spielt auf der zweiten Ebene keine Rolle. Dieser Teil der Ethik im Ganzen – also die gesamte zweite Stufe – wird von mir unter der Bezeichnung *Sittenlehre**[41] thematisiert.

Auf dieser Ebene betrachtet Kant nicht mehr reine vernünftige (= heilige) Wesen (= Vernunftwesen), bei denen eine „niemals zu verrückende Übereinstimmung des Willens mit dem reinen Sittengesetze" besteht (KpV, AA 05:82.3 f.), sondern sinnlich-vernünftige bzw. „erschaffene vernünftige Wesen" (ebd. 81.25)

---

[40] Vgl. Cramer (1997) und Höffe (2011).
[41] Ich verwende hier zur Abgrenzung von Kants Fachbegriff *Sittenlehre* den Begriff *Sittenlehre** (mit einem Asterix). Die Notwendigkeit dieser Abgrenzung wird in Abschnitt 3.3 erläutert; hier wird nur Gebrauch von ihr gemacht.

bzw. „endliche[...] vernünftige [...] Wese[n]" (ebd. 82.9f.), bei denen der unreine Wille neben der Vernunft auch sinnlichen Antrieben unterworfen ist und somit eine Übereinstimmung nicht schon von selbst besteht. Bei diesen sinnlich-vernünftigen Wesen wird die „moralische Nothwendigkeit zur Nöthigung, d. i. Verbindlichkeit, und jede darauf gegründete Handlung [zur] Pflicht" (ebd. 81.26f.). Das moralische Gesetz nimmt hier die Form eines Gesetzes der Pflicht an (vgl. KpV, AA 05:82.10). Von hier aus erfolgt nun der gedankliche bzw. argumentative Schritt zum Herzstück der Ethik Kants, nämlich dem kategorischen Imperativ:

> Die Vorstellung eines objectiven Princips, sofern es für einen Willen nöthigend ist, heißt ein Gebot (der Vernunft), und die Formel des Gebots heißt **Imperativ.** Alle Imperativen werden durch ein S o l l e n ausgedrückt und zeigen dadurch das Verhältniß eines objectiven Gesetzes der Vernunft zu einem Willen an, der seiner subjectiven Beschaffenheit nach dadurch nicht nothwendig bestimmt wird (eine Nöthigung). (GMS, AA 04:413.9 ff.)

In der Vorlesungsnachschrift *Vigilantius* findet sich hierzu folgende Bemerkung:

> Wo keine Nöthigung Statt findet, da ist auch kein moralischer Imperativ, keine Verbindlichkeit, Pflicht, Tugend, Sollen, Nöthigung, denkbar. Daher heißen auch die moralischen Gesetze, weil sie ein den Naturtrieben unterworfenes Subject voraussetzen, P f l i c h t g e s e t z e. (V-MS/Vigil, AA 27:489.27 ff.)

Ganz ähnlich hatte Kant schon in der *Kritik der praktischen Vernunft* argumentiert: „Alle drei Begriffe aber, der einer T r i e b f e d e r, eines I n t e r e s s e und einer M a x i m e, können nur auf endliche Wesen [sc. den Naturtrieben unterworfene Subjekte] angewandt werden" (KpV, AA 05:79.27 ff.). Die Tatsache, dass ein endliches vernünftiges Wesen dem moralischen Gesetz nicht notwendigerweise Folge leistet, ist wohl eine auf Erfahrung beruhende Einsicht, die nicht schon im Begriffe eines solchen Wesens enthalten ist. Damit sind aber die daran anschließenden Begriffe ‚Pflicht', ‚Sollen' und der kategorische Imperativ keine reinen Begriffe a priori mehr, weil sie auf empirische Sachverhalte Bezug nehmen. Cramer (1997) prägt dafür die Bezeichnung „nicht-reine Begriffe a priori"[42] und macht vor allem am Begriff der Pflicht deutlich, dass „empirische Begriffe in seinen Inhalt Eingang finden müssen".[43] Die gesamte zweite Ebene, auf der es um end-

---

42 Cramer (1997), S. 291.
43 Cramer (1997), S. 290. Cramer hat sehr instruktiv und deutlich gezeigt, dass der Pflichtbegriff zwar kein reiner Begriff a priori sein kann, aber auch nicht auf anthropologische Bestimmungen zurückgreift. Pflicht wird von Kant hier nicht als „Menschenpflicht" (KpV, AA 05:8.16) verstanden und der Pflichtbegriff keineswegs als „Erfahrungsbegriff" aufgefasst (GMS, AA 04:406.7). Damit changiert der Pflichtbegriff sehr eigentümlich zwischen einem nicht (mehr) reinen Begriff a priori

liche vernünftige Wesen geht, muss daher von der ersten Ebene, der reinen Moralphilosophie, abgegrenzt werden. Die Einführung des Pflichtbegriffes sowie die Exposition des kategorischen Imperatives in den ersten beiden Abschnitten der *Grundlegung* bilden einen Bereich der Moralphilosophie *sui generis*, der weder als reine Moralphilosophie bezeichnet werden kann, noch gehen in ihn anthropologische Überlegungen ein.[44] Ich benutze hierfür den Begriff *Sittenlehre**. Dass wir es hier mit einer eigenen Abstraktionsebene zu tun haben, erhellt auch aus der Tatsache, dass Kant explizit den Begriff der Pflicht von dem der Menschenpflicht abgrenzt. Der Schritt oder Übergang von der Pflicht und dem Pflichtgesetz zur Menschenpflicht findet erst auf der nächsten Ebene statt, wo es explizit um eine „Anwendung auf Menschen" geht (GMS, AA 04:412.5). Das ist aber in der *Grundlegung* gar nicht der Fall.

3.1.4 Dritte Abstraktionsebene: Tugendlehre

Die dritte Abstraktionsebene bilden die in der *Metaphysik der Sitten* systematisch entwickelte *Rechtslehre* und *Tugendlehre*. Es stellt sich die Frage, welche zusätzlichen subjektiven Bedingungen (gegenüber der zweiten Ebene) hier noch eingeführt werden.[45] Während bislang von allen anthropologischen Kenntnissen bzw. Voraussetzungen abstrahiert wurde – und allein auf die nicht notwendige Übereinstimmung des Willens mit dem Sittengesetz rekurriert wurde –, kommen nun weitere Aspekte hinzu. In der *Einleitung* zur *Metaphysik der Sitten* schreibt Kant:

> [S]o wird es auch eine Metaphysik der Sitten daran [sc. Prinzipien der Anwendung] nicht können mangeln lassen, und wir werden oft die besondere N a t u r des Menschen, die nur durch Erfahrung erkannt wird, zum Gegenstande nehmen müssen, um an ihr die Folge-

---

und einem anthropologischen Begriff. Ob diese Darstellung der Sachlage gerecht wird, oder ob der Begriff ‚Pflicht' zwar seinem Inhalte nach empiriefrei bleibt, aber in seiner Anwendung auf empirische Elemente Bezug nimmt – worin m. E. ein Unterschied besteht –, kann hier nicht weiter erörtert werden.

44 Auch wenn Kant in der *Grundlegung* gelegentlich vom ‚menschlichen Willen' spricht, wird in den entscheidenden Passagen und Argumentationen von spezifisch anthropologischen Bestimmungen abgesehen und nur auf einen unreinen Willen im Allgemeinen Bezug genommen, sodass das moralische Subjekt hier nicht der Mensch, sondern ganz allgemein jedes sinnlich-vernünftige Wesen ist.

45 Die genaue Konstitution bzw. argumentative Herleitung dieser Ebene ist ein Hauptgegenstand dieser Studien. Es ist diejenige Ebene, die in der Kantforschung besonders kontrovers diskutiert wird und die meisten Fragen hinsichtlich der Kohärenz einer Ethik im Ganzen aufweist. Hier geht es nur um einen ersten vorläufigen Überblick. Vgl. Kapitel 4.

rungen aus den allgemeinen moralischen Principien zu z e i g e n, ohne daß jedoch dadurch der Reinigkeit der letzteren etwas benommen, noch ihr Ursprung *a priori* dadurch zweifelhaft gemacht wird. – Das will so viel sagen als: eine Metaphysik der Sitten kann nicht auf Anthropologie gegründet, aber doch auf sie angewandt werden. (MS, AA 06:216 f.37 ff.)

Das Programm einer Metaphysik der Sitten erweitert sich hier von der reinen Moralphilosophie und der Sittenlehre* um Prinzipien der Anwendung und um die Anwendung „auf Anthropologie" zur Tugendlehre. Kant grenzt diese Ebene von dem ab, was er „moralische Anthropologie" nennt:

> [W]elche, aber nur die subjective, hindernde sowohl als begünstigende Bedingungen der A u s f ü h r u n g der Gesetze der ersteren [sc. der Metaphysik der Sitten] in der menschlichen Natur, die Erzeugung, Ausbreitung und Stärkung moralischer Grundsätze (in der Erziehung, der Schul- und Volksbelehrung) und dergleichen andere sich auf Erfahrung gründende Lehren und Vorschriften enthalten würde. (MS, AA 06:217.10 ff.)

In der Tugendlehre wird der Fokus auf den „M e n s c h e n als vernünftige[s] N a t u r w e s e n" gerichtet (TL, AA 06:379.20 f.). Der Mensch kann die Pflichtgesetze übertreten und befolgt sie oft nur ungern. Er muss sich selbst dazu zwingen, sie einzuhalten. Dieser freie Selbstzwang, der ein wichtiger Ausgangspunkt für die Überlegungen auf dieser Ebene darstellt, muss die „H i n d e r n i s s e der Pflichtvollziehung im Gemüth des Menschen" sowie die dem Gesetz „widerstrebende[n] Kräfte" überwinden (TL, AA 06:380.7 ff.). Kant richtet den Fokus auf die Widerstände und Hindernisse im Menschen und definiert Tugend als „moralische Gesinnung im Kampfe" (KpV, AA 05:84.33 f.).[46] Solche Hindernisse sind in den physischen Bedürfnissen der menschlichen Natur begründet. Es sind die durch sinnliche Antriebe bedingten Naturtriebe (Durst, Hunger, Geschlechtstrieb), Neigungen, Leidenschaften, Affekte u. a. Solche Kenntnisse beruhen natürlich auf Erfahrung und erfassen unter anderem jene Elemente, die Kant als die „besondere N a t u r des M e n s c h e n" bezeichnet. Um seine Pflichten zu befolgen, benötigt der Mensch oft eine besondere Stärke des Willens im Kampfe: Diese moralische Stärke des Willens nennt Kant *Tugend* (vgl. TL, AA 06:380 und 405). Und mit der Tugend kommt nun ein sehr umstrittenes und viel diskutiertes materiales Element in die Ethik Kants, nämlich die „moralische (objective) Zwecklehre" (TL, AA 06:385.24):

---

46 In der *Logik* definiert Kant den Tugend-Begriff durch die drei Merkmale: „Freiheit", „Anhänglichkeit an Regeln" und „Überwältigung der Macht der Neigungen, wofern sie jenen Regeln [= Pflichten] widerstreiten" (Log, AA 09:35.25 ff.).

> Die Ethik dagegen giebt noch eine M a t e r i e (einen Gegenstand der freien Willkür), einen **Zweck** der reinen Vernunft, der zugleich als objectiv-nothwendiger Zweck, d. i. für den Menschen als Pflicht, vorgestellt wird, an die Hand. – Denn da die sinnlichen Neigungen zu Zwecken (als der Materie der Willkür) verleiten, die der Pflicht zuwider sein können, so kann die gesetzgebende Vernunft ihrem Einfluß nicht anders wehren, als wiederum durch einen entgegengesetzten moralischen Zweck, der also von der Neigung unabhängig *a priori* gegeben sein muß. (TL, AA 06:380f.22ff.)

Die hierbei ins Spiel gebrachten Zwecke sind keine auf sinnlichen Antrieben beruhenden Zwecke, die der Mensch schon von Natur aus hat, sondern solche, die er gemäß der reinen praktischen Vernunft haben sollte (vgl. TL, AA 06:396.30f.). Diese Zwecke, die den sinnlichen Neigungen entgegenwirken sollen, sind die eigene Vollkommenheit und die fremde Glückseligkeit (vgl. TL, AA 06:385.32). Damit führt Kant ein materiales Tugendprinzip ein: „[D]as Principium Ethices, dies ist materiell, da es die Handlung, die geschehen soll, selbst bestimmt, und also die Ausübung der Tugendpflichten betrifft" (V-MS/Vigil, AA 27:541.17ff.).[47]

Kant spricht in diesem Zusammenhang auch von einer „Erweiterung des Pflichtbegriffs" (TL, AA 06:396.17): Die innere Freiheit – im Gegensatz zur äußeren Freiheit der Rechtslehre – kann nur durch freiwilligen Selbstzwang verstanden werden. Dieser Selbstzwang ist aber nur in Bezug auf Zwecke, die ich mir selbst durch die Vernunft setze, denkbar. Somit gelangt Kant zum für die Tugendlehre entscheidenden Begriff eines *Zweckes, der zugleich Pflicht ist:*

> Betrachtet man dagegen die Pflichten und ihren Bestimmungsgrund der Materie nach, so ist ein Object bey der Handlung nöthig, auf welches die Handlung bezogen wird. Dies Object oder die Materie bey dieser Pflichtbestimmung ist der Zweck der Handlung. Obzwar dieser in seinen Grenzen unbestimmt ist, so giebt es doch einen Zweck, den man bey Erfüllung seiner Pflichten vor Augen haben s o l l, und der mithin so beschaffen seyn muß, daß die Bedingung der allgemeinen Rechtmäßigkeit damit bestehen kann. (V-MS/Vigil, AA 27:542f.37ff.)

In der Tugendlehre führen also weitere subjektive Bedingungen zu Modifikationen bzw. Präzisierungen des Sittengesetzes in der Anwendung auf den Menschen. Diese Bedingungen sind:
a) Die Tatsache, dass der menschliche Wille nicht schon von sich aus mit dem Sittengesetz übereinstimmt (bereits eine Einschränkung innerhalb der Sittenlehre*, die zum kategorischen Imperativ führt).

---

47 Auch dieses Zitat stellt die Interpretation vor erhebliche Herausforderungen: Warum spricht Kant von der „Handlung" und nicht von der ‚Maxime der Handlung'? Warum ist von der „Ausübung" die Rede, da diese doch Gegenstand der moralischen Anthropologie sein soll? Eine Erklärung mag auch darin liegen, dass wir es hier mit einer Vorlesungsnachschrift zu tun haben.

b) Die Tatsache, dass im menschlichen Gemüt sinnliche Antriebe wirken, die den Pflichten oft zuwider sind.
c) Die Einsicht, dass den sinnlichen Neigungen eine moralische Kraft entgegenzusetzen ist und entgegengesetzt werden kann.
d) Die Tatsache, dass diese moralische Kraft, nämlich die Tugend, zweierlei leisten muss: Sie muss die Herrschaft des moralischen Subjekts über seine Affekte und Leidenschaften gewinnen und sie muss auch alle Vermögen und Neigungen unter die Gewalt der Vernunft bringen (Vgl. TL, AA 06:407f.).[48]
e) Die Tatsache, dass diesen sinnlichen Antrieben und ihren subjektiven Zwecken moralische Zwecke als objektive materiale Gegenzwecke a priori entgegengesetzt werden müssen.[49]
f) Die Tatsache, dass es sich bei diesen Zwecken a priori (nämlich eigene Vollkommenheit und fremde Glückseligkeit) um Pflichten handelt.
g) Die Tatsache, dass eine Erweiterung von der Autonomie (in der Sittenlehre*) um eine „Autokratie" in der Tugendlehre stattfindet (TL, AA 06:383.24).

Diese zusätzlichen Bedingungen machen deutlich, dass eine materiale Komponente sowie dezidiert anthropologische Elemente in die Ethik einfließen. Doch obwohl das Besondere der menschlichen Natur, das nur aus Erfahrung gewonnen werden kann, auf dieser Ebene berücksichtigt werden muss, betont Kant, dass es sich um eine „reine Tugendlehre" (TL, AA 06:403.9) handelt. Wie kann die Tugendlehre noch rein sein? Eine Antwort besteht in dem Hinweis auf die Funktion des anthropologischen Wissens. Es wird zwar darauf Bezug genommen, aber es geht nicht in die direkten *Begründungs*zusammenhänge ein. Hier kommt somit die Doppelbedeutung des Wortes „rein" zum Tragen: Kant unterscheidet zwischen der Reinheit, die von allem empirischen Beimischungen frei ist, und der Reinheit, die nur unabhängig vom Empirischen ist, aber eben Beimischungen zulässt (vgl. ÜGTP, AA 08:184). Für die Tugendlehre gilt letzteres. Außerdem speist sich das anthropologische Wissen nicht aus der sozialen Praxis, sondern bezieht sich lediglich auf die allgemeine menschliche Natur als solche. Kant prägt das Kunstwort *Anthroponomie* und bezeichnet damit einen Bereich, welcher seiner Auffassung nach von der „unbedingt gesetzgebenden Vernunft aufgestellt wird" (TL, AA 06:406.3f.). Der Begriff der Anthroponomie soll wohl den Anspruch verdeutlichen, dass es sich auch auf dieser Ebene immer noch um eine Metaphysik der Sitten, also einen Bereich handelt, der a priori gültig ist. Dass dabei aber

---

[48] Mit anderen Worten: Dem (bloß negativen) Verbot, sich Neigungen und Leidenschaften auszuliefern, folgt das (bejahende) Gebot, der Vernunft die Herrschaft zu überlassen.
[49] Hierbei ist von Bedeutung, dass zu einer vollständigen (menschlichen) Willensbestimmung Zwecke gehören: „Denn ohne allen Zweck kann kein Wille sein" (TP, AA 08:279.34f.).

empirische und genauer gesagt anthropologische Elemente einfließen, dürfte hinlänglich klar geworden sein, so dass es sich keinesfalls – wie schon bei der Sittenlehre* – um einen (im strengen Sinne) reinen Teil der Moralphilosophie handeln kann, vielmehr haben wir es auch hier mit einem nicht-reinen, auf anthropologischen Kenntnissen bzw. Voraussetzungen zurückgreifenden Teil a priori zu tun. Entscheidend ist die Einsicht, dass man mit der Tugendlehre eine dritte Abstraktionseben rekonstruieren kann. Kant selbst fasst es wie folgt zusammen:

> Für endliche heilige Wesen [...] giebt es keine Tugendlehre, sondern bloß Sittenlehre, welche letztere eine Autonomie der praktischen Vernunft ist, indessen daß die erstere [sc. die Tugendlehre] zugleich eine Autokratie derselben, d. i. ein, wenn gleich nicht unmittelbar wahrgenommenes, doch aus dem sittlichen kategorischen Imperativ richtig geschlossenes Bewußtsein des Vermögens enthält, über seine dem Gesetz widerspenstige Neigungen Meister zu werden: so daß die menschliche Moralität in ihrer höchsten Stufe doch nichts mehr als Tugend sein kann. (TL, AA 06:383.20 ff.)

3.1.5 Vierte Abstraktionsebene: Moralische Kasuistik

3.1.5.1 Kasuistik

Die letzte Ebene innerhalb der Ethik Kants gehört eigentlich nicht mehr in die metaphysischen Anfangsgründe der Tugendlehre. Das moralische Subjekt ist auf dieser Ebene nicht mehr der „Mensch[...] als solcher" (TL, AA 06:468.20), sondern es sind Menschen „in Ansehung ihres **Zustandes**" (ebd. 468.16). Die „Verschiedenheit der Stände, des Alters, des Geschlechts, des Gesundheitszustandes, des der Wohlhabenheit oder Armuth u. s. w." (ebd. 469.3.) wird bei den moralischen Beurteilungen auf dieser Ebene mit einbezogen. Wir haben es hier also mit der Anwendung der moralischen Prinzipien auf konkrete Fälle der Erfahrung zu tun, wodurch sich „modificirte Regeln" ergeben, die – „wie alle empirische Eintheilungen" – „keine gesichert-vollständige Klassifikation" mehr zulassen (ebd. 468.25 ff.). Die verschiedenen „Arten der Anwendung (Porismen)" auf dieser Ebene gehören zwar nicht mehr in das System einer Ethik a priori, müssen dieser aber „zur Vollständigkeit des Systems" angehängt werden können (ebd. 469.30 ff.). Kant spricht in diesem Zusammenhang mit Bezug auf die unvollkommenen Pflichten auch von einer *Kasuistik*:

> Die Ethik hingegen führt wegen des Spielraums, den sie ihren unvollkommenen Pflichten verstattet, unvermeidlich dahin, zu Fragen, welche die Urtheilskraft auffordern auszumachen, wie eine Maxime in besonderen Fällen anzuwenden sei und zwar so: daß diese wiederum eine (untergeordnete) Maxime an die Hand gebe (wo immer wiederum nach einem

Princip der Anwendung dieser auf vorkommende Fälle gefragt werden kann); und so geräth sie in eine Casuistik. (TL, AA 06:411.10 ff.)

Die unvollkommenen Pflichten weisen in ihrer Anwendung einen Spielraum auf, da man nicht bestimmt angeben kann, „wie und wie viel durch die Handlung [...] gewirkt werden solle" (TL, AA 06:390.8 f.) und es unmöglich ist, „bestimmte Grenzen anzugeben: wie weit das [sc. die Wohlfahrt] gehen könne" (TL, AA 06:393.26 f.). Im Falle der Wohlfahrt darf man nicht so weit gehen, seine eigene Glückseligkeit aufzuopfern, aber wo genau hier die Grenze liegt, ist allgemein gar nicht anzugeben, sondern hängt von den individuellen Umständen ab. Diese sind bei der moralischen Beurteilung von Handlungen auf dieser Ebene mit einzubeziehen. Obwohl Kant solche detaillierten Erörterungen im Einzelnen in einem systematischen Sinne kaum durchgeführt hat, besteht doch kein Zweifel daran, dass solche Überlegungen auf der kasuistischen Anwendungsebene eine Rolle spielen müssen und dass Kant dies gesehen hat. Einige wenige Ausführungen in den Vorlesungen sowie die Diskussion seiner Beispiele in den Grundlegungsschriften deuten dies an.[50] Er selbst führt im Anschluss an die Erläuterungen bestimmter Pflichten in der *Ethischen Elementarlehre* der *Tugendlehre* sogenannte ‚kasuistische Fragen' an, ohne diese allerdings zu beantworten.[51] Die Funktion solcher kasuistischer Fragen liegt in der Übung und Schärfung der Urteilskraft, in der didaktischen Vermittlung der Sittenlehre sowie in der Gewinnung weiterer Erkenntnisse über die moralischen Anlagen des Menschen, nicht aber darin, aus ihnen moralische Prinzipien herzuleiten (vgl. Abschnitt 5.3.)

Welche Rolle die Urteilskraft hierbei genau spielt und wie die Anwendung von Maximen auf besondere Fälle genau aussieht, muss an dieser Stelle nicht weiter analysiert werden. Es geht allein darum, dass hier eine weitere Ebene eröffnet wird, auf der menschliche *Zustände* (Alter, Geschlecht usw.) und auch die *Umstände* der Menschen, d. h. die „Verschiedenheit der Lagen, worin Menschen kommen können" (TL, AA 06:392.13 f.), eine entscheidende Rolle spielen. Dieser Bereich der Ethik kann nur „fragmentarisch aufgestellet werden und ist großer Vermehrungen und mancher neuer Entdeckung über die moralische Anlage der Menschen fähig" (HN, AA 23:389.23 ff.).

---

50 Vgl. z. B. V-MS/Vigil, AA 27:699 ff. und V-Mo/Collins, AA 27:342. An diesen Stellen diskutiert Kant das Verbot der Selbsttötung und der Lüge in durchaus kasuistischer Art und Weise und bezieht somit vollkommene Pflichten mit ein. Vgl. hierzu Abschnitt 5.3.
51 Eine eingehendere und detailliertere Beschäftigung mit diesen kasuistischen Fragen findet im Abschnitt 5.3 statt. Problematisch ist der Umstand, dass sich vor allem bei den vollkommenen Pflichten solche kasuistischen Fragen finden. Das scheint mit der Auffassung, wonach nur unvollkommene Pflichten einen Spielraum zulassen, nicht kompatibel.

Vergegenwärtigt man sich, dass Kant an dieser Stelle nicht nur das Alter, das Geschlecht sowie den Status der moralischen Subjekte, sondern sogar Berufe und besondere charakterliche Ausprägungen der moralischen Subjekte – ob jemand etwa kultiviert oder unkultiviert, umgänglich ist oder nicht – in die moralische Beurteilung und die modifizierten Regeln mit einbezieht (vgl. TL, AA 06:469), dann ergibt sich ein äußerst vielschichtiges, komplexes und mit vielen empirischen Faktoren erweitertes Bild seiner Ethik. Der oft gegen ihn erhobene Vorwurf einer formalistischen Hohlheit und Leere muss vor diesem Hintergrund zurückgewiesen werden. Man kann Kant sicherlich dafür kritisieren, dass er das Anwendungsprogramm innerhalb seiner Ethik nicht im Einzelnen ausbuchstabiert hat und somit viele offene Fragen bestehen, dass er die „Konkretisierung einer Handlungsgesinnung in bestimmten Situationen [...] nicht befriedigend geleistet" habe (Ludwig (1992), S. 111), aber der Vorwurf, er habe einen leeren Formalismus betrieben und empirische Handlungszusammenhänge nicht berücksichtigt, ist unangemessen.

3.1.5.2 Zustände und Umstände

Der Begriff ‚Zustand' ist eine Übersetzung des lateinischen Terminus' ‚status', wie er z. B. in Baumgartens *Ethica Philosophica* (1740) verwendet wird; ein Werk, das Kant seinen Vorlesungen über Moralphilosophie zugrunde legte. Im Gegensatz zur „Natur des Menschen, die immer bleibt" (NEV, AA 02:311.35f.), bezeichnet Kant mit dem Begriff ‚Zustand' etwas Kontingentes und somit auch etwas Vergängliches in Bezug auf den Menschen.

Den Pflichten gegenüber anderen Menschen „in Ansehung ihres **Zustandes**" (TL, AA 06:468.16) wird bei der Gliederung der *Tugendlehre* ein eigenes *Hauptstück* zugewiesen (vgl. Abschnitt 5.1). Dieses *Hauptstück* umfasst allerdings nur einen einzigen Paragraphen von kaum einer Seite (§ 45). Kant hat dieser Thematik wenig Aufmerksamkeit geschenkt, da dieser Bereich über den eigentlichen Teil einer ‚reinen Ethik' hinausgeht und nur eine „**Anwendung** des Tugendprincips (dem Formalen nach) auf in der Erfahrung vorkommende Fälle (das Materiale)" darstellt und sich dabei als Resultat nur noch „modificirte Regeln" ergeben (TL, AA 06:468.23 ff.). Dieser Bereich umfasst unabsehbar viele und heterogene empirische Elemente, so dass eine gesicherte oder vollständige Systematisierung nicht mehr möglich ist.

Kant begnügt sich in § 45 mit einer kurzen enumerativen Andeutung, deren einzelne Elemente sich in Baumgartens *Ethica Philosophica* lokalisieren lassen.

Ich füge die entsprechenden deutschen bzw. lateinischen Termini aus Baumgartens Werk in das folgende Kant-Zitat ein, um die Bezüge zu verdeutlichen:[52]

> Welches Verhalten also gegen Menschen, z. B. in der moralischen Reinigkeit ihres Zustandes [≙ Stand der Unschuld bzw. status integritatis], oder in ihrer Verdorbenheit [≙ Zustand des Verderbens bzw. status corruptionis]; welches im cultivirten [≙ angebaueter Kopf bzw. ingenium politum], oder rohen Zustande [≙ roher Kopf bzw. ingenium rude]; was den Gelehrten [≙ ein Gelehrter bzw. eruditus] oder Ungelehrten [≙ ein Ungelehrter bzw. ineruditus] und jenen im Gebrauch ihrer Wissenschaft als umgänglichen (geschliffenen), oder in ihrem Fach unumgänglichen (Pedanten) [≙ pedantisimum], pragmatischen [≙ pragmaticas bzw. brauchbar in der Ausübung], oder mehr auf Geist und Geschmack ausgehenden; welches nach Verschiedenheit der Stände, des Alters [≙ officia aetatum], des Geschlechts, des Gesundheitszustandes [≙ officia sanorum et aegrotorum], des der Wohlhabenheit oder Armuth u. s. w. zukomme: das giebt nicht so vielerlei A r t e n der ethischen V e r p f l i c h t u n g (denn es ist nur e i n e, nämlich die der Tugend überhaupt), sondern nur Arten der A n w e n d u n g (Porismen) ab. (TL, AA 06:468 f.32 ff.)

Kant ist der Auffassung, dass diese speziellen Pflichten von den allgemeineren Pflichten, welche dem Menschen als Menschen zukommen, unter Berücksichtigung der – nur empirisch erfassbaren – Zustände einzelner Menschen abgeleitet werden können. Im Sinne der Spezifizierung hat man es hier mit einer Teilgruppe von Menschen mit einer spezifischen Beschaffenheit oder mit Menschen in zufälligen Verhältnissen zu tun, für die die allgemeinen Pflichten ganz spezifische Ausprägungen annehmen. Unter den Zuständen ganz allgemein sind auf einzelne Menschen bezogene Zuschreibungen zu verstehen, die unter anderem den Charakter, den Stand, das Alter, das Geschlecht, die Gesundheit, aber auch den Wohlstand bzw. die Armut betreffen. Diese Zuschreibungen sind sehr heterogen. Sie können sich auf dauerhafte oder temporäre Zustände beziehen.[53] Sie betreffen physische und psychische Zuschreibungen genauso wie sozioökonomisch bedingte Zuschreibungen und lassen sich im Einzelnen nicht immer scharf von den Umständen trennen. Umstände beziehen sich bei Kant eher auf äußere Gegebenheiten. Er spricht davon, dass in einer reinen Moralphilosophie von „den Umständen in der Welt" abgesehen werden muss (GMS, AA 04:389.17). Dass aber in der Tugendlehre die „Verschiedenheit der Lagen, worin Menschen kommen können" (TL, AA 06:392.13 f.), mit berücksichtigt werden müsse. Was Kant hierbei genau unter den Umständen in der Welt bzw. unter den verschiedenen Lagen des

---

52 Baumgarten fügt in der dritten Auflage seiner *Ethica Philosophica* von 1763 deutsche Übersetzungen der lateinischen Termini hinzu. Die im Zitat angeführten Termini finden sich in den §§ 401–405 sowie § 425 und § 451 ff.
53 Kant unterscheidet z. B. zwischen einem Bedürftigen, der vorübergehend auf Hilfe angewiesen ist, und einem Armen, der ununterbrochen Hilfe benötigt (vgl. V-MS/Vigil, AA 27:706).

Menschen verstanden hat, bleibt eher unbestimmt und vage. Dieser Bereich bekommt bei Kant noch weniger Aufmerksamkeit als die Erläuterungen zu den Zuständen des Menschen. Man kann hierbei nur indirekt von Kants Beispielen und kasuistischen Fragen in der *Tugendlehre* auf die Thematik der Umstände schließen. Explizit und direkt finden sich dazu keine systematischen Aussagen. Meines Erachtens kann man mehr oder minder *dauerhafte Umstände* – im Sinne einer bestehenden sozialen und wirtschaftlichen Praxis bzw. Ordnung – von eher temporären und *situativen Umständen* (z. B. auch akuten Notlagen) und prekären Einzelsituationen (z. B. der Frage, ob es Seneca erlaubt war, sich selbst zu töten) unterscheiden. Auch hier können eher enumerative Andeutungen aus Kants Beispielen einen Hinweis geben, was mit Umständen gemeint ist (s. Tab. 1).

Tabelle 1: Dauerhafte und situative Umstände

Dauerhafte Umstände und Verhältnisse in der Welt	*Situative Umstände und akute Notsituationen in der Welt*
- menschliche Existenz als biologischer Akt des Alterns und Sterbens - Kommunikation zwischen Menschen mittels Sprache - soziale Institutionen des Versprechens und des Vertrages - wirtschaftliche Institution des Eigentums und seiner Aufbewahrung (Depositum) - unterschiedliche Berufe und Talente der Menschen - gemeinsam geteilter Wohnplatz - Hilfsbedürftigkeit der Menschen - kulturelle Evolution usw.	- Aufopferung zur Rettung des Vaterlandes (Selbsttötung von Curtius) - Mörder vor der Tür - Pockenschutzimpfung - Soll man schon in der Jugend sparen? - Soll man zu großen Festivitäten gehen? - Ist es angebracht, zu erzen, siezen etc. oder sind das Formen der Kriecherei? - Sollten Reiche eine Steuer bezahlen? Ist ihr Beistand gegenüber den Armen eine verdienstliche Pflicht? - Soll man Sexualität nur zu Zwecken der Fortpflanzung haben? - Soll man Organe spenden? usw.

Diese kursorische Auflistung und Gegenüberstellung zeigt schon, dass die Unterscheidung zwischen dauerhaften und situativen Umständen nicht so eindeutig und klar vollzogen werden kann. Ist beispielsweise die Frage nach der Reichensteuer oder der Organspende nicht ein Problem, das sich dauerhaft stellt? Oder muss dies immer wieder im Einzelfall neu erwogen werden? Des Weiteren liegen einige der dauerhaften Umstände in der menschlichen Natur (z. B. die Sprachfähigkeit und die Sterblichkeit), andere sind eher durch sozio-ökonomische Gegebenheiten bedingt (z. B. Eigentum und unterschiedliche Berufe). Der Begriff des Umstandes könnte und müsste also noch viel eingehender einer Analyse unterzogen werden. Es kann aber gesagt werden, dass es sich um (mehr oder minder zufällige) Sachlagen, Verhältnisse und Gegebenheiten handelt, die bei der moralischen Betrachtung des Einzelfalles mit berücksichtigt werden sollten. Im Unterschied zu den Zuständen werden sie nicht konkreten einzelnen Menschen zugeschrieben, sondern spielen erst im Zusammenleben mit anderen Menschen eine Rolle.

Es besteht kein Zweifel, dass Kant in der Anwendung der Menschenpflichten auch die besonderen Zustände der Menschen sowie die besonderen Umstände in der Welt mit berücksichtigen wollte. Pauschale Vorwürfe, Kant habe auf besondere Erfahrungsgegebenheiten keine Rücksicht genommen oder gar der Vorwurf, seine Lehre lasse sich überhaupt nicht anwenden, sind allein schon mit dem Verweis auf diese vierte Ebene zurückzuweisen. Wie genau sich die Anwendungsprozedur auf dieser vierten Ebene in Kants Texten widerspiegelt und wie genau sie unter Einbeziehung von Zuständen und Umständen vollzogen werden kann, muss den Darlegungen in späteren Abschnitten überlassen bleiben; insbesondere die intrikate Frage, ob diese Anwendung sich nur auf den eingeschränkten Bereich der unvollkommenen Pflichten bezieht oder aber auch vollkommene Pflichten betrifft (vgl. Kapitel 5). Hier ging es lediglich darum, auf diese vierte Ebene hinzuweisen und diese einzuführen.

3.1.6 Fazit: Tabellarische Übersicht

Tabelle 2: Die vier Ebenen im Überblick

Ebene	(1) Reine Moralphilosophie	(2) Sittenlehre*	(3) Tugendlehre	(4) Kasuistik
moralisches Subjekt	reines Vernunftwesen (Gott)	sinnlich-vernünftige Wesen	Mensch als solcher	Menschen in bestimmten Zuständen und Umständen
empirische Bezüge	keine (reines Apriori im strengen Sinne)	bestimmte empirische, aber keine anthropologischen Bezüge (nicht reines Apriori)	Bezug auf die besondere Natur des Menschen im Allgemeinen (nicht reines Apriori)	Bezug auf Menschen in der sozialen Praxis (kein Apriori)
Grundbegriffe	moralisches Gesetz	kategorischer Imperativ, Pflicht(gesetze), Sollen, Nötigung, Maxime, Triebfeder, Interesse, Autonomie	Zwecke, die zugleich Pflicht sind, Autokratie, Selbstzwang, Tugendprinzip	Spielraum, Zustände, Kasuistik, modifizierte Regeln

Tabelle 2: Die vier Ebenen im Überblick *(Fortsetzung)*

Ebene	(1) Reine Moralphilosophie	(2) Sittenlehre*	(3) Tugendlehre	(4) Kasuistik
Problemstellung	Grundlegung	Herleitung Auffindung Festsetzung	Anwendung	Anwendung (Ausführung)
Werk	KpV	GMS	MS	MS

3.2 Anwendung als Konkretisierung und Spezifizierung

Die Deszensionen von einer Abstraktionsebene zur nächsten können als *Anwendungen* aufgefasst werden. Somit ergibt sich ein dreistufiger Anwendungsprozess: Von der reinen Moralphilosophie zur Sittenlehre*, von dort zur Tugendlehre und schließlich auf die vierte Ebene und damit in eine moralische Kasuistik hinein. Erst durch diese wiederholten Anwendungen konstituiert sich Kants Ethik im Ganzen in vollem Umfang. Die moralischen Gesetze für reine Vernunftwesen werden auf sinnlich-vernünftige Wesen angewendet, wodurch sich Pflichtgesetze ergeben (A_1). Diese Pflichtgesetze werden auf Menschen angewendet, woraus die Rechts- und Tugendpflichten der Menschen resultieren (A_2). Schließlich werden diese noch modifiziert durch die Berücksichtigung von besonderen Zuständen und Umständen. Somit ergeben sich modifizierte moralische Regeln (A_3). Diese schematische Stufung wird den einzelnen Transformationen im Detail nicht gerecht, ermöglicht aber einen modellhaften Überblick. Bestimmte Transformationen und Modifikationen durch diese Anwendungen werden in den folgenden Abschnitten genauer thematisiert. Als skizzenhafte Projektierung ergibt sich die schematische Darstellung in Abb. 7.

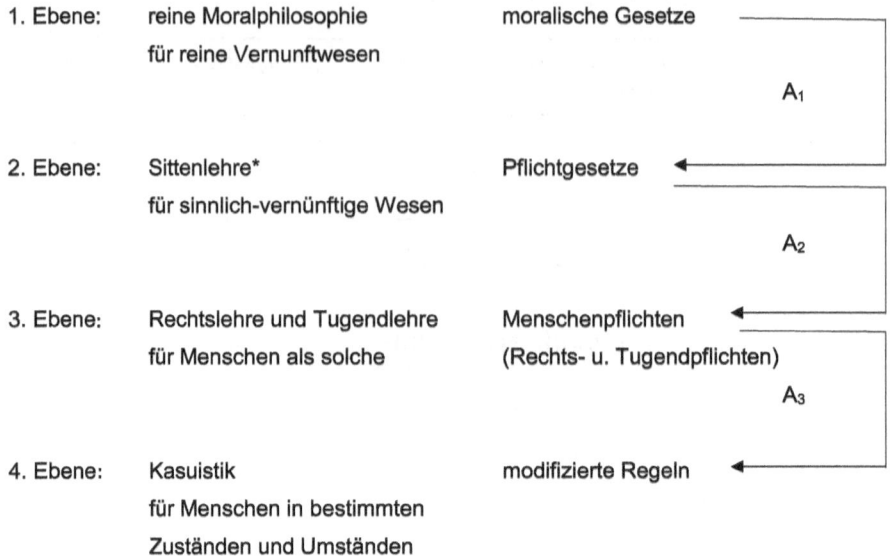

Abb. 7: Anwendungsprozeduren

Die Anwendung nach diesem Modell hat zwei Dimensionen: Es handelt sich einerseits um eine *Konkretisierung* und andererseits um eine *Spezifizierung*. Die Konkretisierung (im Gegensatz zur Abstraktion) lässt sich als eine *Erweiterung* deuten. Analog zu einem semantischen Begriffsbildungsprozess, bei dem neue Begriffe durch Anreicherung immer weiterer Merkmale gebildet werden, wird hier der Vorschriftencharakter bzw. die Intension des Begriffes *Pflicht* immer weiter angereichert: moralisches Gesetz → Pflichtgebot/Pflichtverbot → Rechtspflicht und Tugendpflicht → modifizierte Regel in der Praxis. Bei diesem Prozess erfolgt eine sukzessive Zunahme der Begriffsintension. Die Konkretisierung nimmt ihren Ausgangspunkt von der höchsten Ebene und endet bei der moralischen Betrachtung von besonderen Fällen der Erfahrung (z. B. Darf man einen Mörder anlügen?). Zuweilen kann sie bis auf die Ebene des Einzelfalles gehen, wo es um ganz konkrete Menschen geht (z. B. War Senecas Selbsttötung erlaubt?). Diesen Andeutungen kann man entnehmen, dass sich die vierte Ebene noch weiter ausdifferenzieren ließe. Die Konkretisierung ist außerdem dadurch gekennzeichnet, dass die Anreicherung mit zusätzlichen Begriffsmerkmalen auch eine allmähliche ‚Kontamination' mit empirischen Elementen aufweist. Diese ‚Kontamination' beginnt schon mit dem Begriff der Pflicht, der die Begriffe „der Lust und Unlust, der Begierden und Neigungen etc., die insgesammt empirischen Ursprungs sind [...] nothwendig in die Abfassung des Systems der reinen Sittlichkeit mit [hineinzieht]" (KrV, AA 03:45.23 ff.). Sie setzt sich dadurch fort, dass auf der

Ebene der Tugendlehre die „besondere Natur des Menschen" (TL, AA 06:217.1f.) mit berücksichtigt werden muss und schließlich auch durch die Zustände und Umstände immer konkretere Momente hineinkommen (TL, AA 06:468).

Komplementär zur Konkretisierung gibt es auch eine Spezifizierung (im Gegensatz zur Verallgemeinerung). Die Spezifizierung lässt sich als ein ontologischer Artbildungsprozess auffassen (eine Einteilung der Gattung in Arten), bei dem von der großen Gruppe aller sinnlich-vernünftigen Wesen ausgegangen wird und immer weitere Gruppen ausdifferenziert werden: alle sinnlich-vernünftigen Wesen → (Untergruppe:) Menschen → (Untergruppe:) z. B. Mütter. Bei diesem Prozess wird die Begriffsextension sukzessive verkleinert. Die Spezifizierung beginnt erst auf der zweiten Ebene, da der Übergang von der ersten zur zweiten Ebene nicht als Extensionsabnahme aufgefasst werden kann, sondern der Übergang von *einem* reinen Vernunftwesen (Gott) zu anderen vernünftigen, aber endlichen Wesen einen ganz anderen qualitativen Übergang darstellt. Diese Anwendungsprozedur spiegelt auch bestimmte Aspekte „der moralischen Stufenleiter der Wesen" wider (RGV, AA 06:65.10).[54]

Kant exemplifiziert am Gebot „du sollst nicht lügen", dass es „nicht etwa bloß für Menschen gelte", sondern auch für „andere vernünftige Wesen" (GMS, AA 04:389.13ff.). Hierbei stellt sich Kant (sinnlich) vernünftige Wesen auf anderen Planeten vor (vgl. NTH, AA 01:351ff. sowie Anth, AA 07:332f.). Auch für diese Wesen beansprucht seine Moralphilosophie Gültigkeit. Die Menschen sind nur eine spezifische Untergruppe dieser vernünftigen Wesen und für sie kann „Moralität in ihrer höchsten Stufe doch nichts mehr als Tugend sein" (TL, AA 06:383.28).

3.3 Vom Sittengesetz zum kategorischen Imperativ

Es wäre fehlerhaft, würde man das, was Kant als Sittengesetz oder auch als moralisches Gesetz (im Singular) tituliert, mit dem kategorischen Imperativ (im Singular) identifizieren. Kant selbst hat diesem Kurzschluss allerdings Vorschub geleistet, indem er unter anderem die berühmte Formulierung des kategorischen Imperativs im §7 der *Kritik der praktischen Vernunft* unter die Überschrift „Grundgesetz der reinen praktischen Vernunft" (KpV, AA 05:30.37) stellt und dann auch von einem „Sittengesetz" spricht, das die reine Vernunft dem Menschen gibt (ebd. 31.37). Die Formulierung lautet allerdings: „Handle so, daß die Maxime deines Willens jederzeit zugleich als

---

[54] Vgl. auch TG, AA 02:330 sowie Klinge (2018), Kap. 2.

Prinzip einer allgemeinen Gesetzgebung gelten könne" und ist offensichtlich ein Imperativ (ebd. 30.38f.).

Das objektive moralische Gesetz, welchem ein reiner und guter Wille von sich aus notwendigerweise folgt, ist aber „kein *präskriptiver* [mithin imperativischer], sondern ein *deskriptiver* Satz" (Cramer (1997), S. 310).[55] Es ist überhaupt keine Vorschrift, sondern eher eine Beschreibung (analog einem Naturgesetz). Das Moment der Präskription kommt erst dann hinein, wenn wir es mit einem Willen zu tun haben, der an sich nicht völlig der Vernunft gemäß ist – wie es beim menschlichen Willen der Fall ist – und dessen Bestimmung nach objektiven Gesetzen von Kant als „N ö t h i g u n g" zum sittlich Guten qualifiziert wird (GMS, AA 04:413.4). Dieser Zusammenhang lässt sich auch so verstehen: Erst in seiner Anwendung auf einen solchen Willen, für den das moralische Gesetz bzw. Sittengesetz nötigend ist, nimmt es die Form eines Imperativs an: „Die Vorstellung eines objectiven Princips, sofern es für einen Willen nöthigend ist, heißt Gebot (der Vernunft), und die Formel des Gebots heißt **Imperativ**" (GMS, AA 04:413.9ff.). Dementsprechend sollte man zwei verschiedene Ebenen unterscheiden: Die Ebene des moralischen Gesetzes bzw. Sittengesetzes (kurz: reine Moralphilosophie) und die Ebene, auf der dieses Gesetz auf solche Subjekte angewendet wird, die dem Gesetz nicht notwendigerweise folgen. In der Anwendung auf diese Subjekte ergibt sich erst der kategorische Imperativ.

Kants Programm einer reinen Moralphilosophie, „die von allem, was nur empirisch sein mag und zur Anthropologie gehört, völlig gesäubert wäre" (GMS, AA 04:389.8f.), kann als ein geradezu revolutionäres und epochales Projekt beurteilt werden. Dieses Vorhaben wendet sich nicht nur gegen die herrschende Moralphilosophie zu Kants Zeit, sondern darüber hinaus – nach Kants Einschätzung – gegen „alle bisherige Bemühungen, die jemals unternommen worden, um das Princip der Sittlichkeit ausfindig zu machen" (GMS, AA 04:432.25ff.). Kant positioniert sich damit gleichermaßen gegen eine populäre Moralphilosophie im Sinne Garves und Feders sowie gegen eine *moral-sense-philosophy* im Sinne von Hutcheson und Shaftesbury, aber auch gegen die Moralphilosophie von Wolff. Es sollte daher nicht verwundern, wenn ein solches Programm mit einem derartigen Anspruch damals wie heute vehemente Kritiken und Einwände auf den Plan ruft (vgl. Stiening (2017)).

Kant zielt auf eine reine Moralphilosophie ab, die in ihren Grundlagen von allem Empirischen und insbesondere allem Anthropologischen völlig frei ist und

---

[55] Einige der hier nur kursorisch aufgegriffenen Gedanken und Argumente verdanken sich der eingehenden und instruktiven Argumentation von Cramer (1997). Sie haben ihre Ursprünge aber schon bei Cohen (1877).

deren Grundbegriffe und Gesetze ausschließlich auf reiner Vernunft a priori beruhen. Eine solche Moralphilosophie müsste ihre Inhalte „aus dem allgemeinen Begriffe eines vernünftigen Wesens überhaupt" (und näher hin aus dem reinen Willen eines solchen Wesens) ableiten und „für jedes vernünftige Wesen überhaupt" Geltung beanspruchen (GMS, AA 04:412.2ff.). Die bis heute schwelende Frage lautet: Ist ein solches Projekt überhaupt realisierbar? Und mit Bezug auf den Menschen lautet die kritische Nachfrage: Wird eine solche absolute Fokussierung auf die Vernunft dem Menschen als Ganzem überhaupt gerecht?

Kant weist auf die Unverzichtbarkeit einer solchen reinen Moralphilosophie hin,[56] um die Notwendigkeit und Allgemeingültigkeit ihrer Gesetze und damit deren Normativität, Autorität und Sicherheit (Gewissheit) zu garantieren. Des Weiteren muss man sich vergegenwärtigen, dass diese reine Moralphilosophie nur ein Teil von Kants Ethik ausmacht. Im Ganzen betrachtet müssen die Gesetze der reinen Moralphilosophie natürlich auf die besondere Natur des Menschen sowie seine Zustände und Umstände angewendet werden. Erst dadurch entsteht eine Ethik im Ganzen, die empirische Elemente in sich aufnimmt und gewiss keine ausschließliche Fokussierung auf die Vernunft darstellt. Doch diesen Stufen der Anwendung geht eine erste Anwendungsprozedur voraus, die als Übergang vom Sittengesetz zum kategorischen Imperativ beschrieben werden kann. Die sich hierbei konstituierende Ebene liegt gleichsam *zwischen* der reinen Moralphilosophie und dem, was Kant selbst als ‚angewandte Philosophie der Sitten' bezeichnet (vgl. GMS, AA 04:410).

Die oberste Ebene – die reine Moralphilosophie – und ihr Gegenstand eines reinen und guten Willens wird von Kant im Grunde genommen ex negativo beschrieben, nämlich als ein Wille, der nicht gewissen subjektiven Bedingungen und Einschränkungen unterworfen ist. Das moralische Gesetz in seiner ursprünglichen Form, als deskriptiver Satz, der diesen guten und reinen Willen beschreibt, taucht im gesamten Werk Kants überhaupt nicht auf. Cramer (1997) hat ihn wie folgt formuliert: „Genau derjenige Wille *ist* ein reiner [und guter] Wille, dessen Maxime jederzeit zugleich als Prinzip einer allgemeinen Gesetzgebung gelten kann" (Cramer (1997), S. 311). An dieser Formulierung sind aber Zweifel angebracht: Kann man denn behaupten, ein reiner Wille hätte Maximen? Maximen sind subjektive Handlungsgrundsätze, die – Kant zufolge – aus „Neigungen" unter „Mitwirkung der Vernunft" entspringen (GMS, AA 04:427.8f.), und außerdem heißt es in der KpV explizit:

---

[56] In der *Metaphysik der Sitten* behauptet er sogar, es sei Pflicht, eine solche zu haben (vgl. MS, AA 06:216). Vgl. dazu auch GMS, AA 04:410f.

> Alle drei Begriffe aber, der einer Triebfeder, eines Interesse und einer Maxime, können nur auf endliche Wesen angewandt werden. Denn sie setzen insgesammt eine Eingeschränktheit der Natur eines Wesens voraus, da die subjective Beschaffenheit seiner Willkür mit dem objectiven Gesetze einer praktischen Vernunft nicht von selbst übereinstimmt [...]. Auf den göttlichen Willen können sie also nicht angewandt werden. (KpV, AA 05:79.27 ff.)

Insofern die Möglichkeit der Abweichung des Willens vom sittlich Guten eine Voraussetzung für die Anwendung des Maximenbegriffes darstellt, kann der Maximenbegriff auf der Ebene der reinen Moralphilosophie und mithin mit Bezug auf einen reinen und guten Willen nicht verwendet werden. Somit müsste also der deskriptive Satz vorsichtiger formuliert werden: *Genau derjenige Wille ist ein reiner [und guter] Wille, dessen Grundsatz jederzeit zugleich als Prinzip einer allgemeinen Gesetzgebung gelten kann.*

Die reine Moralphilosophie nimmt ihren Ausgangspunkt am allgemeinen Begriff des vernünftigen Wesens und am Begriff des praktischen Gesetzes. Die Darlegung und Exposition einer solchen reinen Moralphilosophie erfolgt – gemäß Cramer (1997) – nicht in der *Grundlegung*, sondern erst in den Eingangsparagraphen der *Kritik der praktischen Vernunft*. Denn die *Grundlegung* stützt sich zur Explikation des Begriffes eines reinen und guten Willens auf den Begriff der *Pflicht*, „der den eines guten Willens, obzwar unter gewissen subjectiven Einschränkungen und Hindernissen, enthält" (GMS, AA 04:397.7 f.). Womit freilich eine gewisse empirische ‚Kontamination' verbunden ist. Gleichwohl wird das Projekt – das vor allem im zweiten Abschnitt der *Grundlegung* ausgeführt wird – von allem Anthropologischen frei gehalten. Denn Kant zielt hier nicht auf den Menschen als einen Adressaten des kategorischen Imperativs ab, sondern wesentlich allgemeiner auf alle sinnlich-vernünftigen Wesen. Derjenige Bereich der Moralphilosophie, der in der *Grundlegung* ausbuchstabiert wird, gehört folglich weder zur reinen Moralphilosophie noch zur Tugendlehre und Rechtslehre der *Metaphysik der Sitten*, bei der es ja explizit um die menschliche Natur geht. Er stellt eine ganz eigene Ebene dar. Erst auf dieser Ebene kommen einige zentrale Begriffe der Moralphilosophie Kants zum Tragen. Eine summarische, aber keineswegs vollständige Auflistung dieser Begriffe sieht wie folgt aus: *Nötigung, Gebot, Verbot, Erlaubnis, Triebfeder, Neigung, Pflicht, Bedürfnis, Interesse, Sollen, Achtung für das Gesetz, Maxime und (kategorischer) Imperativ.* Diese Begriffe haben auf der obersten Ebene, der reinen Moralphilosophie, keinen Platz. Zu diesem Bereich bzw. dieser Ebene – für den repräsentativ die Exposition des Pflichtbegriffes steht – bemerkt schon Cramer abschließend:

> Daher fällt die Exposition des Begriffes der Pflicht in einen a priori verfahrenden Teil der Ethik, der jedoch keine *reine* Vernunftwissenschaft in praktischer Absicht sein kann. Denn

der Begriff der Pflicht ist ein Vernunftbegriff, in den etwas Eingang finden muß, was gerade nicht Vernunft ist. Kant hat es unterlassen, diese innertheoretischen Verhältnisse seiner metaphysischen Grundlegung der Ethik klarzumachen. Genauer hat er es unterlassen, denjenigen Teil seiner Grundlegung, der das Sittengesetz exponiert, von demjenigen Teil, der den kategorischen Imperativ einführt, methodisch angemessen zu unterscheiden. Daher die Schwierigkeiten bei der Beantwortung der Frage, in welchen Teil seiner Moralphilosophie die Einführung des kategorischen Imperativs fällt. (Cramer (1997), S. 322)

Deswegen ist es auch schwierig, diesem Teil bzw. nach meiner Auffassung dieser Ebene einen passenden Namen zu geben. In Ermangelung einer besseren Bezeichnung könnte man von einer allgemeinen Pflichtenlehre oder Sittenlehre reden, wobei klar sein sollte, dass diese Bezeichnung nicht mit dem kantischen Gebrauch dieser Begriffe übereinstimmt und daher für Verwirrung sorgen könnte. Ich möchte daher den Begriff *Sittenlehre** für diese Ebene verwenden und mit dem Asterix den spezifischen Unterschied zu Kants Begriff andeuten. Kant selbst benutzt den Begriff *Sittenlehre* in verschieden Kontexten unterschiedlich: Einerseits bezeichnet er die Wissenschaft von den Gesetzen der Freiheit als Sittenlehre (GMS, AA 04:387). Andererseits umfasst die Sittenlehre als Oberbegriff die beiden Teile der *Metaphysik der Sitten*, nämlich die Rechtslehre und Tugendlehre, und bezeichnet ganz allgemein die „Lehre von den Pflichten" (TL, AA 06:379.4). Da es allerdings methodisch sinnvoll ist, zwischen Gesetzen und Pflichten (Geboten und Verboten) zu differenzieren, sind auch die beiden Bereiche, die hier unter dem Begriff *Sittenlehre* gefasst werden, nicht koextensional. Markant in diesem Zusammenhang ist auch der folgende Hinweis Kants: „Für endliche h e i l i g e Wesen (die zur Verletzung der Pflicht gar nicht einmal versucht werden können) gibt es keine Tugendlehre, sondern bloß Sittenlehre" (TL, AA 06:383.20 ff.). Hier fallen mehr oder minder reine Moralphilosophie und Sittenlehre zusammen. In Bezug auf verschiedene Kontexte und im Detail bleiben die innertheoretischen Verhältnisse unklar.

3.4 Unterschiedliche Interpretationen des Maximentests

Das oberste moralische Gesetz in seiner deskriptiven Form ist von seiner imperativischen Anwendung auf endliche vernünftige Wesen zu unterscheiden. In dieser ersten Anwendungsstufe erhält es die Form des kategorischen Imperativs. Der kategorische Imperativ wiederum sollte von dem unterschieden werden, was Rawls das *Verfahren des kategorischen Imperativs* (kurz: KI-Verfahren) nennt (Rawls (2004), S. 226). Das KI-Verfahren wird in der Sekundärliteratur auch als

Maximentest[57] oder *Universalisierbarkeitstest*[58] bezeichnet. Kant selbst spricht von einer „Probe" (MS, AA 06:225.11)[59] und charakterisiert das Verfahren auch oft als eine Art Selbstbefragung[60] oder „Selbstprüfung" (KpV, AA 05:88.8). Dabei geht es um die Frage, ob ich meine zu prüfende Maxime „ohne Widerspruch" zugleich auch als allgemeines Gesetz denken und wollen kann (GMS, AA 04:424.4). Beim Maximentest lassen sich also zwei Qualitäten unterscheiden: (1) die Unmöglichkeit, meine Maxime als allgemeines Gesetz zu denken (Widerspruch im Denken), und (2) die Unmöglichkeit, meine Maxime als allgemeines Gesetz zu wollen (Widerspruch im Wollen). Wenn sich eine Maxime als Gesetz nicht einmal widerspruchsfrei denken lässt, kann ich sie – als rationales Wesen – eo ipso auch nicht wollen. Wenn ich hingegen meine Maxime als Gesetz nicht wollen kann, so impliziert das nicht, dass sie als allgemeines Gesetz nicht denkbar wäre und folglich eine entsprechende Ordnung unmöglich wäre. So wäre – nach Kant – eine Welt ohne jeglichen Beistand von anderen Menschen denkbar und möglich, aber es wäre für den Menschen unmöglich, eine solche Welt zu wollen. Ob und wie genau nun Widersprüche in den einzelnen Beispielen Kants zu rekonstruieren sind, ist ein hochkontroverses und nahezu unerschöpfliches Thema der Kantforschung, zu dem viele verschiedene Interpretationsansätze vorliegen. Im Folgenden werde ich einen kursorischen Überblick über diese Ansätze geben, ohne dabei eine vollständige und akribische Darstellung anzustreben.

Das KI-Verfahren gemäß Rawls kann in vier Schritte unterteilt werden: (1) Im ersten Schritt geht es um die Formulierung bzw. Aufstellung einer situationsangemessenen, rationalen und aufrichtigen Maxime (M). Das Merkmal der Situationsangemessenheit weist schon darauf hin, dass die Maxime auf die Umstände (U) und die Praxis bezogen sein muss. Damit kommen empirische Elemente in das Verfahren hinein, ohne dass das Verfahren als solches empirisch wäre. Die Maxime, da sie notwendigerweise auch auf einen Zweck (Z) Bezug nimmt, kann als hypothetischer Imperativ mit folgender Form gedeutet werden: Ich will – unter den Umständen U – H tun, um Z herbeizuführen. (2) Im zweiten Schritt wird die

---

[57] Sowohl der Maßstab bzw. „Kanon" (GMS, AA 04:424.3) als auch die Methode der moralischen Beurteilung – „niemals anders verfahren als" (GMS, AA 04:402.7f.) – beruhen auf folgender Frage: „Kannst du auch wollen, daß deine Maxime ein allgemeines Gesetz werde?" (GMS, AA 04:403.21f.). Geprüft werden also Maximen und deswegen ist es sinnvoll, von einem *Maximentest* zu sprechen. Auch wenn Kant selbst diesen Begriff nicht gebraucht.
[58] Cramer (1997), S. 118.
[59] Auch von einem „Probirstein" (ZeF, AA 08: 420.28 und TL, AA 06:376.16 und 20) ist bei Kant die Rede.
[60] Z. B. „so frage ich mich selbst" (GMS, AA 04:403.5), „sich selbst fragen" (GMS, AA 04:422.1) und „wenn ich mich frage" (KpV, AA 05:44.8).

Maxime (M) verallgemeinert und nimmt folgende Form an: Jedermann soll – unter den Umständen U – H tun, um Z herbeizuführen. (3) Im dritten Schritt wird die verallgemeinerte Maxime als eine Art (Natur-) Gesetz auf Probe (G_M) vorgestellt und (4) im vierten Schritt wird eine neue (Natur-) Ordnung bzw. Praxis – Rawls nennt dies eine „angegliche soziale Welt" (Rawls (2004), S. 232) – unter diesem Gesetz (G_M) mit allen ihren Wirkungen und Folgen imaginiert. Diese imaginierte Welt wird mit der ursprünglichen Maxime (M) in Verbindung gebracht. Wenn sich nun in diesem Vernunftexperiment herausstellt, dass erstens ein Handeln nach M in dieser neuen Ordnung unmöglich ist oder zweitens diese neue Ordnung nicht gewollt oder bejaht werden kann, dann ist die Maxime M moralisch unzulässig. (Der Vollständigkeit halber sei noch angemerkt, dass dieser vierte Schritt bei Rawls unter den Bedingungen der Öffentlichkeit und der Permanenz betrachtet wird. Das zu prüfende Gesetz (G_M) wird als jedermann bekannt und als schon längere Zeit fest etabliert betrachtet.)

Der neuralgische und kontroverse Punkt im KI-Verfahren bzw. Maximentest ist vor allem der vierte Schritt und die Frage: Wie genau wird denn nun diese Unmöglichkeit und somit der Widerspruch (im Denken und/oder im Wollen) abgeleitet? Welche Voraussetzungen gehen dabei in die Argumentation ein? Welche Art von Argumentation findet statt? Und wo ist der Widerspruch zu lokalisieren?

Mit Korsgaard lassen sich zunächst drei verschiedene Arten des Widerspruchs und der Argumentation bzw. Interpretation unterscheiden: (1) „Logical Contradiction", (2) „Teleological Contradiction" und (3) „Practical Contradiction" (Korsgaard (1996a), S. 78).[61] Der logische Widerspruch (im Folgenden auch begrifflich-struktureller *Widerspruch* genannt) beruht auf einem logischen oder begrifflichen Widerspruch in der verallgemeinerten Maxime oder in einer Ordnung, in der die universalisierte Maxime als Gesetz erprobt wird. Der teleologische Widerspruch kommt zustande, wenn zusätzlich bestimmte naturteleologische Prinzipien (TP) vorausgesetzt werden, die entweder mit der Maxime oder der universalisierten Maxime als Naturgesetz nicht übereinstimmen. Schließlich beruht – der von Korsgaard selbst vertretene – praktische Widerspruch darauf, dass die Absichten und Zwecke der Maxime und die Absichten und Zwecke der verallgemeinerten Maxime als Gesetz nicht zugleich in einer Ordnung bzw. Praxis bestehen können. Dabei kommt auch ein *Argument aus den Folgen* zum Zuge,

---

61 Einige Kant-Interpreten vertreten sogar die Auffassung, dass sich mit Bezug auf die allgemeine Gesetzesformel überhaupt kein Widerspruch in den diversen Beispielen Kants rekonstruieren lasse. Vgl. Tugenhat (1993) oder Parfit (2017). Auch Cramers Auseinandersetzung mit dem Depositum-Beispiel mündet nicht in eine positive Rekonstruktion, sondern wird vertagt (vgl. Cramer (2001)).

wobei Folgen hier weder logische noch empirische Folgen, sondern kausal gedachte Folgen meint (vgl. Cramer (2001)). Die dritte Variante des Widerspruchs – der praktische Widerspruch – wird von der Mehrzahl der heutigen Kant-Forscherinnen und Kant-Forscher in der einen oder anderen Variante favorisiert. Wendet man auf diese drei Arten des Widerspruchs noch die Unterscheidung unterschiedlicher Lokalisationen – gemäß Kleingeld (2017) – an, wonach man den Widerspruch entweder als Selbstwiderspruch *in* der Maxime bzw. *im* Gesetz auf Probe oder *zwischen* zwei ‚Dingen' verorten kann, dann ergibt sich folgende Übersicht: [62]

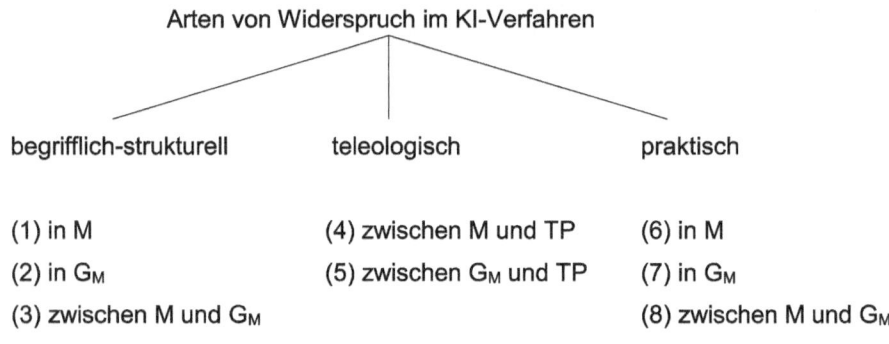

Abb. 8: Mögliche Widersprüche im KI-Verfahren (Maximentest)

Neben diesen 8 möglichen Interpretationsvarianten begegnet man in der Forschungsliteratur auch noch vielen anderen Interpretationsansätzen, die sich als Mischformen charakterisieren lassen oder noch ganz andere Aspekte in den Blick nehmen.[63] Kurz erwähnt sei in diesem Zusammenhang die Interpretation von Kleingeld (2017). Kleingeld konstatiert einen Widerspruch zwischen zwei Willensakten, die nicht miteinander vereinbar sind. Sie hebt das Wörtchen „zugleich" in den Ausführungen Kants hervor und geht von einer Unvereinbarkeit zwischen dem Wollen der Maxime einerseits und dem Wollen der verallgemei-

---

62 Beispiele für die einzelnen Interpretationsansätze findet man unter anderem bei: Schöndorf (1985) für (2), Dietrichson (1964) für (3), Korsgaard (1996a), S. 87 f. referiert Ansatz (4), ohne ihn selbst zu vertreten, Paton (1962), S.173 ff., Ebbinghaus (1968) und Schönecker/Wood (2002), S. 132f. für (5), Höffe (1977), S. 109 ff. ist ein Beispiel für (6), was aber von Höffe (^{3}2000) selbst revidiert worden ist, Schönecker/Wood (2002), S. 134 ff. für (7) sowie Singer (1975), Korsgaard (1996a), S. 92 ff., Cramer (2001), Höffe (^{3}2000) und Rawls (2004), S. 230, O'Neill (2013) für (8).
63 Mill zum Beispiel deutet das KI-Verfahren in ein regelutilitaristisches Testverfahren um, wenn er behauptet, Kant könne überhaupt keinen Widerspruch ableiten, sondern allenfalls zeigen, „daß niemand bereit wäre die *Folgen* einer allgemeinen Anerkennung" unmoralischer Maximen zu erdulden (Mill (2006), S. 7).

nerten Maxime andererseits aus (als zwei verschiedenen Willensakten). Die Interpretation von Kleingeld müsste in gewissem Sinne noch zusätzlich zur obigen Übersicht gedacht werden.

Die Varianten (1), (4) und (6) – bei denen bereits ein Widerspruch *in* der einzelnen Maxime M bzw. zwischen M und bestimmten teleologischen Prinzipien lokalisiert wird – können nicht als Interpretationen im Sinne Kants aufgefasst werden, da es hier gar keiner Verallgemeinerung bedarf.

3.5 Erläuterungen zum Maximentest anhand des Depositum-Beispiels

Um zu verdeutlichen, dass das Prinzip der Selbstliebe bzw. der Glückseligkeit nicht zu einer allgemeinen Gesetzgebung taugt, da man es hierbei mit empirischen Bestimmungsgründen zu tun hat, verwendet Kant sowohl in der *Kritik der praktischen Vernunft* als auch im *Gemeinspruch* das Depositum-Beispiel. Darüber hinaus macht er in beiden Kontexten deutlich, dass der Pflichtbegriff bzw. das ihm zugrundeliegende Moralprinzip einfacher, fasslicher und klarer anzuwenden sei als jedes andere – namentlich das aus der Glückseligkeit hergenommene – Prinzip. Das Prinzip sei so einfach und natürlich, dass selbst „der gemeinste Verstand" (KpV, AA 05:27.22) und ein Kind „von etwa acht oder neun Jahren" (TP, AA 08:286.21) es anwenden könne. Diese Simplizitätsbehauptung Kants steht allerdings in auffälligem Kontrast zu den kaum mehr überschaubaren Rekonstruktions- und Interpretationsversuchen in der Sekundärliteratur.

Ausgehend vom Depositum-Beispiel in der *Kritik der praktischen Vernunft* möchte ich im Folgenden die Grundstruktur des Maximentests bzw. des KI-Verfahrens rekonstruieren und anschließend darlegen, dass und wie die Beispiele Kants die Anwendung seiner Ethik bzw. seine Ethik im Ganzen in nuce repräsentieren.

[1] Ich habe z. B. es mir zur Maxime gemacht, mein Vermögen durch alle sichere Mittel zu vergrößern [= M_a]. [2] Jetzt ist ein Depositum in meinen Händen, dessen Eigenthümer verstorben ist und keine Handschrift darüber zurückgelassen hat. [3] Natürlicherweise ist dies der Fall meiner Maxime. [4] Jetzt will ich nur wissen, ob jene Maxime [= M_a] auch als allgemeines praktisches Gesetz [= G_{Ma}] gelten könne. Ich wende jene [= M_a] also auf gegenwärtigen Fall an und frage, ob sie [= M_a/M_b (?)] wohl die Form eines Gesetzes annehmen, mithin ich wohl durch meine Maxime [= M_a/M_b (?)] zugleich ein solches Gesetz geben könnte: [5] daß jedermann ein Depositum ableugnen dürfe, dessen Niederlegung ihm niemand beweisen kann [= G_{Mb}]. [6] Ich werde sofort gewahr, daß ein solches Princip, als Gesetz, sich selbst vernichten würde, [7] weil es machen würde, [8] daß es gar kein Depositum gäbe. (KpV, AA 05:27.22ff.)

Kant beginnt [1] sein Beispiel mit der Ausgangsmaxime M_a, die wie folgt lautet: Ich will mein Vermögen durch alle sicheren Mittel vergrößern. Im nächsten Satz [2] bezieht sich Kant auf eine bestimmte Situation, die dadurch gekennzeichnet ist, dass ein Depositum, dessen Eigentümer und Hinterleger (= Deponent) verstorben ist und keine Handschrift darüber zurückgelassen hat, sich bei einem Verwahrer (= dem Depositar) zur Aufbewahrung befindet. Es gehört zum Begriff des Depositums, dass der Depositar weder Besitzer noch Eigentümer der Sache ist. Der Begriff Depositum bezeichnet bei Kant sowohl „ein anvertrautes fremdes Gut" (TP, AA 08:286.6) und somit eine Sache als auch die „Aufbewahrung des anvertrauten Guts (depositum)" (RL, AA 06:285.13) und damit eine Rechtsinstitution bzw. einen Verwahrungsvertrag, den es bereits in der Antike (z. B. im Römischen Recht) gab. Diese Doppelbedeutung des Begriffes Depositum findet man ebenfalls im *Zedler*. In diesem Universallexikon des 18. Jahrhunderts wird der Begriff Depositum sowohl als „Sache [...], die einem verwahrlich anvertraut wird", aber auch als „Contract" definiert (Zedler (1731), Bd. 7, S. 610). Interessanterweise wird im *Zedler*-Artikel auch das Thema der Ableugnung von Deposita angesprochen, woraus zu ersehen ist, dass es sich zu Kants Zeiten um ein Problem von allgemeinem Interesse handelte:

> Ehemahls bey denen Griechen und Römern war eine grosse Straffe auf denjenigen gesetzt, welcher das *Depositum* läugnete, indem die Griechen meynten, daß die Götter denjenigen, der solches thäte, bezeichneten, und ihm Beulen oder Geschwüre auf der Zunge und im Halse aufführen [...]. Die Nonnen [?] gaben das anvertraute Gut vor etwas unverletzliches aus, daher sie es *sacrum* nennten [...]. Vor Gerichte muste einer, der es boshafftig läugnete, den Werth des Depositi [...] doppelt bezahlen. (*Zedler*, Bd. 7, S. 613)

In Satz [2] bezieht sich Kant eindeutig auf eine Sache, wenn er von einem Depositum spricht. In Satz [8] ist die Bedeutung nicht eindeutig: Wenn Kant am Ende zu dem Ergebnis kommt, dass es gar kein Depositum (mehr) gäbe, kann damit sowohl die Sache in ihrer Bestimmung als fremdes Gut gemeint sein, aber auch der Umstand, dass es die rechtliche Praxis des Verwahrungsvertrages (zumindest in einer spezifischen Ausprägung ohne schriftlichen Nachweis) nicht mehr gibt. Da beide Bedeutungen einander bedingen, scheint es unerheblich, was Kant genau meint. Im Hinblick auf die Art und Weise des zu rekonstruierenden Schlusses ist es aber wichtig, zwischen diesen beiden Bedeutungen zu unterscheiden.

Satz [2] setzt eine Reihe von semantischen und pragmatischen Annahmen sowie eine bestimmte Praxis bzw. Ordnung voraus, die Kant im Beispiel nicht explizit macht, die aber mitzudenken ist. Auf die mehrdeutige Semantik des Begriffes *Depositum* habe ich bereits hingewiesen. Des Weiteren muss man davon ausgehen, dass ein performativer Akt der Übernahme einer Sache zur Verwahrung deklariert und soweit in Wort und Tat vollzogen worden ist (vgl. *Zedler* (1731),

Bd. 7, S. 609 ff). Dass weiterhin der Deponent davon ausgeht, dass der Depositar die anvertraute Sache als fremdes Eigentum betrachtet und sich unter keinen Umständen diese Sache selbst aneignet. Diese pragmatische Annahme könnte man mit den Stichworten Vertrauen oder Glaubwürdigkeit kennzeichnen. Außerdem kann eine solche Situation nur eintreten, wenn es überhaupt eine Praxis des Eigentums, des Verwahrens dieses Eigentums sowie der Übergabe etc. gibt. Ich möchte in diesem Zusammenhang von *Präsuppositionen* sprechen, die der Maxime M_a teilweise und der sich daraus ergebenden, aber noch nicht formulierten Maxime M_b in noch größerem Umfang zugrunde liegen. Von Präsuppositionen möchte ich in der Weise sprechen, dass die zu überprüfende (normative) Richtigkeit oder Falschheit von M_b überhaupt nur bestehen kann, wenn diese Präsuppositionen erfüllt sind. Es sind mithin Bedingungen der Möglichkeit dafür, dass die Maxime M_b moralisch richtig oder falsch sein kann. Eine wesentliche Existenzpräsupposition besagt also: Es gibt Deposita.

Der Satz [2] bringt überdies zum Ausdruck, dass der Eigentümer der anvertrauten Sache verstorben ist und keinerlei schriftliche Aufzeichnungen oder auch andere Hinweise darauf (mehr) existieren und dass der Depositar diese Sache zur Verwahrung hat. Es geht also um ein sehr spezifisches Depositum und letztendlich um den Umstand, dass dem Depositar „niemand beweisen kann", dass er ein solches Depositum in seinen Händen hat. Das nun wiederum ist der Grund dafür, dass Kant diese Umstände als den „Fall meiner Maxime" klassifiziert [3]. Es geht um die Vermögensvergrößerung durch sichere Mittel. Man darf annehmen, dass zu dieser Subsumtionsleistung – die Kant im Einzelnen gar nicht erläutert – das Vermögen und der Vollzug der Urteilskraft, genauer der bestimmenden Urteilskraft, verlangt wird. Dieser Punkt soll uns aber im Folgenden nicht weiter interessieren, zumal wir auch noch gar nicht zum Kern des Beispiels vorgestoßen sind: dem Maximentest. Die Prozedur dieser Probe wird in den beiden Sätzen [4] zum Ausdruck gebracht und sie besteht in der Beantwortung der Frage, ob die Maxime M_a auch als allgemeines Gesetz gelten könne. Dazu wird allerdings die Maxime M_a auf den gegenwärtigen Fall *angewendet*, und es wird erneut gefragt, ob „sie" die Form eines Gesetzes annehmen könne. Mit dem Personalpronomen „sie" ist nun aber wohl nicht mehr die Ausgangsmaxime M_a gemeint, sondern die *Anwendung* dieser Maxime auf den Fall. Hier findet eine eigentümliche, von Kant nicht näher erläuterte Verschiebung statt. Das Ergebnis dieser Anwendung möchte ich M_b nennen und davon ausgehen, dass M_b wieder eine Maxime, allerdings eine spezifischere Maxime ist. Alternativ wäre es denkbar, davon auszugehen, dass es sich nur um eine (spezifische) Handlungsregel (R) handelt.[64] Da Kant selbst davon spricht, dass eine Maxime ein subjektiver Grundsatz sei, der „mehrere praktische Regeln unter sich hat" (KpV, AA 05:19.8), ist auch eine solche Interpretation denkbar. Dennoch würde man sich wundern, dass Kant überhaupt nichts davon sagt, dass er nun eine Regel im Blick hat und nicht mehr eine Maxime. Was auch immer Kant in den beiden Sätzen [4] genau macht, fest steht, dass er am Ende eine allgemeine Aussage [5] näher betrachtet. Diese allgemeine Aussage lautet: Jedermann darf ein Depositum ableugnen, dessen Niederlegung ihm niemand beweisen kann (G_{Mb}). Kant erläutert auch diese Formulierung und ihr Zustandekommen nicht weiter. Man kann sich die Frage stellen, warum er hier von Ableugnung spricht, was doch impliziert, dass man zum Depositum befragt wird. Wäre es nicht passender, von einem Verschweigen des Depositums zu sprechen? Aber auch diesen Punkt möchte ich nicht weiter verfolgen.

Er benutzt zur Charakterisierung dieser allgemeinen Aussage den Ausdruck „ein solches Gesetz", da aber noch gar nicht bestätigt ist, dass es wirklich ein Gesetz ist, sollte man hier vielleicht besser von einem ‚Gesetz auf Probe' sprechen. Denn es ist ja gerade die neuralgische Frage, ob diese Vorschrift sich zum allgemeinen Gesetz qualifiziert oder eben nicht. Führt man diese gesetzmäßige Formulierung auf eine (subjektive) Maxime zurück, dann müsste die wohl lauten: Ich will/darf ein Depositum ableugnen, dessen Niederlegung mir niemand beweisen kann (M_b). Ich bleibe – wie gesagt – bei der Auffassung, dass es sich hierbei um eine Maxime und nicht um eine Handlungsregel handelt. Denn Kant sagt nirgendwo, dass er Handlungsregeln als Gesetze auf die Probe stellt; stets redet er nur davon, dass Maximen geprüft werden. Die Maxime M_b wäre dann eine Art untergeordnete Maxime oder Anwendungsmaxime der allgemeineren Maxime M_a. Kant selbst verwendet in Zusammenhang mit der Anwendung von Maximen den Begriff „(untergeordnete) Maxime" (TL, AA 06:411.14), was ein weiteres Indiz dafür ist, dass es sich bei M_b um eine Maxime handelt. Damit wird deutlich, dass Kant hier nicht direkt die Maxime M_a testet, sondern die aus der Anwendung hervorgegangene Maxime M_b. Kants Maximenbegriff impliziert somit etwas wie ein Maximennetz: eine Pluralität von Maximen mit Hierarchie und wechselseitigen Abhängigkeiten (vgl. Willaschek (1992), 70 f.). Aus dem Test von M_b zieht Kant dann Rückschlüsse auf M_a. Das alles hat Kant nicht explizit gemacht und man kann sich die Frage stellen, warum er es sich in diesem Beispiel so kompliziert macht und nicht direkt M_a testet. Eine mögliche Antwort wäre: M_a eignet sich nicht für den Test. Es kann nicht ohne Weiteres gezeigt werden, ob die Maxime, sein

---

64 So z. B. Cramer (2001) und Timmermann (2003b). Es gehe um eine spezifische Regel der Geschicklichkeit mit dem Zweck, sein Vermögen durch alle sicheren Mittel zu vergrößern.

Vermögen durch alle sicheren Mittel zu vergrößern, zum Gesetz taugt oder eben nicht.

Satz [5] soll in jedem Falle ein „Gesetz" – genauer ein ‚Gesetz auf Probe' – ausdrücken und die nun zur Verhandlung stehende Frage lautet, ob man sich durch meine Maxime (M_b) *zugleich* auch ein solches Gesetz (G_{Mb}) geben könne. Mit anderen Worten: Können M_b und G_{Mb} *zugleich* bestehen? Der Widerspruch – dieser Begriff taucht im Beispiel aber gar nicht auf[65] – wird wohl zwischen der Maxime und dem allgemeinen Gesetz, das aus ihr hervorgeht, bestehen müssen. Dieser Widerspruch wird nun in den Sätzen [6], [7] und [8] begründet. In Satz [6] findet man wieder ein Indiz für die Simplizitätsunterstellung Kants: „Ich werde sofort gewahr". Und sodann eine dieser seltsam unscharfen Formulierungen Kants, dass sich „ein solches Princip" (wohl M_b) „als Gesetz" (wohl G_{Mb}) „vernichten würde". Dieser Formulierung kann man entnehmen, dass weder M_b noch G_{Mb} (also die Maxime und das ihr entsprechende Gesetz) *allein und für sich betrachtet* einen Widerspruch hervorrufen, sondern erst in der Kombination, d. h., wenn man die Maxime *zugleich* als Gesetz nehmen würde. Was aber genau hat es mit der martialischen und vieldeutigen Formulierung auf sich, dass sich das Prinzip bzw. die Maxime „selbst vernichten würde"?[66]

Dies soll nun durch die Sätze [7] und [8] begründet werden: „[7] weil es machen würde, [8] daß es gar kein Depositum gäbe". Die Deutung dieser Sätze bereitet eine Reihe von nicht unerheblichen Problemen: Zunächst einmal ist da die Frage, worauf bezieht sich das „es"? Hierfür bieten sich m. E. nicht weniger als drei unterschiedliche Deutungen an: 1) das Prinzip, 2) das Prinzip als Gesetz oder aber 3) „es" ist eine Art Scheinsubjekt (wie in dem Satz „es regnet") und sollte auf eine nicht näher explizierte Praxis bezogen werden, die durch das allgemeine Gesetz G_{Mb} bestimmt wird. Die letzte Deutung scheint mir am aussichtsreichsten. Dann heißt der Begründungssatz: Weil eine Praxis unter dem Gesetz G_{Mb} *machen* bzw. *bewirken* würde, dass es gar kein Depositum gäbe. Diese Deutung hätte zusätzlich auch den Vorteil, dass das „machen" als bewirken verstanden werden könnte; andernfalls käme die Frage auf, wie denn ein Prinzip oder ein Gesetz etwas „machen" kann. Schließlich sind das keine Handlungssubjekte. Wie auch immer die genaue Interpretation von Satz [6] aussieht, am Ende steht die noch problematischere Frage: *Wie macht* es denn diese Praxis (alternativ: das Prinzip oder das Gesetz), dass es keine Deposita mehr gibt? Wie gelangt Kant zu der

---

[65] Im Nachgang zu seinen vier Beispielen in der *Grundlegung* erläutert Kant die menschliche Perspektive als eine, in der „kein Widerspruch" auftaucht, sondern „ein Widerstand der Neigung gegen die Vorschrift der Vernunft (a n t a g o n i s m u s)" (GMS, AA 04:424.28 ff.).
[66] An anderen Stellen ist davon die Rede, dass die Maxime bzw. ein entsprechendes Gesetz „sich selbst aufreiben" (KpV, AA 05:28.3) oder gar „zerstören" würde (GMS, AA 04:403.17).

Konklusion: [8] „daß es gar kein Depositum gäbe". Das ist doch die eigentliche Frage, um die sich die meisten Rekonstruktionsversuche drehen. Hier trennen sich die verschiedenen Ansätze und es lassen sich in der Sekundärliteratur die weiter oben aufgeführten begrifflich-strukturellen, teleologischen sowie praktischen Ansätze (in zahlreichen Variationen) unterscheiden.

Bleibt man möglichst dicht an Kants Text, so fällt auf, dass er bei einigen Beispielen davon spricht, dass die „Zwecke" oder auch „Absichten", die man mit der ursprünglichen Maxime verbunden habe, „unmöglich" würden (z. B. GMS, AA 04:422 und KpV, AA 05:28). Wie genau es zu dieser Unmöglichkeit kommt, wird von Kant nicht näher erläutert. Kant selbst scheint hierbei auch gar kein Problem gesehen zu haben. Es ist in der Kant-Forschung indessen höchst umstritten, wie sich diese Unmöglichkeit genau rekonstruieren lässt. Es scheint sich um Unmöglichkeiten zu handeln, die – folgt man den praktischen Interpretationsansätzen – ihren Grund nicht in rein logischen Begriffsstrukturen haben, sondern um Unmöglichkeiten, die sich als *Argument aus den (internen) Folgen* ergeben. Mit Bezug auf das Depositum-Beispiel könnte eine sehr verkürzte Argumentation etwa wie folgt lauten: Würde eine allgemeine und lang anhaltende Praxis (Permanenzbedingung) unter dem Gesetz stehen, dass jedermann ein Depositum ableugnen dürfe, dessen Niederlegung ihm nicht nachzuweisen ist, und würde fernerhin gelten, dass dieses Gesetz öffentlich bekannt wäre (Öffentlichkeitbedingung), dann – so lautet die Konklusion – würde wohl niemand mehr ein Depositum ohne etwas Handschriftliches darüber zur Verwahrung geben. Die Folge wäre also nicht, dass es gar keine Deposita mehr gäbe, wohl aber solche Deposita nicht mehr, über die nichts Handschriftliches angefertigt wird. Fazit: Bei einer solchen Praxis käme ich überhaupt nicht mehr in den Besitz eines Depositums, dessen Niederlegung mir niemand beweisen kann, da stets handschriftliche Mitteilungen darüber angefertigt werden. Somit wäre überhaupt kein Fall mehr denkbar, bei dem ich nach meiner Maxime M_b handeln könnte. Es gäbe keine entsprechenden Deposita mehr und die Maxime würde „sich selbst vernichten" (heißt: Sie könnte nicht mehr angewendet werden). Bei einer solchen Argumentation aus den (internen) Folgen geht es nicht um eine empirische Bestandsaufnahme (mit psychologischen oder sozialen Daten, wie Menschen tatsächlich handeln), sondern allein um eine Art Gedankenexperiment mit rationalen Akteuren unter dem öffentlichen Gesetz G_{Mb}. Aber auch diese auf den ersten Blick recht plausible Argumentation ist nicht unwidersprochen geblieben, indem Cramer (2001) darauf hinweist, dass zwar in der Folge entsprechende Handschriften als Nachweise stets ausgefertigt werden, aber durch den Lauf der Welt solche auch verloren gehen könnten: Mithin könnte nicht mit letzter Sicherheit ausgeschlossen werden, dass es nicht doch solche Deposita geben könnte, deren Niederlegung nicht nachweisbar wäre.

Es geht mir hier nicht darum, eine gleichsam hieb- und stichfeste Rekonstruktion eines Schlusses auf die Konklusion [8] vorzulegen, sondern – angenommen, es lässt sich eine solche Rekonstruktion auffinden –, dann ergibt sich in der Tat ein Widerspruch. Nämlich ein Widerspruch zwischen der Präsupposition der Maxime M_a, die da lautet: Es gibt Deposita, deren Niederlegung niemand beweisen kann. Und der Konklusion [8]: Es gibt keine Deposita, deren Niederlegung niemand beweisen kann. Diese Konklusion wiederum wäre dann eine Schlussfolgerung aus einem Gedankenexperiment bezogen auf eine allgemeine Praxis bzw. Ordnung, die unter dem Gesetz G_{Mb} stünde. Mein Gedankengang bis hierher lässt sich wie folgt veranschaulichen und skizzenhaft zusammenfassen:

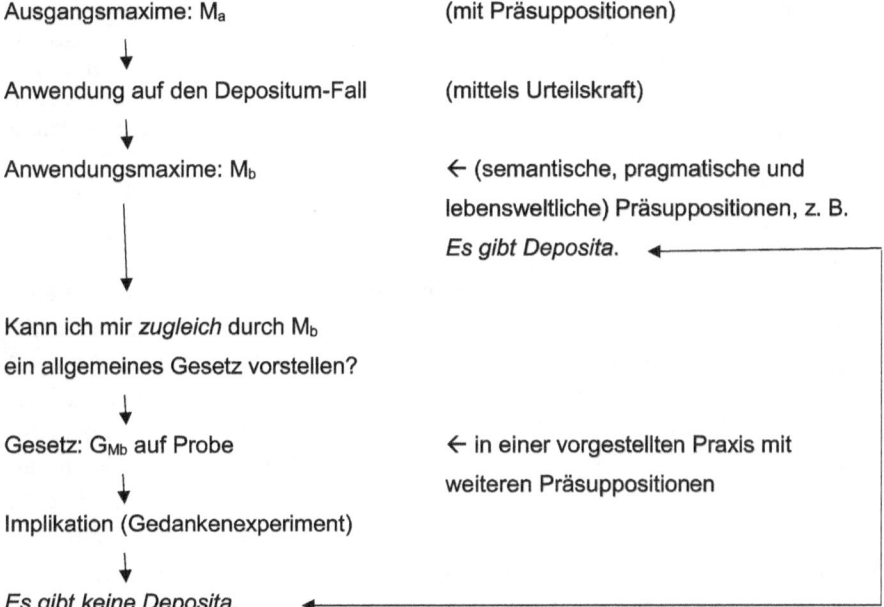

Abb. 9: Schematische Darstellung des Maximentests

Der Widerspruch, der in dieser Übersicht deutlich wird, ist ein Widerspruch zwischen einer Präsupposition der Anwendungsmaxime und der Konklusion aus dem Gedankenexperiment. Die Implikation bzw. Argumentation, die zu der Konklusion führt, ist dabei Gegenstand einer Kontroverse in der Kantforschung. Die Deutungen hierüber sind sehr unterschiedlich und reichen von begrifflich-strukturellen über teleologische Ansätze bis zu praktischen Argumenten aus den Folgen.

Ich möchte behaupten, dass diese Struktur als allgemeine Struktur für alle Beispiele Kants mutatis mutandis herangezogen werden kann und dass sich in dieser allgemeinen Struktur der Anwendungskontext in nuce widerspiegelt.

Im Folgenden möchte ich diese sehr weitgehende Behauptung zumindest plausibilisieren, indem ich noch ein weiteres Beispiel Kants heranziehe und vor dem Hintergrund der analysierten Struktur kurz betrachte. Zu diesem Zweck wähle ich das Beispiel der Hilfeleistung in der Not, wie es Kant in der *Tugendlehre* darstellt:

> Denn jeder Mensch, der sich in Noth befindet, wünscht, daß ihm von anderen Menschen geholfen werde. Wenn er aber seine Maxime, Anderen wiederum in ihrer Noth nicht Beistand leisten zu wollen [= M], laut werden ließe, d. i. sie zum allgemeinen Erlaubnißgesetz machte: so würde ihm, wenn er selbst in Noth ist, jedermann gleichfalls seinen Beistand versagen [= G_M], oder wenigstens zu versagen befugt sein. Also widerstreitet sich die eigennützige Maxime [= M] selbst, wenn sie zum allgemeinen Gesetz gemacht würde, d. i. sie ist pflichtwidrig, folglich [ist] die gemeinnützige [Maxime] des Wohlthuns gegen Bedürftige allgemeine Pflicht der Menschen und zwar darum: weil sie als Mitmenschen, d. i. bedürftige, auf einem Wohnplatz durch die Natur zur wechselseitigen Beihülfe vereinigte vernünftige Wesen, anzusehen sind. (TL, AA 06:453.5 ff.)

Ohne diese Darstellung in allen ihren Einzelheiten und Besonderheiten zu analysieren, kann die Argumentation im Hinblick auf den Maximentest bzw. das KI-Verfahren wie folgt rekonstruiert werden: Zur Prüfung steht die Maxime: Ich will anderen Menschen in Not keinen Beistand leisten, obwohl ich es könnte [M]. Eine solche Maxime kann aber überhaupt nur unter der Voraussetzung aufkommen, dass „Mitmenschen" auf einem gemeinsam geteilten „Wohnplatz" existieren und dass es zur Natur des Menschen gehört, ein Bedürfniswesen zu sein. Wäre all dieses nicht der Fall – und wir lebten einzeln oder zusammen in einem Paradies und hätten überhaupt keine Bedürfnisse –, dann wäre die Maxime M gewissermaßen witzlos. Gäbe es keine bedürftigen Menschen, dann könnte ich ihnen auch nicht den Beistand verweigern. Festzuhalten ist hier die Existenzpräsupposition: Es gibt bedürftige Menschen. Und das sind Menschen, die per definitionem Hilfe brauchen und auch Hilfe wollen. Wenn nun die Maxime M probeweise zum allgemeinen Gesetz erhoben wird, dann hieße das: Jedermann kann und darf jedem anderen, der in Not ist, den Beistand versagen. Zugespitzt müssen wir uns eine Praxis bzw. eine Welt imaginieren, in der es prinzipiell (durch das allgemeine Gesetz) keinerlei Hilfe gibt. Eine solche Welt könnte nach Kant zwar bestehen, doch es wäre unmöglich, sie zu wollen. Im obigen Beispielsatz lautet die Begründung wiederum sehr lapidar: „Also widerstreitet sich die eigennützige Maxime [= M] selbst, wenn sie zum allgemeinen Gesetz gemacht würde". Auch hier bleibt Kant seiner Leserschaft eine genaue Explikation des Widerstreits schuldig.

Aus dem allgemeinen Gesetz (G_M) in seiner zugespitzten Variante kann man sicherlich ohne größere Probleme die folgende Konklusion ableiten: Es gibt für bedürftige Menschen keinerlei Hilfe. Der Widerstreit ist nun ein Widerstreit im Wollen: Es kann unmöglich ein solches Gesetz (G_M) – welches das Hilfe-Wollen ad absurdum führt – und zugleich die Maxime (M) mit ihrer Präsupposition des Hilfe-Wollens in ein und demselben Willen vereinigt werden.[67]

Die Rekonstruktion dieses Beispiels macht deutlich, dass in die Präsuppositionen dieses Beispiels auch noch diverse Zusatzannahmen eingehen, die nicht nur die soziale Praxis der Menschen (hier unter anderem: das Zusammenleben auf einem gemeinsamen Wohnplatz), sondern darüber hinaus auch noch die besondere Natur des Menschen betreffen. In diesem Falle ist es die notwendige Bedürftigkeit des Menschen. Kant verwendet in diesem Zusammenhang auch mehrfach den wichtigen Ausdruck von den „wahren Bedürfnisse[n]" (TL, AA 06:393.30), ohne ihn näher zu explizieren. Insofern dieser Begriff eine wesentliche Voraussetzung für den hier rekonstruierten Maximentest darstellt – nicht für den formalen Widerspruch selbst, aber eben als Voraussetzung für das Zustandekommen des Widerspruchs –, sollte er innerhalb der Ethik Kants im Ganzen sorgfältig analysiert und gewürdigt werden (vgl. Abschnitt 4.8.2).

Betrachtet man die vier bekannten Beispiele der *Grundlegung* sowie das Depositum-Beispiel, muss man feststellen, dass Kant im Anwendungskontext eine Vielzahl von nicht expliziten Präsuppositionen in den Test einfließen lässt, die sowohl die besondere Natur des Menschen als auch seine besondere soziale Praxis betreffen. Die wichtigsten Präsuppositionen sind die folgenden:

(i) Menschliche Existenz basiert auf biologischem Leben und dem Prinzip der Selbstliebe und es ist sterblich.

(ii) Menschen kommunizieren über Sprache und geben einander Versprechen, mithin können sie auch lügen.

(iii) Menschen haben individuell verschiedene Talente und Fähigkeiten, die sie entwickeln, aber auch vernachlässigen können.

---

[67] Kritiker Kants haben mit Blick auf dieses Beispiel eingewandt, dass Kant die Pflicht zur Hilfe im Grunde genommen mittels des Prinzips der Selbstliebe (also durch den Egoismus) *begründen* würde (vgl. Schopenhauer (2007)). Das ist aber nicht der Fall, denn die Argumentation lautet nicht: Du sollst anderen helfen, weil du selbst in die Gefahr der Notlage kommen kannst. Die Argumentation und letztendlich der Grund der Verbindlichkeit stützt sich einzig und allein auf den Widerspruch bzw. Widerstreit zwischen G_M und M. Dass zur Begründung dieses Widerstreits freilich die Bedürfnisstruktur und damit auch das Prinzip der Selbstliebe, das jedem Menschen notwendigerweise eingeschrieben ist (als Präsupposition), zum Tragen kommt, steht auf einem ganz anderen Blatt.

(iv) Menschen sind bedürftige Wesen, die nach Glück streben und gelegentlich auch Hilfe benötigen (z. B. als Kind, Kranker, Verunfallter).
(v) Menschen teilen sich einen gemeinschaftlichen Wohnplatz.
(vi) Menschen leben und handeln in einer Gesellschaft, in der es Eigentum und Besitz gibt.

Diese Präsuppositionen sind zum Teil sehr elementar und quasi selbstverständlich, doch sie können nicht a priori aus dem Begriff eines vernünftigen (moralischen) Wesens abgeleitet werden. Es bedarf eines empirischen Wissens, um sie zu gewinnen. Denn es wäre sehr wohl eine Praxis vernünftiger Wesen denkbar, die zum Beispiel nicht sprachlich kommunizieren, die keine Eigentumsverhältnisse kennen und deren Existenz vielleicht auch nicht auf biologischem (mithin sterblichem) Leben basiert. Auch für solche Wesen – unterstellen wir einmal, sie hätten Bedürfnisse und lebten in Gemeinschaften zusammen – müsste die Ethik Kants in imperativischer Form Geltung beanspruchen, obgleich die Pflichten der Wahrhaftigkeit oder auch der Achtung fremden Eigentums für sie keinerlei Bedeutung hätten.

Daraus ist nun aber auch die wesentliche Einsicht zu gewinnen, dass die Ethik Kants weder eine Praxis des Eigentums noch eine Praxis der Sprache und des Versprechens und auch keine Ordnung biologischen Vernunftlebens einfordert oder gar (in einem absoluten, unbedingten Sinne) voraussetzt.

3.6 Fazit der Beispielanalyse

Die genauere Analyse der Beispiele Kants lässt eine Komplexität erkennen, die durch Kants Simplizitätsunterstellung verdeckt wird. Um die erstaunliche Diskrepanz zwischen Kants Simplizitätsbehauptung – selbst ein Kind könne erkennen, was man tun soll – und der komplizierten Diskussion in der Sekundärliteratur zu erklären, ist es hilfreich, zwischen der schlichten moralischen Beurteilung bzw. dem Bewusstsein ‚Ich soll nicht lügen' einerseits und der moralphilosophischen Rekonstruktion dieser schlichten moralischen Einsicht mittels KI-Verfahren andererseits zu unterscheiden. Mit dieser Unterscheidung lässt sich die Diskrepanz zwischen der ‚kinderleichten' Selbstbefragung und der Einsicht: ‚Nein! Es ist unrecht!' und der hochkontroversen und komplexen Diskussionslage in der Sekundärliteratur auflösen. Dazu passt auch der Textbefund, dass Kant an den Stellen, an denen er explizit auf die Simplizität eingeht – etwa im Anna von Boleyn-Beispiel (vgl. KpV, AA 05:155 f.) oder im Depositum-Beispiel im *Gemeinspruch* (TP, AA 08:286) –, überhaupt nicht auf den Maximentest Bezug nimmt.

Um das KI-Verfahren bzw. den Maximentest zu verstehen, empfiehlt es sich, vier verschiedene Aspekte sorgfältig voneinander zu trennen:

(1) Die Möglichkeit der Aufstellung bzw. Formulierung einer Maxime: Hierbei geht es um die Bedingungen der Denkmöglichkeit oder auch der Wollensmöglichkeit einer Maxime. In einer Ordnung ohne Eigentum und Deposita könnte man immer noch – rein hypothetisch – den Begriff des Eigentums und des Depositums (widerspruchsfrei) ‚imaginieren'. Und man könnte folglich, für den hypothetischen Fall, dass es Eigentum gäbe, sich die hypothetische Maxime zurechtlegen: *Ich will ein Depositum ableugnen, dessen Niederlegung mir niemand nachweisen kann.* Diese Maxime könnte man in der bestehenden Ordnung weder anwenden noch annehmen, aber man könnte sie quasi als theoretischen Satz denken. In diesem Sinne könnte jemand im Kriegszustand die hypothetische Maxime formulieren: ‚Wenn es wieder Frieden gibt, will ich beim Aufbau des zerstörten Landes mithelfen'. Oder jemand könnte in einer Gesellschaft ohne Armut trotzdem die hypothetische Maxime fassen: ‚Ich will gegen Armut kämpfen'. Obwohl die Anwendungsbedingungen für diese Maximen nicht erfüllt sind, könnte er sich diese Maximen als hypothetische Maximen zurechtlegen. Eine ganz andere Frage ist dann die nach der Gültigkeit solcher hypothetischer Maximen.

(2) Die Möglichkeit der Anwendung einer Maxime: Ohne ein Depositum lässt sich die Maxime der Ableugnung zwar denken und formulieren, aber bestimmt nicht anwenden. Es müssen also bestimmte Anwendungsbedingungen erfüllt sein, damit eine Maxime überhaupt in Gebrauch kommen und angenommen werden kann. Diese Anwendungsbedingungen habe ich in den obigen Ausführungen zur Analyse der Struktur des KI-Verfahrens auch als Präsuppositionen gekennzeichnet. Nun kann man auch noch genauer formulieren: Die Anwendung der Maxime: *Ich will ein Depositum ableugnen, dessen Niederlegung mir niemand nachweisen kann,* präsupponiert eine Praxis, in der es solche Deposita überhaupt gibt. Ebenso präsupponiert die Anwendung der Maxime: *Ich will gegen die Armut kämpfen,* die Existenz von Armut. Doch während die erste Maxime darauf abzweckt, sich fremdes Eigentum (= Depositum) anzueignen und dieser Zweck unter der Bedingung eines allgemeinen Gesetzes vereitelt würde, ist das bei der Armutsmaxime gar nicht der Fall: Hier geht es darum, Armut zu beseitigen, und wenn das erreicht wird, ist der Zweck der Maxime erfüllt. Hegel hatte gerade anders argumentiert und behauptet, eine solche Maxime zur Bekämpfung der Armut würde sich nicht zum allgemeinen Gesetz qualifizieren (vgl. Hegel (2013), S. 465 f.).

(3) Die individuell-subjektive Annahme einer Maxime: Maximen sind subjektive praktische Handlungsgrundsätze. Das heißt, es sind nicht nur theoretische Sätze, die ich für wahr oder falsch halten kann, sondern es sind praktische Grundsätze, die ich mir durch einen Akt der Annahme zu eigen mache und nach

denen ich mein Handeln richte. Dieser Akt der Annahme, welcher den eigentlichen Gebrauch der Freiheit ausmacht, wird von Kant in der *Religionsschrift* seinem ersten Grunde nach als ‚unerforschlich' und als ‚intelligible Tat' charakterisiert (vgl. RGV, AA 06:21 und 31). Diese komplizierte und schwer begreifliche Auffassung kann hier nicht näher betrachtet werden. In unserem Zusammenhang ist nur wichtig, den Aspekt der Annahme einer Maxime als einen besonderen Akt von anderen Aspekten zu unterscheiden. Damit einhergeht – quasi als Unterpunkt – auch das, was Kant als die ‚Aufnehmung einer Triebfeder in meine Maxime' bezeichnet (vgl. RGV, AA 06:24 und 36). Ob ich also das Gesetz bzw. die Achtung für das Gesetz zu meiner Triebfeder mache oder irgendeinen sinnlichen Antrieb. Auch diese in der Sekundärliteratur als *Incorporation Thesis* bekannte und viel diskutierte Thematik kann hier nicht näher betrachtet werden.[68]

(4) Von der Aufstellung, Anwendung und Annahme einer Maxime ist schließlich noch die universelle und objektive Geltung bzw. der Geltungsnachweis einer Maxime zu unterscheiden. Das heißt, die eigentliche Probe, dass sich meine Maxime zum allgemeinen Gesetz qualifiziert. Diese Probe weist zwei verschiedene, aber miteinander zusammenhängende Dimensionen auf: (4a) eine formale Dimension (d. i. das Faktum des Widerspruchs an sich) und (4b) eine inhaltliche Dimension (d. s. die inhaltlichen Voraussetzungen für das Zustandekommen des Widerspruchs).

Eine Maxime, die sich weder denken noch wollen lässt, ist unmöglich. Eine solche unmögliche Maxime hat eo ipso auch keine Geltung. Hypothetische Maximen, die weder eine Anwendung haben noch angenommen werden können, können aber sehr wohl Geltung bzw. Gültigkeit beanspruchen. Das gilt z. B. von der hypothetischen Friedensmaxime. Dies gilt aber nicht von der Maxime der Ableugnung des Depositums. Diese Maxime würde ihren Zweck bzw. ihre Absicht konterkarieren, wenn sie zum allgemeinen Gesetz würde. Dies liegt auch an dem Zweck, den man mit dieser Maxime verfolgt, und der zugrunde liegenden Neigung; im Depositum-Beispiel ist dies Habsucht. Diese Maxime würde eben nicht nur ihre Anwendungsbedingungen, nämlich die Existenz von Deposita, „vernichten", sondern auch sich „selbst" und ihre „Absicht" (KpV, AA 05:28.12). Sie beansprucht somit keinerlei Geltung. Sie besteht die Probe nicht.

Maximen treten nicht im ‚luftleeren Raum' auf, sondern beruhen immer auf einer Vielzahl von Präsuppositionen – einer ganzen Praxis, ohne die sie gar nicht möglich wären. Diese Präsuppositionen sind aber selbst keineswegs Gegenstand der Geltungsprobe der Maximen. Es werden Maximen getestet, nicht die Präsuppositionen der Maximen. Darüber hinaus muss man die Aufstellung, An-

---

[68] Vgl. Allison (1990).

wendung und Annahme einer Maxime deutlich voneinander unterscheiden und diese Aspekte wiederum von ihrer Geltung.

Die Probe als Widerspruchstest (formale Dimension) selbst – einer individuell angenommenen Maxime – geschieht ebenfalls nicht im ‚luftleeren Raum'. Vielmehr gehen verschiedene Präsuppositionen der Maxime sowie die Imagination einer neuen (Natur-) Ordnung oder in den Worten Rawls' einer ‚angeglichenen sozialen Welt' als notwendiges ‚Setting' (inhaltliche Dimension) in die Probe mit ein. Diese inhaltlichen Aspekte sind aber selbst nicht Gegenstand der Geltungsprüfung. Geprüft wird lediglich, ob sich *zwischen* der Maxime (M) und dem Gesetz auf Probe (G_M) in der imaginierten Praxis ein Widerspruch ergibt. Einzig und allein dieser Widerspruch oder Nicht-Widerspruch ist als Beurteilungskriterium ausschlaggebend (= formale Dimension des Prüfverfahrens). Hierin allein liegt der Grund der Verpflichtung und der universellen Geltung einer (verallgemeinerten) Maxime.

Das Zustandekommen dieses Widerspruches, seine Natur und Lokalisation, sind Gegenstand einer kontroversen Debatte. Es lassen sich dabei begrifflich-strukturelle, teleologische und praktische Interpretationen unterscheiden. Folgt man einer praktischen Interpretation, dann wird deutlich, dass in die Argumentation (je nach Beispiel) folgende Aspekte mit einbezogen werden:
1) eine durch die Maxime präsupponierte Praxis (z. B. Praxis des Eigentums),
2) bestimmte erfahrungsabhängige Umstände als spezifischer Fall der Maxime (z. B. die Existenz von Deposita),
3) bestimmte Absichten und Zwecke, die der Maximeninhaber mit seiner Maxime verfolgt (z. B. sein Vermögen mit sicheren Mitteln zu vergrößern),
4) besondere, die innere Natur des Menschen betreffende Aspekte (z. B. seine Bedürftigkeit und sein Streben nach Glück),
5) besondere, die äußeren Gegebenheit der menschlichen Existenz betreffende Aspekte (z. B. der gemeinsame Wohnplatz).

Diese Aspekte sind cum grano salis integrale Bestandteile des KI-Verfahrens bzw. des Maximentests und können als die (notwendige) inhaltliche Dimension dieser Probe charakterisiert werden. Der Test findet nicht im ‚luftleeren Raum' statt, sondern immer vor dem Hintergrund einer bestimmten Praxis und unter der Bedingung einer besonderen menschlichen Natur.

Der Maximentest spiegelt im Kleinen wider, was die gesamte Anwendungsproblematik im Großen zeigt. Wir können verschiedene Aspekte bzw. Stufen der Erweiterung unterscheiden, die dann zu verschiedenen Widersprüchen führen. Diese Voraussetzungen sind aber keineswegs Gegenstand des Testverfahrens. Getestet wird nur die Maxime.

Hegels berühmte Kritik des leeren Formalismus mit Bezug auf das Depositum-Beispiel: Kant würde immer schon Eigentum (unreflektiert) voraussetzen, ist insofern unzutreffend, als das KI-Verfahren in seiner formalen Dimension (in abstracto) einzig und allein auf den resultierenden Widerspruch achtet; inhaltliche Bestimmungen spielen dabei keine Rolle. Hegel hatte freilich Recht – und Kant würde dem wohl auch zustimmen –, dass das KI-Verfahren in seiner inhaltlichen Dimension (in concreto) immer nur im Kontext einer bestimmten Praxis angewendet werden kann. Doch dadurch wird eben nicht die Praxis als solche auf die Probe gestellt, sondern lediglich die Maxime in ihr. Kant behauptet mit einem solchen Test im Depositum-Fall nicht: Es sei ein moralisches Gesetz, dass es Eigentum geben müsse. Sondern er zeigt vielmehr: Wenn wir in einer Welt leben, in der es Eigentum gibt, dann wäre es moralisch falsch, nach einer Maxime zu handeln, die besagt, ich dürfte ein Depositum ableugnen und einbehalten, dessen Niederlegung mir niemand beweisen kann.

Auf einem ganz anderen Blatt steht m. E. die Frage, was Kant zu einer gesellschaftlichen Konzeption sagen würde, in der es gar kein Eigentum mehr gibt. Wäre eine Praxis mit oder ohne Eigentum (moralisch) besser oder schlechter? Wie sollte sich ein vernünftiges Wesen angesichts dieser Frage entscheiden? Dies ist allerdings keine Aufgabe für einen Maximentest, kein Gegenstand eines KI-Verfahrens. In gewisser Weise könnte man meinen, diese Frage stehe ‚jenseits' der Moral, weil Moral immer schon eine gewisse Praxis voraussetzt, diese aber selbst nicht begründen kann. Oder sollte man Kant so interpretieren, dass es unabhängig von einer bestehenden Praxis bereits eine gültige Moral gibt? Die Antworten hierauf müssen ambivalent ausfallen: Einerseits erweist sich das KI-Verfahren hinsichtlich seines Beurteilungskriteriums (formale Dimension) als ein praxisunabhängiger Test, bei dem es nur auf den Widerspruch als solchen ankommt. Die Praxis selbst steht dabei nicht auf dem Prüfstand, sondern wird nur als ‚Setting' vorausgesetzt. Andererseits kann es keine Maximen ohne Praxis und auch keinen Test ohne Praxisbezug geben. Grundlegung und Anwendung gehören notwendigerweise zusammen, um eine Ethik im Ganzen zu konstituieren. Die Anwendung ist immer die Anwendung einer erfahrungsbedingten Maxime vor dem Hintergrund einer Praxis und bestimmter anthropologischer Voraussetzungen. Der Widerspruch oder Nicht-Widerspruch als formales Beurteilungskriterium macht aber die Praxis und sonstige Voraussetzungen nicht zum Gegenstand des Tests.

Exkurs: Formalismus

Kants Depositum-Beispiel im Lichte der Hegelschen Formalismus-Kritik

1. Einleitung: Der locus classicus für die Formalismus-Kritik ist Hegel. In seinen *Grundlinien der Philosophie des Rechts* heißt es in § 135:

> So wesentlich es ist, die reine unbedingte Selbstbestimmung des Willens als die Wurzel der Pflicht herauszuheben, wie denn die Erkenntnis des Willens erst durch die *Kantische* Philosophie ihren festen Grund und Ausgangspunkt durch den Gedanken seiner unendlichen Autonomie gewonnen hat [...], so sehr setzt die Festhaltung des bloß moralischen Standpunkts, der nicht in den Begriff der Sittlichkeit übergeht, diesen Gewinn zu einem *leeren Formalismus* und die moralische Wissenschaft zu einer Rednerei von *der Pflicht um der Pflicht willen* herunter. Von diesem Standpunkt aus ist keine immanente Pflichtlehre möglich; man kann *von außen* her wohl einen Stoff hereinnehmen und dadurch auf *besondere* Pflichten kommen, aber aus jener Bestimmung der Pflicht, als *dem Mangel des Widerspruchs, der formellen Übereinstimmung mit sich*, welche nichts anderes ist als die Festsetzung der *abstrakten Unbestimmtheit*, kann nicht zur Bestimmung von besonderen Pflichten übergegangen werden, noch wenn ein solcher besonderer Inhalt für das Handeln zur Betrachtung kommt, liegt ein Kriterium in jenem Prinzip, ob er eine Pflicht sei oder nicht. Im Gegenteil kann alle unrechtliche und unmoralische Handlungsweise auf diese Weise gerechtfertigt werden. (Hegel (2015), S. 252 f.)

Hegel würdigt die Autonomielehre und die damit verbundene Aufdeckung der „Wurzel der Pflicht" als Kants Verdienst, kritisiert aber das, was er die „Festhaltung des bloß moralischen Standpunktes" nennt. Er fordert den Übergang zu einem Standpunkt der Sittlichkeit. Während Kant die Begriffe ‚Moralität' und ‚Sittlichkeit' mehr oder minder synonym gebraucht, hat die Differenz für Hegel eine fundamentale Bedeutung (vgl. Hegel (2015), S. 88 und S. 254). Die Konzeption der Sittlichkeit bei Hegel wäre ein ganz eigenes Thema und kann in diesem Rahmen nicht näher beleuchtet werden.[69] Erst der Standpunkt der Sittlichkeit ermögliche die „Vereinigung des subjektiven Wissens mit [... dem] objektive[n] System dieser Grundsätze und Pflichten [sc. Inhalte des Gewissens]" (Hegel (2015), S. 254) und stelle somit als Vollendung von subjektivem und objektivem Geist eine höhere Stufe als die Moralität bei Kant dar. Durch den sittlichen Standpunkt werde die Sterilität und Abstraktheit der Ethik Kants zugunsten einer substanziellen Lebenswirklichkeit überwunden. Als Folge des sterilen und abstrakten Standpunktes ergebe sich – so der pauschale Vorwurf – ein *leerer Formalismus* und eine „Rednerei *von der Pflicht um der Pflicht willen*". Damit kritisiert

---

[69] Vgl. Taylor (1983), S. 477 ff.

Hegel den kategorischen Imperativ als Beurteilungsprinzip (principium diiudicationis) sowie die damit verbundene Triebfederlehre (principium executionis). Das Etikett des *leeren Formalismus* ist bis heute das wirkmächtigste Stigma der Kant-Kritik in vielerlei Spielarten. Die beiden prominenten und zugleich sehr unspezifischen Schlagwörter disqualifizieren die Ethik Kants als *leer* – genauer *inhaltsleer* – und *formalistisch*. Hinter beiden Schlagwörtern steckt der Kritikpunkt, dass sich aus dem Maximentest als Widerspruchstest gar keine inhaltlich bestimmten Pflichten gewinnen ließen, da es sich um einen rein formalen Test handele: Aus „*dem Mangel an Widerspruch* […] kann nicht zur Bestimmung von besonderen Pflichten übergegangen werden". Sollte aber dennoch ein Inhalt zur Betrachtung kommen – so argumentiert Hegel weiter –, könnte mittels Widerspruchstest überhaupt nicht festgestellt werden, ob es eine Pflicht sei oder nicht. Im Gegenteil: Das Prinzip Kants würde alle beliebigen Inhalte – auch ganz und gar unmoralische Handlungen – rechtfertigen. Hegels Kritik am Widerspruchstest sowie der Beliebigkeitsvorwurf rücken im nächsten Abschnitt in den Fokus.

Als Schlagwörter prägen die Inhaltsleere und der Formalismus die kritische Rezeptionsgeschichte der Ethik Kants. Bereits vor Hegel lässt sich die Formalismuskritik bei Rehberg lokalisieren:

> Jene Regel [sc. der kategorische Imperativ] sagt nur, daß die Vernunft alle Bestrebungen der Menschen regieren solle, nicht aber, was der Zweck dieser Bestrebungen sein müsse. Auf diese letzte Frage kann aus dem reinen Vernunftgesetze selbst keine andere Antwort abgeleitet werden als diese: *durchgängige Übereinstimmung aller Zwecke* – also wiederum etwas bloß Formales, wodurch die Pflichten in Ansehung ihrer Gegenstände nicht bestimmt werden. (Rehberg (1967), S. 117 f.)

Von hier aus lassen sich die Spuren der Formalismuskritik über Hegel und in modifizierter Weise über Schopenhauer (1841), Mill (1861), Simmel (1904) und Scheler (1913/16) – um nur ganz wenige Stationen zu nennen – bis in die Gegenwart verfolgen. So kommt Singer zu der Feststellung:

> Die Auffassung, Kants Ethik sei ‚äußerst formalistisch' und folglich leer oder unbrauchbar, so daß der kategorische Imperativ keine moralischen Regeln begründen oder irgendeine Frage des Verhaltens lösen könne, hat schon fast den Charakter einer Tradition angenommen. (Singer (1975), S. 256).

Bis heute dauert die Kontroverse um den Formalismus an und entzündet sich immer wieder – wie schon Hegels ursprüngliche Auseinandersetzung mit dem Depositum-Fall – an den diversen Beispielen Kants. Als prominente Vertreter in dieser Kontroverse sei nur auf Tugendhat (1993) und Habermas (2009) verwiesen. Auch wenn die Fachdiskussion in diesem Punkt sehr viel differenzierter und spezifischer geworden ist, wird das Kant-Bild immer noch sehr stark durch Äußerungen wie die folgende geprägt: „Seine rein formale Gesinnungsethik ist völlig inhaltsleer und auf keine empirischen Handlungszusammenhänge anwendbar" (Treml (2003), S. 16).

Um die Formalismus-Kritik zu analysieren und zu beurteilen, ist es sinnvoll, an den locus classicus dieser Kritik, also zu Hegel, zurückzukehren und seine Auseinandersetzung im Detail zu analysieren.

2. Hegels Beschreibung des Depositum-Beispiels und seine Kritik: Eine besondere Variante der Formalismus-Kritik Hegels besteht im Tautologie-Vorwurf. Dieser Vorwurf wird von Hegel im *Naturrechtsaufsatz* (1802) wie folgt formuliert:

> [A] Und in der Produktion von Tautologien besteht nach der Wahrheit das erhabene Vermögen der Autonomie der Gesetzgebung der reinen praktischen Vernunft. (Hegel (2013), S. 460)[70]

Und mit Bezug auf das Depositum-Beispiel von Kant erläutert Hegel anschließend Folgendes:

> [B] Wenn die Bestimmtheit des Eigentums überhaupt gesetzt ist, so lässt sich der tautologische Satz daraus machen: das Eigentum ist Eigentum und sonst nichts anderes, und diese tautologische Produktion ist das Gesetzgeben dieser, der praktischen Vernunft: das Eigentum, wenn Eigentum ist, muss Eigentum sein [...]. Aber es ist gerade das Interesse, zu erweisen, dass Eigentum sein müsse. (Hegel (2013), S. 462f.)

In der *Phänomenologie des Geistes* (1807) beschreibt Hegel den Maximentest der gesetzprüfenden Vernunft wiederum am Depositum-Beispiel folgendermaßen:

---

[70] Diese Stelle klingt so, als würde Hegel die Autonomie der reinen praktischen Vernunft selbst kritisieren, da sie (nur) Tautologien hervorbringe. Das „erhabene Vermögen" wäre hier ironisch konnotiert. Auf den ersten Blick scheint dies aber nicht im Einklang zu stehen mit Hegels anerkennenden Bemerkungen zur Autonomie in den §§133 und 135 der *Grundlinien der Philosophie des Rechts:* Die kantische Philosophie habe die „reine unbedingte Selbstbestimmung des Willens als die Wurzel der Pflicht" herausgehoben und ihren „festen Grund und Ausgangspunkt durch den Gedanken seiner unendlichen Autonomie gewonnen" (Hegel (2015), S. 252). Diese scheinbare Inkonsistenz könnte man aber vermutlich auflösen, indem man zwischen zwei verschiedenen Aspekten oder Funktionen der Autonomie unterscheidet: Als Ausgangspunkt begrüßt Hegel die Autonomie, doch die „Festhaltung des bloß moralischen Standpunkts" führe sie schließlich zu einem „*leeren Formalismus*" (ebd.). Während Hegel also am Selbstbestimmungsaspekt der Autonomie der reinen praktischen Vernunft festhalten möchte, möchte er gleichzeitig die damit verbundene (einseitige abstrakte) Verallgemeinerung bzw. die gesetzprüfende Vernunft überwinden.

[C] Es wird ein Depositum bei mir gemacht, es *ist* das Eigentum eines anderen, und ich anerkenne es, *weil es so ist*, und erhalte mich unwankend in diesem Verhältnisse. Behalte ich für mich das Depositum, so begehe ich nach dem Prinzipe meines Prüfens, der Tautologie, ganz und gar keinen Widerspruch; denn alsdann sehe ich es nicht mehr für das Eigentum eines anderen an; etwas behalten, das ich nicht für das Eigentum eines anderen ansehe, ist vollkommen konsequent. Die Änderung der *Ansicht* ist kein Widerspruch, denn es ist nicht um sie als Ansicht, sondern um den Gegenstand und Inhalt zu tun, der sich nicht widersprechen soll. (Hegel (2014), S. 322)

Hegel beschreibt den Maximentest (am Beispiel des Depositums) als eine „Änderung der *Ansicht*", also einen Perspektivwechsel, bei dem fremdes Eigentum (Perspektive A) nicht mehr als fremdes Eigentum angesehen wird (Perspektive B). Dieser Perspektivwechsel stellt für Hegel „ganz und gar keinen Widerspruch" dar und es ist für ihn nur folgerichtig und „konsequent", dass man sich unter der Perspektive B das Depositum aneignet.

Hegels Behauptung, dass das Depositum-Beispiel zu gar keinem Widerspruch führe, muss prima facie aus mindestens zwei Gründen befremden. Zum einen führt Kant das Depositum-Beispiel in der *Kritik der praktischen Vernunft* gerade als ein Paradigma an, um den Maximentest als erfolgreiche Widerspruchsprüfung zu illustrieren. Hegel freilich hält die kantische Argumentation wie überhaupt den ganzen Maximentest für verfehlt. Er erblickt darin lediglich eine Produktion von Tautologien bzw. einen circulus vitiosus. Zum anderen schreibt Hegel doch selbst, dass eine „Änderung der *Ansicht*" vorliege: Das Depositum werde unter der einen Perspektive als fremdes Eigentum aufgefasst und unter der anderen Perspektive eben nicht. Beide Perspektiven scheinen sich doch prima facie auszuschließen und einander zu widersprechen. Warum behauptet Hegel also, dies wäre nicht der Fall? Seine Begründung lautet: „denn es ist nicht um sie als Ansicht, sondern um den Gegenstand und Inhalt zu tun, der sich nicht widersprechen soll". Ich verstehe die Begründung so, dass den verschiedenen Perspektiven die gemeinsame Vergleichsbasis (= Gegenstand = Inhalt) fehlt. Dass es sich gleichsam um ‚frei schwebende formale Abstraktionen bzw. Konstruktionen' handele, denen ein tertium comparationis, ein gemeinsames Vergleichsmaß, fehle, sodass man die beiden Perspektiven A und B nicht vergleichen könne, und genau deswegen kann Hegel auch sagen: Es gibt hier keinen Widerspruch.[71]

Das Prüfverfahren des Widerspruchs bzw. die gesetzprüfende Vernunft selbst ist für Hegel aber nicht nur unzureichend und fehlerhaft, sondern für ihn gilt:

---

[71] Dieser Gedanke erinnert etwas an Kuhns Inkommensurabilitätsthese verschiedener wissenschaftlicher Welten. Vor diesem Hintergrund jedenfalls wird Hegels grundlegende Behauptung, es gäbe gar keinen Widerspruch, zumindest einsichtig (vgl. Kuhn (1996)).

„indem ich zu prüfen anfange, [bin ich] schon auf unsittlichem Wege" (Hegel (2014), S. 323). Der Maximentest wird damit zu einem unsittlichen Instrument.

Hegels Formalismus-Kritik bzw. Tautologie-Vorwurf kann man wie folgt präziser fassen und dabei folgende Kritik-Punkte im Einzelnen benennen:

a) Das Vermögen der Autonomie der gesetzgebenden Vernunft wird selbst kritisiert, da es in der Produktion von Tautologien (= bereits vorausgesetzte Aspekte) bestehe (*fundamentale Kritik* an der gesetzgebenden Vernunft). [Zitat A]

b) Der Maximentest sei ungeeignet, weil er gar keinen Widerspruch hervorbringe: So „begehe ich nach dem Prinzip des Prüfens [...] gar keinen Widerspruch [und die] Änderung der *Ansicht* ist kein Widerspruch" (Hegel (2014), S. 322). Es handle sich lediglich um einen Perspektivwechsel, bei dem ein Depositum einmal als fremdes Eigentum (Perspektive A) und dann nicht als fremdes Eigentum angesehen werde (Perspektive B). Je nach Perspektive ergeben sich unterschiedliche Sichtweisen, die Hegel aber nicht als Widerspruch beschreibt, da es nur unterschiedliche Sichtweisen seien, die nicht die Sache selbst betreffen, was immer das genauer heißen mag (*Kritik an der Widerspruchsprüfung*). [Zitat C]

c) Wenn Kant selbst nun davon ausgeht, dass er in seinem Depositum-Beispiel einen Widerspruch herausgearbeitet habe, dann basiere dieser Widerspruch auf einer (unbewiesenen) Voraussetzung bzw. Zusatzannahme (einer inhaltlichen Bestimmtheit), die durch das formale Verfahren selbst gar nicht gerechtfertigt oder erwiesen werde. Das Verfahren selbst basiere also auf einer Voraussetzung, die dann am Ende als Ergebnis dastehe (Zirkularität). Die eigentliche Frage nach der inhaltlichen Bestimmung der Pflicht werde auf diese Weise gar nicht gelöst. Denn daraus, dass sich etwas widerspreche oder nicht widerspreche, folge für die Moral gar nichts: „Es müsste auch sonderbar zugehen, wenn die Tautologie, der Satz des Widerspruchs, der für die Erkenntnis theoretischer Wahrheiten nur als formelles Kriterium zugestanden wird, d.h. als etwas, das gegen die Wahrheit oder Unwahrheit ganz gleichgültig sei, für die Erkenntnis praktischer *Wahrheiten mehr sein sollte*" (Hegel (2014), S. 319). Somit produziere die praktische Vernunft hier nur Tautologien oder arbeite zirkulär (*Vorwurf der Zirkularität*).[72] [Zitat B]

d) Sehr eng mit dem Zirkularitätsvorwurf hängt der Vorwurf der Inhaltslosigkeit zusammen: Das Sittengesetz generiere „keinen Inhalt" (Hegel (2013), S. 461)

---

[72] Die Kritik an der Widerspruchsprüfung und der Zirkularitätsvorwurf sind in gewisser Weise komplementär: Entweder es gibt keinen Widerspruch oder, wenn es ihn gibt, weist er auf eine Zirkularität hin.

und der praktischen Vernunft gehe „aller Stoff des Gesetzes" ab (ebd. S. 460) (*Vorwurf der Inhaltslosigkeit*).

e) Eine dritte Variante des Tautologie-Vorwurfes besteht darin, dass Hegel behauptet, durch den Maximentest könne nach Belieben alles gerechtfertigt werden: „und es gibt gar nichts, was nicht auf diese Weise zu einem sittlichen Gesetz gemacht werden könnte" (ebd., S. 461) (*Vorwurf der Beliebigkeit*).

Des Weiteren kann man auch noch folgenden, etwas allgemeineren Kritik-Punkt bei Hegel ausmachen:

f) Das unmittelbare Gesetzgeben und Gesetzprüfen stelle einen „tyrannischen Frevel" dar, der auf unsittliche Abwege führe (Hegel (2014), S. 321 f.). Für Hegel ist die moralische Rechtfertigung selbst (das Suchen nach Legitimation, das In-Frage-Stellen des Sittlichen und das Prüfen) eine „Bewegung", die das Sittliche „verrückt" und davon abweicht (ebd., S. 322 f.). Für Hegel sind die Ergebnisse der praktischen Vernunft nicht nur überflüssig, sondern auch „etwas Falsches" und stellen geradezu ein „Prinzip der Unsittlichkeit" dar (Hegel (2013), S. 463) (*Vorwurf der Unsittlichkeit*).

Die hier aufgelisteten Kritik-Punkte a) bis f) stellen verschiedene Varianten der Hegelschen Formalismus-Kritik dar, die zwar miteinander zusammenhängen, aber doch auch unterschiedliche Aspekte betonen. Während die Kritik-Punkte (a) und (f) recht pauschale Vorwürfe gegenüber Kant darstellen, stellen die Vorwürfe (b) und (d) gewissermaßen untergeordnete (zum Teil komplementäre) Spielarten zu den Vorwürfen (c) und (e) dar. Aus diesen Gründen unterziehe ich im Folgenden nur die Zirkularitätskritik (c) sowie den Vorwurf der Beliebigkeit (e) einer genaueren Analyse. Denn sie stellen m. E. die tiefgreifendsten und deutlichsten Kritik-Punkte Hegels dar.

3. Hegels Vorwurf der Zirkularität: Um den Vorwurf der Zirkularität zu erörtern, ist das obige Zitat [B] relevant:

> [B] Wenn die Bestimmtheit des Eigentums überhaupt gesetzt ist, so lässt sich der tautologische Satz daraus machen: das Eigentum ist Eigentum und sonst nichts anderes, und diese tautologische Produktion ist das Gesetzgeben dieser, der praktischen Vernunft: das Eigentum, wenn Eigentum ist, muss Eigentum sein [...]. Aber es ist gerade das Interesse, zu erweisen, dass Eigentum sein müsse. (Hegel (2013), S. 462 f.)

Ich verstehe Hegel an dieser Stelle so, dass er der Auffassung ist, dass das Depositum-Beispiel im Kern folgende Struktur aufweist: „das Eigentum, wenn Eigentum ist, muss Eigentum sein". Wie ist das zu verstehen? Was hat das mit dem Depositum-Beispiel zu tun? Für Hegel fungiert das Depositum als ein spezieller

Fall von Eigentum.[73] Und dann nimmt der Hegelsche Vorwurf folgende Struktur an: das Depositum, wenn Depositum ist, muss Depositum sein. Diese Kritik verstehe ich so, dass Hegel der Auffassung ist, dass die Überlegungen Kants zum Depositum-Beispiel nur eine Tautologie hervorbringen bzw. eine Art circulus vitiosus darstellen. Kant würde bereits voraussetzen, dass es Deposita gäbe bzw. geben müsse und dann wäre das argumentative Ergebnis des Maximentests, dass es „gar kein Depositum gäbe" (KpV, AA 05:27.32), natürlich im Widerspruch zur Voraussetzung. Der Widerspruch liefere dann freilich nichts Neues, sondern produziere nur eine Tautologie.[74] Das eigentliche Interesse bestehe jedoch darin, zu erweisen, dass es Deposita (bzw. Eigentum) überhaupt geben solle. Das aber würde Kant mit seiner Argumentation gar nicht leisten, vielmehr würde er es einfach voraussetzen. Die Frage nach inhaltlich bestimmten Pflichten, nämlich zu erweisen, dass Eigentum (= Depositum) sein müsse, laufe im Maximentest der Sache nach ins Leere. Dies scheint der Hegelsche Vorwurf zu sein. Die Frage ist natürlich, ob diese Rekonstruktion Hegels angemessen ist, und damit, ob diese Zirkularitätskritik bzw. dieser Tautologie-Vorwurf wirklich zutreffen.

Trotz kontroverser Diskussionen in der Forschungsliteratur zum Depositum-Beispiel hat meine Rekonstruktion in Abschnitt 3.4 ergeben, dass die Argumentationsstruktur auf Folgendes hinausläuft: Zwischen der Maxime (M_b) und dem entsprechenden Gesetz auf Probe (G_{Mb}) ergibt sich mithilfe eines praktischen Widerspruchs aus den internen Handlungsfolgen eine Inkohärenz. Zwischen M_b und G_{Mb} entsteht ein Widerspruch:

M_b: Ich darf ein Depositum ableugnen, dessen Niederlegung mir niemand nachweisen kann.

G_{Mb}: Jedermann darf ein Depositum ableugnen, dessen Niederlegung ihm niemand nachweisen kann.

Das heißt, der Widerspruch ergibt sich nicht allein durch die Formulierung des Gesetzes G_{Mb}, sondern erst dadurch, dass man sich das Gesetz G_{Mb} und die Maxime M_b zugleich denkt. Beides – Maxime und Gesetz – können nicht zugleich widerspruchsfrei (kohärent) gewollt (bzw. gedacht) werden.

In der Rekonstruktion hatte ich auf den Begriff der semantischen Präsupposition zurückgegriffen und deutlich gemacht, dass M_b die Existenz von Deposita präsupponiert. Vor dem Hintergrund der Kritik Hegels muss dieser Umstand nun noch präziser gefasst werden und dabei sollte die Unterscheidung zwischen

---

73 Ein „Depositum [...] *ist* das Eigentum eines anderen" (Hegel (2014), S. 322).
74 Altgr. Tautologie [τὸ αὐτό λέγειν] = dasselbe sagen = Wiederholung des bereits Gesagten. Nimmt man den Begriff ‚Tautologie' wörtlich, so passt er sehr gut auf Hegels Vorwurf: Kant würde mittels Maximentest nichts Neues sagen, sondern nur bereits Bekanntes wiederholen.

der Aufstellung, Anwendung, Annahme und der Geltung einer Maxime berücksichtigt werden (vgl. Abschnitt 3.5). Für die Anwendung der Maxime M_b ist die Existenz von Deposita eine Präsupposition, aber nicht für die Aufstellung und erst recht nicht für die Geltung der Maxime. Deswegen stellt Hegel den Zusammenhang nicht angemessen dar, wenn er pauschal behauptet, Kant würde die Existenz von Deposita voraussetzen. Das tut er nicht in dem Sinne, wie es Hegel unterstellt.

Dieser Sachverhalt kann wie folgt erläutert werden: Ob die Anwendungsbedingungen von Maximen – hier die Existenz von Deposita – erfüllt sind oder nicht, spielt hinsichtlich der formalen Widersprüchlichkeit zwischen M_b und G_{Mb} keine Rolle. Hegels abwegige Auffassung und Darlegung, dass sich die Maxime, *den Armen zu helfen*, – würde sie zu einem allgemeinen Gesetz erhoben – selbst vernichten würde (Hegel (2013), S. 465 f.), ist mit Hinweis auf die Unterscheidung zwischen Aufstellung/Geltung und Anwendung zu entkräften. Denn selbst wenn die Armut vollständig beseitigt wäre und es keine Armut mehr gäbe, könnte man sehr wohl die Maxime noch *aufstellen* und sie würde auch noch *gelten*, aber man könnte sie freilich *nicht* mehr *anwenden*. Man kann daher nicht sagen, dass diese Maxime sich vernichten würde. Allenfalls lässt sich sagen, dass diese Maxime zum allgemeinen Gesetz erhoben, ihre Anwendungsbedingungen beseitigen würde. Darin besteht aber gerade der tiefere Sinn dieser Maxime und die Intention – Armut zu beseitigen – bleibt bestehen. Das ist beim Depositum-Beispiel allerdings nicht der Fall. Auch hier ist es wichtig, zwischen der Geltung und der Anwendung der Maxime zu unterscheiden, aber der Sinn der Depositum-Ableugnung besteht ja gerade in der eigenen Bereicherung mit einem fremden Eigentum. Wenn es das nicht mehr gäbe, dann könnte sich der eigentliche Zweck der Maxime (nämlich die Aneignung fremden Eigentums aus Habsucht) nicht mehr erfüllen. Hier ergäbe sich in der Tat ein Widerspruch zwischen Maxime und Gesetz.

Dieser Widerspruch, der in der Forschungsliteratur überwiegend als ein praktischer Widerspruch rekonstruiert wird, ist weder trivial noch funktioniert er nach einem allgemeinen Algorithmus, vielmehr ist eine solche Argumentation
a) für jeden Fall bzw. jedes Beispiel (von Kant) anders.
b) nur mit Blick auf die internen Handlungsfolgen zu entwickeln.
c) nur unter Einbeziehung empirischen Weltwissens möglich.

Allein hieran erkennt man schon, dass der Maximentest insgesamt kein bloßer und leerer Formalismus sein kann. Eine Maxime ist immer inhaltlich bestimmt und dieser Inhalt spielt im Maximentest eine wesentliche Rolle. Hegels Vorwurf der Inhaltslosigkeit ist nicht berechtigt. Es ist sinnvoll, beim Maximentest die formale und die inhaltliche Dimension zu unterscheiden. Hegel verkennt die zweite Dimension, wenn er Kants Probe als rein formale Tautologie abqualifiziert.

Kant prüft, ob verschiedene Willensansprüche kohärent miteinander vereinbar sind oder nicht. Dieser Kohärenztest ist eine Art formales Kriterium; um dieses Kriterium zu prüfen, muss Kant die verschiedenen Willensansprüche natürlich inhaltlich bestimmen, wobei es nachrangig ist, wie sie inhaltlich bestimmt sind, es geht in erster Linie nur darum, ob sie zugleich bestehen können; doch ohne Inhalt geht es eben auch nicht.

Zurück zum Depositum-Beispiel: Beides – M_b und G_{Mb} – kann ein widerspruchsfreier Wille zugleich nicht wollen. Ein solcher Wille wäre irrational. Der Widerspruch ergibt sich hier aber nicht dadurch, dass Kant in seiner Argumentation irgendwo unbedingt und absolut voraussetzen würde, dass es Deposita gibt. Hier kann man allenfalls von einer semantischen Präsupposition für die Anwendung der Maxime sprechen, doch nicht im Hinblick auf deren Geltung. Deswegen kann man m. E. auch nicht behaupten, dass der gesamte Test tautologisch oder zirkulär sei, wie Hegel dies tut. Hegels übersimplifizierende Strukturbeschreibung: „das Eigentum [Depositum], wenn Eigentum [Depositum] ist, muss Eigentum [Depositum] sein" ist unangemessen. Die unbedingte Voraussetzung „wenn Eigentum ist", wird von Kant an keiner Stelle in dieser Art und Weise angenommen. Die Struktur bei Kant lautet eher: Wenn ich die Maxime M_b prüfe, dann und nur dann setze ich (im Falle der Anwendung der Maxime) voraus, dass Deposita sind, um die Argumentation aus den Folgen zum Laufen zu bringen. Kant setzt aber nicht voraus, dass es Deposita an sich geben müsse. Wenn ich M_b dann verallgemeinere, ergibt sich zwischen M_b und G_{Mb} ein Widerspruch.

Es ist für Kant einerlei, ob die Perspektive A oder die Perspektive B eingenommen wird. Er prüft lediglich die Kohärenz einer Maxime mit deren Verallgemeinerung. Hierbei würde Kant in jedem Fall – ganz gleich ob man Perspektive A oder B einnimmt – zu dem Ergebnis kommen, dass M_b und G_{Mb} nicht kohärent sind. Inwiefern auch unter der Perspektive B ein Widerspruch generiert wird, zeigt der nächste Abschnitt. Der Maximentest ist quasi ein Invarianten-Test quer zu Hegels unterschiedlichen Perspektiven. Die Invarianz besteht in der Nicht-Kohärenz.

4. Hegels Vorwurf der Beliebigkeit: Eine weitere Variante der Hegelschen Formalismus-Kritik besteht in dem Vorwurf, dass man mit dem kantischen Maximentest jede beliebige Maxime bestätigen könne: „und es gibt gar nichts, was nicht auf diese Weise zu einem sittlichen Gesetz gemacht werden könnte" (Hegel (2013), S. 461). Die Zuspitzung dieser Beliebigkeitskritik besteht letztendlich darin, dass sowohl eine bestimmte Maxime als auch ihr Gegenteil „gleichermaßen fähig" sei, „gedacht [und verallgemeinert] zu werden" (ebd. S. 462).[75]

Wendet man diesen Vorwurf auf das Depositum-Beispiel an, dann müsste es gelingen, die dort von Kant als unmoralisch erwiesene Maxime M_b irgendwie zu bestätigen. Wie soll man sich das vorstellen? Die zu prüfende Maxime lautet: ‚Ich darf ein Depositum ableugnen, dessen Niederlegung mir niemand nachweisen kann' (M_b).

Im Folgenden möchte ich zeigen, dass M_b unvollständig ist und als vollständige Maxime (M_h) nicht verallgemeinerbar ist. Meine Behauptung lautet, dass jede Maxime nicht nur eine Form und einen propositionalen Gehalt aufweist, sondern auch eine Absicht (bzw. einen Zweck) enthält und dass diese Absicht mit in die Argumentation des Maximentests einfließen muss.

Zunächst formuliere ich noch zwei zusätzliche Maximen, die man als Konkretisierungen bzw. Vervollständigungen von M_b auffassen kann:

> M_h (mit Habsuchtsabsicht): Ich darf ein Depositum ableugnen, dessen Niederlegung mir niemand nachweisen kann, um mich daran zu bereichern.[76]
>
> M_v (mit Vernichtungsabsicht): Ich darf ein Depositum ableugnen, dessen Niederlegung mir niemand nachweisen kann, um es zu vernichten.

Hegel scheint nun der Auffassung zu sein, dass sich die Maxime M_b verallgemeinern lässt, wenn man allgemein voraussetzt, dass jedwedes Eigentum bzw. Depositum von vornherein negiert wird. D.h., fremdes Eigentum wird generell nicht mehr als fremdes Eigentum angesehen (Perspektive B). Dann sei es „vollkommen konsequent" (Hegel (2014), S. 322), das Depositum einzubehalten.

Doch wie lässt sich nun die Maxime M_b unter der Voraussetzung, dass es kein fremdes Eigentum gibt und geben soll (Perspektive B), verallgemeinern? Das scheint prima facie tatsächlich möglich: Das Argument läuft ganz analog zum kantischen Argument aus den Folgen (nur mit der Zusatzannahme, dass Deposita allgemein nicht sind und nicht sein sollen), und wenn dann am Ende das Ergebnis lautet, dass es bei der Verallgemeinerung meiner Maxime gar kein Depositum

---

[75] In anderen Worten formuliert Hegel diesen Vorwurf erneut in den *Grundlinien der Philosophie des Rechts:* „Im Gegenteil kann alle unrechtliche und unmoralische Handlungsweise auf diese Weise [sc. durch den formalen Widerspruchstest] gerechtfertigt werden." (Hegel (2015), S. 253).
[76] Ich denke, dass Kant die Maxime M_b im Sinne von M_h versteht; dass aber der motivationale Zusatz („aus Habsucht") gleichsam so selbstverständlich ist, dass er einfach nicht explizit formuliert wird. Warum sollte man sonst ein Depositum unterschlagen?

mehr gäbe, dann wäre dieses Ergebnis im Einklang mit der Zusatzannahme.[77] Doch dieses Ergebnis täuscht. Denn die Maxime M_h ist unvollständig, solange ich nicht die in ihr enthaltene Absicht mitberücksichtige. Wenn ich nun allerdings aus Habsucht das Depositum unterschlage (weil ich es selbst behalten will), dann würde meine Maxime M_h offensichtlich unter der angenommenen Voraussetzung, dass Deposita allgemein negiert werden, nicht bestehen können. M_h kann den Verallgemeinerungstest (auch unter der Perspektive B) nicht bestehen. Meine egoistische Habsucht kann mit der allgemeinen Forderung nach Nicht-Eigentum überhaupt nicht zusammenstimmen.

Die Maxime M_v hingegen, bei der ich das Depositum nur deswegen ableugne, weil ich es (anschließend) vernichten will, ließe sich wohl verallgemeinern: Da gemäß der Zusatzannahme alle wollen, dass keine Deposita mehr existieren, steht meine Maxime, die darauf abzielt, Deposita zu vernichten, voll im Einklang mit der allgemeinen Voraussetzung.

Hegels Beliebigkeitsvorwurf behauptet nun aber, dass jede beliebige Maxime verallgemeinerbar sei. Das scheint aber für M_h definitiv nicht zu gelten und ganz allgemein lässt sich vermuten, dass – sobald ich Absichten bzw. Zwecke mit in die Maxime aufnehme und diese mit in den Maximentest einbeziehe – der Hegelsche Vorwurf nicht mehr greift. Hegel – das muss man freilich einräumen – geht nicht davon aus, dass Kant irgendwelche Zwecke in die Maximen integriert; und solange man Maximen (wie im Falle M_b) nur den Buchstaben nach betrachtet und sie wie theoretische Sätze behandelt, scheint Hegel Recht zu haben. Doch Maximen sind praktische Sätze und unterliegen einem besonderen Kanon der moralischen Beurteilung.[78]

Kants eigener Hinweis auf die Habsucht und viele weitere Stellen in seinem Werk machen deutlich, dass Zwecke integrale Bestandteile von Maximen sind und wesentliche Elemente einer umfassenden Maximenethik darstellen.[79] Beim Depositum-Beispiel verweist Kant in der Erläuterung selbst explizit darauf, dass nicht nur die Maxime „selbst", sondern auch ihre „Absicht" vernichtet würde (KpV, AA 05:28.12). Dies weist darauf hin, dass Kant die Absichten mit im Blick hat; ohne dass dadurch die kantische Grundlage, der zufolge der Grund der Verbindlichkeit einzig und allein auf der Form der Maxime beruht, verlassen würde. Sollte diese Interpretation der kantischen Ethik zutreffen, dann muss freilich Hegels Beliebigkeitsvorwurf zurückgewiesen werden.

---

77 Die Frage, wie ich in einer Gesellschaft, in der Deposita negiert werden, zu einer solchen Maxime überhaupt komme und wie man sich einen Anwendungsfall dieser Maxime vorstellen soll, lasse ich beiseite. Es geht lediglich um die rein formale Argumentation.
78 Vgl. Paton (1962), S. 163.
79 Vgl. z. B. GMS, AA 04:436 oder auch die moralische Zwecklehre in der *Metaphysik der Sitten*.

5. Fazit: Die Formalismus-Kritik von Hegel weist verschiedene interdependente Spielarten auf, die im Einzelnen auf unterschiedliche Aspekte abzielen: Neben konkreten Punkten, wie den Vorwürfen der Inhaltslosigkeit, der Zirkularität und der Beliebigkeit sowie der Kritik an der Widerspruchsprüfung, zeigen sich auch mehr oder minder pauschale Kritik-Punkte, wie die fundamentale Kritik an der Autonomie der gesetzgebenden Vernunft sowie ein genereller Unsittlichkeitsverdacht gegenüber der Maximenprüfung. Die Überlegungen haben deutlich gemacht, dass die Kernvorwürfe der Zirkularität und der Beliebigkeit sich nicht bestätigen lassen; vielmehr auf verkürzten Sichtweisen und Missverständnissen beruhen, die der Ethik Kants nicht gerecht werden. Im Einzelnen möchte ich folgende Aspekte herausstellen:

1) Hegel hatte den Grund für die Anerkennung des Depositums (als fremdes Eigentum) in dem Umstand gesehen, dass Eigentum von Kant vorausgesetzt werde: „es *ist* das Eigentum eines anderen [...], *weil es so ist*" (Hegel (2014), S. 322). Doch damit wird weder der Maximentest noch der Grund der Verpflichtung bei Kant richtig erfasst. Weil die Maxime der Ableugnung des Depositums (M_b) nicht zum allgemeinen Gesetz werden kann – deswegen und nur deswegen –, bin ich verpflichtet, nicht nach ihr zu handeln. Der Grund dafür, dass die Maxime nicht zum allgemeinen Gesetz werden kann, liegt im Widerspruch zwischen ihr und einem allgemeinen Gesetz. Dieser Widerspruch wiederum beruht auf einem Argument aus den Folgen und bestimmten semantischen Präsuppositionen.

2) Hegel behauptet, dass Kant in seiner Argumentation die Existenz von Deposita bzw. von Eigentum voraussetze: Es gibt Deposita. Und damit sei es letztendlich tautologisch bzw. zirkulär, wenn er am Ende behauptet: Es soll Deposita bzw. Eigentum geben. Diese Sichtweise ist aber ungenau. Kant setzt zwar eine Praxis voraus, in der es Deposita gibt, doch tut er das nur um der Maxime willen. Das heißt, es handelt sich um eine semantische Präsupposition als notwendiger Bedingung für die Möglichkeit der Anwendung der Maxime. Nirgendwo ist aber in der Argumentation zu erkennen, dass Kant Deposita bzw. Eigentum an sich (gleichsam absolut und unabhängig von der zu prüfenden Maxime) voraussetzt. Hegels Begriff der Voraussetzung ist ein anderer als der hier rekonstruierte einer semantischen Präsupposition. Und das Präsuppositionsverhältnis führt nicht zu einer Tautologie bzw. zu einem circulus vitiosus. Darüber hinaus erweist es sich als sinnvoll, zwischen der Aufstellung, Anwendung und Annahme sowie der Geltung einer Maxime zu unterscheiden. Die Geltung der Maxime beruht nicht auf der Voraussetzung, dass es Deposita gibt.

3) Hegels Kritik lässt sich m. E. formal betrachtet als ein modus ponens beschreiben: „das Eigentum, wenn Eigentum ist, muss Eigentum sein". Doch

dies wird der Argumentation Kants im Ganzen nicht gerecht. Die Rekonstruktion des Maximentest lässt sich nicht auf das einfache Schema eines modus ponens reduzieren.

4) Schließlich wird man gegen Hegel auch anführen müssen, dass es im Maximentest nicht darum geht, eine ganze Praxis oder eine ganze Lebensform (z. B. eine Gesellschaft mit oder ohne Eigentum) zu prüfen. Es geht lediglich darum, bestimmte Maximen (innerhalb einer bestehenden Praxis) zu prüfen. Wenn Hegel sagt, dass das „Interesse" doch gerade darin bestünde, „zu erweisen, dass Eigentum sein müsse", verlangt er m. E. zu viel von Kants Maximentest.

5) Darüber hinaus wurde deutlich, dass jede Maxime einen Zweck enthält bzw. eine Absicht zum Ausdruck bringt – auch wenn diese nicht explizit wird. Diese Absicht findet ihren Eingang in den Maximentest, sodass der Beliebigkeitsvorwurf (zumindest im Hinblick auf die Maxime M_b) zurückgewiesen werden kann: Es lassen sich eben nicht alle beliebigen Maximen verallgemeinern.

6) Die Auseinandersetzung mit Hegels Formalismus-Kritik hat erkennen lassen, dass es sich bei den kantischen Maximen um ziemlich komplexe Gebilde handelt, die mehrere Elemente integrieren. Der Maximentest sollte als ein Test aufgefasst werden, der a) die Verallgemeinerungsfähigkeit von Maximen prüft und b) dies mittels Widerspruchsprüfung tut. Der Maximentest weist dabei sowohl eine formale als auch eine inhaltliche Dimension auf. Rekonstruiert man den Test als ein Argument aus den Folgen, zeigt sich, dass in der inhaltlichen Dimension dieses Tests praktische Folgeabschätzungen eine Rolle spielen, in die auch empirisches Wissen einfließt. Der Maximentest ist kein Algorithmus. Er ist für jeden Fall in besonderer Art und Weise anzuwenden. Damit wäre es verfehlt, wollte man den Maximentest pauschal als einen leeren Formalismus kennzeichnen.

7) Akzeptiert man diese Analyse des Maximentests und seine beiden Dimensionen, dann muss man feststellen, dass Hegel die inhaltliche Dimension verkannt hat und zwar in zweifacher Weise: Erstens, wenn er Kant pauschal einen leeren Formalismus unterstellt, und zweitens, wenn er von einem Zirkel bzw. einer Tautologie redet. Der Inhalt geht zwar in die Argumentation ein, nämlich als semantische Präsupposition. Er kann aber nicht als absolute Voraussetzung aufgefasst werden. Denn Kant behauptet an keiner Stelle im Beispiel, dass es Deposita unbedingt geben müsse.

4 Von der Sittenlehre* zur Tugendlehre

4.1 Problemaufriss und Grundlinien

Die Tugendlehre wurde im August 1797 unter dem Titel *Metaphysische Anfangsgründe der Tugendlehre* veröffentlicht. Es ist der zweite Teil der *Metaphysik der Sitten*, deren erster Teil – die Rechtslehre – bereits im Januar 1797 unter dem Titel *Metaphysische Anfangsgründe der Rechtslehre* erschienen war. Der Titel *Metaphysische Anfangsgründe der Tugendlehre* eignet sich, um auf drei Problemkreise hinzuweisen:

(1) Ist eine *metaphysische* Behandlung der Tugendlehre überhaupt angemessen und nötig? Mit dieser Thematik hatte sich Kant bereits allgemein in der der *Rechtslehre* vorangestellten *Einleitung in die Metaphysik der Sitten* (Abschnitt II) auseinandergesetzt. In der *Vorrede* zur *Tugendlehre* greift er das Problem erneut und in einer spezifischeren Art und Weise auf: Er macht deutlich, dass auch die *Tugendlehre* – obgleich sie mit ihren weiten Tugendpflichten nicht so formal und mathematisch präzise wie die *Rechtslehre* ist und bei ihr auch vornehmlich auf die Triebfeder geachtet wird – einer apriorischen Vernunftgründung bedarf. Denn nur wenn die Quelle der Erkenntnis auf Vernunft gründet, kann die darauf aufbauende Lehre „Sicherheit" und „Reinigkeit" sowie „bewegende Kraft" erwarten lassen (TL, AA 06:376.32f.). Nach Kant ist es eine geradezu „unerläßliche Pflicht" (TL, AA 06:377.10), die Grundsätze a priori in einer Metaphysik und nicht etwa in einer Erfahrungswissenschaft darzulegen; letzteres würde jede praktische Philosophie verderben und in die Irre führen.

(2) Wie weit reichen die metaphysischen *Anfangsgründe?* An welcher Stelle kommen empirische Elemente in die Darstellung und ‚transformieren' die Metaphysik in eine Erfahrungswissenschaft? Diese Frage wird in vielen Details in den folgenden Abschnitten thematisiert. Kant weist am Ende der *Tugendlehre* – in den Schlussparagraphen der *Ethischen Elementarlehre* (§§ 44 und 45) – selbst darauf hin, dass hier keine „reine[n] Vernunftprincipien" mehr vorliegen und dass diese Ausführungen nur noch Anhänge und „Arten der Anwendung" darstellen, die nicht mehr zum eigentlichen System gehören (TL, AA 06:468f.12ff.). Die Gesamtdarstellung der Ethik Kants ist also weder vollständig noch abgeschlossen.

(3) Der Begriff *Tugendlehre* markiert schließlich den dritten Problemkreis, denn es ist keineswegs völlig klar und eindeutig, was Kant mit diesem Begriff genau meint und welche Pflichten unter diesen Begriff fallen. Was ist also der Gegenstandsbereich der Tugendlehre? Ist es alles, was mit Tugend zu tun hat?

Sind es nur die Tugendpflichten? Oder gehören auch bestimmte Rechtspflichten dazu?

In diesem Kapitel wird der Übergang von der Sittenlehre* zur Tugendlehre als Anwendung des kategorischen Imperativs auf den Menschen interpretiert. Während sowohl in der *Grundlegung* als auch in der *Kritik der praktischen Vernunft* das oberste Prinzip der Moral und die davon abzuleitenden Pflichten ohne besonderen Bezug auf den Menschen entwickelt und dargestellt werden, mithin also noch gar nicht von einer Ethik für Menschen die Rede sein kann, verschiebt sich der Fokus in der *Metaphysik der Sitten*. In diesem Werk als einer Anwendungsschrift wird das Grundgesetz der reinen praktischen Vernunft ausdrücklich auf die besondere Natur des Menschen bezogen.

Diese Betrachtungsweise des kantischen Projektes bietet den Vorteil, eine Reihe von interpretatorischen Schwierigkeiten, insbesondere die vermeintliche Spannung zwischen einer Ethik, die nur formale Bestimmungsgründe des Willens zulässt, und einer Ethik, die auch materiale Bestimmungsgründe einbezieht, aufzulösen. Bezieht man die *Metaphysik der Sitten* mit ein, um sich gleichsam ein vollständigeres und angemesseneres Bild von Kants Ethik zu verschaffen, steht man allerdings vor der Herausforderung, dieses Werk mit den Grundlegungsschriften in eine Beziehung zu bringen. Dabei lässt sich vereinfachend eine Kontinuitätsthese von einer Diskontinuitätsthese unterscheiden. Die Kontinuitätsthese ist dadurch gekennzeichnet, dass man bereits in den Grundlegungsschriften materiale Elemente ausmacht und deren Weiterentwicklung bis in die *Metaphysik der Sitten* im Sinne einer Kontinuität betont. Die Diskontinuitätsthese dagegen stellt die formale Ethik der materialen Ethik Kants gegenüber und diagnostiziert eine Diskrepanz oder in ihrer verschärften Form sogar einen Bruch in der *Metaphysik der Sitten* gegenüber den früheren Schriften.

Die hier vertretene Anwendungsthese stellt eine Art dritten Weg dar und erweist sich gegenüber den anderen Thesen in gewissem Sinne als indifferent. In ihr wird die Auffassung vertreten, dass materiale Elemente durch die Anwendung des moralischen Grundgesetzes auf die menschliche Natur notwendigerweise in die Ethik hineinkommen. Was freilich nicht ausschließt, dass solche Elemente auch schon in früheren Schriften vorliegen. Die materiale Seite der Ethik Kants in der *Metaphysik der Sitten* wird somit als Ergebnis der Anwendung der formalen Struktur auf den Menschen als Objekt der Erfahrung betrachtet. Die Anwendungsthese ist zwar mit einer Gegenüberstellung von formaler und materialer Ethik kompatibel, doch nicht im Sinne einer Inkonsistenz oder gar eines Bruches.

Vielmehr hat man es mit einer Erweiterung oder Komplettierung zu tun.[80] Die Unterschiede und vermeintlichen Diskrepanzen zwischen den Grundschriften und der Anwendungsschrift sollen mittels der Anwendungsthese einsichtig und erklärbar gemacht werden. Dabei werden folgende Modifikationen in den Blick genommen und als Resultate einer Anwendungsprozedur interpretiert:

a) Während in der *Grundlegung* dezidiert von allen Zwecken und Wirkungen abstrahiert wird, legt Kant in der *Metaphysik der Sitten* explizit eine objektive moralische Zwecklehre vor, die mit dem Begriff von einem Zweck, der zugleich Pflicht ist, zu einem zentralen Lehrstück seiner Ethik wird.

b) Die Idee von der Pflicht wird um die Idee von einem Objekt ergänzt.

c) Kant verschiebt den Fokus von den formalen zu materialen Elementen seiner Ethik.

d) Insbesondere im Hinblick auf den Bestimmungsgrund ist eine Diskrepanz zu konstatieren: Während in der *Grundlegung* (und mehr noch in der *Kritik der praktischen Vernunft*) allein von einem formalen Bestimmungsgrund des Willens die Rede ist, tritt in der *Metaphysik der Sitten* bzw. der *Tugendlehre* ein materialer Bestimmungsgrund hinzu.

e) In der *Grundlegung* ist allgemein nur von *Nötigung* die Rede, in der *Metaphysik der Sitten* tritt der Begriff *Zwang* in den Fokus. Kant differenziert zwischen äußerem Zwang und (innerem) Selbstzwang und gründet darauf sowohl das Lehrstück von den beiden Gesetzgebungen (innerer und äußerer) sowie die Unterscheidung von *Rechtslehre* und *Tugendlehre*.

f) Es wird sowohl ein oberstes Prinzip der Rechtslehre und der Tugendlehre exponiert und begründet.

g) In der *Metaphysik der Sitten* entwickelt Kant explizit mehrere begründete Einteilungen der Pflichten. Dabei nimmt Kant mehrere Differenzierungen vor. Unter anderem zwischen: Rechtspflichten und Tugendpflichten, zwischen weiten und engen Pflichten, zwischen vollkommenen und unvollkommenen Pflichten, zwischen Pflichten, die den Menschen als animalisches und zugleich moralisches Wesen betrachten und solchen, die ihn nur als moralisches Wesen sehen, zwischen Pflichten gegen sich selbst und gegen andere.

h) In der *Metaphysik der Sitten* wird zwischen Wille und Willkür differenziert.

i) Neben das zentrale Lehrstück von der Autonomie tritt nun auch der Begriff der Autokratie.

---

80 Die hier vertretene und exponierte These steht den Auffassungen von Schmucker (1955) nahe, wobei ich mit Schmuckers Argumentation in einigen Punkten nicht übereinstimme.

j) Die Vernunft als ein Vermögen nach der Vorstellung von Gesetzen zu handeln, wird in der *Metaphysik der Sitten* auch als ein Vermögen der Zwecke thematisiert (vgl. TL, AA 06:395).

4.2 Die Pflichten der Tugendlehre

4.2.1 Der mehrdeutige Begriff *Tugendlehre*

In den von Kant veröffentlichten und unveröffentlichten Schriften sowie in seinen Vorlesungen begegnet man einer mitunter verwirrenden Vielfalt an Begriffen zur Kennzeichnung und Einordnung von Pflichten. Kant unterscheidet zum Beispiel vollkommene und unvollkommene Pflichten, Rechtspflichten und Tugendpflichten, enge (bzw. strikte) und weite Pflichten, Liebespflichten und Pflichten der Schuldigkeit, Pflichten der Handlungen und Pflichten der Gesinnungen, äußere und innere Pflichten sowie Pflichten gegen sich selbst und gegenüber anderen usw. Auch verschiedene Kombinationen und Besonderheiten treten auf, so ist beispielsweise von inneren und äußeren Rechtspflichten, aber auch davon die Rede, dass eine Pflicht „der Qualität nach e n g e und vollkommene, obgleich dem Grade nach weite und unvollkommene Pflicht" sei (TL, AA 06:446.25 f.). Des Weiteren unterscheidet Kant direkte und indirekte ethische Pflichten, spricht von Menschenpflichten und vielen anderen Pflichten. Hinzu tritt noch der irritierende Umstand, dass er ein und dieselbe Unterscheidung, z. B. die Differenzierung von vollkommenen und unvollkommenen Pflichten, zu verschiedenen Zeiten und in verschiedenen Kontexten unterschiedlich expliziert und die Einteilungen nach unterschiedlichen Gesichtspunkten und Prinzipien vornimmt. Je mehr Quellen man heranzieht, desto unübersichtlicher und komplexer wird die Sachlage. Es ist schwer, in diesem Begriffsdickicht die Übersicht zu behalten; und es ist noch schwerer – vielleicht sogar unmöglich –, eine vollständige und kohärente Gesamtdarstellung aller Pflichten und ihrer Einteilung zu rekonstruieren.

In diesem Abschnitt soll daher lediglich der Versuch unternommen werden zu bestimmen, welche Pflichten als Gegenstand der *Tugendlehre* firmieren. Doch selbst bei diesem begrenzten Vorhaben wird sich der Begriff der Tugendlehre als ein Paradebeispiel für einen mehrdeutigen Fachbegriff erweisen. Und somit bleibt auch die Bestimmung derjenigen Pflichten, die den Gegenstandsbereich der Tugendlehre ausmachen, mehrdeutig.

In dem Werk, das den Begriff *Tugendlehre* im Titel führt, bestimmt Kant den Gegenstand der Tugendlehre in (mindestens) zwei verschiedenen Weisen: Zum einen wird die „Tu g e n d l e h r e (*Ethica*)" als die „Lehre von den Pflichten" charakterisiert, die „nicht unter äußeren Gesetzen stehen" und auch „deren nicht fähig [sind]" (TL, AA 06:379.7 ff.). Zum anderen heißt es nur eine Seite später: „Also ist die allgemeine Pflichtenlehre in dem Theil, der nicht die äußere Freiheit, sondern die innere [Freiheit] unter Gesetze bringt, eine Tugendlehre" (TL, AA 06:380.16 ff.).

Die erste Bestimmung beruht auf einer Unterscheidung der Gesetze bzw. der Gesetzgebung, die bereits in der *Einleitung* zur *Rechtslehre* entwickelt wird. Hier unterscheidet Kant eine juridische (oder äußere) von einer ethischen (oder inneren) Gesetzgebung:

> Die ethische Gesetzgebung (die Pflichten mögen allenfalls auch äußere sein) ist diejenige, welche nicht äußerlich sein k a n n; die juridische ist, welche auch äußerlich sein kann. (MS, AA 06:220.19 ff.)

Und gemäß dieser Verschiedenheit in der Gesetzgebung werden dann Rechts- und Tugendlehre unterschieden. Was bedeutet in diesem Zusammenhang *äußerliche* Gesetzgebung genau? Zunächst wird man sagen können, eine Gesetzgebung (und mithin ein entsprechendes Gesetz) ist *äußerlich*, wenn sie *nur* die Handlung und *nicht* auch die Triebfeder bestimmt. Doch was bedeutet es, dass die Gesetzgebung *nur* die Handlung bestimmt? Kant macht in seiner Explikation sodann auch noch deutlich, dass es dabei *nur* um *äußere Handlungen* und nicht um innere Handlungen geht. Er thematisiert allerdings nicht die Frage, ob es nur um äußere Handlungen gegen andere Menschen oder ganz allgemein um jede Art der äußeren Handlung (also auch gegen sich selbst) geht.

Die Frage, die sich hier stellt, lautet: Gehören äußere Handlungen gegen sich selbst auch zur äußeren Gesetzgebung? Ist z. B. das Verbot der Selbsttötung eine äußere Handlung und somit ein Gegenstand der Rechtslehre? Oder ist dieses Verbot doch eher ein Gegenstand der Tugendlehre? Tatsächlich thematisiert Kant das Selbsttötungsverbot in der Tugendlehre und subsumiert es dort nicht ganz unproblematisch unter der Überschrift der „vollkommenen Pflichten gegen sich selbst" (TL, AA 06:421.5).[81] Zu dieser Einordnung ist Folgendes kritisch anzumerken: Der Sache nach spielt weder die Triebfeder noch eine bestimmte Zwecksetzung beim Selbsttötungsverbot eine Rolle. Es wird eine bestimmte äußere Handlung gegen sich selbst untersagt. Hinzu tritt noch der Umstand, dass andere Menschen einen potentiellen Suizidanten mit Gewalt von dieser Tat abhalten können. Es also einen möglichen äußeren Zwang zu diesem Verbot gibt. Auch dies spricht für die Möglichkeit einer äußeren Gesetzgebung, denn äußerlich ist eine Gesetzgebung dann, wenn die Befolgung der entsprechenden (äußeren) Gesetze auch von anderen Menschen bzw. Institutionen durchgesetzt und er-

---

[81] Vgl. Denis (2006) und Ludwig (2013).

zwungen werden kann. Man kann einem (potentiellen) Selbstmörder Gewalt und Gefängnis androhen und dadurch sein (äußeres) Handeln beeinflussen. Kant scheint dies allerdings anders zu beurteilen, oder aber er meint hier nur die innere Einstellung (vgl. V-MS/Vigil AA 27:581f.). Folgt man diesen Argumenten, würde man die äußeren Handlungen gegen sich selbst – hier exemplarisch das Verbot der Selbsttötung – der Rechtslehre und nicht der Tugendlehre zuordnen; was Kant allerdings explizit nicht tut und was intuitiv auch wenig plausibel erscheint, da solche Gesetze auch heutzutage nicht Teil einer äußeren Gesetzgebung sind. Ich werde es an dieser Stelle bei dem Hinweis auf die Unstimmigkeit in Kants programmatischer und tatsächlicher Ausführung bewenden lassen (vgl. Abschnitt 5.1) und mich nun der inneren bzw. ethischen Gesetzgebung zuwenden:

> Die ethische Gesetzgebung dagegen macht zwar auch innere Handlungen zu Pflichten, aber nicht etwa mit Ausschließung der äußeren, sondern geht auf alles, was Pflicht ist, überhaupt. (MS, AA 06:219.21ff.)

Die Tugendlehre ist also die Lehre von den Pflichten, die keiner äußeren Gesetzgebung fähig sind, und ist – positiv gewendet – die Lehre von allen Pflichten, bei denen es auf eine innere Handlung ankommt, ohne dabei die äußeren Handlungen auszuschließen. Fragen, die sich hierbei ergeben, lauten: Was genau ist eine innere Handlung? Werden äußere Handlungen insofern nicht ausgeschlossen, als ihnen eine innere Handlung korrespondiert?

Auch diese Fragen lasse ich hier beiseite und wende mich der zweiten Bestimmung zu. Diese bezieht sich nicht auf die Gesetzgebung, sondern den Gegenstandsbereich, der durch die Gesetzgebung und die Gesetze erfasst wird. Hier unterscheidet Kant den Gebrauch der äußeren Freiheit vom Gebrauch der inneren Freiheit und betrachtet nur den letzteren Bereich als Gegenstand der Tugendlehre. Diese Bestimmung ist – im Gegensatz zur ersten positiv – und rückt den Begriff der inneren Freiheit in den Fokus. Die Tugendlehre bringt die innere Freiheit unter Gesetze.[82]

---

[82] Es erhebt sich freilich die Frage, ob die beiden intensional unterschiedlichen Bestimmungen der Tugendlehre im Ergebnis zu extensional gleichen Begriffen führen. Mit anderen Worten: Sind alle Pflichten, die den *inneren Freiheitsgebrauch* betreffen, auch Pflichten, für die eine *äußere Gesetzgebung* unmöglich ist und umgekehrt? Diese Frage verweist zurück auf das Problem, die Begriffe „*äußere* Handlung" und „*innere* Freiheit" eindeutig zu klären. Doch eine solche begriffliche Klärung führt, wie oben bereits angedeutet und im Hinblick auf das vieldeutige Begriffspaar *innen/außen*, zu zahlreichen Verwicklungen, die hier umgangen werden sollen, da sie vom eigentlichen Vorhaben abhalten. Es muss an dieser Stelle bei der unbefriedigenden Auskunft bleiben, dass diese Begriffe bei Kant notorisch unscharf und vieldeutig bleiben und damit auch der Begriff der Tugendlehre.

Der Begriff der inneren Freiheit erweist sich allerdings als noch schwerer zu fassen als der Begriff der äußeren Handlung. In der *Tugendlehre* werden (mindestens) drei verschiedene Aspekte von innerer Freiheit deutlich:

i) Es wird durch „die bloße Vorstellung seiner Pflicht nach dem formalen Gesetz" gehandelt (TL, AA 06:394.22 f.).

ii) Es ist das „Vermögen des Selbstzwanges [...] durch reine praktische Vernunft" und durch die „Zwecke" (nämlich eigene Vollkommenheit und fremde Glückseligkeit), die sie sich selbst gibt (TL, AA 06:396.20 f.).

iii) Es geht darum, widerstreitende Neigungen (durch Affekte und Leidenschaften) zu bezwingen („Meister zu sein") und insgesamt über sich selbst Vernunftherrschaft zu gewinnen („Herr zu sein") (TL, AA 06:407.20 ff.).

Es ist nun nicht eindeutig, ob Kant, wenn er davon redet, die innere Freiheit unter Gesetze zu bringen, damit die Aspekte (i oder ii oder iii) in ihrer Vereinzelung meint oder innere Freiheit als integratives Konzept aller Aspekte (i und ii und iii) zusammen auffasst.

Die Tugendlehre als die Pflichtenlehre der inneren Freiheit umfasst somit alle Pflichten, die (i) die Idee der Pflicht als alleinige Triebfeder in sich aufgenommen haben; des Weiteren (ii) alle Zwecke, die zugleich Pflicht sind, sowie (iii) das *Verbot*, seinen Neigungen (insofern sie der Pflicht widerstreiten) zu folgen, und das *Gebot*, alle Neigungen unter die Herrschaft der Vernunft zu bringen.

Fasst man nun beide Bestimmungen der Tugendlehre – sowohl nach der Gesetzgebung als auch nach der Art der Freiheit – in einer tabellarischen Darstellung vereinfachend zusammen, ergibt sich die Übersicht in Tab. 3.

In diese Übersicht habe ich gleichsam stillschweigend neue Begriffe eingeführt, die bislang in der Argumentation bewusst keine Rolle spielten. Das sind die Begriffe *Rechtspflicht* und *Tugendpflicht*. Diese Begriffe sollen an dieser Stelle nicht weiter reflektiert werden, sondern gleichsam nur als Bezeichnungen für die entsprechenden Felder im Schema dienen und die Pflichten zusammenfassen, die in diesen Feldern liegen: Das Feld 1 umfasst die (inneren und äußeren) Rechtspflichten und das Feld 3 die (inneren und äußeren) Tugendpflichten. Mithilfe dieser Übersicht kann man nun sehr leicht verschiedene Gegenstandsbereiche einer Tugendlehre und damit verschiedene Begriffe der Tugendlehre unterscheiden:

Option 1: Tugendlehre im engsten Sinne würde lediglich den Quadranten 3 und somit nur alle Tugendpflichten umfassen. Diese Auffassung kommt unter anderem auch zum Ausdruck, wenn Kant die „Tugendlehre" als die „Lehre der Weisheit von Zwecken" charakterisiert (HN, AA 23:374.30).

Option 2: Tugendlehre in einem weiteren Sinne würde die Quadranten 2 und 3 umfassen und somit neben allen Tugendpflichten auch noch alle Pflichten zum

Tabelle 3: Konzeptionen der Tugendlehre und der Tugendpflichten

	äußere (juridische) Gesetzgebung möglich erzwingbar durch andere	äußere Gesetzgebung nicht möglich (nur freier Selbstzwang)
äußerer Gebrauch der Freiheit (äußere Handlungen)	gegen andere: **äußere Rechtspflichten** (z. B. Diebstahlverbot) (1a) gegen sich selbst: **innere Rechtspflichten** (z. B. Selbsttötungsverbot) 1 (1b)	Rechtspflichten und Tugendpflichten mit der Idee der Pflicht als Triebfeder: *Handle pflichtmäßig aus Pflicht!* 2
innerer Gebrauch der Freiheit (Triebfedern und Zwecke)	4	gegen andere: **äußere Tugendpflichten:** fremde Glückseligkeit gegen sich selbst: **innere Tugendpflichten:** eigene Vollkommenheit 3

Gegenstand machen, die die Idee der Pflicht als Triebfeder enthalten. Für diesen erweiterten Tugend-Begriff lassen sich unter anderem folgende Zitate anführen: „Tugendlehre der Inbegrif der Pflichten die sich selbst zur Bewegursache machen" (HN, AA 23:377.17) sowie „die Lehre alles dessen was zur Tugend gehört ist die Tugendlehre (Ethik)" (HN, AA 23:390.6f.) und schließlich: „Die Tugendlehre hat aber außer daß sie aus Achtung für Pflicht überhaupt pflichtmäßig zu handeln lehrt noch besondere Pflichten" (HN, AA 23:391.6f.; vgl. auch HN, AA 19:308, R 7309).

Option 3: Tugendlehre im weitesten Sinne – wie man sie tatsächlich in der *Ethischen Elementarlehre* vorfindet – würde neben den Quadranten 2 und 3 auch noch den Bereich 1b (also die inneren Rechtspflichten) umfassen. Dazu passt dann folgendes Zitat aus den *Vorarbeiten:* Ist eine Person nur befugt, sich selbst zu zwingen, so „ist es das Recht der Menschheit zu des Menschen eigener Person d. i. das innere Recht; ist sie befugt andere zu zwingen so ist ihr Recht ein äußeres Recht; jenes [sc. das innere Recht] gehört zur Ethik [= Tugendlehre] diese zum *ius*" (HN, AA 23:276.34 ff.).[83]

Die äußeren Rechtspflichten gegenüber anderen (Bereich 1a) können nicht direkter Gegenstand der Tugendlehre sein, obgleich auch sie als indirekt-ethische Pflichten unter einer ethischen Gesetzgebung stehen können.

Festzuhalten bleibt Folgendes: Kant gebraucht den Begriffe der Tugendlehre unterschiedlich und somit umfasst er auch unterschiedliche Gegenstandsbereiche bzw. Pflichten. Der wesentliche Stein des Anstoßes – neben den unterschiedlichen Zugangsweisen zum Thema der Pflichteneinteilung – sind die inneren Rechtspflichten. Und die mit ihnen verknüpfte Frage: Gehören sie zur Tugendlehre oder nicht?

In den folgenden Ausführungen wird der Begriff der Tugendlehre im Sinne der Option 3 verwendet und umfasst damit auch die inneren Rechtspflichten.[84]

4.3 Begriffliche Vorüberlegungen zum Übergang von der Sittenlehre* zur Tugendlehre

4.3.1 Form und Materie

Das Begriffspaar *Form* und *Materie* bzw. die entsprechenden Adjektive *formal* und *material* prägen neben der theoretischen im Besonderen auch die praktische Philosophie Kants. Er führt diese Begriffe in der *Kritik der reinen Vernunft* als Reflexionsbegriffe ein, die das Verhältnis kennzeichnen, in dem Vorstellungen zueinander stehen können. Sie liegen „aller andern Reflexion zum Grunde", wobei die *Materie* „das Bestimmbare" und die *Form* „dessen Bestimmung" bedeutet (KrV, AA 03:218.12 ff.). Bei näherer Betrachtung erweisen sich diese Fachbegriffe als höchst artifiziell und werden von Kant nicht immer einheitlich und klar verwendet. Die Begriffe haben in den unterschiedlichen Kontexten nicht immer dieselbe Bedeutung. Dies ist ein Grund für erhebliche Missverständnisse in der Kant-Rezeption. Im Folgenden sollen daher zunächst drei bzw. vier ver-

---

[83] Vgl. dagegen die Einteilung der Rechtslehre anhand der drei Ulpianischen Formeln in RL, AA 06:236 f.
[84] Neben den oben angeführten begrifflichen Problemen mit dieser Option ergeben sich auch im Zusammenhang mit der Konstitution der Tugendlehre durch das oberste Prinzip der Tugendlehre weitere Probleme. Vgl. dazu Abschnitt 4.7.

schiedene Bedeutungen des Begriffs *Materie* und zwei verschiedene Bedeutungen des Begriffs *Form* herausgearbeitet werden.

4.3.2 Die Materie der Maxime

Wenn Kant von der Materie einer Maxime spricht, dann ist damit nicht der Inhalt (propositionale Gehalt) oder die Handlung als solche (das Was) gemeint, sondern der *Zweck* bzw. das Objekt der Handlung; also das Wozu oder auch das „[W]ohin" (RGV, AA 06:4.24) der Handlung. Das, worauf die Handlung abzielt: „Alle Maximen haben [...] eine Materie, nämlich einen Zweck" (GMS, AA 04:436.13 ff.). Nehmen wir z. B. die Maxime des anständigen Kaufmanns: Ich will alle meine Kunden ehrlich bedienen. Der Inhalt der Maxime bzw. die Handlung besteht hierbei im Akt des ehrlichen Bedienens aller Kunden. Worin besteht nun die Materie (mithin der Zweck) dieser Maxime? Bedient der Kaufmann ehrlich um des eigenen Vorteils willen (eigene Glückseligkeit) oder um seiner Kunden willen (fremde Glückseligkeit) oder einfach nur, um ehrlich zu sein (aus Pflicht)? Worin liegt der Zweck? Die vorliegende Maxime gibt hierzu explizit keine Auskunft. An dieser Stelle ist es nur wichtig zu erkennen, dass die Materie einer Maxime nicht die Handlung als solche ist, sondern deren Zweck bezeichnet. Seiner Art und Weise nach kann der Zweck sehr verschieden sein und es lassen sich mindestens drei bzw. vier verschiedene Bedeutungen des Begriffes *material* ausgehend von verschiedenen Zweckbegriffen unterscheiden:

> 1. Kant bezeichnet einen Bestimmungsgrund oder auch ein Prinzip als *material*, wenn hierbei auf ein *sinnliches Objekt der Erfahrung* Bezug genommen wird (mithin auf Lust und Unlust, die die Vorstellung des Objektes erregt). Darüber hinaus ist anzumerken, dass es sich bei dem fraglichen Objekt, um einen *zu bewirkenden Zweck* handelt. (Diese Bedeutung von *material* bezeichne ich im Folgenden als material[3].)

Die einschlägige Stelle zu dieser Verwendungsweise stellt der § 2 der *Kritik der praktischen Vernunft* dar, in dem folgender Lehrsatz formuliert wird: „Alle praktische Principien, die ein Object (Materie) des Begehrungsvermögens als Bestimmungsgrund des Willens voraussetzen, sind insgesamt empirisch und können keine praktische Gesetze abgeben" (KpV, AA 05:21.14 ff.). Unter der Materie des Begehrungsvermögens wird hier ganz unspezifisch ein „Gegenstand, dessen Wirklichkeit begehrt wird" verstanden (KpV, AA 05:21.17 f.). Wie die weiteren Erläuterungen zeigen, handelt es sich um einen Gegenstand der Erfahrung (mithin des unteren Begehrungsvermögens), dessen Begehren der praktischen Regel *vorausgeht*. Sodann aber wäre diese praktische Regel und das damit verbundene praktische Prinzip nur bedingterweise gültig und hätte somit kein unbedingtes

Sollen zur Folge. Das Begehren eines solchen Objektes hängt immer davon ab, ob seine Vorstellung im Subjekt Lust oder Unlust hervorruft, was sich aber nur empirisch (niemals a priori) erweisen lässt. Folglich charakterisiert Kant einen solchen „Bestimmungsgrund" und „mithin auch das praktische materiale Princip" als „empirisch" (KpV, AA 05:21.30f.). In § 3 wird eigene Glückseligkeit als ein solches Objekt thematisiert. Alle materialen[3] praktischen Prinzipien, die darauf beruhen, können keine Ethik (im Sinne Kants) begründen und werden somit zurückgewiesen. Als Beispiele für solche Ethikbegründungen werden unter anderem die Konzeptionen von Epikur und Hutcheson genannt (Vgl. KpV, AA 05:40).

> 2. Kant bezeichnet einen Bestimmungsgrund oder auch ein Prinzip als *material*, wenn hierbei überhaupt auf ein *Objekt* Bezug genommen wird, welches seinerseits *durch vorgängige Zwecke bedingt ist* (mithin also nur Mittel und nicht selbst Zweck an sich ist). Darüber hinaus ist anzumerken, dass es sich bei dem fraglichen Objekt, um einen *zu bewirkenden Zweck* handelt. (Diese Bedeutung von *material* bezeichne ich im Folgenden als material².)

Somit wird auch jedes praktische Prinzip, das auf ein nicht-sinnliches (rationales) Objekt Bezug nimmt, sofern es bedingt ist, also seinerseits nur Mittel zu einem Zweck ist, zurückgewiesen. Kant erläutert dies am Vernunftbegriff der praktischen Vollkommenheit, die er (an dieser Stelle im Sinne von Wolff) als „Tauglichkeit oder Zulänglichkeit [...] zu allerlei Zwecken" definiert (KpV, AA 05:41.10f.). Obwohl Vollkommenheit als Gegenstand des Willens kein sinnliches Objekt der Erfahrung ist, müssen doch „allerlei Zwecke" *vorausgesetzt* werden, um diesen Vernunftbegriff zu bestimmen. Somit erweist sich (diese Art von) Vollkommenheit als durch vorgängige Zwecke bedingt und ist kein Selbstzweck. Auch einen solchen Bestimmungsgrund und mithin ein solches praktisch materiales² Prinzip kennzeichnet Kant als empirisch. Auch hiermit lässt sich nach Auffassung Kants keine Ethik begründen. Womit Kant die Ethikbegründungen der Stoiker oder auch der Wolffschen Schule zurückweist (Vgl. KpV, AA 05:40).

Nimmt man beide Aspekte zusammen, kann man sagen, dass Kant jedes *Bedingungsverhältnis*, für das gilt: „weil man dieses Object [ganz gleich, ob es auf Neigung oder Vernunft beruht] will, soll man so und so handeln" (GMS, 04:444.4) als material (im Sinne von material³ und material²) kennzeichnet und als heteronom zurückweist. Muss also ein Objekt *voraus* gesetzt werden, um dessentwillen die Handlung als *Folge* vollzogen wird, liegt ein heteronomes Bedingungsverhältnis vor und das Objekt wird als material gekennzeichnet – ganz gleich wie es beschaffen ist. Somit entsteht nach der *Grundlegung* und der *Kritik der praktischen Vernunft* der Eindruck, Kant würde *alle* materialen Prinzipien aus seiner Ethik verbannen. Dies stimmt aber nur, wenn man den Begriff *material* als material³ bzw. material² auffasst und stets ein Bedingungsverhältnis unterstellt, in dem das Objekt *voraus* gesetzt wird. Kant kennt aber noch eine dritte Verwendungsweise des Begriffs *material:*

> 3. Kant bezeichnet einen Bestimmungsgrund oder auch ein Prinzip als *material,* wenn hierbei auf ein *nicht-sinnliches unbedingtes Objekt* (als Zweck an sich) Bezug genommen wird. Darüber hinaus ist anzumerken, dass es sich bei dem fraglichen Objekt, um einen *zu bewirkenden Zweck* handelt. (Diese Bedeutung von *material* bezeichne ich im Folgenden als material^1.)

In allen drei Bestimmungen wird auf ein Objekt als zu bewirkender Zweck Bezug genommen, doch im Vergleich zu den ersten beiden Bestimmungen wird in der letzten Bestimmung das Objekt als nicht-sinnlich und als unbedingtes Objekt gekennzeichnet, das heißt – positiv gewendet: Es muss sich um ein Objekt a priori handeln, welches um seiner selbst willen gewollt wird, nicht nur als Mittel zu anderen Zwecken. Dieses Objekt nennt Kant in der *Tugendlehre* einen „Zweck der reinen Vernunft" oder auch einen „moralischen Zweck [...] a priori" und schließlich einen „Zweck [...], der an sich selbst Pflicht ist". Er spricht in diesem Zusammenhang auch von einem „materialen" Bestimmungsgrund der Willkür (TL, AA:06.380f.). Ein solcher materialer^1 Bestimmungsgrund und ein damit verknüpftes materiales^1 Prinzip erweist sich als konstitutiv für die Tugendlehre Kants. Darüber hinaus gilt für einen Zweck, der zugleich Pflicht ist, dass das Objekt in diesem Fall nicht der Handlung bzw. Handlungsregel *vorher,* sondern mit dieser quasi einhergeht. Mit Materie^1 ist ein Zweck-Begriff gefunden, der sowohl den negativen Ausführungen zur Materie in den Grundlegungsschriften genügt, aber auch die Etablierung der materialen Zwecklehre in der *Tugendlehre* ermöglicht. Diskussionen, um eine vermeintliche Spannung oder gar Diskrepanz zwischen den Grundlegungsschriften und der *Tugendlehre* als Anwendungsschrift – im Hinblick auf den vermeintlichen Formalismus bzw. die materialen^1 Aspekte der Ethik Kants – lassen sich mit dieser Differenzierung auflösen. Kant gebraucht in den einzelnen Schriften verschiedene Begriffe von Materie (Materie $^{1,2\ und\ 3}$), so dass die Ausführungen zur materialen^1 Zwecklehre nicht in Spannung stehen müssen zu Kants negativen Aussagen gegenüber Materie$^{2\ und\ 3}$. Mit anderen Worten: Die materiale^1 Zwecklehre Kants führt nicht zu Widersprüchen mit seiner formalen Ethik, weil auch die Zwecklehre nicht heteronom ist, denn sie gründet auf (1) rationale Selbst-Zwecke a priori, die (2) keine Vor-Bedingung für die moralische Handlungsregel darstellen, vielmehr mit dieser einhergehen.[85]

---

[85] Es ist – soweit ich sehe – das Verdienst von Anderson, den Unterschied zwischen „empirischer und rationaler Materie" (Anderson (1921), S. 302) bei Kant als erster herausgearbeitet zu

Der Begriff der Materie wird – von seiner ersten bis zu seiner dritten Bestimmung – immer mehr ‚reduziert': Zuerst nimmt man ihm das Sinnliche bzw. Empirische, sodann sein bedingtes Verhältnis in Bezug auf einen vorgängigen Zweck, d. i. seinen Status als Mittel. Am Ende dieser sukzessiven ‚Reduktion' gewinnt Kant den Begriff eines materialen[1] rationalen Selbstzweckes a priori, der bewirkt werden soll. Dieser Begriff erweist sich als konstitutiv für die Tugendlehre. (Ob einem solchen Begriff objektive Realität zukommt, ist dabei völlig offen und es ist eine wesentliche Aufgabe der *Einleitung* zur *Tugendlehre*, dies zu zeigen.)

Der in allen drei Bedeutungen hinzugefügte Zusatz, dass es sich um einen *zu bewirkenden Zweck* handelt, ist wichtig, weil Kant bereits in der *Grundlegung* zwischen einem solchen „zu bewirkenden Zwecke" und einem „selbstständige[n] Zweck" explizit unterscheidet (GMS, AA 04:437.25 ff.). Während von ersterem in der gesamten *Grundlegung* abstrahiert wird, gilt dies nicht für den zweiten Typ von Zweck. Der selbstständige Zweck spielt in Zusammenhang mit der Selbstzweckformel des kategorischen Imperativs eine wichtige Rolle: Er wird hier „nur negativ gedacht" und ist das „Subjekt aller möglichen Zwecke selbst" (GMS, AA 04:437.28 ff.), welches man niemals bloß als Mittel, sondern immer auch als Zweck behandeln muss. Es ist offensichtlich, dass dieses Subjekt nicht erst hervorzubringen, mithin zu bewirken ist, sondern gleichsam schon da ist. Somit erklärt sich zumindest die Bezeichnung ‚selbständig', während der Begriff ‚Zweck' mit Bezug auf eine existierende Person vielleicht etwas irreführend ist.

Würde man in der dritten Bedeutung den entsprechenden Zusatz streichen, ergäbe sich folgende vierte Bedeutung des Begriffes *material:*

4. Man könnte einen Bestimmungsgrund oder auch ein Prinzip als *material bezeichnen*, wenn hierbei auf ein *nicht-sinnliches unbedingtes Objekt* (als Zweck an sich) Bezug genommen wird, ohne dass es ein zu bewirkender Zweck ist und ohne dass dieser Zweck in irgendeiner Weise der Willensbestimmung als Bedingung vorausgeht. (Diese Bedeutung von *material* bezeichne ich im Folgenden als material⁰.)

---

haben und damit wichtige Interpretationsimpulse für die „Ethik Kants als Ganze" (ebd., S. 311) und das heißt für eine „Synthese" (ebd. S. 305) von Form und Materie gegeben zu haben. Ich teile jedoch weder den Weg seiner Darstellung noch seine schroffe Entgegensetzung von *Grundlegung* und *Metaphysik der Sitten*. Es sind für ihn Werke, die „nicht recht zur Deckung" kommen (ebd., S. 297), und bei denen er lediglich einen Übergang von einem (unzulänglichen) formalen Apriorismus zu einem materialen Apriorismus konstatiert. Der in den hier vorliegenden Studien entwickelte Anwendungsansatz rückt diese Sichtweise zurecht, indem er eine durch die Anwendung des Sittengesetzes fortschreitende Differenzierung verdeutlicht. Dennoch sollte auch die Ambivalenz bei Anderson gesehen werden, wenn er von der *Metaphysik der Sitten* als einer „Ergänzung" (ebd., S. 306) und „Erweiterung" (ebd., S. 307) der Ethik Kants spricht.

Einen solchen Begriff von Materie^0 gibt es bei Kant allerdings nicht. Wäre dies der Fall, müsste man wohl auch bei der Selbstzweckformel des kategorischen Imperativs in gewissem Sinne von einem materialen Prinzip reden. In Tab. 4 fasse ich die voraufgegangenen Überlegungen übersichtlich zusammen.

Tabelle 4: Unterschiedliche Materie-Begriffe bzw. Zwecktypen

Zweck als	Bedingung	‚nächsthöherer' Zweck
Sinnliches Objekt der Erfahrung (z. B. eigene Glückseligkeit) [= subjektiver Zweck (GMS, AA 04:427)] ≙ Materie^3	Zweck geht vorher	Vernunftobjekt a priori (z. B. Vollkommenheit im Sinne der Tauglichkeit zu Zwecken)
Mittel zur Erreichung anderer Zwecke (z. B. Vollkommenheit im Sinne der Tauglichkeit zu Zwecken) [= relativer Zweck (GMS, AA 04:427 f.)] ≙ Materie^2	Zweck geht vorher	Zweck an sich selbst bzw. Selbstzweck (z. B. fremde Glückseligkeit oder eigene Vollkommenheit im Sinne der Tugendlehre Kants) [GMS, AA 04:428]
Zu bewirkender Zweck [GMS AA 04:437] ≙ Materie^1	Zweck geht mit der Handlungsregel einher	Selbständiger Zweck [= objektiver Zweck GMS, AA 04:428 und 437]
Selbständiger Zweck (z. B. Person) [GMS, AA 04:437] ≙ Materie^0	Zweck nur negativ	

Fazit: Je nach Art und Weise des Zweckes sowie aufgrund des Bedingungsverhältnisses, für welches gilt, dass das Objekt (der Zweck) der Willensbestimmung nicht *voraus* gehen darf, ergeben sich unterschiedliche Bedeutungen des Begriffes material: material^1 bis material^3. Der Begriff material^0 ergibt sich als hypothetische Konstruktion, wird von Kant aber nicht verwendet.

4.3.3 Die Form der Maxime

Zur Explikation des Ausdrucks ‚Form der Maxime' verwendet Kant unter anderem folgende Ausdrücke: „Form der Allgemeinheit" (GMS, AA 04:431.11) oder „Form der Gesetzmäßigkeit" (KpV, AA 05:25.35 f.) oder „bloße F o r m einer allgemeinen Gesetzgebung" (ebd., 27.14) oder „Form eines Gesetzes" (ebd., 27.28) oder „die gesetzgebende Form" (ebd., 29.21). Auch wenn dies verschiedene Formulierungsvarianten sind, möchte ich für meine Zwecke einmal unterstellen, dass ihnen kein wesentlicher Sachunterschied entspricht bzw. es auf einen solchen hier nicht ankommt.

Was bedeutet nun der Ausdruck ,Form einer Maxime'? Auch hier sollte man – wie bei der Materie der Maxime – wichtige Differenzierungen beachten. Der Begriff von einer Form (des Gesetzes) wird von Kant zunächst als negatives Korrelat zur Materie (eines Gesetzes) bestimmt: Abstrahiert man „alle Materie, d. i. jeden Gegenstand des Willens, (als Bestimmungsgrund)", bleibt „nichts übrig, als die bloße F o r m einer allgemeinen Gesetzgebung"[86] (KpV, AA 05:27.12 ff.). Eine Maxime kann die Tauglichkeit zur Allgemeinheit (Universalitas) besitzen oder nicht. Das wiederum hängt davon ab, ob sie zum allgemeinen Gesetz werden kann oder nicht, wobei der Ausdruck ,allgemeines Gesetz' eine Art Pleonasmus darstellt. Allgemeinheit bzw. Gesetzesförmigkeit sind diejenigen (potentiellen) Eigenschaften einer Maxime, die das ausmachen, was Kant die Form der Maxime nennt. Ob eine bestimmte Maxime die Form der Allgemeinheit besitzt oder nicht, kann durch eine „Probe" (MS, AA 06:225.11)[87] ermittelt werden, bei der die Frage zu entscheiden ist, ob „i c h a u c h w o l l e n k ö n n e, m e i n e M a x i m e s o l l e e i n a l l g e m e i n e s G e s e t z w e r d e n" (AA, GMS 04:402.8 f.). Die Maximeneigenschaft (nämlich die Form der Allgemeinheit) einerseits und die Probe bzw. das Prüfverfahren andererseits sollte man streng auseinanderhalten.

Wie das Prüfverfahren im Detail aussieht und wie es genau anzuwenden ist, ist ein äußerst kontroverser Streitpunkt in der Kantforschung und ich habe hierzu bereits in den Abschnitten 3.4 bis 3.6 einige grundsätzliche Bemerkungen gemacht, die hier nicht wiederholt werden sollen. Es war aber deutlich geworden, dass man eine formale Dimension der Prüfung von einer inhaltlichen Dimension unterscheiden muss. In der formalen Dimension, die gleichsam den Kern der Probe ausmacht und das alleinige Entscheidungskriterium darstellt, geht es um die Form der Allgemeinheit. Diese wird mittels Prüfverfahren ermittelt. Wie auch immer die Einzelheiten der Prüfung aussehen, so lässt sich den Ausführungen und Beispielen Kants doch entnehmen, dass es auf zwei verschiedene Aspekte ankommt:

1. Meine Maxime (als partikulares Einzelurteil gedacht) muss versuchsweise in ein entsprechendes Pflichtgesetz (als allgemeines Urteil gedacht) ,transfor-

---

[86] Der Unterschied zwischen „allgemeinem Gesetz" und „allgemeiner Gesetzgebung" ist wichtig und zu beachten, soll aber im Rahmen dieser Überlegungen nicht weiter thematisiert werden. Ich denke, dass der Begriff der allgemeinen Gesetzgebung auch darauf abzielt, den eigenen Willen als Gesetzgeber des Gesetzes zu fassen und damit die Autonomie zu betonen.

[87] In der Sekundärliteratur ist auch von ,Universalisierungstest', ,Verallgemeinerungstest', ,KI-Verfahren', ,Maximentest', ,Gesetzestest' u. a. die Rede. Alle diese Bezeichnungen sind bei Kant allerdings nicht zu finden. Vgl. Abschnitt 3.4.

miert' werden. Und nun muss meine Handlung gemäß dieser Maxime mit dem Pflichtgesetz übereinstimmen können. Es darf dabei kein Widerspruch (im Denken oder Wollen) entstehen. Ich muss denken und wollen können, dass alle vernünftigen Wesen so handeln können, wie es meine Maxime sagt. (*Legalität*)

Dieser Aspekt der Allgemeinheit (bezüglich des Handelns) reicht allerdings noch nicht aus, um in einem vollen Sinne zu sagen, meine Maxime tauge zu einem allgemeinen Gesetz. Denn im Beispiele des Kaufmanns kann ich sehr wohl widerspruchsfrei denken und wollen, dass alle vernünftigen Wesen nach einem Gesetz agieren, das besagt: Alle Kunden sollen stets von allen Kaufleuten ehrlich bedient werden. Allein hier fehlt noch ein zweiter Aspekt, der das Verhältnis zwischen der Form der Allgemeinheit (im Handeln) und der Materie (Zweck) der Maxime bestimmt. Dieses Verhältnis kann nun zwei Gestalten annehmen:
2. Das Bedingungsverhältnis zwischen der Allgemeinheit (der Handlung) und der Materie (Zweck) der Maxime kann
   a) entweder die Materie voraussetzen und die Allgemeinheit nachordnen, d. h., weil ich den Zweck will, führe ich eine bestimmte Handlung (die allgemein gedacht werden kann) aus.
   b) oder ich vollziehe die Handlung allein aufgrund der Form ihrer Allgemeinheit (aus Pflicht), d. h. um ihrer selbst willen, und füge die Materie (Zweck) hinzu. (*Moralität*)

Im Falle der Moralität stimmen nicht nur Gesetz und Handlung, sondern auch das Gesetz und die Maxime der Handlung überein (vgl. MS, AA 06:225).

Nur wenn beide Bedingungen (1) Allgemeinheit als Legalität und (2b) das Primat der Form der Allgemeinheit gegenüber der Materie (Zweck) – also Allgemeinheit als Moralität – erfüllt sind, kann man in einem umfassenden Sinne von der Form der Allgemeinheit der Maxime sprechen. Form (i. w. S.) bezeichnet also sowohl die Allgemeinheit (festgestellt im Prüfverfahren der Legalität) als auch ein besonderes Strukturverhältnis in der Maxime (nämlich Form (i. e. S.) vor Materie).

Wenn Kant das Prinzip der Sittlichkeit als formal kennzeichnet, dann ist damit also Folgendes gemeint:
1. Negativ: Das Prinzip ist unabhängig von aller Materie des Gesetzes (im Sinne eines zu begehrenden Objektes: Materie^3 und Materie^2).
2. Das Prinzip basiert ausschließlich auf dem Kriterium der Form der Allgemeinheit. Diese wiederum besteht:
   a) in der Allgemeinheit gemäß der Legalität
      und
   b) in dem Vorrang der Allgemeinheit vor der Materie (Moralität)

Mit Bezug auf (a) und (b) kann man auch von zwei unterschiedlichen formalen Prinzipien sprechen. Das erste (a) könnte folgendermaßen formuliert werden: *Handle pflichtgemäß!* Das zweite (b) enthält das erste und verschärft es. Kant bezeichnet es als ethisches Gebot: „Handle pflichtmäßig aus Pflicht!" (TL, AA 06:391.4).

Fazit: Ist also von der Form der Allgemeinheit die Rede, so sollte dies einerseits als Allgemeinheit im Sinne der Legalität aufgefasst werden: Die Handlung muss mit dem Gesetz übereinstimmen. Und auch als gefordertes Strukturverhältnis: Die Form der Allgemeinheit muss Vorrang haben vor der Materie. Zusammen kann dies durch die Forderung ausgedrückt werden: Die Maxime muss mit dem Gesetz übereinstimmen und das wiederum tut sie, wenn sie die Form der Allgemeinheit (i. w. S.) besitzt.

4.4 Erster Zugang: Von der Sittenlehre* zur Tugendlehre

Kants lapidarer Satz: „Aber aus der Moral geht doch ein Zweck hervor" (RGV, AA 06:5.1f.) markiert nicht weniger als den ‚Übergang' von der Sittenlehre* zur Tugendlehre als der Anwendung des kategorischen Imperativs auf den Menschen. Damit markiert dieser Satz zugleich den Übergang von der formalen zur materialen (genauer: materialen[1]) Bestimmung des (menschlichen) Willens. Es ist der neuralgische Punkt, an dem der Mensch als Gegenstand der Erfahrung und damit zugleich ein positiver Zweckbegriff Eingang finden in die Ethik Kants. Diese nimmt die Gestalt einer zugleich formalen und materialen Ethik an, welche nichts mehr mit jenem Zerrbild zu tun hat, das unter den Stichwörtern des Formalismus und der inhaltlichen Leere gezeichnet wird. Der Begriff ‚Übergang' oder auch ‚Transformation' ist dabei insofern nicht ganz treffend, als er suggeriert, dass sich die Ethik Kants von der formalen entfernen und zu einer materialen Bestimmung ‚übergehen' würde. Das ist aber nicht der Fall: Vielmehr ‚erwächst' aus dem formalen Bestimmungsgrund des Willens notwendigerweise ein bestimmter (moralischer) Zweck und es findet eine Art ‚Synthese' aus formalem und materialem Bestimmungsgrund statt, in der aber weder die formale Seite noch deren Primat verschwunden sind. In diesem Sinne kann man eher von einer Ergänzung oder von einer „Erweiterung" sprechen (TL, AA 06:396.17): Erweiterung im Sinne einer Hinzufügung einer bestimmten Materie[1]. Dieser gedankliche Prozess, der vom Lehrestück des höchsten Gutes in der *Kritik der praktischen Vernunft* in die moralische Zwecklehre mündet, soll im Folgenden nachgezeichnet werden.

Unter dem höchsten Gut als einer Verbindung von Glückseligkeit und einer dieser gemäßen und unbedingt vorausgehenden Tugendhaftigkeit versteht Kant „ein *a priori* nothwendiges Object unseres Willens" (KpV, AA 05:114.3). Da kein

Wille, selbst der gute Wille nicht, ohne einen Zweck bzw. ein Objekt sein kann, muss auch der reine praktische Wille einen Zweck haben, ohne dass dieser Zweck darum auch der Bestimmungsgrund und die Bedingung für den Willen wäre. Andernfalls würde dies zu Heteronomie führen. Diese Einsicht bringt Kant in folgenden Sätzen zum Ausdruck:

> Das moralische Gesetz ist der alleinige Bestimmungsgrund des reinen Willens. Da dieses aber blos formal ist [...], so abstrahirt es als Bestimmungsgrund von aller Materie, mithin von allem Objecte des Wollens. Mithin mag das höchste Gut immer der ganze Gegenstand einer reinen praktischen Vernunft, d. i. eines reinen Willens, sein, so ist es darum doch nicht für den Bestimmungsgrund desselben zu halten, und das moralische Gesetz muß allein als der Grund angesehen werden, jenes und dessen Bewirkung oder Beförderung sich zum Objecte zu machen. (KpV, AA 05:109.17 ff.)

Im Anschluss an diese Sätze folgt eine wichtige Ergänzung und Präzisierung im Gedankengang: Da das moralische Gesetz im Begriff des höchsten Gutes „als oberste Bedingung schon mit eingeschlossen ist", ist das „höchste Gut nicht blos Object", sondern „zugleich der Bestimmungsgrund des reinen Willens". Genauer gesagt, ist „sein Begriff und die Vorstellung der durch unsere praktische Vernunft möglichen Existenz desselben [sc. des höchsten Gutes]" dieser Bestimmungsgrund (KpV, AA 05:109 f. 35 ff.). Somit wird dieser a priori notwendige Gegenstand unseres Willens doch zu einem Bestimmungsgrund, freilich nicht in seiner Gesamtheit, sondern nur durch jenen ‚Teil', der das moralische Gesetz einschließt. Da aber das moralische Gesetz als formaler Bestimmungsgrund und oberste Bedingung des Willens vorausgeht, ergibt sich kein Widerspruch und alles ist in der „vollkommensten Harmonie nebeneinander" (KpV, AA 05:110.7). Diesen argumentativen *salto mortale* Kants sollte man sich aber noch einmal genauer anschauen: Behauptet er hier nicht, dass das moralische Gesetz zunächst (und gänzlich unbedingt) als formaler Bestimmungsgrund fungiert und sodann zugleich als ‚Teil-Gegenstand' des höchsten Gutes auch noch ein *anderer* Bestimmungsgrund wird? Hier also gewissermaßen zwei Bestimmungsgründe vorliegen, die aber beide auf das moralische Gesetz zurückweisen: also im Grunde doch nur ein Bestimmungsgrund? Zaubert Kant hier nach dem Motto: Aus eins mach' zwei? Das moralische Gesetz erscheint hier gleichsam in einer doppelten Funktion: Es ist ursprünglicher und als solcher alleiniger formaler Bestimmungsgrund des Willens, doch als im höchsten Gut ‚Eingeschlossenes' wird es zu einem *weiteren* (freilich nachgeordneten) Bestimmungsgrund. Dieser *weitere* Bestimmungsgrund ist aber *kein formaler* Bestimmungsgrund, insofern hier von der Vorstellung der Existenz von etwas und auch von der Hervorbringung eines bestimmten Gegenstandes (nämlich des höchsten Gutes, sofern es uns möglich ist) die Rede ist. Folglich haben wir es hier mit einem materialen[1] Moment zu tun.

Wobei – dies sei betont – diese Art der Materie¹ weder zu einer empirischen noch zu einer heteronomen Willensbestimmung führt. Trotzdem ist hier die Frage berechtigt: Wie ist das möglich? Wie sollte aus einem formalen ein materialer¹ Bestimmungsgrund werden? Findet hier gleichsam unter der Hand eine Art Vergegenständlichung des moralischen Gesetzes statt (Hypostasierung) oder eine andere Art der ‚Transformation'? Das ist natürlich Unsinn: Weder eine Hypostasierung noch eine geheimnisvolle ‚Transformation' finden statt, sondern hier liegt das vor, was m. E. mit dem Begriff der Anwendung des moralischen Gesetzes auf den menschlichen Willen in der Welt bezeichnet und erfasst werden kann. Wie der relationale Begriff der Anwendung bereits impliziert, wird hier etwas auf etwas anderes angewendet: nämlich das moralische Gesetz (genauer: der kategorische Imperativ) auf die menschliche Natur. Somit kommt hier also neben dem formalen Bestimmungsrund noch etwas anderes, nämlich etwas Empirisches (in Gestalt der menschlichen Natur) ins Spiel. Nun ist aber nicht die menschliche Natur selbst der neu hinzukommende Bestimmungsgrund (denn dieser wäre in der Tat empirisch und heteronom), sondern es ist die Anwendung des moralischen Gesetzes auf die Natur des Menschen. Das ist etwas ganz anderes als diese Natur selbst. Wir bleiben – um es metaphorisch zu sagen – in der Sphäre der Moralität, dehnen diese aber in neue Bereiche aus.

Man kann sich diesem Anwendungsprozess zweifach nähern: Entweder von Seiten der Moralität aus, indem man vom moralischen Gesetz ausgeht und dessen ‚Transformationsprozess' (besser: ‚Erweiterungsprozess') betrachtet – wie es hier in diesem ersten Zugang unternommen wird –, oder man geht von der Natur des Menschen aus und betrachtet deren ‚Auswirkungen' auf das moralische Gesetz – wie es im zweiten Zugang geschieht (siehe Abschnitt 4.5). Beide Zugänge gehören natürlich zusammen wie die zwei Seiten einer Medaille.

Der Anwendungsgedanke lässt sich auch wie folgt fassen: Das moralische Gesetz als formaler Bestimmungsgrund bestimmt den Willen hinreichend, doch der solchermaßen bestimmte *menschliche* Wille selbst (in einer unvollkommenen Welt) will nicht nur das Gesetz befolgen und seine ihm aufgegebene Pflicht erfüllen, sondern trägt mit Blick auf die unvollkommene Welt ein *Vernunftbedürfnis* nach Welt-Wirkung in sich. Kant spricht von einem „Bedürfnis der reinen praktischen Vernunft", welches auf der „Pflicht gegründet" sei, „etwas (das höchste Gut) zum Gegenstande meines Willens zu machen, um es nach allen Kräften zu befördern" (KpV, AA 05:14219 ff.).[88] Das bloße Rechthandeln und damit die Be-

---

[88] Der Begriff von einem „natürlichen Bedürfnisse" (RGV, AA 06:5.15 f.) wirft natürlich Fragen auf: Drückt der Begriff *Bedürfnis* nicht immer einen Mangel aus? Worin besteht dieser Mangel? Er kann nicht in der Moralität selbst oder einer defizitären Triebfeder derselben liegen, sondern an

folgung des formalen Gesetzes reicht der Vernunft nicht aus (vgl. TP, AA 08:279 f.), denn sie kann „unmöglich gleichgültig" gegenüber der Frage sein, „was dann aus diesem unserm Rechthandeln herauskomme" (RGV, AA 06:5.2 ff.). Damit ergibt sich für Kant das Fazit: „[D]as Gesetz also [...] erweitert sich [zur] Aufnahme des moralischen Endzwecks der Vernunft unter seine Bestimmungsgründe" und es ergibt sich der Imperativ: „[M]ache das höchste in der Welt mögliche Gut zu deinem Endzweck!" (RGV, AA 06:7.31 f.).

Es sollte an dieser Stelle betont werden – und Kant tut dies vielleicht nicht genügend, obwohl er von einem *Bedürfnis* und explizit von einer „Natureigenschaft des Menschen" spricht (RGV, AA 06:7.34 f.) –, dass es hier um die Anwendung des moralischen Gesetzes auf den *menschlichen* Willen geht und damit die besondere Natur des Menschen mit ins Spiel kommt. Es wäre vielleicht nicht ganz falsch, bereits an dieser Stelle von einer anthropologischen Grundannahme zu reden: Diese geht über die fundamentale Tatsache der Intentionalität hinaus. Menschliches Handeln – wie überhaupt jedes Handeln – ist durch ein Gerichtet-Sein-auf-Etwas gekennzeichnet. Diesen Umstand bezeichnet Kant auch als das Wohin oder den Zweck des Wollens, doch es kommt noch hinzu, dass der menschliche Akteur gegenüber seinem Ziel nicht gleichgültig sein kann. Positiv gewendet: Die reine Intentionalität ist auch immer mit einem *Interesse an Wirksamkeit* verknüpft. Diese Annahme ist vielleicht so fundamental, dass sie auf alle endlichen vernünftigen Wesen zutreffen mag und deshalb nicht das einschränkende Etikett einer anthropologischen Grundannahme tragen sollte, andererseits ist es eine Zusatzannahme, die über das Formale der reinen Moralphilosophie hinausgeht und sich in gewissem Sinne auf den Menschen als ein Objekt der Erfahrung stützt. Zur deutlicheren Kennzeichnung dessen, was hier im Programm der Anwendung geschieht, möchte ich an dem Ausdruck einer anthropologischen Grundthese festhalten und ihr den Namen anthropologische Grundthese vom Interesse an Wirksamkeit zuweisen (kurz: die Wirksamkeitsthese). Die Wirksamkeitsthese ist das Einfallstor für die Materie in die Ethik Kants.

Das moralische Gesetz (als bloßer formaler Bestimmungsgrund) führt in der Anwendung auf den *menschlichen* Willen notwendigerweise zur Aufnahme eines

---

den gleichsam äußeren Verhältnissen, in denen sich der menschliche und jeder endliche Wille vorfindet. Dieses Bedürfnis wird zudem von Kant als ein „Vernunftbedürfniß, aus einem objectiven Bestimmungsgrunde des Willens, nämlich dem moralischen Gesetze, entspringend" gekennzeichnet (KpV, AA 05:144.29 f.). Es ist außerdem ein „moralisch gewirktes Bedürfnis", welches eben darin besteht, sich „zu seinen Pflichten [...] noch einen Endzweck, als den Erfolg derselben, zu denken" (RGV AA, 06:6.5 ff.). Eine solche Formulierung erinnert an das „durch einen Vernunftbegriff selbstgewirkte[...] Gefühl" der Achtung (GMS, AA 04:401.20 f.) und dürfte mithin zu ähnlichen Diskussionen und Problemen Anlass geben.

weiteren Bestimmungsgrundes. Dieser weitere Bestimmungsgrund besteht in der Forderung, das höchste in der Welt mögliche Gut zu bewirken und zu befördern.

Im *Gemeinspruch* ist in diesem Zusammenhang sowohl von einer „Willensbestimmung von besonderer Art" als auch von einer hinzukommenden Pflicht die Rede (TP, AA 08:280.21f). Kant qualifiziert diese besondere Art der Willensbestimmung an dieser Stelle nicht weiter. Man wird aber fragen dürfen, ob es eine formale oder eine materiale oder gar eine dritte (!) Art der Willensbestimmung ist. Nicht minder problematisch erscheint seine Behauptung, dass hierbei „noch die Pflicht hinzukommt" (TP, AA 08:280.25), nämlich die Existenz des höchsten Gutes nach allen Kräften zu bewirken.[89] Diese wenigen Andeutungen illustrieren den bewegten und oszillierenden Gedankengang, den Kant vom Lehrstück des höchsten Guts über die *Religionsschrift* und den *Gemeinspruch* bis zur moralischen Zwecklehre von 1797 zurückgelegt hat. Es war ein weiter Weg bis zum Begriff von einem Zweck, der zugleich Pflicht ist, und seiner Funktion als einem materialen[1] Bestimmungsgrund.

In der *Religionsschrift* taucht die Lehre vom höchsten Gut in der *Vorrede* auf: Hier wird die „Idee eines höchsten Guts in der Welt" als die Idee von einem Objekt der Vereinigung gefasst. Und zwar einer Vereinigung der „formale[n] Bedingung aller Zwecke, wie wir sie haben sollen (die Pflicht), und zugleich alles damit zusammenstimmende Bedingte aller derjenigen Zwecke, die wir haben, (die jener ihrer Beobachtung angemeßene Glückseligkeit)" (RGV, AA 06:5.7ff.). Die formale Bedingung „aller Zwecke, die wir haben sollen (die Pflicht)", besteht natürlich in der Befolgung des moralischen Gesetzes. M.E. ist in diesem Ausdruck, insofern sich der Klammerzusatz „die Pflicht" nicht (nur) auf die formale Bedingung, sondern (auch) auf die „Zwecke" bezieht, bereits der Begriff eines Zweckes, der zugleich Pflicht ist, angedeutet und vorgeprägt, ohne freilich explizit herausgestellt und deutlich zu werden. Dieser wichtige Begriff, der in der *Tugendlehre* eine – wenn nicht sogar *die* – zentrale Rolle spielt, wird hier allerdings nur für die eine Seite des höchsten Gutes, nämlich die Tugend, in Anschlag gebracht. Von einer Pflicht zur Beförderung fremder Glückseligkeit ist indes noch nicht die Rede.

Ebenso stößt man in der *Friedensschrift* von 1795 in einer konjunktivischen Nebenbemerkung auf die Formulierung: „wenn dieser Zweck (z.B. der ewige Friede) auch Pflicht wäre" usw. (ZeF, AA 08:377.9f.). Das sind freilich nicht mehr als Indizien, dass sich Kant auf dem Weg zum Begriff eines Zwecks, der zugleich

---

89 Bereits in der *Kritik der praktischen Vernunft* ist zwar von einer – allerdings nicht recht zu greifenden – Pflicht, das höchste Gut zu befördern, die Rede (vgl. KpV, AA 05:144), doch in der *Religionsschrift* wird dieser Gedanke wieder relativiert, wenn es heißt, dass durch das höchste Gut als zu bewirkender Endzweck lediglich ein „Beziehungspunkt" hinzukommt, aber die Zahl der Pflichten nicht vermehrt werde (RGV, AA 06:5.24).

4.4 Erster Zugang: Von der Sittenlehre* zur Tugendlehre — 125

Pflicht ist, und damit zur moralischen Zwecklehre befindet. Die moralische Zwecklehre, die erst in der *Tugendlehre* entfaltet wird, enthält nicht nur den zentralen Begriff eines Zwecks, der zugleich Pflicht ist, sondern eben auch die Erklärung, dass es neben dem formalen auch eines materialen Bestimmungsgrundes bedarf, womit sich das Materiale[1] in Kants Ethik expressis verbis manifestiert. Die einschlägige Passage hierzu lautet:

> Daß ich aber auch verbunden bin mir irgend etwas, was in den Begriffen der praktischen Vernunft liegt, zum Zwecke zu machen, mithin außer dem formalen Bestimmungsgrunde der Willkür (wie das Recht dergleichen enthält) noch einen materialen [Bestimmungsgrund], einen Zweck zu haben, der dem Zweck aus sinnlichen Antrieben entgegengesetzt werden könne: dieses würde der Begriff von einem Zwecksein, der an sich selbst Pflicht ist. (TL, AA 06:381.9 ff.)

Gleichwohl will es mir scheinen, dass vom Lehrstück des höchsten Guts über die *Religionsschrift* und den *Gemeinspruch* hin zur moralischen Zwecklehre gleichsam noch eine Art *missing link* fehlt. Denn es irritiert einerseits, dass Kant diesen Gedankenweg nirgendwo reflektiert und andererseits ist vom höchsten Gut in der *Metaphysik der Sitten* und speziell in der *Tugendlehre* gar nicht mehr explizit die Rede. Das Verhältnis zwischen dem Lehrstück vom höchsten Gut in der *Kritik der praktischen Vernunft* einerseits und der moralischen Zwecklehre in der *Tugendlehre* andererseits ließe sich vielleicht auch mit dem Begriff der argumentativen Präfiguration umschreiben, insofern sich argumentative Strategien und Strukturen der Lehre vom höchsten Gut in der Argumentation zur moralischen Zwecklehre widerspiegeln. Solche Präfigurationen und Analogien sind natürlich keine strengen Beweise, spielen aber bei Kant eine wichtige Rolle.

Somit ist es zwar immerhin plausibel, den lapidaren Eingangssatz zu diesem Abschnitt: „Aber aus der Moral geht doch ein Zweck hervor" (RGV, AA 06:5.1 f.) auch auf die moralische Zwecklehre zu beziehen, aber es fehlt ein direkter Hinweis Kants. Trotzdem scheint es naheliegend, anzunehmen, dass die moralische Zwecklehre mit den beiden Zwecken der eigenen Vollkommenheit sowie der fremden Glückseligkeit – korrespondierend zu den beiden Elementen des höchsten Gutes – aus diesem ‚hervorgegangen' ist. Mit der *Tugendlehre* und ihrer ganz eigenen Problemkonstellation und Argumentation trifft man freilich auf einen anderen Zugang, bei dem die besondere Natur des Menschen im Mittelpunkt steht. Dieser Zugang ist das Thema des folgenden Abschnittes.

4.5 Zweiter Zugang: Von der Natur des Menschen zur Tugendlehre

Das moralische Gesetz und genauer der kategorische Imperativ wird in der *Metaphysik der Sitten* auf den *Menschen* angewendet: Eine Metaphysik der Sitten wird „oft die besondere N a t u r des Menschen, die nur durch Erfahrung erkannt wird, zum Gegenstande nehmen müssen" und „auf sie angewandt werden" (MS, AA 06:217.1 ff.). In den vorangegangenen moralphilosophischen Schriften war dies dezidiert nicht der Fall: Die *Grundlegung* soll „die Idee und die Principien eines möglichen r e i n e n Willens untersuchen und nicht die Handlungen und Bedingungen des menschlichen Wollens überhaupt" (GMS, AA 04:390.34 ff.). Und die „besondere Bestimmung der Pflichten als Menschenpflichten" – die eine Bestimmung des Menschen voraussetzen, „wie er wirklich ist" – wird als nicht in eine Kritik der praktischen Vernunft gehörig explizit zurückgewiesen (KpV, AA 05:8.16 ff.). Die *Metaphysik der Sitten* und insbesondere die *Tugendlehre* verschieben somit den Fokus auf den Menschen und konzentrieren sich auf die Anwendungsproblematik. Erst auf dieser Stufe eröffnet sich eine Ethik für den Menschen.

Der Ausgangspunkt für die *Tugendlehre* besteht in der Unterscheidung von Rechtslehre als Pflichtenlehre der *äußeren* Freiheit und Tugendlehre als Pflichtenlehre der *inneren* Freiheit. In beiden Bereichen liegt im Begriff der Pflicht zugleich der Begriff der Nötigung, doch der Begriff der „[m]oralischen Nöthigung ist noch nicht moralischer Zwang (coactio)" (V-MS/Vigil AA, 27:518.31 f.), denn moralische Nötigung geht lediglich von der Möglichkeit aus, dass es zu einer Abweichung vom Sittengesetz kommt, doch

> beym Menschen, ist es dagegen nicht nur möglich, sondern wirklich, daß er causas impulsivas zum Widerstreben gegen die moralischen Gesetze besitzt, und daß alle seine bey ihm vorhandenen Neigungen, sinnliche Antriebe, Hang und daher genommene maximen entgegen wirken, und ihn zur Entgegenhandlung antreiben. Dies ist nun, soll er das moralische Gesetz befolgen, der Grund des Zwanges. (V-MS/Vigil, AA 27:519.7 ff.)

Kants konsequente Redeweise von ‚Zwängen' – sei es von äußeren oder inneren Zwängen bzw. Selbstzwängen – in der *Tugendlehre* markiert somit einen wichtigen Übergang und die Bezugnahme auf den (wirklichen) Menschen. Dieser Umstand wird auch von Kant explizit hervorgehoben, wenn er betont, dass der „Zwang [...] also nicht auf vernünftige Wesen überhaupt [...], sondern auf M e n s c h e n als vernünftige Naturwesen geht" (TL, AA 06:379.19 ff.). Dies ist freilich kaum mehr als ein Indiz für eine Verschiebung der Ebenen. Doch geht man von einer solchen ‚Transposition' aus, werden einige vermeintliche Diskrepanzen zwischen den Grundlegungsschriften und der Anwendungsschrift auflösbar.

Denn der Mensch und genauer die Natur des Menschen, die nun als Objekt der Erfahrung in die *Metaphysik der Sitten* Eingang findet, führt zu einer Reihe von Modifikationen des moralischen Gesetzes (genauer: des kategorischen Imperativs), insofern dieses konkret darauf angewendet wird.

Es ist hier nicht der Raum, die Anthropologie Kants zu entfalten[90] und ich beschränke mich daher auf wenige Aspekte, die für die Thematik wichtig sind. Als fundamental und gleichzeitig als „eine von den unvermeidlichen Einschränkungen des Menschen" – vielleicht auch für alle anderen vernünftigen Weltwesen – sieht es Kant an, dass der Mensch sich „bei allen Handlungen nach dem Erfolg aus denselben" umsehen muss, „um in diesem etwas aufzufinden, was zum Zweck für ihn dienen [kann]" (RGV, AA 06:7.21 ff.). Kant bezeichnet diese Eigenschaft als eine „Natureigenschaft des Menschen", welche „denselben [...] zum Gegenstande der Erfahrung macht" und die letztlich dafür der Grund ist, dass „durch das moralische Gesetz selber", insofern es auf den Menschen mit dieser Eigenschaft „bezogen wird", eine *Erweiterung*[91] der Moralität um einen Zweck stattfindet (RGV, AA 06:7.31 ff.). Diese Natureigenschaft des Menschen (besser wäre es von einer *Wesenseigenschaft* zu sprechen), sich „zu allen Handlungen außer dem Gesetz auch noch einen Zweck denken zu müssen" (RGV, AA 06:7.35 f.), ist keine Eigenschaft des Menschen als Naturwesen, sondern als Vernunftwesen. Deswegen spricht Kant auch (an anderer Stelle) von einem „Vernunftbedürfniß" (KpV, AA 05:144.29). Es ist hier noch einmal – wie bereits im ersten Zugang – zu konstatieren, dass dieser Begriff eines *Vernunftbedürfnisses* problematisch und rätselhaft bleibt. Kant scheint sich diesem Begriff in zweierlei Hinsicht zu nähern: Zum einen ist für ihn klar, dass „ohne alle Zweckbeziehung [...] gar keine Willensbestimmung im Menschen statt finden [kann]" (RGV, AA 06:4.16 f.). Damit ergibt sich das Bedürfnis für einen Zweck unmittelbar aus der menschlichen Willensstruktur. Diese kann einfach nicht ohne Wirkung und Erfolg sein (Wirksamkeitsthese). Zum anderen hebt Kant hervor, dass es „nicht ein Bedürfniß aus Mangel an moralischen Triebfedern, sondern an äußeren Verhältnissen [ist], in denen allein, diesen Triebfedern gemäß, ein Object als Zweck an sich selbst [...] hervorgebracht werden kann" (TP, AA 08:279.31 f.). Was bedeutet das? Was ist mit

---

90 Vgl. dazu Brandt (1999) und (2007) sowie Louden (2000).
91 Erweiterung ist auch im Sinne von Erweiterungsurteil zu verstehen, also im Sinne eines synthetischen Urteils a priori, denn der Begriff einer Folge bzw. eines Zwecks ist im Begriff des moralischen Gesetzes nicht enthalten und kann aus diesem nicht analytisch hervorgehen. Vielmehr muss zum moralischen Gesetz und seiner Folge bzw. seinem Zweck noch etwas Drittes hinzukommen, um diese zu verknüpfen. Dies ist dann die besagte Natureigenschaft des Menschen. Wendet man das moralische Gesetz hierauf an, dann ergibt sich der notwendige Zweck a priori.

diesen „äußeren Verhältnissen" gemeint? Damit ist gemeint, dass wir als Menschen nicht solipsistisch in einer vollkommenen geistigen Sphäre existieren, sondern immer in einer unvollkommenen physischen Welt mit Ursachen und Wirkungen, Veränderungen und auch mit anderen Akteuren usw. Und erst in einer solchen Welt kommt die oben beschriebene Willensstruktur zum Tragen, so dass sich der erste Aspekt auf diesen zweiten zurückführen lässt. Durch das In-der-Welt-Sein des Menschen und seine Wechselwirkung mit dieser kommt aber doch unweigerlich auch die physische Seite des Menschen ins Spiel und es lässt sich nicht uneingeschränkt an der Aussage festhalten, dass das Bedürfnis nach einem Zweck nur ein reines Vernunftbedürfnis sei. Es hat seinen indirekten Grund in den unvollkommenen äußeren Weltverhältnissen. Von einer unvollkommenen äußeren Welt kann insofern gesprochen werden, als die Ordnung dieser Welt nicht schon immer von sich aus den moralischen Gesetzen folgt, sondern es zu Abweichungen kommt. Erst dadurch erklärt sich das Bedürfnis zur Bewirkung und Beförderung des höchsten Gutes, da es schlicht und einfach noch nicht vorhanden ist. Die Argumentation Kants, welche am Ende zum höchsten Gut führt, setzt also neben dem moralischen Gesetz auch die Existenz eines unvollkommenen menschlichen Willens in einer ebenso unvollkommenen Welt voraus.

Kant entwickelt im Anschluss an diese Überlegungen sowohl in der *Religionsschrift* als auch im *Gemeinspruch* ein Gedankenexperiment bzw. Analogieargument, in dem ein *Mensch* vor die Wahl gestellt wird, entweder eine perfekte Ordnung gemäß der Idee vom höchsten Gut oder eine weniger perfekte Welt zu schaffen, in welcher es darauf ankommt, in Richtung des höchsten Gutes zu wirken. Die Stelle lautet in der *Religionsschrift* wie folgt:

> Setzt einen Menschen, der das moralische Gesetz verehrt und sich den Gedanken beifallen läßt […], welche Welt er wohl, durch die praktische Vernunft geleitet, e r s c h a f f e n würde, wenn es in seinem Vermögen wäre, und zwar so, daß er sich selbst als Glied in dieselbe hineinsetzte, so würde er sie nicht allein gerade so wählen, als es jene moralische Idee vom höchsten Gut mit sich bringt, wenn ihm bloß die Wahl überlassen wäre, sondern er würde auch wollen, daß eine Welt überhaupt exisitire, weil das moralische Gesetz will, daß das höchste durch uns mögliche Gut bewirkt werde, ob er sich gleich nach dieser Idee selbst in Gefahr sieht, für seine Person an Glückseligkeit sehr einzubüßen, weil es möglich ist, daß er vielleicht der Forderung der letztern, welche die Vernunft zur Bedingung macht, nicht adäquat sein dürfte. (RGV, AA 06:5f.28ff.)

Weil Kant zufolge das „moralische Gesetz will, daß das höchste durch uns mögliche Gut bewirkt werde", würde sich ein vernünftiger, unparteiischer Mensch für die zweite Option entscheiden. Es scheint so, dass Kant den Sinn der menschlichen Existenz nicht im Erreichen, sondern vielmehr im Streben nach Moralität gesehen hat. Diese Auffassung erinnert an das berühmte Zitat von Lessing aus seiner Schrift *Eine Duplik* (1778):

> Wenn Gott in seiner Rechten alle Wahrheit, und in seiner Linken den einzigen immer regen Trieb nach Wahrheit, obschon mit dem Zusatze, mich immer und ewig zu irren, verschlossen hielte und spräche zu mir: wähle! Ich fiele ihm mit Demut in seine Linke, und sagte: Vater gib! die reine Wahrheit ist ja doch nur für dich allein! (Lessing (1968), S. 27)

Kant tut sich schwer an der genauen Bestimmung dieses *anthropologischen* und zugleich moralischen Bedürfnisses. Wenngleich diese Überlegungen in der *Religionsschrift* und im *Gemeinspruch* virulent sind, tauchen sie – wie bereits im ersten Zugang konstatiert – in der *Metaphysik der Sitten* nicht mehr auf. Die dort *plötzlich* in Erscheinung tretende moralische Zwecklehre weist aber eine Reihe von Strukturähnlichkeiten mit der Lehre vom höchsten Gut auf und verweist auf einen ähnlichen Argumentationsgang. Dennoch fehlt eine Art *missing link* zwischen dem Lehrstück vom höchsten Gut und der moralischen Zwecklehre.

Eine andere Überlegung in Richtung auf die moralische Zwecklehre nimmt ihren Ausgangspunkt von der folgenden anthropologischen Grundannahme, die auch expressis verbis in der *Tugendlehre* zu finden ist: Kant richtet den Fokus auf die „H i n d e r n i s s e der Pflichtvollziehung im Gemüt des Menschen" (TL, AA 06:380.7f.). Was ist mit diesen „Hindernissen" gemeint? Kant charakterisiert mit dem Begriff der Hindernisse in der physischen bzw. sinnlichen Natur des Menschen liegende emotive und konative Strukturen und Veranlagungen, wie (1) den Hang zu Begierden, (2) Naturtriebe (wie z. B. Hunger, Durst, Geschlechtstrieb), (3) Neigungen sowie vor allem (4) Leidenschaften und (5) Affekte. Folgt man seinen Ausführungen in der *Religionsschrift* (vgl. RGV, AA 06:28f.), so lässt sich die in Abb. 10 dargestellte Übersicht gewinnen (vgl. auch Anth, AA 07:251ff.).

Stufen des (unteren) Begehrungsvermögens

Leidenschaft
Kaum oder gar nicht zu bezwingende Neigung, die auf Überlegung beruht, z. B. Hass und Habsucht.

Neigung (und Abneigung)
Habituelle sinnliche Begierde, z. B. Liebe, Mitleid und Furcht; weisen auf Bedürfnisse, Emotionen und Interessen beim Menschen hin. Die Befriedigung aller unserer Neigungen fasst Kant als Glückseligkeit zusammen. (vgl. GMS, AA 04:399).

Instinkt oder Naturtrieb
Auf einem natürlichen und gefühlten Bedürfnis beruhendes Motiv, wovon man noch keinen Begriff hat, z. B. Durst, Hunger und Geschlechtstrieb. In der *Tugendlehre* bezieht sich Kant bei der Pflichteneinteilung auf drei Triebe: a) Selbsterhaltung, b) Arterhaltung und c) Erhaltung des Vermögens zum Lebensgenuss (vgl. TL, AA 06:420); in RGV erwähnt er außerdem noch einen Trieb zur Gesellschaft (vgl. RGV, AA 06:26). Darüber hinaus nennt er in der MS folgende Triebe: zur Nahrung, zum Geschlecht, zur Ruhe, zur Bewegung, zur Ehre, zur Erweiterung der Erkenntnis (vgl. MS, AA 06:215).

Hang
Disposition bzw. Empfänglichkeit zum Begehren eines Genusses; vor aller Triebfeder. Kant spricht z. B. vom »Hang zur Faulheit« (IaG, AA 08:21.7) und thematisiert den berühmt-berüchtigten »Hange zum Bösen« (RGV, AA 06:28.26).

Abb. 10: Stufen des (unteren) Begehrungsvermögens

Affekte als plötzliche Gefühlsaufwallungen gehören nicht in den Bereich des Begehrungsvermögens und können daher nicht in die Übersicht eingegliedert werden, sondern sind dem Gefühl der Lust und Unlust zuzurechnen.

Kant thematisiert in der *Tugendlehre* vor allem Affekte und Leidenschaften und unterscheidet sie wie folgt:[92] Affekte sind plötzliche, kurze, aber intensive Gefühlserregungen (z. B. Zorn), die wohlüberlegten Reflexionen zuvorkommen und diese erschweren oder gar verhindern können. Kant vergleicht sie auch mit Stürmen. Mit ihnen verbindet sich die Untugend. Leidenschaften (z. B. Hass) dagegen sind tief wurzelnde, in Ruhe und mit Überlegung gefasste Neigungen, die

---

92 Kant weist auf Hutcheson hin, der „diesen Unterschied zuerst bemerkt" habe (Kant (1831), S. 302).

in den Maximen beständig enthalten sind. Sie sind die Quelle der Laster (vgl. TL, AA 06:407f.). Kant vergleicht sie auch mit einem „Strom, der sich in seinem Bette immer tiefer eingräbt" (Anth, AA 07:252.23f.). Er unterscheidet natürliche (angeborene) Leidenschaften (wie z. B. Freiheits- und Geschlechtsneigung) von erworbenen Leidenschaften (wie z. B. Ehrsucht, Herrschsucht und Habsucht) (vgl. Anth, AA 07:267f.). An dieser kurzen Charakterisierung erkennt man schon, dass für Kant die Leidenschaften die weit größere und ernstere Gefahr für die innere Freiheit im Menschen darstellen. Insgesamt kommt es darauf an, „seine Affecte zu zähmen und seine Leidenschaften zu beherrschen" (TL, AA 06:407.21f.). Zu diesem Zweck unterscheidet Kant zwei Pflichten: nämlich das „Verbot", sich von seinen Gefühlen und Neigungen beherrschen zu lassen, und das „bejahende Gebot, [...] alle seine Vermögen und Neigungen unter seine (der Vernunft) Gewalt zu bringen" (TL, AA 06:408.16ff.).[93]

Affekte und Leidenschaften wie überhaupt die gesamte Struktur sinnlichen Begehrens sind notwendiger Teil der conditio humana. Sie sind dem Menschen gewissermaßen in Fleisch und Blut eingeschrieben und es ist bezeichnend, aber auch etwas irritierend, wenn Kant an einigen wenigen Stellen davon spricht, dass es der Wunsch jedes vernünftigen Wesens sein müsse, „gänzlich davon frei zu sein" (GMS, AA 04:428.16). Da der Mensch nun aber nicht davon frei ist und auch nicht davon frei sein kann (und es als Mensch vielleicht auch gar nicht sein will), steht er vor der gewaltigen Aufgabe, diesen sinnlichen Kräften etwas entgegenzusetzen. Es bedarf einer „Kraft und herculischer Stärke [...], um die lastergebärende Neigungen zu überwältigen" (TL, AA 06:376.3f.). Kants Ausdrucksweise ist in diesem Zusammenhang ungewöhnlich martialisch: Wenn es darum geht, die „Hindernisse" und die „widerstrebende[n] Kräfte" – ja sogar die „Ungeheuer" (TL, AA 06:405.26) – „zu bekämpfen" und „zu besiegen" (TL, AA 06:380.7ff.), ist auch von der „größte[n] und einzige[n] wahre[n] Kriegsehre des Menschen" die Rede (TL, AA 06:405.27f.). Andernorts spricht er sogar von einem „inneren Krieg zwischen Grundsätzen und Neigungen" (HN, AA 23:354.6f.). In diesem ‚Kampf' und ‚Krieg' bedarf es auf der moralischen Gegenseite „Waffen aus der Rüstkammer der Metaphysik" (TP, AA 06:376.5) sowie *Tapferkeit* und *Tugend* in uns – als „moralische Stärke des Willens" (TP, AA 06:405.11) –, um den Konflikt zu bestehen. Da sich die Größe der moralischen Gegenkräfte nur indirekt durch die Größe der Hindernisse bzw. Gegenkräfte erkennen lässt, münden diese Überlegungen auch in eine dialektische Steigerungslogik, in der den ‚Ungeheuern' eine wichtige

---

[93] Vgl. dagegen Humes bekanntes Diktum: „Reason is, and ought only to be the slave of the passions" (Hume (2000), S. 266)). Für eine weiterführende und ausführliche Darstellung von Kants Lehre zu den Affekten und Leidenschaften vgl. Anderson (2008) und Newmark (2008).

Funktion zufällt. Diese Rhetorik macht aber auch deutlich, dass wir uns in der Argumentation nicht mehr auf der Ebene von logischen, sondern von realen Entgegensetzungen befinden: Kant wechselt auch hier die Begrifflichkeiten und betont, dass wir es nicht mit Widersprüchen, sondern mit einem „Widerstand der Neigung gegen die Vorschrift der Vernunft (antagonismus)" zu tun haben (GMS, AA 04:424.28 f.). Er beschreibt diesen ‚Übergang' allerdings nicht als den ‚Übergang' oder die ‚Transposition' von einer Ebene zur anderen, sondern als einen Wechsel vom Gesichtspunkt der reinen Vernunft, zum „Gesichtspunkte eines durch Neigung affizierten Willens" (ebd. 424.27 f.). Im Zusammenhang mit dieser anthropologischen Perspektive als der Bezugnahme auf die besondere Natur des Menschen ist es auch zu begreifen, dass Kant in der *Tugendlehre* zwischen Wille und Willkür differenziert. Eine Differenzierung, die in den vorausgehenden Werken – wenn überhaupt – nicht so stark artikuliert ist. Wille und Willkür müssen nicht als zwei verschiedene Instanzen gedacht werden, sondern eher als zwei verschiedene Funktionen einer Instanz. Wie auch immer das Verhältnis im Einzelnen auszubuchstabieren sein mag,[94] für unseren Zusammenhang ist wichtig, dass der Wille „blos auf die Handlung" und „nicht auf ein dadurch zu bewirkendes Object" geht; die Willkür aber ist ein Begehrungsvermögen „in Beziehung auf ein Object [,] das in unserer Gewalt ist [,] folglich zwischen demselben und seinem Gegentheil zu wählen" (HN, AA 23:378.20 ff.). Der in den *Vorarbeiten* anzutreffende Gedanke, dass die freie Willkür ein Vermögen zu wählen sei, wird in der *Tugendlehre* dann allerdings explizit zurückgewiesen (vgl. TL, AA 06:226).[95] In jedem Falle wird mit der Willkür der Objektbezug virulent, auf den es in der *Tugendlehre* ankommt.

Neben der Differenzierung zwischen Wille und Willkür fällt auch die Ausweitung der Autonomie (von altgr. αὐτός ‚selbst' und νόμος ‚Gesetz') um den Begriff der Autokratie (von altgr. αὐτός ‚selbst' und κρατεῖν ‚herrschen') auf:

> Für endliche heilige Wesen [...] giebt es keine Tugendlehre, sondern bloß Sittenlehre, welche letztere eine Autonomie der praktischen Vernunft ist, indessen daß die erstere zugleich eine Autokratie derselben [...] enthält. (TL, AA 06:383.20 ff.)

Die Autokratie wird in einer aufschlussreichen Stelle im handschriftlichen Nachlass als „Vermögen" bestimmt, den „Endzweck [...] unter allen Hindernissen, welche die Einflüsse der Natur auf uns, als Sinnenwesen, verüben mögen [...], noch hier im Erdenleben zu erreichen, d. i. der Glaube an die Tugend, als das Princip in uns, zum höchsten Gut zu gelangen" (HN, AA 20:295.9 ff.). Die Auto-

---

94 Vgl. Horn (2011).
95 Zum schwierigen Thema der Freiheit vgl. Timmermann (2003c) sowie Ludwig (2014).

kratie wird mithin zweifach bestimmt: zum einen als ein Vermögen, das uns Menschen als Sinnenwesen zukommt, insofern wir mannigfaltigen Hindernissen der Natur, nämlich Neigungen, Leidenschaften, Affekten usw. ausgesetzt sind und diese überwinden müssen, um das moralische Gesetz zu befolgen. Zum anderen auch als ein Vermögen, den Endzweck – das höchste Gut – im Erdenleben zu erreichen. Die Redeweise von einem solchen Vermögen wird dann aber sogleich durch den Ausdruck „Glaube an die Tugend" relativiert und eingeschränkt. Dennoch bleibt der wichtige Umstand, dass Kant hier eine Verbindung zwischen der Autokratie und dem Erreichen des höchsten Gutes unter den natürlichen Hindernissen, die mit der Natur des Menschen einhergehen, explizit deutlich macht. Mit anderen Worten: Die Autokratie der (menschlichen) praktischen Vernunft ist sowohl durch das Element der Selbstherrschaft gegenüber den natürlichen Neigungen als auch durch ein Gerichtet-Sein auf das Erreichen des höchsten Gutes im Erdenleben gekennzeichnet. Davon wurde in der reinen Moralphilosophie und der Sittenlehre* immer abstrahiert. Erst im menschlichen Streit und Kampf mit den der Moral widerstreitenden ‚Ungeheuern' ‚transformiert' (besser: erweitert) sich die Autonomie zugleich zu einer Autokratie, für die es darauf ankommt, das höchste Gut zu erreichen.

Wenn man sich aus diesem Furor der Kriegsrhetorik wieder entfernt und zum argumentativen Gang der Darlegung zurückkehrt, wird man nun ausgehend vom Begriff des freien Selbstzwanges auf den Kernbegriff der moralischen Zwecklehre hingeleitet, nämlich den Begriff einer „Materie (einen Gegenstand der freien Willkür), einen **Zweck** der reinen Vernunft, der zugleich als objectiv-nothwendiger Zweck, d. i. für den Menschen als Pflicht, vorgestellt wird" (TL, AA 06:380.22ff.). Es sollte hier auch betont werden, dass Kant an dieser Stelle ganz explizit den Bezug auf den Menschen macht. Ein solcher Bezug liegt im Lehrstück vom höchsten Gut nicht vor. Die Aufgabe dieses Vernunftzweckes ist es nun, den sinnlichen Neigungen im Menschen entgegenzutreten:

> Denn da die sinnlichen Neigungen zu Zwecken (als Materie der Willkür) verleiten, die der Pflicht zuwider sein können, so kann die gesetzgebende Vernunft ihrem Einfluß nicht anders wehren, als wiederum durch einen entgegengesetzten moralischen Zweck, der also von Neigung unabhängig *a priori* gegeben sein muß. (TL, AA 06:380f.25ff.)

Das Verlangen nach einem solchen Vernunftzweck – vor dem Hintergrund des Grundsatzes, dass auch für den Menschen gilt: „zu k ö n n e n , was das Gesetz unbedingt befiehlt, daß er tun s o l l" (TL, AA 06:380.11f.) – mag zwar in der Darstellung Kants deutlich werden, doch es erscheint am Ende wie ein deus ex machina zur Bewältigung einer Aufgabe. Eine solche Argumentation sollte somit wohl eher als Plausibilisierungsstrategie gesehen werden. Es bedarf einer begrifflichen Exposition und vor allem Deduktion des Begriffes von einem Zweck, der zugleich Pflicht ist. Diese Aufgabe geht Kant in den nachfolgenden Abschnitten der *Tugendlehre* an (*Einleitung zur Tugendlehre:* Abschnitte II bis IX) und es wird darauf ankommen, aus diesen Darlegungen mehr argumentatives Potential zu gewinnen.

Auch dieser zweite Zugang führt uns bis an den Begriff eines Zweckes, der zugleich Pflicht ist, heran. Anders als im ersten Zugang, an dessen Ende ein *missing link* den eigentlichen Übergang vom Lehrstück des höchsten Gutes zur Zwecklehre verhinderte, mangelt es dem zweiten Zugang trotz rhetorischer Mittel an argumentativer Durchschlagskraft. Beide Zugänge plausibilisieren eine solche Zwecklehre auf ihre Art, stellen aber keinen Beweis für die logische Widerspruchsfreiheit und die objektive Realität des fraglichen Begriffes dar. Beides bleibt – streng betrachtet – noch ein offenes Beweisziel.

Indes haben Kants begriffliche Übergänge von Nötigung zu Zwang, von Widerspruch zu Antagonismus, die Erweiterung der Unterscheidung von Wille und Willkür sowie von Autonomie und Autokratie gezeigt, dass Kant einen Perspektivwechsel oder – wie ich es fassen möchte – einen Wechsel der Ebenen durch die Anwendungsprozedur vorgenommen hat und sich mit der Tugendlehre auf einer anderen Stufe befindet.

4.6 Der Begriff von einem Zweck, der zugleich Pflicht ist

In der *Einleitung* zur *Tugendlehre* – insbesondere in den Abschnitten II, III sowie IX – entwickelt und erläutert Kant den zentralen Begriff von „einem Zweck, der zugleich Pflicht ist" (TL, AA 06:382.6 f.). Wichtige argumentative Ziele bestehen darin, sowohl die begriffliche (logische) Widerspruchsfreiheit als auch die reale Möglichkeit (objektive Realität) dieses Begriffes zu erweisen. Die argumentativen Wege beider Zielsetzungen werden im Folgenden rekonstruiert. Kants Argumentation erweist sich in ihrer Darstellung und Ausführung zum einen als sprunghaft bzw. diskontinuierlich und zum anderen als äußerst knapp und gedrängt; sie geht an manchen Stellen über eine interpretationsbedürftige Andeutung kaum hinaus. Diese Sachverhalte erschweren eine Rekonstruktion.

Mit Bezug auf die begriffliche Widerspruchsfreiheit des Begriffes von einem Zweck, der zugleich Pflicht ist, ist Folgendes festzuhalten: Das „System der allgemeinen Pflichtenlehre" teilt Kant in die „Rechtslehre (*ius*), welche äußerer Gesetze fähig ist" und in die „Tugendlehre (*Ethica*) [...], die deren nicht fähig ist" (TL, AA 06:379.9 ff.). In der Rechtslehre ist der Begriff der Pflicht-Handlung mit dem eines äußeren Zwanges verbunden: So kann jemand beispielsweise „durch Stockschläge oder Gefängniß zu einer Handlung gebracht werden" (HN, AA

27:521.25f.). In der Tugendlehre hat man es hingegen mit einem inneren Zwang oder einem „Selbstzwang" zu tun (TL, AA 06:279.17). Der Begriff des Selbstzwanges kann durch den Begriff einer inneren Zweck-Handlung exponiert werden. Wie ist das zu verstehen? Kant ist der Auffassung, dass man zu einer Zweck-Handlung (= Zweck-Setzung) nicht durch andere gezwungen werden kann: „Ein Anderer kann mich zwar zwingen etwas zu thun, was nicht mein Zweck (sondern nur Mittel zum Zweck eines Anderen) ist, aber nicht dazu, daß ich es mir zum Zweck mache" (TL, AA 06:381.30ff.). Dahinter steht offensichtlich die Auffassung, dass nur ich selbst über meine Willensakte als Zwecksetzungsakte verfügen kann und kein anderer. Fälle von psychischer Manipulation (Stichwort: ‚Gehirnwäsche'), Hypnose und ähnlichen Psychotechniken werden von Kant – soweit ich sehe – nicht diskutiert. Auf solche Vorkommnisse könnte Kant in zweierlei Hinsicht reagieren: Solange die Entscheidung des Handlungssubjektes für oder gegen eine dieser Techniken freiwillig geschieht, könnte man davon sprechen, dass das Subjekt als Person immer noch frei entschieden habe über die Annahme oder Nicht-Annahme eines bestimmten Zweckes. Sollte die Manipulation – wie dies der Begriff im Grunde genommen schon impliziert – allerdings nicht freiwillig erfolgen, dann könnte man mit Kant auch argumentieren, dass durch solche Techniken eine Person zur Sache degradiert wird, die nun nur noch nach Gesetzen der Natur funktioniert. Von innerer Freiheit und einem Selbstzwang als einem Akt der inneren Freiheit kann in diesen Zusammenhängen gar nicht mehr die Rede sein. Deswegen gilt für Personen der Grundsatz: Zwecke können sie sich nur selbst setzen.

Der Begriff des Selbstzwanges wird von Kant weiter differenziert. Unterschieden wird der Selbstzwang „nach sinnlichen Antrieben seiner Natur" (TL, AA 06:385.19f.) vom freien Selbstzwang „nach einem Princip der inneren Freiheit, mithin durch die bloße Vorstellung seiner Pflicht nach dem formalen Gesetz" (TL, AA 06:394.22f.). Im ersten Fall können meine Naturneigungen durch andere Naturneigungen bezwungen werden. Im zweiten Fall handle ich allein aus Achtung für das moralische Gesetz und es betrifft nur das „Formale der Maximen" (TL, AA 06:394.34). Hier ist noch gar nicht von einem Zweck, der zugleich Pflicht ist, die Rede und mithin noch gar nicht von Tugendpflichten. Tritt dieser Begriff und damit eine Materie hinzu, haben wir es ebenfalls mit einem „freien Selbstzwange" zu tun (TL AA, 06:395.7). Verschiedene Aspekte des Selbstzwanges zeigt die Übersicht in Abb. 11.

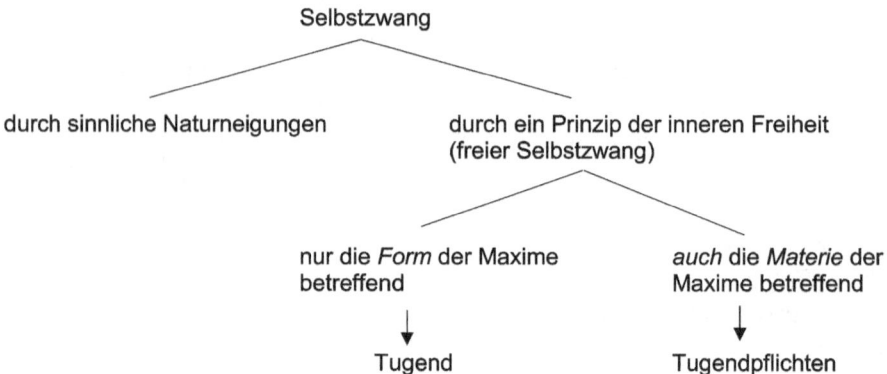

Abb. 11: Selbstzwang

Der entscheidende Punkt in unserem Zusammenhang besteht nun darin, dass der Begriff von einem Zweck, der zugleich Pflicht ist, auf dem Begriff eines freien Selbstzwanges und damit eines Aktes der inneren Freiheit beruht:

> Aber sich selbst einen Zweck zu setzen, der zugleich Pflicht ist, ist kein Widerspruch: weil ich da mich selbst zwinge, welches mit der Freiheit gar wohl zusammen besteht. (TL, AA 06:381 f.35 ff.)

Damit ist die (logische) Widerspruchsfreiheit des Begriffes von einem Zweck, der zugleich Pflicht ist, erwiesen. Ein ganz anderer Punkt betrifft nun die Frage nach der objektiven Realität eines solchen Begriffes. Bevor wir uns diesem Punkt zuwenden, möchte ich aber dennoch auf eine gewisse ‚Zwitterhaftigkeit' des Begriffes hinweisen: Als *Zweck*-Begriff verweist der Begriff materialiter auf einen bestimmten Gegenstand (Materie[1]), der bewirkt und hervorgebracht werden soll. Die bewirkten moralischen Zwecke wiederum sollen den durch sinnlich bedingte Neigungen hervorgerufenen Zwecken entgegenwirken. Mithin geht es um „physisch[e] Effekt[e]" und Kant spricht in den *Vorarbeiten* auch davon, dass der Begriff „empirische Bedingungen an sich" habe (HN, AA 23:394.15 ff.). Der Begriff von einem Zweck, der zugleich Pflicht ist, ist zwar selbst kein empirischer Begriff, aber er ist das Ergebnis einer Anwendung des formalen moralischen Gesetzes auf den Menschen als ein Objekt der Erfahrung. Damit scheint eine metaphysische Ebene verlassen. Auf der anderen Seite als *Pflicht*-Begriff verweist der Begriff von einem Zweck, der zugleich Pflicht ist, auf eine allgemeingültige und notwendige Sollensforderung und mithin auf seine objektive Natur a priori. Es ist ein Begriff, der aus der Vernunft hervorgeht, auf dem Prinzip der inneren Freiheit beruht und somit ganz klar eine metaphysische Grundlage besitzt. Obgleich der Begriff als widerspruchsfrei gelten darf, liegt eine gewisse ‚Zwitterhaftigkeit' in diesem Begriff.

Mit Bezug auf die objektive Realität des Begriffes möchte ich zwei Argumente rekonstruieren: Zum einen das Hauptargument, das apagogisch darauf hinausläuft, dass ohne einen Begriff von einem Zweck, der zugleich Pflicht ist, auch der Begriff von einem (ihm korrespondierenden) kategorischen Imperativ unmöglich wäre. Ich nenne dieses Argument kurz das KI-Argument. Es wird im Abschnitt III der *Einleitung* zur *Tugendlehre* entfaltet. Zum anderen ein Argument, das ebenfalls apagogisch darauf hinausläuft, dass ohne einen Begriff von einem Zweck, der zugleich Pflicht ist, die reine praktische Vernunft als ein Vermögen der Zwecksetzung obsolet wäre. Ich bezeichne dieses Argument – aus Gründen, die weiter unten deutlich werden – als Argument des Non-Indifferentismus. Es taucht im letzten Absatz von Abschnitt IX auf.

Rekonstruktion des KI-Argumentes: Um die Durchschlagskraft, aber auch um die Beschränkungen dieses Argumentes zu verstehen, sollte man sich m. E. noch einmal die wichtige Unterscheidung zwischen zu bewirkenden Zwecken und selbständigen Zwecken in Erinnerung rufen (vgl. GMS, AA 04:437). Bei den letzteren handelt es sich um negative Zwecke (Materie^0), also gleichsam Verbotsgrenzen, denen nicht entgegengehandelt werden darf: Sie beziehen sich auf die Person als das Subjekt aller Moralität, das nicht als bloßes Mittel benutzt werden darf. Diese selbständigen Zwecke spielen bei der Konstitution der Selbstzweckformel des kategorischen Imperativs eine wesentliche Rolle. Wenn nämlich in dieser Formel von der „**Menschheit [...] in deiner Person [und] in der Person eines jeden anderen**" als etwas gesprochen wird, das „**jederzeit zugleich als Zweck**" angesehen und gebraucht werden muss (GMS, AA 04:429.10 ff.), dann ist damit ein solcher selbständiger und negativer Zweck gemeint. Bei einem solchen Zweck lässt sich sicherlich nicht davon reden, dass man ihn *hervorbringt*, denn die Personen existieren ja bereits, aber man wird schon sagen können, dass man ihn sich *setzen* kann. Vielleicht ist die Redeweise von einem ‚Zweck' in diesem Zusammenhang etwas irreführend und missverständlich, aber es ist die Art und Weise, in der Kant über den Sachverhalt redet. Es ist in jedem Falle kein zu bewirkender und mithin also positiver Zweck, der etwas bezeichnet, das bewirkt und hervorgebracht werden kann und soll (Materie^1).

Wenn Kant nun in der *Tugendlehre* „Zweck" als einen „Gegenstand der freien Willkür" definiert, „dessen Vorstellung diese [sc. die freie Willkür] zu einer Handlung bestimmt (wodurch jener [sc. der Gegenstand] hervorgebracht wird)" (TL, AA 06:384.33 f.), dann kann damit nicht ein selbständiger Zweck (Materie^0) gemeint sein. Diese Einschränkung gilt auch für den folgenden wichtigen Grundsatz: „Eine jede Handlung hat also ihren Zweck." (TL, AA 06:385.1). Dieser Grundsatz müsste also (im Lichte der *Grundlegung*) wie folgt präzisiert werden:

Jede Handlung hat also ihren zu bewirkenden Zweck (kurz: (G)). Dieser modifizierte Grundsatz leuchtet aber nicht ohne Weiteres ein, denn es könnte doch handelnde Vernunftwesen und entsprechende Handlungen geben, deren Zwecke nur selbständige Zwecke sind. Mithin Vernunftwesen, die zwar intentional handeln, aber denen die Wirkung und der Erfolg ihrer rechtmäßigen Handlungen aus Pflicht – nur auf Letzteres kommt es ihnen an – vollkommen gleichgültig ist. Es geht ihnen nicht um das *Wohin* der Handlungen, den zu bewirkenden Zweck, sondern nur um das *Wie* der Handlung. Deswegen wird man wohl einräumen müssen, dass der modifizierte und präzisierte Grundsatz G, wonach jede Handlung ihren zu bewirkenden Zweck hat, unter einer gewissen anthropologischen Grundannahme steht und nur für das menschliche Wollen und Handeln Gültigkeit beanspruchen darf. Ich möchte dabei noch ausdrücklich anmerken, dass die Selbstzweckformel des kategorischen Imperatives in der *Grundlegung* nicht unter dieser anthropologischen Prämisse steht. Bei dieser anthropologischen Grundannahme handelt es sich um die Voraussetzung, dass menschliches Wollen und Handeln schlechterdings nicht ohne einen zu bewirkenden Zweck vorstellbar sind. Mit diesen Vorüberlegungen rekonstruieren wir nun das eigentliche Argument. Es ist seiner Struktur nach ein apagogisches Argument.

Kant hat bislang gezeigt und darf voraussetzen, dass der Begriff von einem Zweck, der zugleich Pflicht ist, der auf einem Akt der Freiheit (Selbstzwang durch Setzung eines Zweckes) beruht, zwei Bedingungen impliziert: Zum einen muss es einen zu bewirkenden Selbstzweck (an sich) geben und zum anderen muss ihm ein kategorischer Imperativ korrespondieren. Die Beziehung lässt sich als Bikonditional auffassen: Wenn es (1) zu bewirkende Zwecke an sich und (2) einen entsprechenden kategorischen Imperativ gibt, dann muss es auch einen Begriff von einem Zweck, der zugleich Pflicht ist, geben (kurz: $SZ_{bew.}$ und $KI_{korresp.}$ → ZP). Und umgekehrt: Wenn es einen Begriff von einem Zweck, der zugleich Pflicht ist, gibt, dann muss es auch zu bewirkende Selbstzwecke und einen entsprechenden kategorischen Imperativ geben (kurz: ZP → $SZ_{bew.}$ und $KI_{korresp.}$).

Vorausgesetzt werden darf also das begriffliche Bikonditional:

$$SZ_{bew.} \text{ und } KI_{korresp.} \equiv ZP$$

Um nun zu zeigen, dass der Begriff von einem Zweck, der zugleich Pflicht ist, nicht nur logisch möglich ist, sondern auch objektive Realität besitzt, muss Kant drei Dinge zeigen: (1) dass es zu bewirkende Selbstzwecke gibt ($SZ_{bew.}$), (2) dass es dazu korrespondierende kategorische Imperative gibt ($KI_{korresp.}$) und schließlich noch (3) wie dieser Korrespondenzbegriff genau zu verstehen ist, wie also der „Pflichtbegriff [mithin ein kategorischer Imperativ] auf Zwecke leiten" kann (TL, AA 06:382.25). Diesen letzten Punkt sowie die inhaltliche Bestimmung der Zwecke, die zugleich Pflicht sind, hebt sich Kant für später auf. Er lässt es in Abschnitt II dahingestellt sein, „was denn das für ein Zweck sei, der an sich selbst Pflicht ist und wie ein solcher möglich sei" (TL, AA 06:383.1f.). Er zeigt aber (1) und (2), indem er von der Annahme ihres Gegenteils ausgeht und diese zu einem Widerspruch führt. Und das ist der Kern seiner Argumentation:

> Es muß nun einen solchen Zweck und einen ihm correspondirenden kategorischen Imperativ geben. Denn da es freie Handlungen giebt, so muß es auch Zwecke geben, auf welche als Object jene gerichtet sind. Unter diesen Zwecken aber muß es auch einige geben, die zugleich (d. i. ihrem Begriffe nach) Pflichten sind. – Denn gäbe es keine dergleichen, so würden, weil doch keine Handlung zwecklos sein kann, alle Zwecke für die praktische Vernunft immer nur als Mittel zu andern Zwecken gelten, und ein kategorischer Imperativ wäre unmöglich; welches alle Sittenlehre aufhebt. (TL, AA 06:385.10ff.)

Der letzte Satz der Argumentation ist so zu verstehen: Wenn es keine (zu bewirkenden) Selbstzwecke gäbe, dann würde jeder Zweck immer nur relativ sein und somit immer nur ein Mittel für einen anderen Zweck, sodann würde aber auch die Handlung, die auf jenen Zweck gerichtet war, ebenfalls immer nur ein Mittel zu einem Zweck darstellen und es gäbe mithin gar keine Handlungen, die um ihrer selbst willen ausgeführt werden. Also gäbe es keinen kategorischen Imperativ. Damit es solche unbedingten Handlungen (kategorische Imperative) gibt, muss es auch – da keine Handlung ohne einen (zu bewirkenden) Zweck sein kann – solche unbedingten Zwecke bzw. Zwecke an sich geben. Es liegt hier in der Tat ein strukturell ähnliches Argument vor, wie es Kant schon einmal in der *Kritik der praktischen Vernunft* in Bezug auf den Begriff von einem höchsten Gut entwickelt hatte:

> Ist also das höchste Gut nach praktischen Regeln unmöglich, so muß auch das moralische Gesetz, welches gebietet, dasselbe zu befördern, phantastisch und auf leere eingebildete Zwecke gestellt, mithin an sich falsch sein. (KpV, AA 05:114.6ff.)

Auf diese strukturelle Ähnlichkeit weist bereits Forkl (2001) in seinem Kommentar zur *Tugendlehre* hin,[96] doch im Gegensatz zu Forkl möchte ich betonen, dass die Argumentation in der *Tugendlehre* unter der anthropologischen Voraussetzung steht, dass menschliches Wollen nicht ohne zu bewirkende Zwecke denkbar ist. Dass diese Voraussetzung aber nicht ohne Weiteres für alle Vernunftwesen unterstellt werden darf und dass Kant diese Voraussetzung in der *Grundlegung* mit Bezug auf die Selbstzweckformel gewiss nicht zur Bedingung macht. Deswegen kann auch nicht gesagt werden, dass der kategorische Imperativ schlechthin nicht

---

96 Vgl. Forkl (2001), S. 60.

mehr möglich wäre, sondern es scheint mir an dieser Stelle ausgesprochen wichtig zu betonen, dass hier nur von einem korrespondierenden Imperativ die Rede sein kann. Ich möchte also Kants Schlussfolgerung „und ein kategorischer Imperativ wäre unmöglich" auf den Fall der Zwecklehre und somit der Tugendlehre begrenzen. Was m. E. nicht mehr möglich wäre, wäre ein kategorischer Imperativ, wie ihn das oberste Prinzip der Tugendlehre verlangt. Wohingegen Rechtsimperative und der kategorische Imperativ gemäß der *Grundlegung* noch sehr wohl möglich wären. Denn diese Imperative liegen auf einer gänzlich anderen Anwendungsebene. Freilich muss diese Interpretation einräumen, dass Kants Bemerkung „welches alle Sittenlehre aufhebt", damit nicht zusammenpasst, denn es müsste hier eigentlich heißen: ‚welches alle Tugendlehre aufhebt'.[97] Hat Kant hier ungenau formuliert? Oder meint er wirklich, die gesamte Lehre der Moralität (Sittenlehre) würde aufgehoben, wenn es keinen Begriff von einem Zweck, der zugleich Pflicht ist, gäbe? Dann aber müsste seine Argumentation noch grundsätzlicher verstanden werden und stünde in Diskrepanz zu den Ausführungen in der *Grundlegung*.

Das gesamte KI-Argument ist in einer knappen Übersicht wie folgt zu rekonstruieren:

Voraussetzungen:
(1) Es gibt einen (korrespondierenden) Imperativ ($KI_{korresp.}$)
(2) Es gilt: Ohne einen zu bewirkenden Selbstzweck gäbe es keinen korrespondierenden Imperativ und umgekehrt: $SZ_{bew.} \equiv KI_{korresp.}$

Dann folgt nach *modus ponens:*
(3) Es gibt zu bewirkende Selbstzwecke ($SZ_{bew.}$)

Somit wird die linke Seite des Bikonditionals als wahr erwiesen, womit dann schlussendlich die Gültigkeit des Begriffes von einem Zweck, der zugleich Pflicht ist, erwiesen wird:
(4) $SZ_{bew.}$ und $KI_{korresp.} \equiv ZP$

Da also $SZ_{bew.}$ und $KI_{korresp.}$ gilt, folgt mit *modus ponens* die Gültigkeit von ZP.

Die Voraussetzung (2) ist der neuralgische Punkt: Die Korrespondenz zwischen Pflichtbegriff und Zweckbegriff muss noch deutlich gemacht werden, dies geschieht über das oberste Prinzip der Tugendlehre, dessen Deduktion aber erst in Abschnitt IX thematisiert wird. Zum anderen stellt die gesamte Argumentation auf

---

97 Gelegentlich redet Kant allerdings auch von der Ethik (bzw. Tugendlehre) als einer Sittenlehre Vgl. HN, AA 23:257.

zu bewirkende Zwecke ab und steht damit unter der anthropologischen Grundannahme, dass Menschen sich stets einen zu bewirkenden Zweck setzen müssen (vgl. Abschnitt 4.4: Wirksamkeitsthese). Andernfalls wäre die Argumentation mit Hinweis auf die Selbstzweckformel der *Grundlegung* nicht gültig, denn es gibt in der Sittenlehre (jedenfalls) kategorische Imperative ohne zu bewirkende Zwecke.[98]

Rekonstruktion des *Argumentes des Non-Indifferentismus:* Dieses Argument ist in gewisser Hinsicht fundamentaler als das KI-Argument, weil es nicht nur den kategorischen Imperativ in der apagogischen Schlussfolgerung für unmöglich erklärt, sondern sogleich die gesamte reine praktische Vernunft. Strukturell ist das Argument aber ähnlich wie das KI-Argument. Es lautet:

> Was im Verhältniß der Menschen zu sich selbst und anderen Zweck sein k a n n, das ist Zweck vor der reinen praktischen Vernunft; denn sie ist ein Vermögen der Zwecke überhaupt, in Ansehung derselben indifferent sein, d. i. kein Interesse daran zu nehmen, ist also ein Widerspruch: weil sie alsdann auch nicht die Maximen zu Handlungen (als welche letztere jederzeit einen Zweck enthalten) bestimmen, mithin keine praktische Vernunft sein würde. Die reine Vernunft aber kann *a priori* keine Zwecke gebieten, als nur so fern sie solche zugleich als Pflicht ankündigt. (TL, AA 06:395.24 ff.)

Die reine praktische Vernunft wird hier als ein „Vermögen der Zwecke überhaupt" bestimmt. Diese Bestimmung ist keineswegs selbstverständlich, zumal Kant die reine praktische Vernunft in der *Grundlegung* stets als ein „Vermögen, n a c h d e r Vo r s t e l l u n g der Gesetze, d. i. nach Princpien, zu handeln" bestimmt hatte (GMS, AA 04:412.27 f.).[99] Wenn nun noch zusätzlich auf das Vermögen, sich Zwecke zu setzen – wobei dies im Falle der reinen praktischen Vernunft nur moralische Zwecke sein können –, Bezug genommen wird, so ist dies eine wesentliche Erweiterung der bisherigen Darstellung. Akzeptiert man diese Auffassung von der reinen praktischen Vernunft als einem Vermögen, sich moralische Zwecke a priori zu setzen, dann lässt sich die Argumentation wie folgt rekonstruieren: (1) Die reine praktische Vernunft ist ein Vermögen der (moralischen) Zwecke; sie setzt sich moralische Zwecke. (2) Wäre die reine praktische Vernunft nun im Hinblick auf ihre moralischen Zwecke *indifferent*, dann hieße das, sie hätte kein Interesse an diesen Zwecken. Das heißt, die reine praktische Vernunft hätte keinerlei Wohlgefallen an der Vorstellung der Existenz dieser Gegenstände (moralischen Zwecke). Doch dann würde sie diese Zwecke auch gar nicht setzen.

---

98 Anders dagegen Schmucker (1955), S. 198.
99 Zur Interpretation dieser viel und intensiv diskutierten Bestimmung vgl. Cramer (1997) sowie Timmermann (2003c).

Sich Zwecke zu setzen, ist immer damit verbunden, an diesen Zwecken Interesse zu nehmen. Beide Aussagen zugleich können aber nicht gelten. Die reine praktische Vernunft als ein Vermögen der Zwecke wäre widersprüchlich und somit aufgehoben. (Die Argumentation über die Maximen als ‚Träger' der Zwecke ist dabei nur ein Umweg; denn in dem Argument kommt es allein auf die Zwecksetzung an.) Damit folgt apagogisch, dass die reine praktische Vernunft gegenüber ihren moralischen Zwecken nicht indifferent sein kann. Diese wichtige Grundannahme der Nicht-Gleichgültigkeit (Non-Indifferentismus), an der das gesamte Argument hängt, beruht aber letztendlich erneut auf der (mehrfach ins Spiel gebrachten) anthropologischen Grundannahme, dass das menschliche Wollen und Handeln auch notwendigerweise auf Wirkung und Erfolg bedacht sein muss.[100] Entsprechende Varianten dieser Argumentation findet man bereits in der *Kritik der praktischen Vernunft* (vgl. KpV, AA 05:142) sowie der *Religionsschrift* (vgl. RGV, AA 06:5).

Diese Argumentation charakterisiert Kant auch als „Deduktion" des obersten Prinzips der Tugendlehre und damit natürlich zugleich als „Deduktion" des Begriffes von einem Zweck, der zugleich Pflicht ist, aus der der reinen praktischen Vernunft (TL, AA 06:395.23). Im nächsten Abschnitt steht dieses oberste Prinzip der Tugendlehre im Fokus.

4.7 Einordnung und Interpretation des obersten Prinzips der Tugendlehre

Am Anfang einer ‚möglichen Genealogie' lautet der kategorische Imperativ, der „nur ein einziger" ist: „handle nur nach derjenigen Maxime, durch die du zugleich wollen kannst, daß sie ein allgemeines Gesetz werde" (GMS, AA 04:421.7f.). Diese Formulierung wird in der Forschungsliteratur auch als „Formel des allgemeinen Gesetzes" oder noch kürzer als „allgemeine Formel" bezeichnet[101] und sie bringt das zum Ausdruck, was Kant in der *Vorrede* der *Grundlegung* als „Aufsuchung und Festsetzung des obersten Princips der Moralität" angekündigt hatte (GMS, AA 04:392.3f.). Daneben führt Kant in der *Grundlegung* noch weitere Formulierungen bzw. Formeln des

---

[100] Anders bei Schmucker (1955).
[101] Z.B. Paton (1962), S. 153 und Baum (2017), S. 136.

(einen) kategorischen Imperativs ein: die Naturgesetzformel, die Selbstzweckformel und die Autonomieformel.[102]

In der *Metaphysik der Sitten* unterteilt Kant die allgemeine Lehre der Sitten in die Rechtslehre, die die äußere Handlungsfreiheit thematisiert, und die Tugendlehre, die die innere Freiheit in den Blick nimmt. In beiden Bereichen verweist Kant ebenfalls auf (diverse) kategorische Imperative, wodurch die Sachlage noch komplexer und die Einordnung und Interdependenz der einzelnen kategorischen Imperative noch problematischer wird. Der Ausdruck ‚kategorischer Rechtsimperativ' taucht bei Kant explizit nicht auf, wird aber der Sache nach als „das allgemeine Rechtsgesetz" benannt und wie folgt formuliert: „handle äußerlich so, daß der freie Gebrauch deiner Willkür mit der Freiheit von jedermann nach einem allgemeinen Gesetze zusammen bestehen könne" (RL, AA 06:231.10 ff.). Man könnte diese Formulierung – um einer gewissen Analogie willen – als oberstes Prinzip der Rechtslehre titulieren, wenngleich Kant diesen Begriff nicht verwendet. Das „oberste Princip der Tugendlehre" wird nun folgendermaßen formuliert: „handle nach einer Maxime der Z w e c k e, die zu haben für jedermann ein allgemeines Gesetz sein kann" (TL, AA 06:395.15 f.). Wie nun diese drei obersten Prinzipien und die von ihnen aufgespannten Felder (Moralität, Rechtslehre und Tugendlehre) genau zusammenhängen, ist in der Kantforschung eines der heikelsten und kontroversesten Probleme.[103] Insbesondere wird die Frage kontrovers erörtert, ob und inwiefern die Rechtslehre als *unabhängig* von der allgemeinen Moralphilosophie (und damit von der Autonomielehre) angesehen werden kann. Ein Problem, das im Rahmen dieser Studien nicht weiter verfolgt werden kann.[104]

Den Ausführungen Kants in der *Einleitung* zur *Tugendlehre* ist zu entnehmen, dass er zwei Arten von (moralischen) Gesetzen unterscheidet: Zum einen „Gesetze für die H a n d l u n g e n" und zum anderen Gesetze für die „M a x i m e n der Handlungen" (TL, AA 06:388.32f.). Die ersten – Rechtsgesetze – gehören zur Rechtslehre und die zweiten – Tugendgesetze – zur Tugendlehre. Beide Arten oder Typen von Gesetzen beruhen auf unterschiedlichen Prinzipien und führen zu unterschiedlichen kategorischen Imperativen.

Die Rechtsgesetze und die ihnen entsprechenden Rechtspflichten basieren einzig und allein auf dem allgemeinen Rechtsgesetz bzw. dem kategorischen Rechtsimperativ, der eine äußere Handlung gebietet, bei der die äußere Freiheit

---

102 Die einzelnen Bezeichnungen sind in der Forschungsliteratur ebenso schwankend wie die Frage der Anzahl und des Zusammenhangs der Formeln. Vgl. Paton (1962), S. 152 ff. sowie Schönecker/Wood (2002), S. 125 ff. und Klemme (2017), S. 110 ff.
103 Vgl. Höffe (1995), Kersting (2016) und Baum (2017).
104 Für eine Problemübersicht vgl. Geismann (2010), S. 68 ff.

von jedermann mit der des Handelnden zusammenstimmen kann – und zwar nach einem allgemeinen Gesetz. Hierbei kommt es nur auf die Form der Maxime an und es geht nur um die formale Bedingung, dass die Maxime sich „zu einer allgemeinen Gesetzgebung blos q u a l i f i c i r e n [muss]; welches nur ein negatives Princip (einem Gesetz überhaupt nicht zu widerstreiten) ist" (TL, AA 06:389.8 f.).[105] Ob durch den Begriff *allgemeine Gesetzgebung* mehr impliziert wird als durch den Begriff *allgemeines Gesetz*, nämlich eine gewisse Autonomieforderung, kann und muss an dieser Stelle offen bleiben. Kant jedenfalls macht an der Stelle explizit deutlich, dass die Rechtsgesetze bzw. Rechtspflichten nicht als Gesetze „deines eigenen Willens gedacht" werden müssen (TL, AA 06:389.4). Rechtsgesetze sind einer äußeren Gesetzgebung fähig, können aber auch durch eine innere Gesetzgebung befolgt werden.

Die Tugendgesetze nun und die ihnen entsprechenden Tugendpflichten stehen ebenfalls unter der obigen formalen Bedingung wie die Rechtsgesetze, führen aber eine weitere zusätzliche materiale Bedingung bei sich (vgl. HN, AA 23:391), insofern sie auf dem „Begriff eines Zweckes, der zugleich Pflicht ist" basieren, der ein „Gesetz für die Maximen der Handlungen begründet" (TL, AA 06:389.12 ff.). Der Imperativ lautet hier: „Du sollst dir Dieses oder Jenes (z. B. die Glückseligkeit Anderer) zum Zweck machen" (TL, AA 06:389.16 f.). Solche Imperative wiederum gehen aus dem obersten Prinzip der Tugendlehre hervor. Sie zielen auf Zwecke ab, wobei – wie gesagt – diese Zwecke, die man sich setzen soll, so beschaffen sein müssen, dass sie die formale Bedingung der allgemeinen Rechtmäßigkeit bzw. Gesetzmäßigkeit erfüllen (vgl. dazu V-MS/Vigil, AA 27:543.4 f.). Des Weiteren müssen sie aber auch die materiale Bedingung des allgemeinen Zweckes erfüllen. Was das genau bedeutet, wird im Folgenden zu erörtern sein.

Die Tugendgesetze zielen im Gegensatz zu den Rechtsgesetzen nicht auf eine bestimmte Handlung ab und geben nicht vor, was genau und wie viel zu tun ist, sie eröffnen für die Handlung einen Spielraum. Deswegen diskutiert Kant auch immer wieder – vor allem in den *Vorarbeiten* und den Vorlesungen –, ob es sich bei den Gesetzen für die Maximen der Handlungen (also bei den Tugendgesetzen) im strikten Wortsinne wirklich um Gesetze handelt oder nicht vielmehr um bloße „Anmahnungen" (HN, AA 23:380.10) und generelle (aber nicht universelle) Regeln. Dementsprechend ist auch zu erwägen, ob das Prinzip derselben, nämlich das oberste Prinzip der Tugendlehre, nicht eher „eine Regel und nicht Gesetz"

---

[105] Inwiefern sich die beiden Forderungen nach einem allgemeinen Gesetz und nach einer allgemeinen Gesetzgebung unterscheiden, soll hier nicht weiter thematisiert werden. Es ist aber offensichtlich, dass die Problematik der Unabhängigkeit der Rechtslehre damit zu tun hat.

heißen sollte (V-MS/Vigil, AA 27:542.2). Und in den *Vorarbeiten* heißt es ganz ausdrücklich:

> Das Princip derselben [sc. nämlich der Tugendpflichten] kan nun eigentlich nicht Gesetz heißen; denn es gebietet nicht Handlungen deren Maxime allgemein gesetzgebend seyn kann sondern läßt sie unbestimmt gebietet dagegen die Maxime einer gewissen Art Handlungen. (HN, AA 23:391.21 ff.)

In der *Tugendlehre* sind dann noch Spuren dieser Diskussion erkennbar und es wird durch diese weiten Pflichten auch die Möglichkeit einer gewissen Kasuistik eröffnet, dennoch wird von Kant in der *Tugendlehre* der Begriff des Gesetzes verwendet und das oberste Prinzip der Tugendlehre als kategorischer Imperativ bezeichnet.

Die Gesetze für die Handlungen (Rechtsgesetze) bestimmen die Handlungen exakt und eröffnen keinen Spielraum. Hinsichtlich des Zweckes aber machen sie keine Vorgaben, da es sich lediglich um formale Bedingungen handelt. Dieses reine Rechthandeln und Erfüllen der Handlungspflichten gemäß dem obersten Prinzip der Rechtslehre ist aber *für Menschen* nicht ausreichend, denn es ist dem

> Menschen zu wollen unmöglich, daß das allgemeine Gesetz der Freiheit [...] Statt finde und ausgeübt werde, wenn es dem allgemeinen Zweck der Menschheit entgegen laufen würde. Sein eigener Wille zwingt ihn dazu, alsdann von seiner gesetzmäßigen Freiheit keinen Gebrauch zu machen, indem er sich sonst durch sein eigenes Gesetz der allgemeinen Mithülfe berauben müßte. Er kann also nur dasjenige moralisch wollen, was dem allgemeinen Zweck der Menschen gemäß ist. (V-MS/Vigil, AA 27:541.27 ff.)

Dieser allgemeine Zweck wird durch das oberste Prinzip der Tugendlehre eingeführt und begründet. Die Tugendgesetze erweitern das Feld der Moralität (indem sie zusätzliche Gesetze einführen) und ergänzen die moralischen Vorschriften, die sich aus dem Rechtsprinzip (und der allgemeinen Formel) ergeben. Diese zusätzlichen Gesetze sind Gesetze für die Zwecke von Handlungen – es sind Zwecke, die zugleich Pflicht sind. Diese Gesetze für die Maximen der Handlungen bzw. die Zwecke der Handlungen bestimmen ihrerseits aber die Handlungen nicht, sondern eröffnen einen Spielraum.

Es besteht also ein komplexes und wechselseitiges Bedingungsgefüge zwischen den formalen und den materalen Bedingungen der Imperative: Als oberste und einschränkende Bedingung fungiert die formale Bedingung, wonach sich jede Maxime zum allgemeinen Gesetz (und verschärft: zur allgemeinen Gesetzgebung) qualifizieren muss. Doch diese formale Bedingung allein reicht in der Anwendung auf den Menschen nicht aus und entsprechende Vorschriften würden nicht befolgt werden, wenn sie dem allgemeinen Zweck der Menschheit entgegen laufen würden. Deswegen muss die formale Bedingung um eine materiale ergänzt werden. Diese materiale Bedingung kommt durch das oberste Prinzip der Tugendlehre zum Ausdruck. Somit findet durch die einzelnen (erweiterten) kategorischen Imperative eine Ausdifferenzierung des bereits in der *Grundlegung* Angelegten statt, gleichzeitig sind sie aber auch Ausdruck einer Anwendung der allgemeinen Formel auf den Menschen. In diesem Sinne lässt sich von einer Art ‚Genealogie' der kategorischen Imperative sprechen, an deren Ursprung das oberste Prinzip der Moralität steht, aus welchem sich dann sowohl das oberste Rechtsprinzip als auch das oberste Tugendprinzip und ihre entsprechenden Imperative (in der Anwendung) ausdifferenzieren.

Das oberste Prinzip der Tugendlehre scheint mir eigentümlich unterbelichtet in der Diskussion und wird selbst in dezidierten Stellenkommentaren eher stiefmütterlich behandelt.[106] Durch das oberste Prinzip der Tugendlehre werden ganz bestimmte objektive Zwecke als Pflichten ausgewiesen. Zum Beispiel: Mache dir das allgemeine Recht der Menschheit zum Zweck (= Achtung fürs Recht)! Mache dir den allgemeinen Zweck der Menschheit zum Zweck! Und damit: Mache dir die eigene Vollkommenheit sowie die fremde Glückseligkeit zum Zweck! Wie es zu dieser inhaltlichen Bestimmung der Zwecke kommt, wird noch zu erläutern sein (vgl. TL, AA 06:390). Betrachten wir nun das oberste Tugendprinzip als einen kategorischen Imperativ genauer:

> Das oberste Princip der Tugendlehre ist: handle nach einer Maxime der Z w e c k e, die zu haben für jedermann ein allgemeines Gesetz sein kann. (TL, AA 06:395.15 f.)

Das oberste Prinzip der Tugendlehre als ein kategorischer Imperativ weicht signifikant vom obersten Prinzip der Moralität (vgl. GMS, AA 04:392 und 421) sowie vom allgemeinen Prinzip des Rechts ab (vgl. RL, AA 06:230), die beide auch als kategorische Imperative formuliert werden.

Im Folgenden werden drei Elemente des obersten Prinzips der Tugendlehre genauer untersucht: (1) die „Maxime der Z w e c k e", (2) der Ausdruck „zu haben" und (3) die bekannte Formulierung „allgemeines Gesetz". Diese drei Elemente werden nun im Zusammenhang interpretiert.

(1) Im Unterschied zum obersten Prinzip der Moralität, bei dem ganz allgemein von Maximen die Rede ist, geht es beim obersten Prinzip der Tugendlehre nur um ganz bestimmte Maximen. Eine Maxime der Zwecke ist eine Maxime, „die nichts in Ansehung der Handlungen (der Art und dem Grade nach) bestimmt" (HN, AA 23:391.32 f.). Sie ist ein subjektiver Grundsatz, der einen Zweck der Handlung bestimmt. Diese Maximen entsprechen also Sätzen der Art: ‚Ich mache

---

[106] Vgl. Forkl (2001).

4.7 Einordnung und Interpretation des obersten Prinzips der Tugendlehre — 147

mir Z zum Zweck' oder ‚Ich setze mir Z zum Zweck', wobei Z zunächst ein beliebiger Zweck ist.

Das oberste Prinzip der Tugendlehre besagt nun nicht, dass ich diese Maximen in irgendeiner Hinsicht prüfen soll, sondern es besagt, dass ich (2) das Haben dieser Maximen prüfen soll. Das ist der Sinn des Relativsatzes „die zu haben für jedermann ein allgemeines Gesetz sein kann", wobei sich das Relativpronomen „die" auf „Maximen" und nicht etwa auf „Zwecke" – was rein grammatisch auch möglich wäre – bezieht. Es wird also nicht irgendeine Eigenschaft der Maxime – sei es ihre Form, ihre Materie oder was auch sonst immer – betrachtet und geprüft, sondern im Fokus steht das Haben der Maxime. Man könnte wohl auch sagen: Es geht um das Machen oder Setzen von einem Zweck (Z), und zwar von dem Zweck, der in der Maxime ausgedrückt wird. Das ist ein wesentlicher Unterschied zu den Formulierungen kategorischer Imperative, wie man sie in den Grundlegungsschriften findet. Kant selbst bemerkt dazu auch:

> Daß die Maxime meiner Handlungen [...] zur allgemeinen Gesetzgebung [...] tauglich sey ist nicht mit dem Princip einerley daß diese Maxime zu haben selbst Pflicht sey. (HN, AA 23:392.10 ff.)

Ich prüfe also, ob das Haben einer bestimmten Maxime bzw. das Setzen eines bestimmten Zweckes (3) zum „allgemeinen Gesetz werden kann". Diese vertraute Formulierung nimmt sich im Kontext des obersten Prinzips der Tugendlehre und im Hinblick auf das bisher Gesagte seltsam aus. Denn ich prüfe ja gerade nicht – wie sonst üblich –, ob meine Maxime zum allgemeinen Gesetz taugt, sondern ob das Haben meiner Maxime zum allgemeinen Gesetz werden kann. Das ist ein fundamentaler Unterschied. Im üblichen ersten Fall würde ich prüfen, ob meine Maxime zum allgemeinen Gesetz werden kann und das heißt, ich würde die Form meiner Maxime prüfen. Ich würde meine Maxime verallgemeinern und dann – wie auch immer das im Einzelnen aussehen mag – prüfen, ob sich ein Widerspruch ergibt. Wenn ich nun aber prüfe, ob das Haben meiner Maxime bzw. das Setzen von Zwecken zum allgemeinen Gesetz werden kann, prüfe ich nicht die Form der Maxime. Was aber prüfe ich dann? Ich denke, dass es hier auf den ersten Blick verschiedene Optionen gibt. Ich prüfe, ob:

a) das Haben meiner Maxime bzw. meine Zwecksetzung (Z) damit übereinstimmt, dass jedermann sich diesen Zweck Z setzt; m. a. W.: Kann ich mir widerspruchsfrei vorstellen (*denken*), dass alle sich den Zweck Z setzen?

b) das Haben meiner Maxime bzw. meine Zwecksetzung (Z) damit übereinstimmt, dass jedermann sich diesen Zweck Z setzt; m. a. W.: Kann ich widerspruchsfrei *wollen*, dass alle sich den Zweck Z setzen?

Betrachtet man nun beispielhaft den konkreten Zweck der eigenen Glückseligkeit, dann lautet die zu prüfende Maxime: *Ich setze mir meine eigene Glückseligkeit zum Zweck.* Kann ich widerspruchsfrei denken (Option a) und wollen (Option b), dass jedermann sich diesen Zweck setzt? Und die Antwort ist: Ja. Als Menschen sind wir genau solche Wesen, die sich eigene Glückseligkeit schon immer als Zweck setzen und es wäre absurd und würde der conditio humana zuwiderlaufen, würde man behaupten, solch eine Ordnung wäre unmöglich zu denken oder unmöglich zu wollen. Ich kann mir also sehr wohl eine Gesellschaft bzw. Ordnung denken und auch wollen, in der jedermann sein eigenes Glück erstrebt. Das heißt freilich nicht, dass ich eine Gesellschaft wollen kann, in der jedermann *ausschließlich* und *uneingeschränkt* sein eigenes Glück zum Zweck macht.

Wenn nun also diese Maxime die Prüfung besteht – und weder Option (a) noch Option (b) zu einem Widerspruch führt –, dann können diese Optionen nicht die richtige Interpretationen des Prüfverfahrens sein, denn die Maxime des Zweckes der eigenen Glückseligkeit kann und darf unmöglich die Prüfung bestehen. Denn eigene Glückseligkeit ist mit Sicherheit kein Zweck, der zugleich Pflicht ist. Wenn nun sowohl Option (a) als auch Option (b) nicht den richtigen Schluss liefern, dann muss das Prüfverfahren bezüglich des obersten Prinzips der Tugendlehre anders interpretiert werden. Es kann bei dem allgemeinen Gesetz nicht um die Frage gehen, ob ich mir eine Ordnung vorstellen (denken und wollen) kann, in der (faktisch und empirisch) jedermann genau den Zweck verfolgt, den auch ich verfolge. Mit anderen Worten (und hier komme ich der Auffassung von Brandt (2010) nahe): Allgemeine Gesetzmäßigkeit kann nicht bloße Verallgemeinerbarkeit bedeuten. Doch was dann?

Es scheint mir sinnvoll, den Begriff des allgemeinen Gesetzes im obersten Tugendprinzip als ‚allgemeine Zweckmäßigkeit' bzw. als ‚allgemeinen Zweck' zu interpretieren. Diese auf den ersten Blick vergleichsweise unmotivierte und überraschende Deutung wird m. E. allerdings durch entsprechende Ausführungen Kants in der *Vigilantius*-Nachschrift gestützt. Dort heißt es mit Bezug auf ein materielles Prinzip, welches Kant „das Principium Ethices" nennt, in der Erläuterung zu diesem Prinzip:

> Hier ist also nicht die allgemeine Freiheit, sondern Wille gegen den allgemeinen Willen das Object. Dieser allgemeine Wille besteht in dem allgemeinen Zweck aller Menschen und heißt Liebe gegen andere, das Princip des Wohlwollens zum allgemeinen Zweck der Glückseligkeit. (V-MS/Vigil, AA 27:541.22 ff.)

Damit ergibt sich nun als Alternative zu den fehlgeschlagenen Optionen (a) und (b) folgende Option. Ich prüfe, ob

c) mein Zweck (Z), wenn ihn sich jedermann setzt, mit einer allgemeinen Zweckmäßigkeit (bzw. einem allgemeinen Zweck aller Menschen (Z_a)) übereinstimmt. M. a. W.: Kann ich widerspruchsfrei Z und Z_a zusammen wollen?

Da es hier um Zwecke geht, muss nicht geprüft werden, ob man sie im Zusammenhang *denken*, sondern ob man sie *wollen* kann. Nun hängt bei dieser Interpretation freilich alles daran, was hierbei unter der ‚allgemeinen Zweckmäßigkeit' bzw. dem ‚allgemeinen Zweck aller Menschen' zu verstehen ist. Und weiterhin tut sich die Frage auf, wie man denn feststellen kann, ob zwei Zwecke – nämlich Z und Z_a – übereinstimmen? Was genau heißt in diesem Zusammenhang ‚übereinstimmen'? Zu diesen Fragen gibt wiederum die *Vigilantius*-Nachschrift einige Hinweise:

> In Ansehung der Zweckmäßigkeit d. i. insoweit die moralische Pflicht ihrem Bestimmungsgrunde nach auf Zwecke geht, so ist dies entweder
> a) Zweck der Menschheit in meiner eigenen Person oder
> b) Zweck anderer Menschen
>
> und zu diesen Zwecken sollen also meine Handlungen eine Beziehung, eine *Übereinstimmung* [Hervorhebung UR], haben.
>   Der Zweck der Menschheit in meiner eigenen Person ist meine Vollkommenheit [...] und der Zweck der Menschheit, in Rücksicht anderer Menschen, ist, die Glückseligkeit Anderer zu befördern. (V-MS/Vigil, AA 27:543 f. 30 ff.)

Gemäß Option (c) ist also zu prüfen, ob mein Zweck (Z), wenn ihn sich jedermann setzen würde, mit dem allgemeinen Zweck aller Menschen (Z_A) übereinstimmen kann, wobei die Übereinstimmung mit der eigenen Vollkommenheit und der fremden Glückseligkeit bestehen muss, die in gewissem Sinne in Z_a ‚enthalten' sind. Dieser allgemeine Zweck sollte allerdings nicht als die bloße ‚Summe' der (moralischen) Einzelzwecke aller Akteure aufgefasst werden, sondern gleichsam als der objektive Zweck der reinen praktischen Vernunft selbst. Das, was Kant den allgemeinen Zweck oder auch den allgemeinen Willen nennt, sollte nicht im empirischen Sinne als die ‚Summe' bzw. Gesamtheit aller partikularen Einzelwillen bzw. Einzelzwecke aufgefasst werden, denn dann könnte man quasi durch eine Art Abfrage klären, ob ein bestimmter Zweck mit allen anderen Zwecken bzw. Willen übereinstimmt, doch ein solches Verfahren steht Kant ganz fern. Dies scheint auch der Punkt zu sein, auf den Brandt (2010) hinweist, wenn er sich gegen den Begriff des Verallgemeinerungstests wendet.[107]

---

[107] „Wenn Kants Moralphilosophie mit dem Begriff der Verallgemeinerung rekonstruiert wird,

Zu prüfen wäre vielmehr, ob mein Wille (mein Zweck) sowie der Wille aller anderen (wenn sie sich meinen Zweck setzen) zusammen mit dem allgemeinen Willen bzw. Zweck bestehen kann. Ob also Z von jedermann und Z_A zusammen gewollt werden können. Damit ergibt sich wiederum eine Art Widerspruchsprüfverfahren des Wollens. Insofern es ein Widerspruchsverfahren ist, ist es formal zu nennen, doch insofern es hier auf einen Widerspruch zwischen der Materie Z (in ihrer Verallgemeinerung: für jedermann) und der Materie Z_A hinausläuft, kann man das Prinzip als material bezeichnen. Prüft man nun mit dieser Interpretation die Maxime des Zweckes der eigenen Glückseligkeit: Ich setze mir meine eigene Glückseligkeit zum Zweck, so wird sich ergeben, dass dieser Zweck (wenn ich und wenn jedermann ihn sich setzen würde) nicht mit dem allgemeinen Zweck (Z_A) zusammen bestehen kann, denn Z_A umfasst lediglich meine Vollkommenheit sowie die Glückseligkeit anderer zu befördern. Die eigene Glückseligkeit ist innerhalb des allgemeinen Zweckes nicht ‚enthalten'. Die Übereinstimmungsprüfung würde also auf eine Prüfung des ‚Enthaltenseins' hinauslaufen. Ein solches Ergebnis stimmt auch mit den Erwartungen überein. Das oberste Prinzip der Tugendlehre kann nur bestimmte Maximen der Zwecke und mithin bestimmte Zwecke, die zugleich Pflichten sind, ausweisen.

Der Begriff des allgemeinen Zweckes (Z_A) bleibt allerdings im Œuvre Kants mit vielen Fragen und Problemen behaftet: Sind neben der eigenen Vollkommenheit und der fremden Glückseligkeit noch weitere Zwecke im allgemeinen Zweck ‚enthalten'? Etwa das „Weltbeste als Zweck" (TL, AA 06:473.22), das Kant auch als „Verbindung [...] der allgemeinen Glückseligkeit mit der gesetzmäßigsten Sittlichkeit" charakterisiert (KU, AA 05:453.17 ff.) oder auch der ewige Frieden, den Kant in seiner *Friedensschrift* als ein Beispiel für einen Zweck, der zugleich Pflicht ist, anführt (vgl. ZeF, AA 08:377).[108] Es ist eine offene Frage, ob sowohl das Weltbeste als auch der ewige Frieden eigenständige Zwecke und Pflichten sind, oder ob diese Pflichten sich vollständig in der eigenen Vollkommenheit und fremden Glückseligkeit erschöpfen. Es scheint zumindest mit Blick auf das Weltbeste ausgesprochen schwer zu bestimmen, was über die von der Zwecklehre aufgestellten Zwecke noch hinaus gefordert werden sollte. Dennoch ist die *Verbindung* aus allgemeiner Glückseligkeit und sittlicher Vollkommenheit sicherlich mehr und komplexer als eigene Vollkommenheit und fremde Glückseligkeit in ihrer Vereinzelung betrachtet. Darüber hinaus ist das Konzept einer solchen Verbindung mit einer Reihe von Problemen behaftet, die nicht zuletzt daher

---

geht diese gesetzliche Notwendigkeit und Apriorizität verloren, alles sinkt zurück in den leutseligen Empirismus." (Brandt (2010), S. 95).
108 Ebenso könnte auch der Übergang vom Naturzustand in den bürgerlichen Rechtszustand (vgl. RL, AA 06:307.8 f.) als ein solcher Zweck angesehen werden.

rühren, dass die empirisch bedingte Glückseligkeit mit der gesetzlichen Sittlichkeit als einem reinen Vernunftbegriff verknüpft werden soll. Diese Fragen und Probleme können im Rahmen dieser Interpretation allerdings nur benannt und keiner weiteren Betrachtung unterzogen werden.[109] Des Weiteren ist die genaue Konstitution dieses allgemeinen Zweckes eher unklar: Es wurde bislang nur sehr undeutlich und eher metaphorisch von einem ‚Enthaltensein' bestimmter Zwecke im allgemeinen Zweck gesprochen, doch auch dieses Verhältnis bleibt eher unbestimmt.

Im Hinblick auf die vorgestellte Interpretation des obersten Prinzips der Tugendlehre muss aber auch noch einmal kritisch angemerkt werden, dass Kant das Prinzip – anders als das oberste Prinzip der Moralität in der *Grundlegung* – an keiner Stelle durch Beispiele seiner Anwendung erläutert. Sodass es im Grunde keine direkten Textbelege für die skizzierte Interpretation gibt. Lediglich die angeführten Stellen in der *Vigilantius*-Nachschrift als auch die sachlichen Prüfungen zur Maxime der eigenen Glückseligkeit plausibilisieren die hier vorgestellte Deutung. Im Folgenden wird es darauf ankommen, die Konzeption von Z_a genauer zu verstehen und damit die einzelnen Elemente, nämlich eigene Vollkommenheit und fremde Glückseligkeit, genauer in den Blick zu nehmen.

(Des Weiteren möchte ich noch auf folgendes Problem hinweisen: Insofern sich das oberste Prinzip der Tugendlehre nur auf Maximen der Zwecke bezieht und folglich nur solche Pflichten begründen kann, die auf einen Zweck abzielen, kann dieses Prinzip nicht den gesamten Gegenstand der Tugendlehre (in ihrem weitesten Sinne – vgl. Abschnitt 4.2.1 Option 3) konstituieren. Konkret: Wie sollte das oberste Prinzip der Tugendlehre zum Beispiel die inneren Rechtspflichten – bei denen es gar nicht um Zwecke geht – begründen können? Insofern die inneren Rechtspflichten aber zur Tugendlehre gehören, ergäbe sich der missliche Umstand, dass das sogenannte oberste Prinzip der Tugendlehre gar nicht die gesamte Tugendlehre (im weitesten Sinne) konstituieren kann.)

---

109 Das große Problem, wie Sittlichkeit und Glückseligkeit zusammen kommen können, durchzieht das Werk Kants vom Anfang bis zum Ende. Zu verschiedenen Zeiten hatte Kant dafür auch verschiedene Lösungsansätze: In der vorkritischen Phase der 1770er Jahre, aber auch noch in der *Kritik der reinen Vernunft* firmiert der Begriff einer Idee der allgemeinen Glückseligkeit und die Auffassung, dass sich ein „System der mit der Moralität verbundenen proportionirten Glückseligkeit auch als nothwendig denken" lasse (KrV, AA 3:525.29f.). Vgl. dazu auch die Reflexion R 6958 (HN, AA 19:213). Später entfaltet Kant dann die Lehre vom höchsten Gut, die allerdings in der *Tugendlehre* nicht mehr thematisiert wird. Vgl. dazu auch Düsing (1971) sowie Himmelmann (2003).

4.8 Eigene Vollkommenheit und fremde Glückseligkeit

4.8.1 Hinleitung zu den Zwecken, die zugleich Pflicht sind

Die Antwort auf die Frage: „Welche sind die Zwecke, die zugleich Pflichten sind?" wird unvermittelt und ohne weitere Begründung von Kant gegeben: „Sie sind: Eigene Vollkommenheit – fremde Glückseligkeit" (TL, AA 06:385.31f.). Und damit beginnt dann auch schon die inhaltliche Erläuterung dieser Zwecke. Wie aber kommt Kant auf diese beiden Zwecke? Sind damit schon sämtliche Zwecke, die zugleich Pflichten sind, vollständig erfasst? Meines Erachtens versteht man diese Antwort nur vor dem Hintergrund der kantischen Lehre vom höchsten Gut, die der Philosoph in der *Kritik der praktischen Vernunft* entfaltet, in der *Tugendlehre* aber nicht wieder explizit aufgreift. Der Gedankengang ist wohl der folgende: Die „unbedingte Totalität des Gegenstandes der reinen praktischen Vernunft" bekommt bei Kant den „Namen des **höchsten Guts**" (KpV, AA 05:108.11f.). Dieser Gegenstand bzw. Zweck geht aus der Moral in ihrer Anwendung auf endliche (und damit glücksbedürftige) vernünftige Wesen hervor und besteht in seiner Gesamtheit aus zwei unterschiedlichen, aber miteinander verbundenen Elementen, nämlich der Tugend (als der obersten Bedingung und dem obersten Gut) und der Glückseligkeit, die das höchste Gut komplettiert. Erst Tugend bzw. Sittlichkeit und eine ihr entsprechende Glückseligkeit zusammen machen den „Besitz des höchsten Gutes in einer Person" in der Welt aus (KpV, AA 05:110.32). Und es besteht nun nach Kant eine „Pflicht, das höchste Gut nach unserem größten Vermögen wirklich zu machen" (KpV, AA 05:144.33f.). Wie Kant diese Pflicht im Einzelnen herleitet und begründet, ist Gegenstand der vorangegangenen Abschnitte gewesen und muss uns hier nicht weiter interessieren. Es ist aber plausibel anzunehmen, dass diese Pflicht sich nun *konkret* – gemäß den beiden Elementen des höchsten Guts – in zwei obersten Pflichten niederschlägt, die „mir zugleich einen Zweck nothwendig machen" (HN, AA 23:406.2f.), nämlich der Pflicht zur Verwirklichung der Tugend bzw. Sittlichkeit und der Pflicht zur Hervorbringung der Glückseligkeit. Wenn man nun noch die Unterscheidung zwischen Zwecken „in uns" und „außer uns" in Geltung bringt (vgl. HN, AA 23:391), dann ergibt sich: „In uns kan kein Zweck uns zur Pflicht gemacht werden, als das was Mittel ist zu Zwecken wozu es Pflicht ist zusammen zu stimmen, (eigene Vollkommenheit) außer uns aber [fremde] Glükseelichkeit" (HN, AA 23:391.12ff). Wohingegen fremde Vollkommenheit und eigene Glückseligkeit als (unmittelbare) Pflichten nicht in Frage kommen, denn das Entscheidende an der Vollkommenheit liegt in der Fähigkeit, *sich selbst* Zwecke zu setzen (im Sinne einer *Selbst*-Tätigkeit), so dass dies von einem anderen gerade nicht übernommen werden kann. Damit kann die Pflicht nur in der *eigenen* Vollkommenheit liegen, nicht aber in der Vollkommenheit eines anderen. Anders verhält es sich mit der eigenen Glückseligkeit. Diese zu sichern, ist zwar nach Auskunft der *Grundlegung* eine indirekte Pflicht, da meine eigene Unzufriedenheit stets eine „Versuchung zur Übertretung der Pflichten" bedeutet (GMS, AA 04:399.6). Sie kann aber nicht zu einer direkten Pflicht gemacht werden, weil Pflicht nur das sein kann, wozu eine Nötigung besteht, weil wir es nur ungerne tun. Das ist aber gerade mit Blick auf die eigene Glückseligkeit nicht der Fall. Deswegen bleibt als Pflicht nur die *fremde* Glückseligkeit. Folgt man dieser Argumentation, so bleiben aus dem Ganzen des höchsten Gutes nur noch eigene Vollkommenheit und fremde Glückseligkeit als Zwecke, die zugleich Pflicht sind, übrig. Graphisch lassen sich die Zusammenhänge wie folgt veranschaulichen:

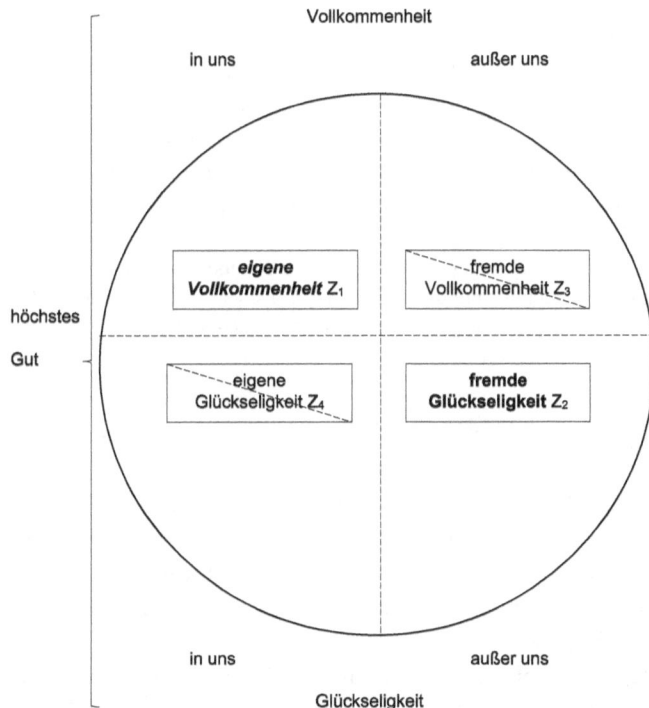

Abb. 12: Lehrstück vom höchsten Gut

Neben der im Hintergrund stehenden Lehre vom höchsten Gut ist auch der Hinweis wichtig, dass die gesamte Moralphilosophie vor Kant – seiner eigenen Darstellung gemäß – prinzipiell nur zwei Arten der Grundlegung kannte: Zum einen die Glückseligkeitslehre (z. B. Epikur und Hutcheson) und zum anderen die auf dem Begriff der Vollkommenheit basierende Begründung (z. B. die Stoa, Wolff, aber auch Crusius) (vgl. KpV, AA 05:40). Beide Begründungsmodelle werden von Kant als heteronom zurückgewiesen und durch seine eigene autonome Konzeption ersetzt. Dennoch ist Kant der Auffassung, dass beide traditionellen Konzeptionen nicht vollständige Irrtümer darstellen, sondern durchaus richtige Aspekte enthalten, die er dann gleichsam durch die moralische Zwecklehre in seine eigene Konzeption integriert (vgl. Abschnitt 1.2.2). Es ist nun zu klären, was konkret eigene Vollkommenheit und fremde Glückseligkeit bedeuten und in welchem Verhältnis sie zueinander stehen.

4.8.2 Eigene Vollkommenheit

Der Begriff *Vollkommenheit* wird von Kant mehrfach in sehr unterschiedlichen Kontexten diskutiert und problematisiert.[110] Kants Auseinandersetzung mit diesem Begriff steht in Zusammenhang mit einem intensiven Begriffsdiskurs mit Bezügen zu Leibniz, Wolff, Baumgarten, Crusius u.v.a.[111] Die überragende Bedeutung des Begriffes der Vollkommenheit in der Schulmetaphysik zu Zeiten Kants soll hier nur exemplarisch an einer Aussage Wolffs illustriert werden:

> Ich habe das ganze Naturrecht und in der Folge davon alle Tugend aus dem Begriff der Vollkommenheit abgeleitet, zusammen mit der natürlichen Verpflichtung. So ist der Begriff der Vollkommenheit die Quelle meiner gesamten praktischen Philosophie. (Wolff ap. Hoffmann (2001), S. 1124f.)

Vor diesem Hintergrund ist es naheliegend, dass sich auch Kant in seiner Philosophie intensiv mit diesem Begriff auseinandersetzt. Die folgenden Überlegungen konzentrieren sich auf die *Tugendlehre* und beziehen sich hauptsächlich auf Kants Ausführungen zur eigenen Vollkommenheit in der *Einleitung* sowie in den §§ 19–21 der *Ethischen Elementarlehre*. Fasst man Kants strukturelle Unterscheidungen in diesen Textstellen zusammen, kann man eine schematische Übersicht rekonstruieren, wie sie Abb. 13 zeigt.

Kant stellt den Begriff der eigenen Vollkommenheit in den Kontext einer „Teleologie" (TL, AA 06:386.22) und thematisiert ihn mit Bezug auf den Menschen als „Wirkung von seiner That" (TL, AA 06:386.33). Eigene Vollkommenheit wird also nicht als etwas von Natur Gegebenes aufgefasst, sondern als etwas, das sich aus der freien Tätigkeit des Menschen ergibt und als eigentätige Vervollkommnung bezeichnet werden kann. Nur in diesem Sinne kann auch

---

110 Vgl. BDG, AA 02:90, GMS, AA 04:441ff., KpV, AA 05:41 sowie Log, AA 09:36f.
111 Vgl. Kreimendahl/Oberhausen (2011), S. 168ff.

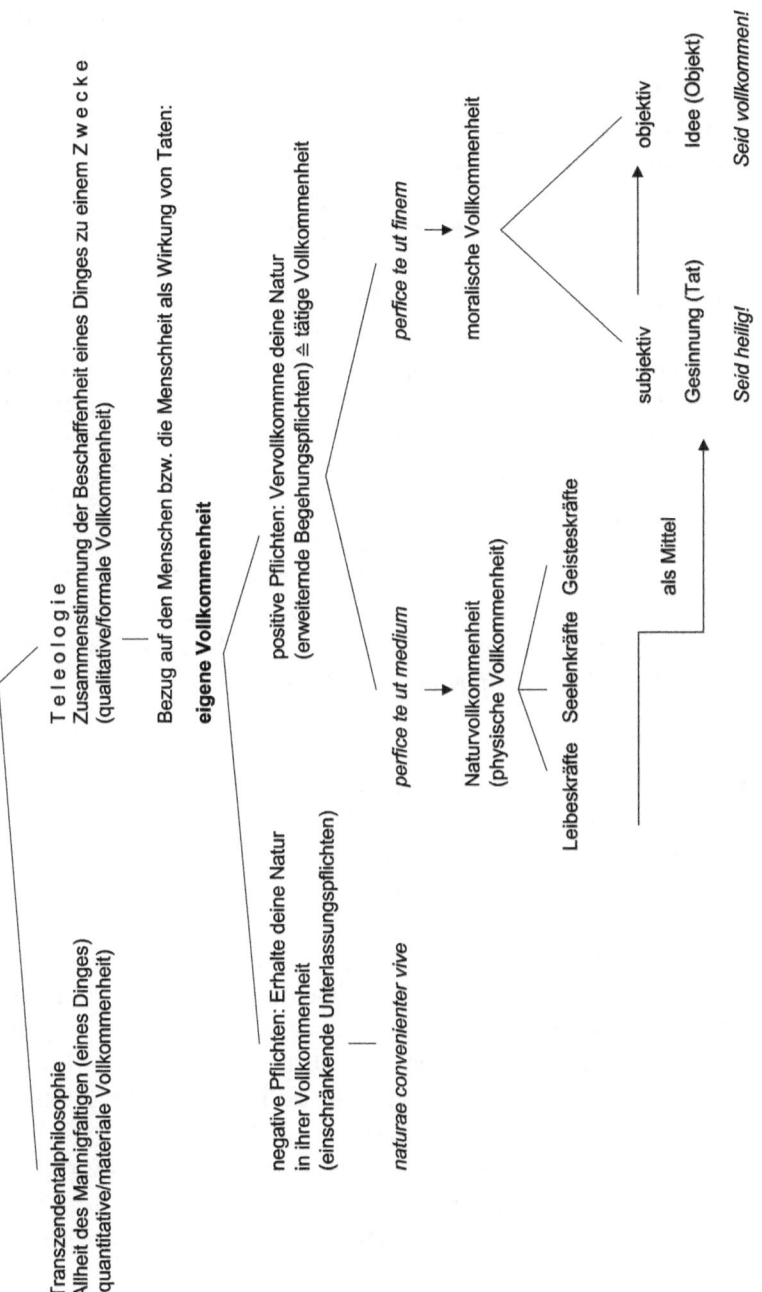

Abb. 13: Einteilung der Vollkommenheit

sinnvoll von einer (positiven) Pflicht bzw. von einem Zweck, der zugleich Pflicht ist, gesprochen werden. Kant verknüpft diese Pflicht mit den lateinischen Imperativen: *perfice te ut medium* und *perfice te ut finem* (TL, AA 06:419.35f.), die auch so bei Baumgarten zu finden sind.[112]

Er spricht allerdings auch von der „Erhaltung seiner [sc. der menschlichen] Natur in ihrer Vollkommenheit" (TL, AA 06:41927f.), womit er offensichtlich anthropologische Naturgegebenheiten meint und diese auch konkreter bestimmt als „Erhaltung seiner selbst", „Erhaltung der Art" sowie „Erhaltung seines Vermögens zum [...] Lebensgenuß" (TL, AA 06:420.5ff.). Im Hinblick auf diese von Natur aus gegebenen Vollkommenheiten bestehen nach Kant negative Pflichten der Erhaltung gemäß der stoischen (aber auch bei Baumgarten zu findenden) Devise: *naturae convenienter vive*. Diese Pflichten spielen in den nachfolgenden Überlegungen keine Rolle, tauchen aber bei der Gliederung und der inhaltlichen Erörterung der *Ethischen Elementarlehre* wieder auf (vgl. Abschnitt 5.1).

Der Zweck der eigenen Vollkommenheit besteht in der eigenen tätigen Vervollkommnung des Menschen (vgl. TL, AA 06:419) in zweierlei Hinsicht: zum einen in der „Entwicklung und Vermehrung seiner **Naturvollkommenheit**, d. i. in pragmatischer Absicht" (TL, AA 06:444.14ff.) und zum anderen in der „Erhöhung seiner **moralischen** Vollkommenheit, d. i. in blos sittlicher Absicht" (TL, AA 06:446.10f.).

4.8.2.1 Eigene physische Vollkommenheit oder Naturvollkommenheit

Der physischen Vervollkommnung als Aufgabe und Pflicht korrespondiert der lateinische Grundsatz: *perfice te ut medium* (= Vervollkommne dich als Mittel). Kant differenziert hier weiter und thematisiert die Kultivierung der Geisteskräfte (z.B. die Befähigung zur Mathematik, Logik und Metaphysik der Natur), Seelenkräfte (z.B. Gedächtnis und Einbildungskraft) und Leibeskräfte des Menschen (vgl. TL, AA 06:445). Die zentrale Forderung lautet: „Der Anbau (*cultura*) seiner Naturkräfte (Geistes-, Seelen- und Leibeskräfte) als Mittel zu allerlei möglichen Zwecken ist Pflicht des Menschen gegen sich selbst" (TL, AA 06:444.18ff.). Bei dem Versuch, diese allgemeine Forderung weiter zu konkretisieren, lassen sich folgende Imperative finden bzw. rekonstruieren:

(1) „Baue deine Gemüths- und Leibeskräfte zur Tauglichkeit für alle Zwecke an, die dir aufstoßen können" (TL, AA 06:392.17ff.),

(2) Arbeite dich aus der Rohigkeit deiner Natur, von der Tierheit zur Menschheit empor (vgl. TL, AA 06:387),

---

[112] Vgl. Baumgarten: *Initia philosophiae practicae primae* (1760), § 43.

(3) Ergänze deine Unwissenheit durch Belehrung (vgl. TL, AA 06:387),
(4) Verbessere deine Irrtümer (vgl. TL, AA 06:387),
(5) Belebe das Tier am Menschen beständig (vgl. TL, AA 06:445),
(6) Habe eine gesunde Seele in einem gesunden Körper (vgl. HN, AA 23:399),
(7) Sei ein der Welt nützliches Glied (vgl. TL, AA 06:446).

Diese und weitere Imperative ließen sich auch unter die allgemeinere Forderung: Sei dem Zweck deines Daseins ein angemessener Mensch subsumieren (vgl. TL, AA 06:445). Womit sich eine sogenannte Angemessenheitstheorie der Vollkommenheit bei Kant im Gegensatz zu perfektionistischen Theorien der Selbstoptimierung als sinnvoller Interpretationsansatz gewinnen lässt (vgl. Betzler (2019)).

Obwohl Kant diese Forderungen explizit erhebt und behauptet, es handle sich um Pflichten gegen sich selbst, findet man kaum Erläuterungen oder gar Begründungen dafür. Eine der ganz wenigen Stellen, an denen der Ansatz einer Begründung sichtbar wird, lautet: Der Mensch soll ein der Welt nützliches Glied sein, „weil dieses auch zum Werth der Menschheit in seiner eigenen Person gehört, die er also nicht abwürdigen soll" (TL, AA 06:446.2f.). Diese Begründung muss allerdings mit einem großen Fragezeichen versehen werden. Besteht denn – nicht zuletzt nach Kants eigener Auffassung – der absolute Wert und die Würde des Menschen bzw. der Menschheit tatsächlich darin, dass er seine Naturkräfte kultiviert und zu einem nützlichen Glied der menschlichen Gemeinschaft wird? Hatte Kant in der *Grundlegung* nicht die Würde des Menschen bzw. der Menschheit in seiner eigenen Person *allein* in der Moralität bzw. Sittlichkeit, mithin also der sittlichen Vervollkommnung, nicht aber der physischen Vervollkommnung gesehen (vgl. GMS, AA 04:435)? Wie kann letztere in irgendeiner Weise Einfluss auf die menschliche Würde bekommen? Oder umgekehrt gefragt: Wie kann die menschliche Würde gefährdet werden, wenn die physische Vervollkommnung nicht beachtet wird?

Die physische Vollkommenheit bzw. Naturvollkommenheit muss im Dienste der ‚eigentlichen' Vollkommenheit, nämlich der moralischen Vollkommenheit begriffen werden. Die physische Vervollkommnung des Menschen ist stets nur ein Mittel und kein Endzweck. Der Endzweck – auf den die Naturvervollkommnung hinwirken soll – besteht in der moralischen Vervollkommnung bzw. Vollkommenheit. Somit steht die Naturvervollkommnung im Dienste der moralischen Vervollkommnung, die nun näher zu betrachten ist.[113]

---

[113] Für vertiefende Überlegungen zur Kultivierung der Naturvollkommenheit vgl. Klingner (2013).

4.8.2.2 Eigene moralische Vollkommenheit

Die moralische Vollkommenheit als der Endzweck der eigenen Vervollkommnung korrespondiert dem lateinischen Grundsatz *perfice te ut finem* (= Vervollkommne dich als Zielpunkt/Endzweck!) und besteht in zweierlei Hinsicht: „subjectiv in der Lauterkeit (*puritas moralis*) der Pflichtgesinnung" und „objectiv in Ansehung des ganzen moralischen Zwecks, der d i e Vollkommenheit [...] betrifft" in der „Erreichung der Vollständigkeit des moralischen Zwecks in Ansehung seiner selbst". Die erste Pflicht fasst Kant in der Formel „Seid heilig", die zweite in der Formel „seid vollkommen" zusammen (TL, AA 06:446.13 ff.). Was ist damit genau gemeint?

Hinter der Aufforderung „Seid heilig" steckt die bereits in der *Grundlegung* erhobene Forderung, jegliche Beimischung sinnlicher Motive und Antriebe durch Vernunft zu überwinden und sich das ethische Gebot: *Handle pflichtgemäß aus Pflicht* zu eigen zu machen (vgl. TL, AA 06:391). Das moralische Gesetz soll die Richtschnur (*principium diiudicationis*) und die hinreichende Triebfeder der Handlung (*principium executionis*) sein. Um dies zu erreichen, ist eine Kultivierung der moralischen Anlagen im Menschen Pflicht. Diese sind das „m o r a l i s c h e G e f ü h l, das G e w i s s e n, die L i e b e des Nächsten und die A c h t u n g für sich selbst (S e l b s t s c h ä t z u n g)". Es besteht keine Pflicht, diese Anlagen zu haben oder zu erwerben, denn ein „jeder Mensch (als moralisches Wesen) hat sie ursprünglich in sich" und sie bilden die Voraussetzungen bzw. die subjektiven „Bedingungen der Empfänglichkeit für den Pflichtbegriff" (TL, AA 06:399.6 ff.). Es besteht allerdings eine Pflicht, diese Anlagen zu kultivieren und das ist ein wichtiger Aspekt der (subjektseitigen) moralischen Vervollkommnung auf dem Wege zur reinen Pflichtgesinnung.

Das „e r s t e [...] G e b o t a l l e r P f l i c h t e n g e g e n s i c h s e l b s t [...]: E r k e n n e (erforsche, ergründe) dich selbst" (TL, AA 6:441.2ff.) als vorausgehender und notwendiger Akt der moralischen Selbsterkenntnis stellt dabei eine wichtige Voraussetzung für die Kultivierung der moralischen Anlagen und damit der moralischen Vervollkommnung dar. Auch hier besteht gleichsam eine Kultivierungspflicht im Hinblick auf die moralische Selbsterkenntnis.

Neben der Kultivierung der moralischen Naturanlagen einschließlich seiner Fähigkeit zur Selbsterkenntnis hebt Kant auch – die an der stoischen Ethik orientierte – Selbstbeherrschung und Selbstgenügsamkeit hervor. Zur inneren Freiheit und damit zur Tugendausübung werden zwei Stücke erfordert: „seiner selbst in einem gegebenen Fall M e i s t e r (*aniums sui compos*) und über sich selbst H e r r zu sein (*imperium in semetipsum*)" (TL, AA 06:407.19 ff.). Kant expliziert diese Fähigkeiten so, dass es darauf ankomme, seine Affekte zu zähmen und seine Leidenschaften zu beherrschen (vgl. TL, AA 06:407). Er spricht in diesem Zusammenhang von einer „Pflicht der A p a t h i e" (TL, AA 06:408.20), wobei er damit keineswegs Gleichgültigkeit und Indifferenz meint, sondern moralische Apathie als die Fähigkeit bestimmt, sich nicht von Gefühlen und Emotionen überwältigen und bestimmen zu lassen. Kant unterscheidet hierbei eine negative Pflicht bzw. das Verbot, sich nicht von Gefühlen und Neigungen beherrschen zu lassen, von einer positiven Pflicht bzw. dem bejahenden Gebot, alle seine Fähigkeiten und Neigungen unter die Gewalt der Vernunft zu bringen (vgl. TL, AA 06:408). Förderlich für die Ausbildung dieser Fähigkeiten sind ihm stoische Grundsätze der festen Entschlossenheit, der Anspruchslosigkeit u. a. (vgl. V-MS/Vigil, AA 27:652ff.).[114] Kant spricht in diesem Zusammenhang sogar von einer „Pflicht, entbehren zu können", freilich „auf die Grenzen eingeschränkt [...], über welche die Befriedigung der Neigung ein Hinderniß der Tugend und Pflichterfüllung werden würde" (V-MS/Vigil, AA 27:653.17 ff.).

Die Frage bleibt, wie diese verschiedenen Pflichten – die Selbsterkenntnispflicht, die Kultivierungspflichten sowie die Selbstbeherrschungspflichten – genau zu verorten sind: Sind dies eigenständige Tugendpflichten und unter die Pflicht zur eigenen moralischen Vollkommenheit subsumierbar? Oder handelt es sich um Pflichten und Grundsätze, die eher Voraussetzungen und Bedingungen für die Pflichterfüllung darstellen und somit nicht ohne Weiteres unter die Tugendpflicht zur eigenen moralischen Vollkommenheit subsumierbar sind? Die Ambivalenz dieser Pflichten besteht darin, dass sie einerseits Bedingungen und Voraussetzungen für menschliche Moralität überhaupt ausmachen, aber auch schon selbst integrale Bestandteile eines moralischen menschlichen Lebens darstellen. Fasst man die Pflicht zur eigenen moralischen Selbstvervollkommnung (subjektiv betrachtet) eng als reine Pflichtgesinnung (als Idee), dann sind weder moralische Selbsterkenntnis noch Selbstbeherrschung und Selbstkultivierung hinreichende Fähigkeiten zu diesem Ziel. Ihre tätige Umsetzung und Kultivierung sind gleichwohl subjektive Voraussetzungen und Zugänge zur Erfüllung einer pflichtgemäßen Handlung aus Pflicht, die aber der menschliche Akteur aus seiner eigenen Sicht heraus niemals mit völliger Gewissheit erreichen kann. Damit geht aber recht gut die Charakterisierung Kants zusammen, dass die Pflicht zur eigenen moralischen Vervollkommnung ihrer Qualität nach eng und vollkommen, dem Grade nach aber weit und unvollkommen ist (vgl. TL, AA 06:446). Somit scheint es gerechtfertigt, eigene moralische Vollkommenheit in subjektiver Hinsicht mit Hinblick auf diese Pflichten auszubuchstabieren.

---

114 Explizite stoische Grundsätze, die sich bei Kant finden lassen, sind unter anderem: *sustine et abstine* (SF, AA 07:100, V-MS/Vigil, AA 27:655), *naturae convenienter vive* (TL, AA 06:419), die Aufforderung seine Zufriedenheit nicht von Dingen abhängig zu machen, die nicht in unserer Gewalt stehen (Schicksal und Glück): *Spes et fortuna valete* (HN, AA 23:400.22) sowie *fata volentem ducunt, nolentem trahunt* (TP, AA 08:313.14).

Weit schwieriger ist ein Verständnis der Formel „seid vollkommen" zu gewinnen, die Kant objektiv auf den moralischen Zweck (als Gegenstand der Vernunft) bezieht. Was ist hiermit gemeint? Inwiefern geht die Forderung „seid vollkommen" über das ethische Gebot *Handle pflichtgemäß aus Pflicht* hinaus? Sie beinhaltet im eigentlichen Sinne die Aufforderung zur moralischen Zwecksetzung und noch genauer die „Erreichung der Vollständigkeit des moralischen Zwecks in Ansehung seiner selbst" (TL, AA 06:446.19 f.). Darin liegt für Kant die eigentliche Vollkommenheit; womit sich auch die Formel „seid vollkommen" erklären lässt, die Kant offensichtlich nicht auf den (subjektiven) Gesinnungsaspekt bezogen wissen will. Vielmehr geht es um eine mit der objektiven Zwecksetzung verbundene Stärkung des Willens zur Befolgung der Pflichten. Dies ist so zu verstehen, dass man „jeden besonderen Zweck, der zugleich Pflicht ist, sich zum Gegenstande" machen *soll* (TL, AA 06:387.22). Das aber sind gerade die in der moralischen Zwecklehre genannten und zu erläuternden Zwecke der (1) eigenen Vollkommenheit, der (2) fremden Glückseligkeit und – nimmt man noch andere Schriften Kants hinzu – auch der (3) Übergang vom Naturzustand in den bürgerlichen Rechtszustand (vgl. „Postulat des öffentlichen Rechts" (RL, AA 06:307.8 f. sowie 312 f.)) und schließlich der (4) ewige Frieden (vgl. ZeF, AA 08:377 und RL, AA 06:350 sowie SF, AA 07:91) sowie das (5) Weltbeste (vgl. Päd, AA 09:499). Diese Liste ließe sich wohl noch verlängern und mit Bezug auf die einzelnen Zwecke konkreter ausdifferenzieren, sodass eine (quantitative) *Vollständigkeit* aller (Teil-) Zwecke für Menschen nie zu verwirklichen sein dürfte. In diesem Sinne wird auch der Gebrauch des sonst nur in Kants theoretischer Philosophie geläufigen Begriffes der ‚Vollständigkeit' einsichtig.

Im Sinne einer Bündelung aller Zwecke bzw. Zielpunkte läuft es auf die bei Kant hervortretende Trias von „unserem Selbst", den „Andern" und dem „Weltbesten" hinaus (Päd, AA 06:499.21 ff.). Wobei sich das „Weltbeste" als die „Verbindung des größten Wohls der vernünftigen Weltwesen mit der höchsten Bedingung des Guten an denselben, d. i. der allgemeinen Glückseligkeit mit der gesetzmäßigsten Sittlichkeit" (KU, AA 05:453.17 ff.), auf die anderen beiden Zwecke zurückführen ließe. In diesem Sinne ließen sich die anzustrebenden Weltzustände einer bürgerlichen Verfassung und eines ewigen Friedens als gleichsam untergeordnete Zwecke unter den Zweck der Beförderung fremder Glückseligkeit subsumieren, wobei diese Zustände auch zu meiner eigenen moralischen Vervollkommnung beitragen mögen bzw. diese befördern können. In diesem Zusammenhang erwähnenswert ist die zumindest in der *Vigilantius*-Nachschrift mehrfach hervortretende Tendenz (vgl. V-MS/Vigil, AA 27:543 f.), die eigene Vollkommenheit (im Allgemeinen auch) als Mittel in den Dienst der fremden Glückseligkeit zu stellen: „daß wir eigene Vollkommenheit zur Glückseligkeit anderer suchen" (V-S/Vigil, AA 27:652.1 f.). Dies könnte auch so verstanden werden, dass es zu meiner moralischen Vervollkommnung gehört, mir unter anderem die fremde Glückseligkeit zum Zweck zu setzen. So dass die eigene moralische Vollkommenheit zumindest zum Teil (auch) als Mittel dazu dient, fremde Glückseligkeit zu befördern. Damit würde der Zweck der Beförderung fremder Glückseligkeit im besonderen Maße exponiert. Während umgekehrt die eigene Vollkommenheit nicht unter die fremde Glückseligkeit subsumierbar scheint. Wie immer es sich im Einzelnen mit dem Verhältnis zwischen den einzelnen Zwecken, die zugleich Pflicht sind, auch verhalten mag, fest steht, dass Kant die eigene moralische Vervollkommnung in objektiver Hinsicht nicht nur als Kultivierung einer (subjektiven) Zwecksetzungskompetenz begreift, sondern als eine Pflicht, die darauf gerichtet ist, die gesetzten Zwecke zu bewirken, hervorzubringen und zu erreichen. Eine solche Interpretation der moralischen Zwecklehre Kants und insbesondere des Zwecks der eigenen Vollkommenheit bedeutet auch, Kants Ethik im Ganzen von dem oft unterstellen Quietismus oder dem Etikett einer rein innerlichen Gesinnungsethik zu emanzipieren. Mit Blick auf die moralische Zwecklehre ist es nicht mehr möglich, Kant eine reine Innerlichkeit und Passivität zu unterstellen, denn es wird ja gerade die aktive Handlung zur Pflicht und damit verbunden die Setzung bestimmter Zwecke gefordert.

Zusammenfassend lässt sich die Forderung nach eigener moralischer Vervollkommnung wie folgt konkretisieren:
(1) eigene moralische Selbsterkenntnis,
(2) Kultivierung der moralischen Anlagen im Menschen: moralisches Gefühl, Gewissen, Nächstenliebe sowie Selbstschätzung,
(3) Selbstbeherrschung und Selbstgenügsamkeit,
(4) moralische Zwecksetzung (zur Willensstärkung): eigene Vollkommenheit und fremde Glückseligkeit verbunden im Weltbesten.

Interpretatorische Ergänzung: Die Pflicht zur eigenen moralischen Vervollkommnung wird qualitativ betrachtet als eine enge und vollkommene Pflicht aufgefasst, quantitativ betrachtet aber als eine zugleich weite und unvollkommene Pflicht. Wie ist das zu verstehen? Die Pflicht zur „**Erhöhung seiner moralischen Vollkommenheit**" (TL, AA 06:446.10f.) umfasst zwei (objektive) Dimensionen: Zum einen die rein formale Dimension des moralischen Gesetzes. Ich soll aus Pflicht handeln und das heißt, ich soll allein das Gesetz zur Triebfeder (zum Motiv) meines Handelns machen. Ein Mehr oder Minder im Sinne eines Spielraums ist hierbei nicht denkbar: Entweder ich handele aus Pflicht oder eben nicht. Dieser Dimension weist Kant das Gebot zu: *Seid heilig!* Die zweite Dimension der Pflicht zur Erhöhung der moralischen Vollkommenheit besteht in der Hinwendung zum ganzen moralischen Zweck. Das heißt: Ich soll mir einen objektiven moralischen Zweck setzen. Diese Dimension ist nicht rein formal, sondern beinhaltet auch eine materiale (aber objektive) Komponente. Dieser Dimension weist Kant das Gebot zu: *Seid vollkommen!* Auch hier scheint es keinen Spielraum zu geben: Entweder ich setze mir den Zweck oder eben nicht. Beide Dimensionen zusammen bestimmen einen objektiven Zielpunkt. Im Hinblick auf diesen Zielpunkt ist die Pflicht eng und vollkommen, das heißt, es gibt keinen Spielraum. Man könnte dies gleichsam metaphorisch mit dem Ursprungspunkt bzw. (hier) Zielpunkt eines zwei-dimensionalen Koordinatensystems vergleichen. Dieser Zielpunkt ist gleichsam exakt fixiert und als Orientierungspunkt unverrückbar. Eine Pflicht, die sich danach ausrichtet, gestattet dann auch keine Spielräume. Der Ziel- und Orientierungspunkt ist das Objekt und in Bezug auf das Objekt gibt es keinen Spielraum.

Nun geht es aber nicht um die moralische Vollkommenheit an sich, sondern um die Erhöhung der moralischen Vollkommenheit mit Bezug auf die menschliche Natur. Es geht gleichsam um die Anwendung (der moralischen Vollkommenheit an sich) auf ein bestimmtes Subjekt, nämlich die menschliche Natur. Und damit kommt – unter anderem durch die „Gebrechlichkeit (*fragilitas*) der menschlichen Natur" (ebd. 446.27) – ein subjektives Element hinein, von dem man natürlich nur aus Erfahrung wissen kann. Gebrechlichkeit bezeichnet bei Kant die menschliche Schwäche, trotz guter Maximen und der Absicht der Pflichtbefolgung durch Neigungen und andere hindernde Größen vom Gesetz (und vom moralischen Zweck) *abzuweichen*. Diese Faktoren, die das Subjekt zur Abweichung vom moralischen Gesetz und vom moralischen Zweck veranlassen, können sehr vielfältig sein. Sie können im Subjekt, aber auch außerhalb des Subjektes liegen: Es können bestimmte Zustände oder Umstände sein, die den Menschen beeinflussen.

Betrachtet man nun also die Pflicht zur Erhöhung der moralischen Vollkommenheit unter diesen subjektiven Bedingungen, dann wird deutlich, dass es subjektiv um die „Lauterkeit (*puritas moralis*) der Pflichtgesinnung" (ebd. 446.13) geht und um das Hinstreben zu einem (objektiven) Ziel, das subjektiv betrachtet ganz unterschiedlich 'weit' entfernt ist. Im Grunde genommen ist es für die menschliche Natur ‚unendlich' weit, da das empirische Subjekt gar nicht auf der Ebene des apriorischen ‚Gitternetzes' liegt. Doch diese unendliche Distanz ist subjektiv betrachtet sehr unterschiedlich und deshalb kann gesagt werden, dass diese Pflicht ihrem Grade (wie viel) nach eine „weite und unvollkommene Pflicht" ist (ebd. 446.26) und somit einen Spielraum lässt. Dieser Spielraum besteht hinsichtlich der Quantität, aber eben nicht hinsichtlich der Qualität der Pflicht.

Um im Bild des Koordinatensystems zu bleiben, könnte man sagen, dass durch die Anwendung des Koordinatensystems (als Orientierungssystem) – wie ein Gitternetz auf die Erde – nun auf einmal etwas Empirisches hineinkommt. Und genauso wie es beim tatsächlichen Messen immer einen Messfehler gibt (trotz der

Exaktheit des Gitternetzes), so kann das Wieviel der Pflicht zur moralischen Vollkommenheit in Bezug auf das menschliche Subjekt nicht exakt angegeben werden. Es kann keine Handlung exakt vorgeschrieben werden, die dazu führt, dass sich das Subjekt dem Koordinatenursprung (obgleich dieser präzise vorgegeben ist) annähert, weil die subjektiven Bedingungen sehr unterschiedlich sind. Mit anderen Worten: Der innere Kompass zeigt zwar immer auf denselben Punkt, aber wie ich dorthin komme, muss mir selbst überlassen bleiben. Das Gesetz und der moralische Zweck können dies an sich nicht vorgeben. Mal muss ich nach Norden, ein andermal nach Süden gehen, um mich dem Zielpunkt zu nähern. Das sind zwar nur Metaphern, aber immerhin ermöglichen sie eine Interpretation von Kants nicht einfach zu verstehender Behauptung, dass die Pflicht zur moralischen Vollkommenheit einerseits (objektiv) eng und andererseits (subjektiv bzw. quantitativ) weit sei. Diese Interpretation macht aber auch deutlich, wie wichtig die Erfassung der Anwendung der Pflicht (besser des Gesetzes) auf die menschliche Natur ist, um zu einem angemessenen Textverständnis zu gelangen.

4.8.2.3 Anzeichen für Inkongruenzen

In Zusammenhang mit der Pflicht zur eigenen Vervollkommnung ergeben sich vor allem mit Blick auf die geschichtsphilosophischen Schriften Kants einige interpretatorische Probleme. Mit Bezug auf entsprechende Textbefunde wäre es wohl zu scharf, von Inkonsistenzen oder gar von Widersprüchen zu sprechen, aber der Begriff der Inkongruenz scheint mir angemessen. Insgesamt sollen hier fünf Inkongruenzen benannt werden:

1) Sowohl für die Entwicklung des Individuums, die Herausbildung des Staates und auch einer Weltgemeinschaft spielen natürliche Antagonismen eine entscheidende Rolle. Ihren natürlichen Ausdruck finden diese Antagonismen in den Phänomenen der Konkurrenz und des Krieges. Kant spricht vor allem in seinen geschichtsphilosophischen Schriften von der „Vorsehung" als einer „auf den objectiven Endzweck des menschlichen Geschlechts gerichteten und diesen Weltlauf prädeterminierenden Ursache" (ZeF, AA 08:361.3f.). Und auf die Frage, wovon die menschliche Vervollkommnung abhänge, gibt er die Antwort:

> nicht sowohl davon [...], was w i r thun (z. B. von der Erziehung, die wir der jüngeren Welt geben), und nach welcher Methode w i r verfahren sollen, um es zu bewirken; sondern von dem, was die menschliche N a t u r in und mit uns thun wird. (TP, AA 08:310.16 ff.)

Wenn aber – so die zugespitzte Frage an den Text – die Vorsehung bereits notwendigerweise den natürlichen Weltenmechanismus so eingerichtet hat, dass es zu einem Fortschritt und einer Vervollkommnung des menschlichen Geschlechtes kommt, wie kann dann noch davon die Rede sein, sich als frei handelndes Wesen die menschliche Vervollkommnung zur Pflicht zu machen? Pflicht kann doch nur etwas sein, das nicht schon in einer Art Naturmechanismus angelegt und vorherbestimmt ist? Wie passt das zusammen? Kant scheint tatsächlich ein Modell von zwei Wegen zu beschreiben, wenn er einerseits auf die menschliche Autonomie und Selbstbestimmung durch Vernunft (als Zweckmäßigkeit der Freiheit) und andererseits – „*in subsidium*" – „auf die Natur der Dinge, welche dahin zwingt, wohin man nicht gerne will" (als Zweckmäßigkeit der Natur), vertraut (TP, AA 08:313.12f.), ohne die offensichtliche Inkongruenz beider Wege zu thematisieren.[115] Er verweist hierzu auf das bekannte Seneca-Zitat: *fata volentem ducunt, nolentem trahunt* – doch es bleibt die Frage, wie das mit seiner auf Autonomie und Freiheit gegründeten Moralphilosophie zusammengehen soll.[116]

2) Eine weitere Inkongruenz betrifft die Frage, ob es entgegen der Argumentation Kants, wonach es ein „Widerspruch" wäre, „eines anderen Vollkommenheit mir zum Zweck zu machen" (TL, AA 06:386.8f.) nicht doch einige Stellen in seinem Werk gibt, die gegensätzlich gedeutet werden könnten. Im *Gemeinspruch* hebt Kant explizit eine „angeborene Pflicht" hervor, „so auf die Nachkommenschaft zu wirken, daß sie immer besser werde" (TP, AA 08:309.7f.) und in der *Tugendlehre* heißt es im Abschnitt zu den Umgangstugenden: „Es ist Pflicht [...] auch gegen Andere, mit seinen sittlichen Vollkommenheiten unter einander Verkehr zu treiben [...], dadurch man zugleich Andere verbindet, [...] also doch zur Tugendgesinnung hin[zu]wirken" (TL, AA 06:473f.16ff.). Die angedeutete Inkongruenz könnte man dadurch abmildern, dass man die Schaffung von Rahmenbedingungen zur eigenen Vervollkommnung (z. B. durch geeignete Erziehungsbedingungen oder geeignete Umgangsformen) von der eigenen inneren Selbsttätigkeit zur Erlangung dieser Vollkommenheit unterscheidet. Doch auch dann wäre die Pflicht zur Schaffung solcher geeigneter Rahmenbedingungen (für andere Menschen) immer noch eine Pflicht gegenüber anderen. Und es scheint auch erzwungen, wollte man diese zur fremden Glückseligkeit rechnen. Gibt es also doch eine Art indirekte Pflicht, die Vollkommenheit anderer zu befördern?

3) Eine von Kant selbst immer wieder thematisierte Schwierigkeit betrifft das Zusammenspiel von Individuum und menschlicher Gattung als Ganzes: Die Pflicht zur Vervollkommnung kann sich nur auf Individuen beziehen, die sich folglich physisch und moralisch verbessern sollen; denn es gibt keine Kollektiv-

---

115 Vgl. zu diesem Problemkreis Kleingeld (2001).
116 Vgl. TP, AA 08:313, ZeF, AA 08:365 sowie zur Funktion der Vorsehung die wichtige Textstelle Anth, AA 07:328ff. Das Original-Zitat findet sich in den *Epistulae morales ad Lucilium* und lautet: *Ducunt volentem fata, nolentem trahunt* (Brief Nr. 107).

pflichten. Der Ziel- oder Zweckpunkt dieser Pflicht kann aber vom einzelnen Individuum gar nicht erreicht werden, sondern allenfalls von der Gattung:

> [K]ein Glied aller Zeugungen des Menschengeschlechts, sondern nur die Gattung [kann] ihre Bestimmung völlig erreiche[n] [...]: die Bestimmung des menschlichen Geschlechts im Ganzen ist unaufhörliches Fortschreiten, und die Vollendung derselben ist eine bloße, aber in aller Absicht sehr nützliche Idee von dem Ziele. (RezHerder, AA 08:65.28 ff.)

In diesem Sinne heißt es am Ende der *Anthropologie* auch:

> [D]ie Erreichung des Zwecks [kann] nicht von der freien Zusammenstimmung der Einzelnen, sondern nur durch fortschreitende Organisation der Erdbürger in und zu der Gattung als einem System, das kosmopolitisch verbunden ist, erwartet werden. (Anth, AA 07:333.7 ff.)

Versucht man die Inkongruenz dadurch zu beheben, dass man eine individuelle (nicht zu erreichende, aber zu erstrebende) Vervollkommnung von einer Vervollkommnung der Gattung unterscheidet, unterschlägt man die bei Kant angelegte Interdependenz zwischen beiden. Die Gattung selbst ist nichts anderes als eine ins Unendliche gehende Reihe von Individuen, aus denen die Vervollkommnung hervorgehen kann, denn nur sie sind die Akteure; gleichwohl bedürfen die Individuen bestimmter gesellschaftlicher Umstände (z. B. einer bürgerlichen Verfassung), um ihr Potenzial zu entfalten.[117] Kant benutzt zur Illustration auch die mathematische Analogie einer Asymptote, bei der sich die einzelnen Punkte einer Kurve der Asymptote (Gerade) zwar immer mehr nähern, diese aber dennoch nicht erreichen. Gleichwohl aber „im Ganzen mit ihr zusammen komme" (RezHerder, AA 08:65.27 f.). Was genau soll es aber heißen, dass die menschliche Gattung als Ganzes ihre Bestimmung völlig erreicht? Sind die menschlichen Individuen dann nur Mittel für einen höheren Gattungszweck?

4) Folgt man der obigen Interpretation, wonach die eigene moralische Vollkommenheit objektiv *auch* darin besteht, sich jeden moralischen Zweck zum Gegenstand zu machen, dann könnte man hier von einer Art partikularen Zirkularität sprechen, denn die eigene moralische Vollkommenheit ist ja genau solch ein Zweck, den man sich zum Gegenstand machen soll. Zugespitzt formuliert: Eigene moralische Vollkommenheit wird expliziert als eigene moralische Vollkommenheit. Natürlich ließe sich darauf hinweisen, dass dies nicht der einzige Gegenstand ist, den man sich setzen soll, denn es gibt ja noch die fremde Glückseligkeit. Außerdem könnte man – auch wenn dies der Text bei genauer

---

[117] Vgl. zu diesem Thema Brandt (2007).

Lektüre nicht ohne weiteres hergibt – die Forderung so verstehen, dass es darauf ankommt, die entsprechende Kompetenz zu entwickeln.

5) Schließlich möchte ich noch auf eine weitere kleinere Inkongruenz hinweisen, die sich bei der Explikation des moralischen Gefühls (als eine zu entwickelnde bzw. zu kultivierende Anlage) ergibt: Zum einen charakterisiert Kant dieses Gefühl als einen „besondere[n] Sinn (*sensus moralis*)" (TL, AA 06:387.17), womit sich dann auch gut der Begriff des Gegenstandes verbinden lässt. Andererseits hebt Kant bei der Explikation des moralischen Gefühls hervor, dass es nicht schicklich sei, dieses Gefühl „einen moralischen Sinn zu nennen", da mit dem Begriff *Sinn* eigentlich ein theoretisches auf einen „Gegenstand bezogenes Wahrnehmungsvermögen verstanden" werde (TL, AA 06:400.5 ff.). Auf solche terminologischen Inkongruenzen trifft man bei Kant allerdings häufiger. Ihre Gründe liegen wohl auch in einer gewissen Nachlässigkeit. Sie sind durch Kontextsensitivität bzw. Begriffspräzisierungen auflösbar.

4.8.3 Fremde Glückseligkeit

Die Funktion und Bedeutung der Glückseligkeit in der Moralphilosophie Kants ist ein zentrales und viel diskutiertes Thema der Kantforschung.[118] Im Hinblick auf die Glückseligkeit lässt sich zunächst eine Einteilung und Bestimmung vornehmen (vgl. TL, AA 06:393f.), wie sie Abb. 14 zeigt.[119]

---

118 Vgl. z. B. Guyer (2000), Himmelmann (2003) und Kang (2015).
119 Inwiefern Kant seine Konzeption der Glückseligkeit im Laufe der Zeit modifiziert und etwa auch das Konzept einer intellektuellen Glückseligkeit (in den späten Reflexionen der 1770er Jahre und noch in der *Grundlegung*) vertritt, ist ein umstrittener Gegenstand der Kantforschung, der hier nicht weiter thematisiert werden kann. Vgl. Düsing (1971) sowie Kang (2015).

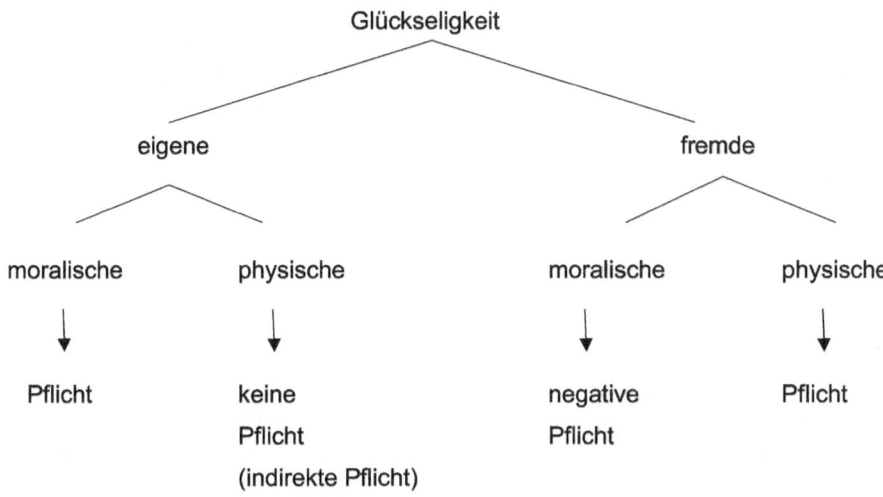

Abb. 14: Einteilung der Glückseligkeit

Die eigene moralische Glückseligkeit als „Zufriedenheit mit seiner Person und ihrem eigenen sittlichen Verhalten" (TL, AA 06:387.30 f.) stellt dem Wortsinn nach ein sich widersprechendes Unding dar und gehört im Grunde zur eigenen Vollkommenheit. Sie beruht auf dem eigenen sittlichen Tun.

Die eigene physische Glückseligkeit ist ein natürlicher Zweck, den alle Menschen bereits von Natur aus unvermeidlich haben (vgl. GMS, AA 04:415 sowie KpV, AA 05:25) und der somit gar keine (direkte) Pflicht sein kann, die immer nur eine „N ö t h i g u n g zu einem ungern genommenen Zweck" ist (TL, AA 06:386.5 f.). Sie beruht auf Glücksgütern und Glücksgaben, die nicht in meiner Hand liegen. Eigene physische Glückseligkeit charakterisiert Kant als die Erfüllung aller meiner Neigungen und Bedürfnisse (vgl. GMS, AA 04:399 und KpV, AA 05:124). Er kennzeichnet sie aber auch als indirekte Pflicht (vgl. GMS, AA 04:399). Dieses indirekte Moment bezieht sich darauf, dass ich in einem Zustand unbefriedigter Bedürfnisse (Armut, Krankheit u. a.) eher versucht bin, meine Pflicht zu übertreten und es deshalb indirekt geboten ist, diese Mangelzustände zu beseitigen.

Fremde moralische Glückseligkeit kennzeichnet Kant als ‚negative Pflicht' – also eine Unterlassungspflicht –, die darin besteht, dass ich nichts tun soll, was einen anderen Menschen zu einer sittlich verwerflichen Tat verleitet, in deren Folge er dann ein schlechtes Gewissen bekommt. Es geht hierbei um die „Sorgfalt für die moralische Zufriedenheit Anderer" (TL, AA 06:394.11). Wenngleich mir diese Pflicht bestimmte Handlungen verbietet, ist doch die eigentliche Pflicht – verstanden als eine Sorgfaltspflicht, mit der ich meine Haltung gegenüber anderen beachte – von weiter Verbindlichkeit und lässt mir einen Spielraum. Sowohl das moralische Wohlsein als auch die „physische Wohlfahrt" anderer Menschen (TL, AA 06:393.12) ist ein Zweck, der zugleich Pflicht ist. Die Pflicht, auf die es nun im Rahmen der moralischen Zwecklehre ankommt und die im Folgenden im Fokus steht, ist vor allem physische Wohlfahrt, also die physische Glückseligkeit anderer. Was genau ist unter diesem Zweck zu verstehen? Warum und inwiefern ist es überhaupt Pflicht, für das Wohlergehen anderer Menschen zu sorgen? Warum bin ich zur Beförderung fremder Glückseligkeit verpflichtet? Und was bedeutet das konkret?

4.8.3.1 Physische Glückseligkeit anderer Menschen

Die Beförderung fremder Glückseligkeit kennzeichnet Kant auch als verdienstliche „Liebespflicht" (TL, AA 06:448.7), die freilich nicht auf einem pathologischen Liebesgefühl gegenüber anderen, sondern auf dem Grundsatz der praktisch tätigen Liebe beruht. Denn als Gefühl kann Liebe nicht geboten werden, nur als Grundsatz bzw. Maxime des Wohlwollens, aus dem die Wohl*tätigkeit* resultiert:[120]

> Die **Liebe** wird hier aber nicht als G e f ü h l (ästhetisch), d. i. als Lust an der Vollkommenheit anderer Menschen, nicht als Liebe des W o h l g e f a l l e n s, verstanden [...], sondern muß als Maxime des W o h l w o l l e n s (als praktisch) gedacht werden, welche das Wohlthun zur Folge hat. (TL, AA 06:449.17 ff.)

Während das Wohlwollen als eine Einstellung gegenüber anderen Menschen unbegrenzt sein kann, weil hierfür auch nichts getan werden muss, konkretisiert sich das geforderte Wohltun darin, dass ich die sittlich erlaubten Zwecke der anderen Menschen zu den „m e i n i g e n" mache (TL, AA 6:388.7). Dies hatte Kant bereits in der *Grundlegung* wie folgt formuliert: Die Zwecke des anderen Menschen müssen „auch, so viel möglich, m e i n e Zwecke sein" (GMS, AA 04:430.26). An dieser Stelle wird es nicht nur als Pflicht angesehen, sich die Zwecke anderer Menschen zu eigen zu machen, sondern dies wird auch noch durch eine quantitative Forderung präzisiert: Ich soll dies so viel wie möglich tun. Sich die Zwecke anderer zu eigen zu machen, heißt natürlich nicht, die Zwecke anderer zu übernehmen. Wenn mein Freund Anton seine langjährige Partnerin Paula heiraten möchte, dann heißt das nicht, dass *ich* Paula heiraten soll. Es wird vielmehr gefordert, dass ich mich in einen fremden bzw. anderen Standpunkt hineinversetze, dessen Ziele, Zwecke und Pläne wahrnehme und begreife und dann auch *unterstütze*, also sie nicht nur akzeptiere und mit Wohlwollen begleite, sondern sie durch mein Handeln befördere und mitentwickele, und zwar so weit und so viel,

---

[120] Vgl. dazu Reinhardt (2019).

wie es mein Vermögen hergibt. Inhaltlich bleibt die Glücksbestimmung anderer offen: „Was diese zu ihrer Glückseligkeit zählen mögen, bleibt ihnen selbst zu beurtheilen überlassen" (TL, AA 06:388.8 f.). Hierin wird auch die große Offenheit und Liberalität der Ethik Kants deutlich. Jegliche Züge von wohlwollender Bevormundung oder heteronomer Zwangsbeglückung durch fremde Utopien werden zurückgewiesen, denn es muss jedem selbst überlassen bleiben, was ihn glücklich macht (vgl. TL, AA 06:454). Freilich gibt es dabei gewichtige Einschränkungen, die es zu beachten gilt:

1) Fremde (wie auch eigene) physische Glückseligkeit muss sich im Rahmen des sittlich Erlaubten bewegen; es kann niemals etwas Unmoralisches zur Bewirkung von Glückseligkeit geboten oder auch nur erlaubt sein. Die Priorisierung der Moralität vor der Glückseligkeit unterscheidet die Ethik Kants an dieser Stelle deutlich von utilitaristischen Ethiken, obgleich auch Kant – wie man sieht – Glückseligkeit als Zweck und Ziel menschlichen Handelns kennt und in seine Ethik integriert.
2) Es steht mir freilich zu, mich an der Beförderung eines fremden Glückszieles nicht zu beteiligen und mich zu weigern, es zu befördern, wenn „ich [es] aber nicht dafür halte" (TL, AA 06:388.10).
3) Schließlich kann niemand verpflichtet sein zu helfen und damit fremde Glückseligkeit zu befördern, wenn er darüber seine eigene Glückseligkeit – seine „wahren Bedürfnisse" – aufopfern müsste (TL, AA 06:393.30).

Mit diesen wichtigen Einschränkungen ist aber auch eine Schwierigkeit der kantischen Konzeption verbunden, die in dem Ausdruck ‚wahre Bedürfnisse' liegt. Kant baut eine zweifache individuell (und damit subjektiv bestimmte) Grenzziehung ein, wenn er einerseits sagt, dass nur der Glücksbedürftige selbst bestimmen kann, was für ihn Glück ist (was also seine wahren Bedürfnisse sind), und wenn er andererseits den zur Hilfe Verpflichteten erlaubt, seine eigenen wahren Bedürfnisse als Grenze der Hilfe festzulegen, die nicht überschritten werden sollte.

> Es kommt sehr darauf an, was für jeden nach seiner Empfindungsart wahres Bedürfniß sein werde, welches zu bestimmen jedem selbst überlassen bleiben muß. (TL, AA 06:393.27 ff.)

Der Begriff der wahren Bedürfnisse stellt innerhalb der Konzeption eine wichtige, aber objektiv unbestimmte Demarkationslinie dar, die ich selbst als zur Hilfe Verpflichteter nicht überschreiten darf: Meine Hilfe sollte nicht so weit gehen, dass ich am Ende selbst hilfsbedürftig werde. Das scheint die absolute Grenze zu sein, doch es lässt sich vermuten, dass die Art und Weise und der Umfang sowie die Intensität meiner Hilfe anderen gegenüber schon vorher eine Grenze hat, die eben durch meine eigenen wahren Bedürfnisse bestimmt wird und nicht erst eintritt, wenn ich selbst hilfebedürftig werde. Da Kant die Bestimmung der wahren Bedürfnisse jedem selbst überlässt, sind sie individuell verschieden. Es darf aber mit guten Gründen bezweifelt werden, ob Kant nicht doch bestimmte obere und untere *objektive* Schranken einzieht, die nicht über- bzw. unterschritten werden dürfen (vgl. TL, AA 06:432); mithin also der individuellen Festlegung nicht doch objektive Grenzen setzt. Hat ein sehr reicher Mensch – an ein anderes Leben gewöhnt – andere und vermutlich umfangreichere wahre Bedürfnisse als ein Mensch, der auskömmlich lebt und wirtschaftet, oder gar als ein armer Mensch? Welche Glücksgüter konstituieren das eigene wahre Bedürfnis? Welche gehen darüber hinaus? Gibt es bei aller individuellen Bestimmung und Festlegung gleichsam eine absolute Unter- und Obergrenze? Eine Grenze, unter die niemand fallen oder über die niemand steigen soll? Eine Grenze, an der gleichsam die Liebespflicht in eine Pflicht der Schuldigkeit übergeht? Eine Grenze, wo dem Bedürftigen in ganz bestimmter Weise und Intensität geholfen werden muss und eine Grenze, wo der Vermögende in ganz bestimmter Weise helfen muss? Was aber könnte hier *in ganz bestimmter Weise* heißen? Wer kann dies festlegen? Würde damit der Charakter der Liebespflichten als weiter und unvollkommener Pflichten nicht aufgegeben werden? Kant hat die mit dem Konzept des wahren Bedürfnisses verbundenen Probleme und Fragen nicht näher thematisiert. In seinen kasuistischen Reflexionen begegnet man allerdings entsprechenden Fragen, die er aber unbeantwortet lässt:

> Das Vermögen wohlzuthun, was von Glücksgütern abhängt, ist größtentheils ein Erfolg aus der Begünstigung verschiedener Menschen durch die Ungerechtigkeit der Regierung, welche eine Ungleichheit des Wohlstandes, die Anderer Wohltätigkeit notwendig macht, einführt. Verdient unter solchen Umständen der Beistand, den der Reiche den Nothleidenden erweisen mag, wohl überhaupt den Namen der Wohlthätigkeit, mit welcher man sich so gern als Verdienst brüstet? (TL, AA 06:454.22 ff.)

Oder ist es nicht vielmehr – so möchte man die Frage Kants an dieser Stelle fortsetzen – eine Pflicht der Schuldigkeit, den durch staatliche Ungerechtigkeit verursachten Notleidenden zu helfen? Es ist nicht ganz eindeutig, was Kants Position in dieser komplexen Gemengelage ist, doch klar ist, dass die genaue Bestimmung der Hilfspflicht nicht nur hinsichtlich des Wie und des Wieviel erhebliche Fragen aufwirft, sondern auch noch die Ursachen und Gründe der Notlage miteinbeziehen sollte. Hier eröffnet sich ein gewaltiges – nicht zuletzt auch politisches – Feld an komplexen Fragen, das den Rahmen dieser Überlegungen weit überschreiten würde.[121]

4.8.3.2 Begründungsprobleme

Lässt man also die genaue (inhaltliche) Bestimmung der Pflicht zur Beförderung fremder Glückseligkeit beiseite, so stellt sich immer noch die grundsätzliche Frage nach der Begründung dieser Pflicht: Warum sollte man überhaupt verpflichtet sein, fremde Glückseligkeit zu befördern? Diese Begründungsproblematik fremder Glückseligkeit ist ein Gegenstand erheblicher Kontroversen in der Sekundärliteratur. Eine von Schopenhauer ausgehende Linie der Kritik unterstellt eine Berufung auf den Egoismus bei Kants Begründung. Sidgwick hält die Begründung für empirisch, denn man könne nur aus Erfahrung wissen, dass jeder in Not wünscht, man solle ihm helfen.[122] Wie sieht diese Pflichtbegründung aus?

Zunächst einmal fällt auf, dass Kant an den verschiedenen Stellen – sowohl in der *Grundlegung* als auch in der *Tugendlehre* –, an denen er Begründungen für diese Pflicht gibt, stets nur einen Sonderfall thematisiert, nämlich nur den Fall von *Notleidenden*. Es ist aber nicht einzusehen, warum die Pflicht zur Beförderung fremder Glückseligkeit auf solche Fälle eingeschränkt werden sollte. Vielmehr scheint die Pflicht zur Beförderung fremder Glückseligkeit auch diejenigen Personen einzuschließen, die nicht Not leiden, aber eben eigene Glücksziele haben und verfolgen. Ist man also nicht verpflichtet, auch diesen Menschen bei der Verwirklichung ihrer Ziele zu helfen? Haben Notfälle Vorrang? Solche Probleme werden von Kant an diesen Stellen nicht weiter thematisiert.[123] Er fokussiert auf den Fall der Nothilfe und betrachtet jedes Mal in seiner Argumentation lediglich

---

[121] Es scheint mir insgesamt sinnvoll, auf eine Interpretation von Rawls zu verweisen, in der er den Begriff der wahren menschlichen Bedürfnisse gleichsam an einen idealen Akteur bindet und zu objektivieren versucht – vielleicht etwas stärker, als Kant dies im Auge hatte. Rawls jedenfalls hält es für eine mögliche Kant-Interpretation, davon auszugehen, dass alle Menschen „solche Bedürfnisse haben und daß sie für jedermann mehr oder minder die gleichen sind". Darüber hinaus konstatiert Rawls: „Kant ist meines Erachtens der Meinung, daß wir ‚wahre menschliche Bedürfnisse' (oder Grundbedürfnisse) haben, die sich nicht nur auf Speisen, Getränke und dergleichen richten, sondern auch auf Bildung und Kultur sowie auf verschiedene Bedingungen, die für die Erhaltung und den Einsatz unseres moralischen Gefühls und unseres Gewissens ebenso unerläßlich sind wie für die Vernunft, das Denkvermögen und die Urteilskraft." (Rawls (2004), S. 239). Kant selbst scheint eine genauere Bestimmung des Begriffes offen gelassen zu haben.
[122] Vgl. Schopenhauer (2007), S. 54 ff. sowie Sidgwick (1907), S. 389.
[123] In der *Grundlegung* scheint Kant aber über die Notlage hinaus zu denken, wenn er an die Alternative denkt: Ich werde zu „seinem Wohlbefinden" oder „seinem Beistande in der Noth" nichts beitragen (GMS, AA 04:423.21 f.).

Menschen, die „Beistande in der Noth" (GMS, AA 04:423.22) brauchen oder „sich in Noth" befinden (TL, AA 06:453.5). Was genau ein Notfall ist, bleibt hierbei unbestimmt.

Sowohl in der *Grundlegung* als auch in der *Tugendlehre* stützt sich Kant auf den zentralen Gedanken, dass die in Frage stehende Maxime zum allgemeinen Gesetz tauglich sein muss. Geprüft wird dann – in beiden Fällen – eine Maxime der Gleichgültigkeit, die Kant in der *Tugendlehre* auch zunächst als die „natürlichste" Maxime bezeichnet (TL, AA 06:452.33). Diese Maxime könnte wie folgt formuliert werden: Ein jeder soll für sein eigenes Glück sorgen, ich selbst will den anderen nichts entziehen oder neiden, aber auch nichts zu deren Glück beitragen. Kurz und auf den Sonderfall eingeschränkt: Ich will (auch wenn ich es könnte) anderen in der Not nicht helfen. Die zentrale Frage ist nun, ob eine solche Maxime zu einem allgemeinen Gesetz taugt? Kant verneint diese Frage, seine Argumentation in der *Grundlegung* und in der *Tugendlehre* weist aber charakteristische Unterschiede auf.

Das vierte Beispiel in der *Grundlegung* lässt sich mit Bezug auf die Naturgesetzformel des kategorischen Imperativs im Kern wie folgt rekonstruieren: Es ist denkmöglich, dass die menschliche Gesellschaft unter einem allgemeinen Gesetz der Gleichgültigkeit besteht, also unter der Vorschrift, dass niemand einem anderen in der Not Beistand leistet. Aber nach Kant sei es „doch unmöglich, zu w o l l e n, daß ein solches Princip als Naturgesetz allenthalben gelte" (GMS, AA 04:423.30 f.). Denn dann würde sich in einem solchen Willen ein Widerstreit ergeben: Einerseits wären Situationen der eigenen Hilfsbedürftigkeit denkbar, in denen man auf fremde Hilfe angewiesen ist und man diese (aufgrund der Selbstliebe) auch will; andererseits will man aber auch das allgemeine Gesetz, welches diese Hilfe gerade ausschließt. Beides geht nicht zusammen und es ergebe sich ein inkonsistenter Wille. Da das nicht sein darf, ist die untersuchte Maxime der Gleichgültigkeit moralisch unzulässig. Damit ist aber eo ipso die Maxime der Fremdhilfe und damit die Beförderung fremden Glückes geboten, da der dritte Weg einer Neutralität ebenfalls ausgeschlossen ist.

Auch in der *Tugendlehre* konstatiert Kant einen Widerstreit:

> Denn jeder Mensch, der sich in Noth befindet, wünscht, daß ihm von anderen Menschen geholfen werde. Wenn er aber seine Maxime, Anderen wiederum in ihrer Noth nicht Beistand leisten zu wollen, laut werden ließe, d. i. sie zum allgemeinen Erlaubnißgesetz machte: so würde ihm, wenn er selbst in Noth ist, jedermann gleichfalls seinen Beistand versagen, oder wenigstens zu versagen befugt sein. Also widerstreitet sich die eigennützige Maxime selbst, wenn sie zum allgemeinen Gesetz gemacht würde, d. i. sie ist pflichtwidrig, folglich [ist] die gemeinnützige [Maxime] des Wohlthuns gegen Bedürftige allgemeine Pflicht der Menschen. (TL, AA 06:453.5 ff.)

Auch in dieser Argumentation wird die Selbstliebe als Naturnotwendigkeit bedürftiger Wesen vorausgesetzt. Und es ist davon die Rede, dass sich die eigennützige Maxime selbst widerspreche. Was ist damit gemeint? Von einem Widerspruch im Wollen ist in dieser Argumentation nicht mehr die Rede. Ferner führt Kant ein Publizitätskriterium an, doch die Verlautbarung der Maxime kann nicht entscheidend sein, denn ganz gleich, ob ich die Maxime öffentlich werden lasse oder nicht, ihr Widerstreit muss ganz unabhängig von ihrer Veröffentlichung bestehen oder nicht bestehen. In der Publizität kann nicht das entscheidende Kriterium für den Widerspruch liegen. Der Widerspruch ergibt sich m. E. daraus, dass ein allgemeines Gesetz, den Beistand zu verwehren, mit der Situation in der menschlichen Welt nicht zusammenpasst. Kant selbst schiebt seiner obigen Erläuterung nämlich folgende Begründung hinterher:

> [U]nd zwar darum: weil sie als Mitmenschen, d. i. bedürftige, auf einem Wohnplatz durch die Natur zur wechselseitigen Beihülfe vereinigte vernünftige Wesen, anzusehen sind. (TL, AA 06:453.13 ff.)

Kant rekurriert auf drei elementare Umstände in der Welt und der menschlichen Natur: (1) Wir sind keine isolierten Vernunftwesen, sondern wir sind *Mitmenschen* auf einem gemeinsamen Wohnplatz, (2) als solche sind wir mitunter der wechselseitigen Beihilfe bedürftig und last but not least (3) durch unsere (vernünftige) Selbstliebe auch in gewisser Weise gedrängt, diese anzunehmen. Diese natürliche Struktur vorausgesetzt, wäre es inkonsistent, würde es in dieser Welt ein Gesetz der Gleichgültigkeit geben. Die aus der Weltstruktur resultierende Forderung nach Hilfe in der Not und das Weltgesetz der Gleichgültigkeit würden einander widersprechen. Der Widerspruch scheint hier – anders als in der *Grundlegung* – nicht in einer Inkonsistenz des Willens, sondern eher in einer Inkonsistenz der Welt (zwischen natürlicher Beschaffenheit und dem Walten ihrer Gesetze) zu bestehen.

Was immer man im Einzelnen von der Plausibilität und der Überzeugungskraft der kantischen Argumentation halten mag, deutlich wird doch, dass die von manchen Kritikern unterstellte Berufung auf die Selbstliebe bzw. den Egoismus nur auf den ersten Blick besteht. Sich aber bei genauerer Betrachtung keineswegs bestätigt: Richtig ist, dass Kant in beiden Argumentationsgängen auf die Selbstliebe als wesentlichen Aspekt der Argumentation rekurriert und somit diese als Voraussetzung begreift. Aber die naturbedingte und notwendige Eigenliebe aller vernünftigen Naturwesen wird von Kant keinesfalls zum *Grund der Verbindlichkeit* für die Pflicht zur wechselseitigen Hilfe gemacht. Der Grund der Verbindlichkeit liegt ausschließlich – in beiden Argumentationsgängen – in der Tatsache, dass die Maxime der Gleichgültigkeit nicht zu einem allgemeinen Gesetz werden kann.

Der Grund hierfür liegt freilich in dem Widerspruch zwischen dem Prinzip der Selbstliebe und dem allgemeinen Gesetz der Nichthilfe. Um es noch einmal ganz deutlich zu machen: Nicht *weil* ich egoistisch bin, auch nicht *weil* alle Menschen egoistisch sind, gibt es eine Pflicht zur gegenseitigen Hilfe, sondern *weil* die (allgemeine) Selbstliebe und ein Naturgesetz der Gleichgültigkeit nicht zusammen bestehen können, ergibt sich eine Pflicht zur gegenseitigen Hilfe und damit eine Pflicht zur Beförderung fremder Glückseligkeit. Das hat mit dem von Schopenhauer unterstellten Egoismus als Handlungsmotiv gar nichts zu tun (vgl. Schopenhauer (2007), S. 54 ff sowie S. 63). Der Kern dieser Argumentation findet sich in einem anderen Zusammenhang auch in der *Kritik der praktischen Vernunft* (vgl. KpV, AA 05:34 f.).

4.8.3.3 Differenzierungen

Zwischen einer Pflicht zur akuten Nothilfe – wenn es etwa darum geht, ein ertrinkendes Kind zu retten – und der allgemeinen Pflicht zur Beförderung fremder Glückseligkeit – wenn es gar nicht um einen Notlage geht, sondern beispielsweise darum, einen Freund bei der Verwirklichung seiner Hausbaupläne zu unterstützen – gibt es ein weites Spektrum und eine große Gradualität an Dringlichkeiten sowie mehr oder minder konkreten Handlungsnotwendigkeiten. Kant hat sich zwar mit solchen Überlegungen nicht weiter beschäftigt, aber seine Theorie bietet insgesamt Raum für solche Präzisierungen, die Steigleder herausarbeitet. Er differenziert zwischen Pflichten zur akuten Einzelhilfe (z. B. ein vor meinen Augen ertrinkendes Kind) und Pflichten angesichts chronisch-struktureller Bedürfnislagen (z. B. Armut in Afrika). Er macht deutlich, dass bei akuten Einzelpflichten im Grunde genommen nicht von einer weiten Pflicht die Rede sein könne, bei welcher der zur Hilfe Verpflichtete einen Spielraum des Wie und des Wieviel habe (vgl. Steigleder (2002), S. 254 ff.). Unter bestimmten Rahmenbedingungen – meine Hilfsfähigkeit vorausgesetzt und ohne Eigenrisiko – scheint die im Falle eines ertrinkenden Kindes gebotene Handlung eindeutig: Ich versuche es zu retten. Ganz anders liegt der Fall, wenn es um die Welthungerhilfe geht oder um die Hilfe angesichts einer Naturkatastrophe oder eines Krieges in einem anderen Land. Hier öffnen sich Spielräume. Wie konkret und in welchem Umfang oder mit welcher Intensität hier die Beförderung fremder Glückseligkeit als Pflicht zu erfüllen ist, was in solchen Fällen überhaupt die wahren Bedürfnisse sind und wem der zur Hilfe Verpflichtete angesichts chronischer und konkurrierender Bedürfnislagen ganz unterschiedlicher Menschengruppen überhaupt helfen soll, wird durch die kantische Konzeption nicht vorgeschrieben. Jegliche ethische Theorie, die hier algorithmisch eindeutig und präzise vorschreiben wollte, was genau zu tun ist, wäre nicht nur heillos überfordert, sondern auch angesichts der Mannigfaltigkeit und Komplexität der Fälle gar kein flexibles und effizientes Instrument, um angemessen reagieren zu können. Die hier in der kantischen Theorie durch den Begriff des Spielraumes sowie die sorgfältige Erwägung der Begleitumstände und Möglichkeiten vorhandene Vagheit und Unterbestimmung moralischen Handelns sind kein Defizit, sondern eine Stärke der Theorie. Kant zieht einerseits eindeutige Grenzen, eröffnet damit zugleich aber offene Felder (Spielräume) der adäquaten Handlungsanpassung.

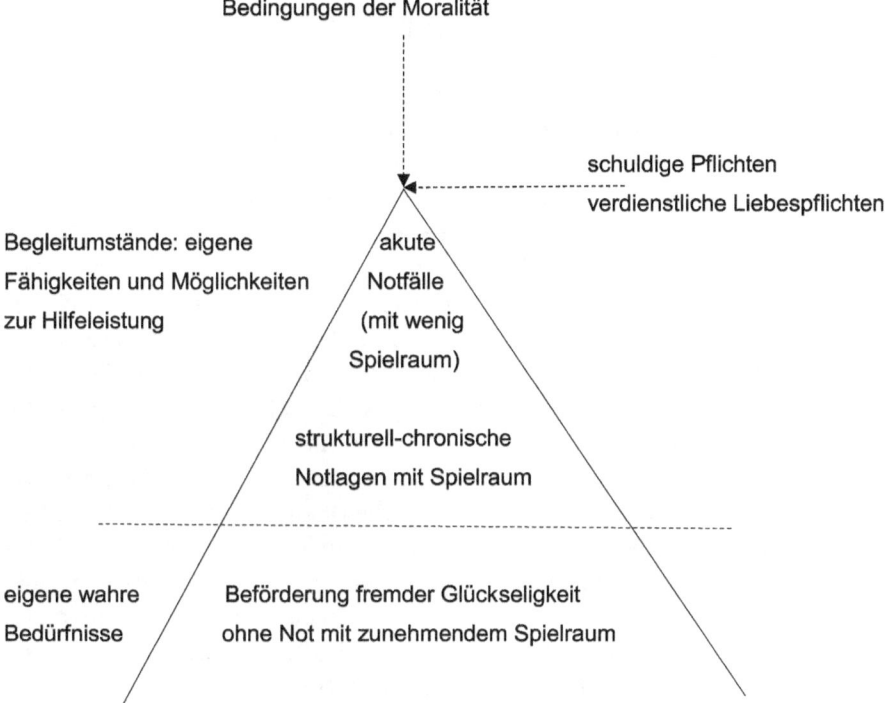

Abb. 15: Spielräume

Die graphische Darstellung in Abb. 15 ist wie folgt zu verstehen: Innerhalb des nach unten offenen Dreiecks werden die Einschränkungen immer geringer und die Spielräume der offenen Gestaltung immer größer. Der äußere Rahmen des Dreiecks markiert die oberste Bedingungsgrenze der Moralität. Diese ist bestimmt durch moralisches Unrecht, aber auch durch eigene wahre Bedürfnisse, die nicht aufgeopfert werden dürfen. Nothilfe erweist sich als Sonderfall der allgemeinen Pflicht zur Beförderung fremder Glückseligkeit und verliert unter bestimmten Bedingungen den Charakter einer weiten Pflicht, die offen lässt, wie und wie viel zu helfen ist.

4.9 Fazit: Wechselseitige Bedingungsverhältnisse

Einerseits ist es eine unvermeidliche Naturnotwendigkeit, dass der Mensch als Naturwesen seine natürlichen Bedürfnisse befriedigen will und muss und somit nach eigener Glückseligkeit strebt. Die eigene Glückseligkeit ist damit ein notwendiger anthropologischer Zweck (Z_{eG}), der aus der Bedürfnisstruktur des Menschen resultiert und als solcher gar nicht beseitigt, sondern lediglich eingeschränkt werden kann. Auf der anderen Seite ist der Mensch ein Vernunftwesen, welches sich den ebenfalls notwendigen Pflicht-Forderungen der moralischen Gesetze bewusst ist, die sich als kategorische Imperative geltend machen. Als notwendige Folge dieser kategorischen Imperative ergeben sich moralische Zwecke für alle Menschen, die zugleich Pflichten sind. Dies sind eigene Vollkommenheit (Z_{eV}) sowie fremde Glückseligkeit (Z_{fG}). So wie die natürlichen Glücksbedürfnisse des Menschen und die sittlichen Forderungen in einer natürlichen Dialektik zueinander stehen, so können auch die drei Zwecke (Z_{eG}, Z_{eV} und Z_{fG}) in ein dialektisches Bedingungsverhältnis gesetzt werden.

Einerseits besteht zwischen den Forderungen der Glückseligkeit und den Forderungen der Sittlichkeit eine Demarkationslinie, die beide Bereiche klar und eindeutig scheidet; andererseits können die Forderungen sowie die unterschiedlichen Zwecke einander ergänzen und sich wechselseitig verstärken. Im Falle des Konfliktes, wenn sittliche und natürliche Forderungen miteinander konfligieren, sollen die sittlichen Forderungen des moralischen Gesetzes und mithin die moralischen Zwecke (Z_{eV} und Z_{fG}) die Oberhand behalten. Z_{eV} und Z_{fG} wirken in diesem Falle den unmoralischen Neigungen bzw. Zwecken (Z_{eG}) entgegen. Dabei konstituiert und stärkt Z_{eV} gleichsam eine innere Demarkationslinie im inneren (intrapersonellen) ‚Krieg' zwischen den eigenen Neigungen und den Pflichten gegenüber sich selbst und anderen (vgl. HN, AA 23:354 sowie TL, AA 06:405). Und Z_{fG} konstituiert und stärkt gleichsam eine äußere Demarkationslinie im (interpersonellen) Konkurrenzkampf und ‚Krieg' zwischen den eigenen Neigungen und den Pflichten gegenüber anderen Menschen. Dabei wird allerdings der Zweck der eigenen Glückseligkeit (Z_{eG}) nicht aufgegeben oder gar annulliert, sondern bleibt erhalten, wird aber eingeschränkt. Deswegen ist es auch einseitig und überinterpretiert, wollte man zwischen der eigenen Glückseligkeit (Z_{eG}) und den Zwecken, die zugleich Pflichten sind (Z_{eV} sowie Z_{fG}), eine strikte Dichotomie behaupten. Bei unseren moralischen Handlungen müssen wir vielmehr von Maximen ausgehen, die sich zum allgemeinen Gesetz qualifizieren. Das bedeutet aber, dass ich selbst und mein eigenes Glück als Teil der Allgemeinheit in der Materie bzw. den Zweck meiner moralischen Maxime mit eingeschlossen sein muss. Die moralischen Maximen und Zwecke meines Handelns müssen als solche mein eigenes Glück (Z_{eG}) in sich aufheben und sowohl durch die sittliche Forderung nach eigener Vollkommenheit (Z_{eV}) und auch durch die sittliche Forderung nach fremder Glückseligkeit (Z_{fG}) einschränken und begrenzen. Es geht um eine einhegende Integration, nicht um Annullierung der eigenen Glückseligkeit. Auf diese Weise sind eigene und fremde Glückseligkeit eng miteinander verknüpft in der Argumentation Kants: Die (moralische erlaubte) Möglichkeit zur eigenen Glückseligkeit als Zweck (Z_{eG}) besteht nur insofern und wenn diese mit der fremden Glückseligkeit (Z_{fG}) in einem allgemeinen Gesetz zusammenstimmen kann. Das ist aber nur dann der Fall, wenn ich meine Glückseligkeit durch die fremde Glückseligkeit einschränke und gleichzeitig aber auch die fremde Glückseligkeit durch die eigene Glückseligkeit einschränke. Gefordert ist also ein komplexes Äquilibrium.

Neben dieser Integration im kantischen Ethik-Modell wird auch noch eine wechselseitige Bedingtheit von eigener Vollkommenheit und fremder Glückseligkeit erkennbar: Die eigene Vollkommenheit als die Entwicklung und Vervollkommnung der Fähigkeit zur (moralischen) Zwecksetzung des Menschen erweist sich auch als ein Mittel zur Beförderung der fremden Glückseligkeit, denn hierbei kommt es ja gerade darauf an, dass ich mir fremde (erlaubte) Zwecke zu meinen eigenen mache. Andererseits kann der Zustand allgemeiner fremder Glückseligkeit (unter den Bedingungen der Moralität) – gleichsam ein Reich der Zwecke – und die damit einhergehenden Zustände von bürgerlicher Rechtlichkeit und Frieden als förderlich für die gesamte und damit auch eigene Entwicklung und Vervollkommnung angesehen werden. Somit bedingen sich Z_{eV} und Z_{fG}. Insgesamt ließe sich von einem komplexen dialektischen Dreiecksverhältnis zwischen eigener und fremder Glückseligkeit (Z_{eG} und Z_{fG}) und eigener Vollkommenheit (Z_{eV}) sprechen. (Fremde Vollkommenheit, die nach Kant keine Pflicht sein kann, ließe sich als förderliche Voraussetzung für die eigene Vollkommenheit des anderen in das Dreieck integrieren; würde aber m. E. die Gesamtverhältnisse nicht wesentlich ändern.)

Einmal mehr erweist sich das Modell der kantischen Ethik – hier im Hinblick auf Sittlichkeit und Moralität – im Detail als ein integratives Modell, dass zwar die Demarkation und Abgrenzung betont und deutlich an erste Stelle setzt (Moralität als oberste Bedingung für Glückseligkeit), aber doch nicht im Sinne einer Ausschließung und Annullierung, die Glückseligkeit verbannt. Die besondere Pointe scheint mir vielmehr darin zu liegen, dass die eigene Glückseligkeit in der allgemeinen Glückseligkeit aufgeht bzw. enthalten bleibt. Dieses Enthaltensein impliziert zweierlei: Solange eigene Glückseligkeit und Pflichtbefolgung nicht miteinander konfligieren, kann ich unbegrenzt meiner eigenen Glückseligkeit folgen und gleichsam aus Pflicht mit Neigung handeln. Treten allerdings eigene Glückseligkeit und Pflichtbefolgung in einen Widerstreit, soll und muss ich die eigene Glückseligkeit zurückdrängen – den Egoismus überwinden – und in die

Schranken der Sittlichkeit zurückweisen, keinesfalls aber völlig annullieren. Die wechselseitigen Bedingungsverhältnisse sind in Abb. 16 schematisch dargestellt.

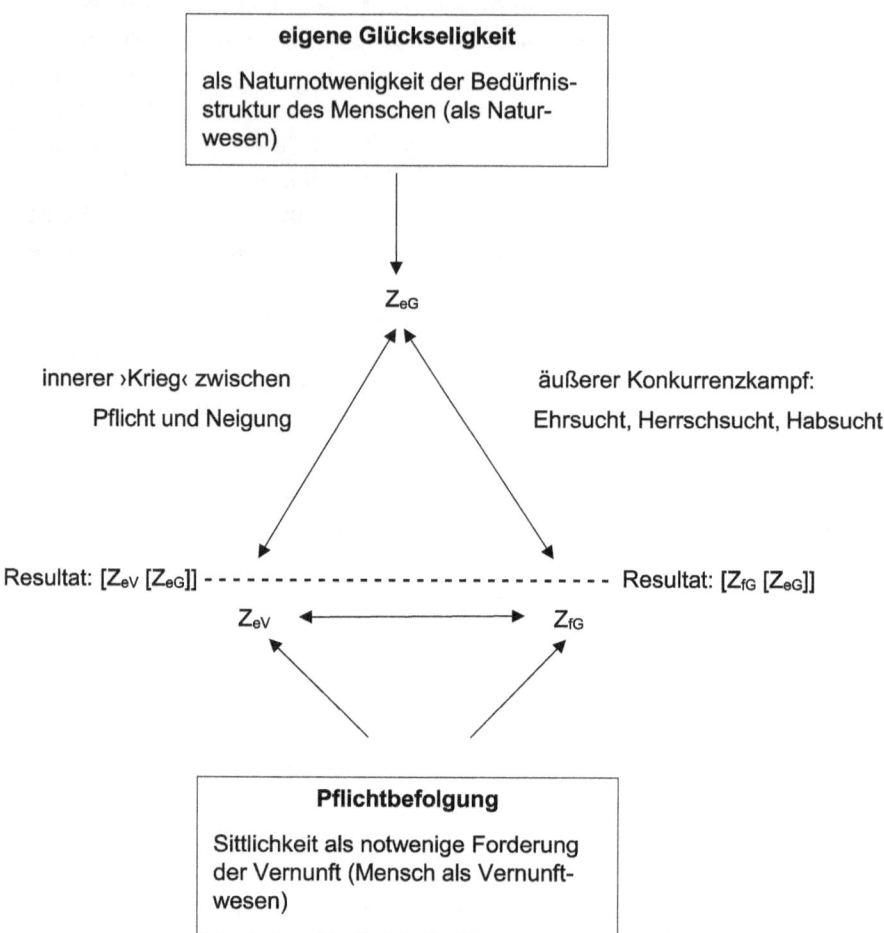

Abb. 16: Zwecke, die Pflichten sind: wechselseitige Bedingungsverhältnisse

Exkurs: Gesinnungsethik und Folgen-Indifferenz

In seinem viel beachteten Werk *Das Prinzip Verantwortung* (1979) kritisiert Hans Jonas den – wie er sagt – „alten" kategorischen Imperativ Kants und konzipiert einen „neuen" Imperativ, der unter dem Stichwort *Prinzip Verantwortung* bekannt wird. Dieser Imperativ wird unter anderem wie folgt formuliert: „Handle so, daß die Wirkungen deiner Handlung verträglich sind mit der Permanenz echten menschlichen Lebens auf Erden." (Jonas (1984), S. 36).[124] Zentrale Kritikpunkte an Kants Ethik sind dabei die folgenden:

(1) In der „Vorstellung, daß die Menschheit einmal aufhöre zu existieren" oder auch in der Vorstellung, dass das Glück der gegenwärtigen Generation auf dem Unglück oder sogar der „Nichtexistenz späterer Generationen" beruhe, liege „kein *Selbstwiderspruch*". Da aber der Maximentest als das Herzstück der Ethik Kants auf einem solchen (logischen) Selbstwiderspruch beruhe, würde die Ethik Kants die Selbstvernichtung der Menschheit nicht ausschließen (Jonas (1984), S. 35f.). Zugespitzt formuliert: „Ich kann, ohne in Widerspruch mit mir selbst zu geraten, wie für mich so auch für die Menschheit ein kurzes Feuerwerk äußerster Selbsterfüllung der Langeweile endloser Fortsetzung im Mittelmaß vorziehen." (ebd. S. 36).

(2) Kants kategorischer Imperativ bestimme und bewerte lediglich augenblickliches „privates Verhalten" eines Individuums. Kant gehe von einzelnen rationalen Akteuren aus (Stichwort: monologisches Subjekt), nicht aber von einer gesellschaftlichen Entscheidungsstruktur (Stichwort: politische Öffentlichkeit) und schon gar nicht würde er künftige Generationen in seine Überlegungen einbeziehen. Die Zukunft der gesamten Menschheit und damit auch ein öffentliches und politisches Moment müsse aber Berücksichtigung finden (ebd. S. 37).

(3) Die nicht-menschliche Natur spiele in der Ethik Kants keine Rolle. Es gehe aber um die „Zukunft der Natur", um die Erhaltung und Bewahrung der gesamten Biosphäre (ebd. S. 245).

(4) Reale „Folgen" und „Wirkungen" würden bei Kant „überhaupt nicht ins Auge gefaßt". Kant würde sich an einem Prinzip „der subjektiven Beschaffenheit meiner Selbstbestimmung" (Stichwort: Gesinnung) orientieren und nicht an einem Prinzip „objektiver Verantwortung" (ebd. S. 37).

---

[124] Die Konzeption dieser neuen Ethik kann hier nicht weiter thematisiert werden, da es in diesem Exkurs nur um die dabei artikulierte Kant-Kritik geht. Vgl. Niggemeier (2002).

Dieser letzte Kritikpunkt – auf den im Folgenden der Fokus gerichtet ist – findet sich der Sache nach auch schon bei Max Weber. In seiner Abhandlung *Politik als Beruf* (1926) unterscheidet er zwei Ethik-Typen: „Gesinnungsethik" und „Verantwortungsethik" (Weber (1992), S. 73). Die Gesinnungsethik, wozu für ihn auch die kantische Ethik zählt, beurteile das menschliche Tun „ohne Rücksicht auf die Folgen" und rechne diese dem Akteur auch nicht zu (ebd. S. 70 f.). Hier gelte: „Wenn die Folgen einer aus reiner Gesinnung fließenden Handlung üble sind, so gilt ihm [sc. dem Gesinnungsethiker] nicht der Handelnde, sondern die Welt dafür verantwortlich" (ebd. S. 71). Ein Verantwortungsethiker hingegen würde die Folgen immer mitberücksichtigen.

Die Frage ist, ob und inwiefern die Kant unterstellte Folgen-Indifferenz tatsächlich gerechtfertigt ist. Bevor ich mich dieser Frage zuwende, stelle ich ein paar kursorische Bemerkungen zu den anderen Kritik-Punkten voran.

(1) Die Analyse des Maximentests hat gezeigt, dass die komplexe Struktur dieser Probe nicht einfach als ein logischer Selbstwiderspruch beschrieben werden kann, sondern eher als ein praktischer Widerspruch mittels einem Argument aus den Folgen (vgl. Abschnitt 3.4). Die Frage ist nun, ob dieses Entscheidungsverfahren im Ganzen wirklich die „Selbstvernichtung der Menschheit nicht ausschließen" würde (Jonas (1984), S. 35). Das ist m. E. nicht der Fall. Diesem Kritikpunkt ist entgegenzuhalten, dass die Existenz der Menschheit im Maximentest stets vorausgesetzt werden muss, und zwar nicht im Sinne einer indifferenten Präsupposition, sondern gleichsam als eine Art fundamentale und absolute Voraussetzung, ohne welche der Maximentest an sich witzlos wäre. Kant geht davon aus, dass es ein natürliches Bedürfnis der Selbst- und auch der Arterhaltung gibt (vgl. TL, AA 06:420) und so wie jeder Mensch notwendigerweise nach Glück strebt, so strebt jeder Mensch auch nach Selbst- und Arterhaltung. Somit kann es – analog zur Glücksargumentation – zwar keine Pflicht zur Erhaltung der Menschheit geben, insofern uns diese schon immanent ist. Aber als einen vorgegebenen natürlichen Zweck können und sollen wir sie nicht negieren. Dies wird auch mit Blick auf die Selbstzweckformel deutlich: Sowohl die Vernichtung der eigenen als auch einer anderen Person ist mit dem kategorischen Imperativ nicht vereinbar. Eine Maxime, die auf die Vernichtung menschlichen Lebens abzielte oder diese auch nur in Kauf nähme, dürfte den Test nicht bestehen und folglich auch nicht erlaubt sein. Weiterhin dürfte auch Kants moralische Zwecklehre und das damit einhergehende Generationen-Programm der Kultivierung, Zivilisierung und Moralisierung der Menschheit kaum mit der Selbstauslöschung der Menschheit vereinbar sein. Zum Schluss bleibt noch anzumerken, dass Kant eine medizinische Technik wie die Kuhpockenimpfung genau deswegen für moralisch unzulässig befunden hat, weil sich damit – wie er fälschlicherweise glaubte – das Gefährdungsrisiko für das menschliche Leben erhöhe. Vor diesem Hintergrund ist

es falsch anzunehmen, dass die Ethik Kants gegenüber der Menschheitsvernichtung oder auch nur technischen Risiken gegenüber indifferent wäre (vgl. Abschnitt 5.4).

(2) Kants Orientierung am einzelnen Subjekt und seine Vernachlässigung diskursiver Öffentlichkeitsstrukturen ist ein wichtiger Kritikpunkt, der nicht nur bei Jonas auftaucht, sondern vor allem auch von Diskursethikern wie Habermas erhoben wird.[125] Diese Orientierung bedeutet aber gerade nicht eine Legitimation von *privaten* Zwecken und Handlungen, wie es Jonas ausdrückt. Die Ethik Kants ist geradezu dadurch gekennzeichnet, dass sie egoistische Präferenzen und Neigungen zurückweist. Ein anderer Aspekt ist hier wichtiger: Es ist sicherlich richtig, dass die Maximenprüfung bei Kant als ein Verfahren beschrieben wird, bei dem ein Individuum gleichsam monologisierend seine subjektiven Grundsätze auf die Probe stellt, indem es sich fragt, ob diese Grundsätze zu einem allgemeinen Gesetz werden können. Das ganze Verfahren wird als eine Art *Selbst*prüfung beschrieben. Doch für Kant ist nicht so sehr die prüfende Instanz entscheidend, sondern wichtiger sind die Kriterien des Prüferverfahrens: Es geht darum (1) selbst zu denken, (2) sich an die Stelle eines jeden Andern zu denken und (3) jederzeit mit sich selbst einstimmig zu denken (vgl. Log, AA 09:57). Diese Kriterien lassen sich auch so verstehen, dass der Prüfungsprozess (1) unabhängig von fremdem Zwang, (2) unparteiisch bzw. alle anderen Gesichtspunkte gleichberechtigt berücksichtigend sowie (3) argumentativ wahrhaftig und kohärent sein muss; darüber hinaus müssen alle relevanten Informationen berücksichtigt werden.

Kant scheint nun sämtliche Kriterien in ein einzelnes moralisches Bewusstsein zu ,internalisieren' und von einem einzelnen Subjekt auszugehen, welches gleichsam als Repräsentant einer reinen praktischen Vernunft fungiert. Für Kant ist es mithin unerheblich, ob *alle* Vernunftwesen, eine Gruppe derselben oder auch nur *ein* einziges Vernunftwesen eine Maxime prüft: Das Ergebnis wäre immer dasselbe, da er in allen diesen Fällen nur die eine (universelle) praktische Vernunft am Werk sieht und nur einen objektiven Maßstab kennt: das moralische Gesetz. Diese Auffassung ist sehr problematisch und führt zu einer Reihe von schwierigen Fragen, die das Wesen einer solchen Vernunft und des moralischen Gesetzes betreffen. Diese grundsätzliche Debatte um die Grundlagen der Ethik Kants kann hier nicht weiter verfolgt werden (vgl. Habermas (2009)). Mit Bezug auf den Vorwurf der Nicht-Öffentlichkeit lässt sich aber zweierlei anmerken: Wenn auch der öffentliche Diskurs den oben angeführten Kriterien genügen würde,

---

125 Vgl. hierzu die Darstellungen in den Texten: *Diskursethik. Notizen zu einem Begründungsprogramm* sowie *Erläuterungen zur Diskursethik* in Habermas: *Diskursethik* (2009). In eine ähnliche Richtung weist auch die Kritik von Horn (2018), S. 172.

könnte auch Kant diesen als legitimes Prüfverfahren für Maximen anerkennen. Da es ihm eben nicht um die prüfende Instanz, sondern die Art und Weise der Prüfung geht. Aber auch hier verlangt Kant kein empirisches, sondern ein apriorischen Verfahren, denn für ihn liegt moralische Geltung eben nicht in der tatsächlichen Zustimmung aller Betroffenen. Es darf gewissermaßen keinen Rückfall in den Empirismus geben. Der Hinweis auf die Öffentlichkeit (bei Jonas und in der Diskursethik) kann somit allenfalls als eine unvollkommene Annäherung an den Standpunkt Kants gedeutet werden.

Gleichwohl aber scheint der Hinweis auf die Öffentlichkeit eben kein prinzipieller Hebel oder Angriffspunkt gegen die Ethik Kants zu sein. Vielmehr sollte an dieser Stelle auch auf Kants Kriterium der „Form der Publicität" als einem ethischen Prinzip hingewiesen werden (ZeF, AA 08:381.7). Eine Maxime, die nicht öffentlich bekannt werden darf, würde den Maximentest nicht bestehen. Publizität erweist sich als notwendiges, aber nicht schon als hinreichendes Merkmal für die Legitimität einer Maxime. Kant hätte nichts einzuwenden gegen die Prüfung von Maximen in einem öffentlichen Diskurs unter den Kriterien der Wahrhaftigkeit, der Transparenz, der Gleichberechtigung, der Zwanglosigkeit usw., aber er würde letztendlich mehr verlangen als einen solchen öffentlichen Diskurs: eine Ausrichtung an einem (unveränderlichen) apriorischen Maßstab, am moralischen Gesetz. Das ist aber kein Einwand gegen die Öffentlichkeit.

Hinsichtlich der brisanten und schwierigen Frage, ob wir auch Pflichten gegenüber künftigen Menschen und Generationen haben, finden sich keinerlei direkte Äußerungen in Kants Œuvre. Hier muss man von den Grundlinien seiner Theorie her extrapolieren und sich in ein systematisch unerschlossenes Feld begeben. Dies wäre eine Aufgabe, die den Rahmen dieser Überlegungen sprengen würde. Ich beschränke mich daher auf einige wenige Andeutungen. Legt man die beiden Grundbedingungen für ein Pflichtverhältnis – den Personenstatus und die Möglichkeit, ein Gegenstand der Erfahrung sein zu können (vgl. Abschnitt 5.1) – zugrunde, wird man diese künftigen Menschen zuschreiben können. Sicherlich wird man in diesem Fall auch zwischen Kinder- und Enkelgenerationen (zu denen eine persönliche Bekanntschaft bestehen kann) und weit in der Zukunft liegenden Generationen (zu denen keine persönliche Bekanntschaft bestehen kann) unterscheiden müssen. Prima facie erfüllen zukünftige Menschen Kants Bedingungen und sind daher als moralische Subjekte zu berücksichtigen. Es scheint mir somit durchaus möglich – auch im kantischen Rahmen –, ihnen gegenüber Pflichten zu begründen.

Mit Hinblick auf den Punkt (3) muss an dieser Stelle der Hinweis genügen, dass Kant in der *Tugendlehre* (§§ 16 und 17) eine indirekte Pflicht gegenüber der Natur insgesamt und gegenüber den Tieren im Besonderen konstatiert und begründet (vgl. Abschnitt 5.1). Es ist also nicht richtig zu sagen, die nicht-menschliche Natur spiele bei Kant gar keine Rolle, obgleich es natürlich zutreffend ist, dass sie für Kant nicht im Fokus steht und ihr auch nicht die Aufmerksamkeit zukommt, die wir ihr in der zeitgenössischen Ethik einräumen.

Diese Entgegnungen sind freilich kaum mehr als Andeutungen, die aber doch erkennen lassen, dass der ‚alte' Imperativ weit mehr ausbaufähiges Potential enthält und nicht so limitiert ist, wie es die Kritik von Jonas unterstellt. Dass vielmehr auch der ‚alte' Imperativ im Hinblick auf die neuen Herausforderungen in einem technologisch-globalen Zeitalter Antworten zu geben vermag; auch wenn diese Herausforderungen jenseits von Kants Zeitalter liegen.

Der in diesem Zusammenhang entscheidende Einwand (4), demzufolge die Ethik Kants keinerlei Folgen und Wirkungen von Handlungen berücksichtigen würde, soll im Folgenden genauer auf den Prüfstand gestellt werden. Wie konnte sich eine solche Interpretation herausbilden, die das Bild einer totalen Folgen-Indifferenz und einer reinen Gesinnungsethik zeichnet? Spielen kausale Folgen und reale Wirkungen in der Ethik Kants tatsächlich keine Rolle? Das vorangegangene Kapitel hat deutlich gemacht, dass und wie durch die moralische Zwecklehre Absichten und Zwecke notwendigerweise Berücksichtigung finden. Folgen und Wirkungen spielen in vielerlei Hinsicht eine wichtige Rolle in Kants Ethik.

Bereits die Struktur des Maximentests mit ihrer Argumentation aus den Folgen hat die immense Bedeutung und Rolle von Folgen in der Argumentation deutlich gemacht. Um einen wie auch immer gearteten Widerspruch bei der Maximenprobe zu generieren, argumentiert Kant direkt oder indirekt in vielen seiner Beispiele mit den Folgen. Dabei ist freilich zu betonen, dass die Folgen selbst nicht den Grund zur Verbindlichkeit ausmachen; dieser liegt ausschließlich in der Qualifikation bzw. Nicht-Qualifikation der Maxime zu einem allgemeinen Gesetz. Doch dieser Qualifikationsnachweis bezieht die Folgen ein. Höffe weist auf diese Art der Folgenüberlegungen in der Ethik Kants hin und gebraucht hierfür den Begriff der handlungsinternen Folgen in Abgrenzung zu den handlungsexternen Folgen (Höffe (2000), S. 226).[126] Aber auch die handlungsexternen Folgen werden in die Ethik Kants hineingezogen.

In der *Grundlegung* hatte Kant wiederholt herausgestellt, dass unabhängig von den Absichten sowie den erhofften Erfolgen und Wirkungen der moralische

---

[126] Den handlungsexternen Folgen scheint Kant in diesem Zusammenhang zumindest eine heuristisch-didaktische Funktion zuzuweisen, wenn es in einer Vorlesungsnachschrift heißt: „Um die Pflichten gegen sich selbst beßer einzusehn, so stelle man sich die üblen Folgen der Uebertretung derselben vor [...]. Es sind zwar die Folgen nicht das principium der Pflichten, sondern die innere Schändlichkeit, die Folgen aber dienen daher zur beßern Einsicht des principii." (V-Mo/Collins, AA 27:347.27 ff.).

Wert allein „im Princip des Willens unangesehen der Zwecke, die durch solche Handlungen bewirkt werden können" liege (GMS, AA 4:400.9f.). Der moralische Wert sei von diesen Elementen gänzlich unabhängig und weder die „Nützlichkeit" noch die „Fruchtlosigkeit" einer Handlung könne diesem Wert „etwas zusetzen, noch abnehmen" (GMS, AA 04:394.26f.). Solche fokussierten Darstellungen haben die einseitige und irrige Interpretation befördert, Kants Ethik berücksichtige die Zwecke und Folgen in keiner Hinsicht (Folgen-Indifferenz). Bestimmte Sätze der *Grundlegung* sollten allerdings nicht so verstanden werden, als hätte der gute Wille keinen Zweck oder als wäre er gegenüber allen Zwecken gleichgültig. Moralische Handlungen sind für Kant solche Handlungen, die ohne allen Zweck notwendig sind. Das bedeutet nicht, dass diese Handlungen keinen Zweck haben, sondern nur, dass ihre Notwendigkeit bzw. der Grund ihrer Verbindlichkeit nicht im Zweck liegt. Spätestens im Lichte der *Religionsschrift* und der *Metaphysik der Sitten* sollte eine Interpretation, die eine Folgen-Indifferenz unterstellt, revidiert werden. Zum einen weist Kant immer wieder darauf hin, dass es keine Handlungen ohne Zwecke gibt und dass das vernünftige (menschliche) Wollen „unmöglich gleichgültig sein" könne im Hinblick auf die Folgen und Wirkungen des rechten Handelns (RGV, AA 06:5.2f.). Zum anderen geht für ihn aus der Anwendung des moralischen Gesetzes auf den Menschen notwendigerweise ein apriorischer Zweck hervor, so dass sich im Rahmen der moralischen Zwecklehre deontologische mit teleologischen Elementen verbinden: *Eigene Vollkommenheit* und *fremde Glückseligkeit* werden als Zwecke ausgezeichnet, die zugleich Pflichten sind. Sowohl in den Grundlegungsschriften als auch in den Anwendungsschriften bleibt Kant in seiner Sichtweise und Darstellung kohärent, wenn er behauptet, dass der Wert einer moralischen Entscheidung nicht von den Folgen der Handlung abhängen könne, gleichwohl aber aus dem moralischen Gesetz bestimmte objektive moralische Zwecke resultieren. Diese moralischen Zwecke gehen der Willensbestimmung nicht voraus und stellen mithin keine Gründe, wohl aber „nothwendige[...] Folgen der Maximen" dar (RGV, AA 06:4.15).

Bei Kant geht aus der formalen Ethik genau dann ein materialer[1] (aber nicht empirischer) Zweck hervor, wenn diese formale Ethik auf den Menschen angewendet wird. In diesem Falle ergibt sich durch die Anwendung eine materiale[1] Willensausrichtung a priori und es kommt auf dieser Stufe der Anwendung eine Folgenausrichtung in Kants Ethik hinein. Mit anderen Worten: Es wird ein teleologischer Aspekt in die Ethik integriert. Dieser teleologische Aspekt ist kein willkürliches Additiv, sondern eine notwendige Erweiterung und Ergänzung von Kants Ethik im Ganzen.

Eigene Vollkommenheit sowie fremde Glückseligkeit sind positive Zwecke, die in der Welt zu bewirken und zu verwirklichen menschliche Pflichten darstellen.[127] Die eigene Vollkommenheit verknüpft Kant sogar mit der „Pflicht des Menschen gegen sich selbst, ein der Welt nützliches Glied zu sein, weil dieses auch zum Werth der Menschheit in seiner eigenen Person gehört" (TL, AA 06:446.1 ff.). Eine Begründung dafür, inwiefern es zum Wert der Menschheit in der eigenen Person – also zur Würde – gehört, ein für die Welt nützliches Glied zu sein, bleibt Kant allerdings schuldig. Dieser Gedanke sollte nicht vorschnell in einem utilitaristischen Sinne missverstanden werden, sondern deutet wohl eher darauf hin, dass jeder einzelne Mensch am großen Ziel der Kultivierung, Zivilisierung und schließlich Moralisierung der menschlichen Gattung mitwirken und seinen Beitrag leisten soll. Auch wenn Kant dies nicht näher erläutert, deutet die bloße Behauptung darauf hin, dass konsequentialistische Nützlichkeitserwägungen in den Pflichtbegriff hineingezogen werden. Es wird auch deutlich, dass die Pflicht zur eigenen Vollkommenheit keine Pflicht ist, die nur auf die eigene Vervollkommnung abzielt und keinerlei Bezug auf die Welt und die anderen Menschen hätte. Das Gegenteil ist der Fall. Teil meiner eigenen Selbstvervollkommnung ist es, ein der Welt nützliches Glied zu sein.

Der Bezug auf die Mitmenschen wird allerdings noch deutlicher bei dem anderen Zweck, den Kant zugleich als Pflicht kennzeichnet, nämlich der fremden Glückseligkeit. Jeder Mensch ist verpflichtet, fremden Zwecken und damit fremder Glückseligkeit gegenüber – sofern diese der Moralität nicht widerspricht – nicht gleichgültig zu sein, sondern diese nach Maßgabe seiner Möglichkeiten zu fördern. Diese Forderung der Ethik Kants „fällt nicht von selbst in die Augen" (TL, AA 06:452.31) und erweist sich als äußerst begründungsbedürftig. Dass es eine solche Pflicht wie auch eine Pflicht zur eigenen Vervollkommnung geben muss, daran lässt Kant keinerlei Zweifel. Offen bleibt hingegen das Wie und Wieviel dieser Pflichten. Es gibt einige wenige Stellen, an denen Kant sich so ausdrückt, als ginge es um ein Maximum, wenn er beispielsweise den Zweck der fremden Glückseligkeit im Allgemeinen als „größte Summe des Wohlbefindens" kennzeichnet (V-MS/Vigil, AA 27:487.13). Doch diese Andeutungen bleiben vage. Deutlich hingegen ist Kants Auffassung, dass es für die genaue Bestimmung keinerlei Vernunftprinzipien a priori geben könne (vgl. HN, AA 19:144, R 6735):

> Wohlfahrt aber hat kein Princip, weder für den, der sie empfängt, noch der sie austheilt (der eine setzt sie hierin, der andere darin): weil es dabei auf das Materiale des Willens ankommt, welches empirisch und so der Allgemeinheit einer Regel unfähig ist. (SF, AA 07:87.22 ff.)

---

[127] Die Schaffung eines rechtlichen Zustandes, ewiger Frieden sowie ganz allgemein das Weltbeste sind weitere solcher Zwecke, die Kant als Pflichten begreift, auf die der Mensch hinwirken soll (vgl. Abschnitt 4.7).

Das Materiale des Willens kann in diesem Zitat nicht den Zweck, also die fremde Glückseligkeit meinen, denn dieser ist ja kein empirischer Gegenstand, sondern ein objektiver Zweck a priori; das Materiale kann sich in diesem Zusammenhang – da es als empirisch charakterisiert wird – nur auf das Wie und das Wieviel dieser Pflicht beziehen. Dies hängt in der Tat von empirischen Umständen wie situativen Gegebenheiten und subjektiven Bedürfnissen und Fähigkeiten ab. Somit eröffnen sich Spielräume und weite Optionsräume innerhalb von Kants Ethik. Die Spielräume lassen zum Beispiel unbestimmt, wie und wie viel jemand einem anderen hilft oder in welchem Maße jemand seine Talente entwickelt. Die Optionsräume sind noch weiter gefasst und lassen ganze Lebensentwürfe und Lebensplanungen gänzlich unbestimmt: Ob jemand Handwerker, Kaufmann oder Gelehrter wird, muss seinen persönlichen Neigungen und Vorstellungen überlassen bleiben und kann durch keinerlei Vernunftgesetze bestimmt werden (vgl. TL, AA 06:445). Insgesamt lassen sich innerhalb von Kants Ethik im Ganzen vier Bereiche der moralischen Unbestimmtheit ausmachen: 1) die indifferenten Einzelhandlungen (adiaphora), 2) die Spielräume der unvollkommenen Pflichten, 3) die moralische Kasuistik sowie 4) die Optionsräume der Lebensgestaltung im Ganzen.

Diese für die Ethik Kants konstitutiven Bereiche moralischer Unbestimmtheiten evozieren eine Reihe von Fragen, denen Kant nur wenig Aufmerksamkeit gewidmet hat. Diese Fragen betreffen das komplexe Geflecht der Pflichten in ihrer wechselseitigen Abhängigkeit, die Frage nach einer möglichen Hierarchie der Pflichten sowie gegenseitige Einschränkungen bestimmter Pflichten im Konfliktfall und vieles andere. Zielkonflikte hat Kant nicht ausreichend thematisiert und einfach abgewiesen mit der Behauptung, dass innerhalb eines notwendigen Systems von Pflichten „eine Collision von Pflichten und Verbindlichkeiten gar nicht denkbar" sei (MS, AA 06:224.17f.). (Vgl. hierzu Abschnitt 5.2).

Den zentralen Zielkonflikt zwischen den Regeln der Klugheit und den Regeln der Sittlichkeit löst Kant eindeutig auf: Als Naturwesen streben alle Menschen *notwendigerweise* nach eigener Glückseligkeit. Als freie Wesen mit Vernunft ergibt sich die Forderung nach Grundsätzen der Tugendhaftigkeit. Damit verbindet sich für Kant die Würdigkeit glücklich zu sein und mithin die Forderung, nur nach solchen Maximen zu handeln, die mit dem moralischen Gesetz übereinstimmen. Zwischen beiden Bestrebungen bzw. Forderungen muss nun keineswegs ein Zielkonflikt bestehen, Glückseligkeit und Tugendhaftigkeit können gleichsam in dieselbe Richtung weisen und ein moralisches Handeln kann mithin auch meiner Glückseligkeit dienen. Doch das ist eben nicht notwendig der Fall. Es kann auch ein Zielkonflikt entstehen und für diesen Fall hat Kant eine eindeutige *Rangfolge* als Fundament seiner Ethik etabliert: Oberste Bedingung ist immer die Tugendhaftigkeit bzw. die Moralität und dann – auf Rang zwei – folgt die eigene Glückseligkeit. Doch die Glückseligkeit gehört dazu. Die sittliche Vorschrift besteht darin, dass die eigne Glückseligkeit nur unter der Bedingung der Moralität angestrebt wird. Sie wird angestrebt (und muss es auch), weil dies in unserer Natur liegt.

Und obwohl sich die fremde Glückseligkeit als ein Zweck erweist, der zugleich Pflicht ist, hat diese Pflicht doch ihre Grenzen an der eigenen Glückseligkeit, denn niemand könne dazu verpflichtet werden, anderen ihre Glückseligkeit so weit zu befördern, dass die eigene Glückseligkeit (in Gestalt der eigenen wahren Bedürfnisse) dadurch aufgeopfert werde. Es wäre geradezu pflichtwidrig, so viel Hilfe zu leisten, dass man am Ende selbst hilfsbedürftig wird (vgl. TL, AA 06:393). Obwohl hier also eine äußerste Grenze festgelegt ist, wird damit nicht näher bestimmt, wie und wie viel jemand helfen soll. Es kristallisiert sich an dieser Stelle noch eine weitere Rangordnung heraus. Die eigenen wahren Bedürfnisse haben Vorrang vor fremder Glückseligkeit. Somit ergibt sich innerhalb der Zwecke, die zugleich Pflicht sind, eine Hierarchie. Zusammengefast zeigt sich folgende Priorisierung: Die Pflichten ‚stehen über' den Ratschlägen der Klugheit (Glückseligkeit); fremde Glückseligkeit und auch eigene Glückseligkeit (diese zumindest indirekt) erweisen sich als Zwecke, die zugleich Pflichten sind. Als weite (bzw. unvollkommene) Pflichten sind sie den strengen (bzw. vollkommenen) Pflichten nachgeordnet. Die weite Pflicht zur Beförderung fremder Glückseligkeit darf nicht so weit gehen, dass dadurch die Erfüllung meiner eigenen wahren Bedürfnisse aufgeopfert wird. Entsprechende Zielkonflikte wären gemäß dieser Rangfolge aufzulösen. Eine solche Binnenstruktur macht auch deutlich, dass der utilitaristische Grundsatz: das größte Glück für die größte Zahl mit der Ethik Kants nicht kompatibel ist, da hierbei die unterschiedliche Gewichtung von Pflichten gegen sich selbst und Pflichten gegenüber anderen gar nicht berücksichtigt wird. Außerdem darf bezweifelt werden, dass ein solcher Grundsatz (insofern er überhaupt als Maxime angesehen werden kann), den Maximentest ohne Einschränkung bestehen würde.[128]

Im Hinblick auf den hier thematisierten Kritikpunkt der vermeintlichen Folgen-Indifferenz lässt sich festhalten, dass Kant sowohl die internen Handlungs-

---

[128] Zur Unvereinbarkeit utilitaristischer Grundsätze mit der Ethik Kants vgl. Timmermann (2005). Systematisch weitreichende Fragen, wie etwa das Maximierungsproblem, ob Kant unter bestimmten einschränkenden Bedingungen dem utilitaristischen Grundsatz der Glücksmaximierung zustimmen könnte oder auch die grundsätzliche Frage, ob regelutilitaristische und deontologische Ethiken am Ende in einer einheitlichen Theorie konvergieren – wie Parfit (2017) dies behauptet –, können hier nur aufgeworfen, aber nicht weiter diskutiert werden. Damit hängt auch die interessante Frage zusammen, ob eine Maxime der Folgenabwägung – gemäß der sich sehr schlimme Folgen durch Inkaufnahme eines winzigen Unrechts verhindern ließen – zum allgemeinen Gesetz werden könnte. Kant scheint dies entschieden zu verneinen (vgl. Abschnitt 5.2).

folgen beim Maximentest als auch die externen Handlungsfolgen in seiner moralischen Zwecklehre berücksichtigt. Durch das Stufenmodell der Anwendung kommen Zwecke und damit Folgen und Wirkungen in die Ethik Kants im Ganzen hinein: Eigene Vollkommenheit, fremde (und auch indirekt eigene) Glückseligkeit stellen wesentliche Zwecke und Ziele der Ethik Kants dar. Richtig ist aber auch, dass die Berücksichtigung dieser materialen[1] Ziele und Zwecke der formalen Bedingung nachgeordnet ist. Nützlichkeits- und Glückseligkeitserwägungen sind zwar ‚zweitrangig', gehören aber nichtsdestoweniger mit hinzu. Es wäre eine Fehldeutung, würde man behaupten, in der Ethik Kants spielten Folgen und Wirkungen keinerlei Rolle. Kants Ethik im Ganzen mit ihrer Zwecklehre erweist sich auch als eine (reine) praktische Teleologie (vgl. hierzu auch Horn (2011)).

5 Von der Tugendlehre zur Kasuistik

5.1 Einteilung der Pflichten in der *Ethischen Elementarlehre*

Kant hat der Einteilung und Gliederung von Systemen – ihrer Architektonik – große Aufmerksamkeit gewidmet. Denn für ihn ist die „Deduction der Eintheilung eines Systems" nicht nur ein didaktisches Beiwerk, sondern der „Beweis ihrer Vollständigkeit sowohl als auch der Stetigkeit" und damit zur Sache selbst gehörig (TL, AA 06:218.26 f.). Im Hinblick auf die Einteilung und Gliederung der Pflichten erweist sich diese Aufgabe als besonders wichtig, aber auch als äußerst diffizil:

> Von Wichtigkeit, aber auch schwierig sind in der Moral die Eintheilungen der Pflichten, umsomehr, als diese genaue Eintheilung wegen des inneren Unterschiedes und ihrer Rangordnung selbst Pflicht ist. (V-MS/Vigil, AA 27:576.23 ff.)

Kant erkennt in der Einteilung der Pflichten nicht bloß eine theoretische Aufgabe für Moralphilosophen, sondern selbst eine Pflicht, weil der moralisch kompetente Akteur sowohl die inneren Unterschiede als auch die Rangordnung der einzelnen Pflichten kennen sollte. Denn nur die Kenntnis dieser Rangordnung ermöglicht im Falle konkurrierender Pflichten die richtige Beurteilung, welche Pflicht prioritär ist.

In zahlreichen Abschnitten[129] der *Metaphysik der Sitten* konzipiert Kant verschiedene Einteilungen des Systems der Sitten und der Pflichten nach unterschiedlichen Gesichtspunkten. Allein hieraus ein kohärentes Gesamtbild zu rekonstruieren, stellt Kant-Interpretinnen und Interpreten vor erhebliche Schwierigkeiten.[130] Die Verwirrung steigert sich aber noch zusätzlich, wenn man

---

129 *Tafel der Eintheilung der Rechtslehre* (210), *Von der Eintheilung einer Metaphysik der Sitten* (218), *Eintheilung der Rechtslehre* (236), *Allgemeine Eintheilung der Rechtspflichten* (236), *Allgemeine Eintheilung der Rechte* (237), *Eintheilung der Metaphysik der Sitten überhaupt* (239), *Eintheilung nach dem objectiven Verhältniß des Gesetzes zur Pflicht* (240), *Eintheilung nach dem subjectiven Verhältniß der Verpflichtenden und Verpflichteten* (241), *Von der Eintheilung der **Moral**, als eines **Systems** der Pflichten überhaupt* (242), *Vom Princip der Absonderung der Tugendlehre von der Rechtslehre* (406), *Vorbegriffe der Eintheilung der Tugendlehre* (410), *Erste Eintheilung der Ethik nach dem Unterschiede der Subjecte ihrer Gesetze* (413), *Zweite Eintheilung der Ethik nach Principien eines Systems der reinen praktischen Vernunft* (413), *Vom Princip der Eintheilung der Pflichten gegen sich selbst* (418), *Eintheilung* (448), *Eintheilung der Liebespflichten* (452). Die Zahlen in den Klammern verweisen auf die entsprechenden Seiten in der MS.
130 Die Einteilung der Pflichten in programmatischer Hinsicht ist ein viel diskutierter Gegenstand der Kant-Forschung; vgl. u. a. Ludwig (2013) und Hirsch (2017) sowie Abschnitt 4.2.

verschiedene programmatische Entwürfe aus den *Vorarbeiten* und den Vorlesungsnachschriften hinzunimmt. Im Folgenden soll daher nicht von der Programmatik, sondern von der konkreten Ausarbeitung und Darstellung der Pflichteneinteilung – genauer: der Tugendpflichten – in der *Ethischen Elementarlehre* ausgegangen werden. Es muss an dieser Stelle eine offene Frage bleiben, ob und wie diese Einteilung mit der Programmatik übereinstimmt.

Der systematischen Einteilung der Pflichten – wie sie Kant in der *Ethischen Elementarlehre* vorlegt – waren in seinen Werken und besonders in seinen Vorlesungen umfangreiche und vielschichtige Überlegungen vorausgegangen. Er war sich darüber im Klaren, dass alles, was er hierüber bisher in seinen Schriften zur Moralphilosophie vermerkt hatte, lediglich vorläufig und präzisierungsbedürftig war, denn eine „Eintheilung der Pflichten" hatte er sich – wie er in der *Grundlegung* bemerkt – „für eine künftige Metaphysik der Sitten [...] gänzlich vorbehalte[n]" (GMS, AA 04:421.31 ff.). Seine Leserschaft bestätigt diesen Eindruck eines Desiderats, wenn man ihn – wie etwa der Jenaer Philosoph Carl Schmid – um Erläuterungen der verschiedenen Arten und Grade von Pflichten ersucht (vgl. Br, AA 11:2).

Die Systematik der *Ethischen Elementarlehre* folgt in ihrer Gesamtheit einer genauen Ordnung und ganz bestimmten Einteilungsprinzipien, wie sie Abb. 17 zeigt: Die Tugendpflichten[131] werden zunächst [1] nach den Pflichtenadressaten in Pflichten gegen sich selbst und in Pflichten gegen andere Menschen eingeteilt. Die Pflichten gegen sich selbst werden sodann auf der nächsten Ebene in [2] vollkommene und unvollkommene Pflichten untergliedert. Danach führt Kant auf einer dritten Ebene eine Differenzierung ein zwischen Pflichten, die der Mensch [3], [4] „als animalisches (physisches) und zugleich moralisches" und die er „blos als moralisches Wesen" hat (TL, AA 06:420.2 f.).

Die Pflichten gegen andere Menschen werden eingeteilt in solche Pflichten, die der Mensch gegen andere Menschen [5] bloß als Mensch hat und in solche, die er gegen andere Menschen „in Ansehung ihres **Zustandes**" hat (ebd. 468.16). Diejenigen Pflichten, die der Mensch bloß als Mensch hat, werden [6] in Liebespflichten bzw. verdienstliche Pflichten einerseits und in Pflichten „der ihnen gebührenden Achtung" bzw. schuldige Pflichten andererseits untergliedert (ebd. 462.3; vgl. auch ebd. 448.10 f.).

---

[131] Bereits bei diesem Oberbegriff setzen die Probleme ein: Handelt es sich bei den vollkommenen Pflichten gegen sich selbst wirklich um Tugendpflichten? Sind es nicht eher innere Rechtspflichten? Sind dann die inneren Rechtspflichten eine Untergruppe der Tugendpflichten? Vgl. Ludwig (2013). Kant selbst spricht in der *Ethischen Elementarlehre* nur einmal davon, dass sowohl die Unterlassungspflichten als auch die Begehungspflichten „beide aber als Tugendpflichten" zu betrachten sind (TL, AA 06:419.24 f.). Vgl. Abschnitt 4.2.

Auf einer vierten Ebene des Ordnungssystems bildet Kant [3a], [3b], [3c], [4a], [4b], [6a], [6b] verschiedene Dreiergruppen von Pflichten, die unterschiedlichen Gliederungsprinzipien folgen. Auf der fünften Ebene können noch [5a] spezifische Pflichten oder genauer „modificirte Regeln" (ebd. 468.25) an das System „angehängt werden" (ebd. 469.10). Überlegungen zur [7] Freundschaft und zu den Umgangstugenden beschließen das gesamte Gliederungssystem.

In dieser Darstellung sollten die Unterteilungen [3], [4], [5] und [6] nicht als exklusive Alternativen aufgefasst werden. Es handelt sich eher um erweiternde und ergänzende Fokussierungen. Das heißt, dass z.B. allgemeinere Pflichten durch spezifischere Pflichten ergänzt bzw. konkretisiert werden. Dieser Einsicht entspricht auch Kants Gliederung, da in ihr jeweils ein *Erstes Hauptstück* von einem *Zweiten Hauptstück* unterschieden wird. Die Hauptstücke stellen dann jeweils keine exklusiven Alternativen dar, sondern gleichsam Erweiterungen. So gelten beispielsweise die Pflichten, die der Mensch *bloß* als moralisches Wesen hat, auch weiter für den Menschen als ein animalisches *und* zugleich moralisches Wesen.

Hinzuweisen ist auch noch auf eine Abweichung: In einer **Tafel** der *Eintheilung der Ethik* (ebd. 492.1f.) gibt Kant eine Übersicht über den Aufbau und die Gliederung der gesamten *Ethischen Elementarlehre*. Die dabei aufgelisteten Überschriften weichen aber von den Überschriften im Text ab. Diese Abweichungen betreffen nicht nur unwesentliche grammatische Differenzen (wie z.B. fehlende Artikel oder Kommata), sondern auch inhaltliche Aspekte. So ist in der **Tafel** meistens von *Pflichten* im Plural die Rede, während in den Textüberschriften nur der Singular gebraucht wird. Man darf diese Singularverwendung im Text aber wohl im generalisierenden Sinne verstehen, so dass die Abweichungen in diesem Punkte auch rein äußerlich sind und keine inhaltliche Differenz markieren. Anders verhält es sich, wenn in der **Tafel** von „ethischen Pflichten gegen Andere" (ebd. 493.12) die Rede ist und an der entsprechenden Textstelle dann von „Tugendpflichten gegen Andere" (ebd. 448.3). Darf man daraus schließen, dass die beiden Begriffe synonym verwendet werden? Eine andere gravierende Abweichung lässt sich bei der Überschrift „Von der Pflicht der Achtung für Andere" (ebd. 493.18) feststellen, die im Text folgendermaßen lautet: „*Von den Tugendpflichten gegen andere Menschen aus der ihnen gebührenden Achtung*" (ebd. 462.1f.). Hier haben sich Numerus, Begriff und Inhalt geändert.

Ich betrachte und analysiere nun die Gliederungsprinzipien im Einzelnen:

Ad [1]: Das im 18. Jahrhundert übliche Einteilungsschema der Pflichten ist die Pflichtentrias aus Pflichten gegen Gott, sich selbst und den Mitmenschen. Diese Dreiteilung der Pflichten lässt sich bis in moraltheologische Traktate des Mittelalters zurückverfolgen und findet von da her ihren Weg in die Neuzeit zu Puf-

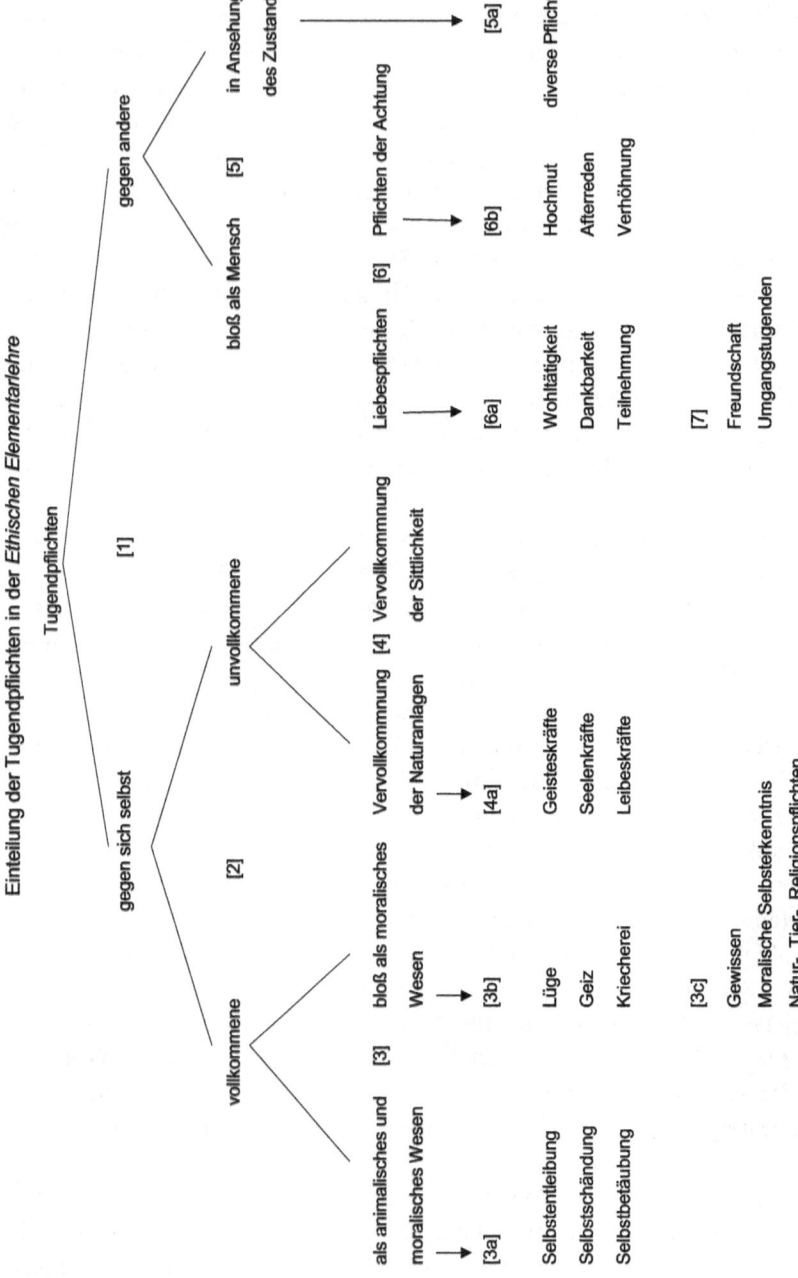

Abb. 17: Einteilung der Tugendpflichten

endorf: *De officio hominis et civis juxta legem naturalem* (1673) sowie zu Wolff: *Philosophia moralis sive ethica* (1751f.) und bis hin zu Baumgarten: *Ethica Philosophica* (1740).[132] Aber auch in gängigen Unterrichtsbüchern – z. B. Schunck: *Unterricht in den Pflichten des Menschen nach dem Gesetze der Natur* (1778) – ist diese Trias weit verbreitet und bildet das traditionelle Einteilungsschema. Kant revidiert bzw. reduziert diese Dreiteilung auf eine Zweiteilung, weil man „gegen Gott keine Pflichten haben kann" (V-MS/Vigil, AA 27:713.14). Dies ist eine Folge seiner grundlegenden Einsicht in der *Kritik der reinen Vernunft*, der zufolge Gott für uns niemals ein Gegenstand möglicher Erfahrung sein kann. Pflichten sind für Kant mit Handlungen und Wirkungen verknüpft, die es aber gegen Gott nicht geben kann.

Kant knüpft eine Pflicht gegenüber einem verpflichtenden Subjekt an zwei Doppel-Bedingungen:
1) Es muss eine Person sein und Rechte haben (vgl. HN, AA 19:496).
2) Es muss Gegenstand der Erfahrung sein und die Pflichthandlung muss auf es wirken können (vgl. TL, AA 06:442).

Aus diesen Bedingungen folgt, dass sämtliche übermenschliche Wesen (z. B. Gott, Engel und böse Geister) und auch sämtliche außermenschliche Wesen (z. B. Mineralien, Pflanzen und Tiere) als direkt verpflichtende Wesen bzw. Subjekte nicht in Frage kommen. Das bedeutet für Kant aber nicht, dass es keine Pflichten gegenüber Gott (Religionspflichten) oder gegenüber der unbelebten und erst recht der belebten Natur gibt, sondern nur, dass sich die entsprechenden Pflichten als Pflichten gegen uns selbst erweisen. Im Einzelnen ergeben sich folgende Konsequenzen:

a) Der Mensch hat keine direkten Pflichten gegenüber Gott. Entgegen einer langen und wirkmächtigen Tradition macht Kant deutlich, dass der Mensch gegenüber Gott keine Pflichten hat, und zwar nicht etwa deswegen, weil Gott keine Rechte hätte – ganz im Gegenteil, ist er doch nach Kant ein „Wesen, was lauter Rechte und keine Pflichten hat" (RL, AA 06:241.20f.), sondern einfach deswegen, weil er kein Gegenstand möglicher Erfahrung ist. Aus demselben Grund bestehen auch keinerlei Pflichten gegenüber bösen und guten Geistern (Teufeln und Engeln), wie Kant vergleichsweise ausführlich in seinen Vorlesungen ausführt (vgl. V-MS/Vigil, AA 27:710f.). Die traditionellen Pflichten gegen Gott werden bei Kant zu einer „Religionspflicht" (TL, AA 6:443.30) und es gilt: „Religion zu haben ist Pflicht des Menschen gegen sich selbst" (ebd. 444.7f.). Diese Pflicht besteht darin,

---

[132] Zur historischen Entwicklung der Pflichtentrias vgl. Kany (2016).

die in uns vorfindliche Idee von Gott auf das moralische Gesetz in uns anzuwenden.

b) Gegen leblose Wesen und Dinge, aber auch gegenüber lebenden Wesen wie Pflanzen und Tieren bestehen ebenfalls keine (direkten) Pflichten, weil diese „weder Rechte noch Pflichten haben" und somit „vernunftlose Wesen sind, die weder uns verbinden, noch von welchen wir können verbunden werden" (RL, AA 06:241.10 ff.). Die sinnlose Zerstörung der Natur und der grausame Umgang mit Tieren ist aber der Pflicht des Menschen gegen sich selbst zuwider, weil dadurch menschliche Gefühle für die Schönheit oder auch das Mitgefühl abgestumpft oder gar vernichtet werden. Da solche Gefühle aber die Moralität unterstützen und befördern, ist es pflichtwidrig, diesen natürlichen Anlagen und Empfindungsfähigkeiten entgegenzuwirken (vgl. TL, AA 06:443 sowie V-MS/Vigil, AA27:709 f.). Deswegen besteht eine indirekte „Pflicht der Enthaltung von gewaltsamer und zugleich grausamer Behandlung der Thiere" (TL, AA 06:443.11 f.). Ein mit Kants Ethik zu verknüpfender Tier- und Umweltschutz müsste daher dezidiert anthropozentrisch ausgerichtet und begründet werden.[133]

c) Eine heikle und diffizile Thematik in diesem Kontext stellen Leibeigenschaft und Sklaverei dar. Einerseits gilt Kants Ethik heute zurecht als eine – wenn nicht gar *die* – wichtige Bezugsgröße, wenn es um die universale Geltung der Menschenwürde und der Menschenrechte geht; andererseits bleibt Kant im Hinblick auf den Umgang mit Verbrechern und in seiner Sicht auf gewisse außereuropäische Völker tief den Ansichten seiner Zeit verhaftet. So bestehen – nach Kant – gegenüber Leibeigenen bzw. Sklaven keine Pflichten, da es sich um Wesen ohne Rechte handeln würde und diese folglich Menschen „ohne Persönlichkeit" wären (RL, AA 06:241.19 ff.). Kant benutzt in diesem Zusammenhang allerdings den Irrealis („würde" und „wären") und scheint damit seinem eigenen Zweifel über die Möglichkeit solcher Wesen Ausdruck zu geben: „Denn das wären Menschen ohne Persönlichkeit (Leibeigene, Sklaven)" (ebd. 241.24 f.). Obwohl Kant die Leibeigenschaft und die Sklaverei in späteren Schriften kritisiert und für gänzlich unvereinbar mit der Menschheit hält, weisen vereinzelte Stellen allerdings darauf hin, dass ein Mensch seine Menschheit wohl verlieren kann, wenn er ein schweres Verbrechen verübt und als unverbesserlich eingestuft werden muss (vgl. RL, AA 06:329 f. sowie HN, AA 19:546). Außerdem vermerkt Kant in einer Notiz: „Der Neger kann disciplinirt und cultivirt, niemals aber ächt civilisiert werden. Er verfällt von selbst in die Wildheit [...]. Amerikaner und Neger können sich nicht selbst regiren. Dienen also nur zu Sclaven" (HN, AA 15:878.17 ff.). Den „Begriff Neger" stuft er – als illustratives Beispiel für höhere und niedere Begriffe inner-

---

133 Vgl. Wood (1998) sowie Altman (2014), S. 13 ff.

halb seiner *Logik* – irgendwo *zwischen* dem „Begriff Thier" und dem „Begriff Mensch" ein (vgl. Log, AA 09:96.25f.). Wenngleich diese Bemerkungen gewiss nicht ins Zentrum der kantischen Ethik weisen, müssen sie doch als Ausdruck und Auffassung des Zeitalters, in dem Kant lebte, und eines ihm innewohnenden Rassismus betrachtet werden; Auffassungen, die selbst ein Denker vom Format Kants nicht zu überwinden vermochte (vgl. Kleingeld (2007)).

d) Eine interessante, aber auch komplexe Thematik liegt der Frage zugrunde, ob wir Pflichten gegenüber verstorbenen Menschen (insbesondere gegen unsere Vorfahren) und auch gegenüber zukünftigen Menschen (insbesondere gegen unsere Nachfahren) und gegenüber einer künftigen Menschheit als Ganzer haben.

Kant konstatiert und erläutert gewisse Pflichten gegenüber Verstorbenen, die unter anderem den guten Namen des Toten betreffen: Hier geht Kant von einem ethischen und zugleich rechtlichen Verbot der üblen und falschen Nachrede aus und konstatiert eine „unläugbare Erscheinung der *a priori* gesetzgebenden Vernunft, die ihr Gebot und Verbot auch über die Grenze des Lebens hinaus erstreckt" (RL, AA 06:295.26ff.). Des Weiteren erstreckt sich die Pflicht zur Dankbarkeit „auch auf die Vorfahren" (TL, AA 06:455.27). Obgleich Kant solche Pflichten der Lebenden gegenüber den Toten einräumt, stellt er zugleich fest, dass die Möglichkeit dazu „keiner Deduction fähig ist" (RL, AA 06:296.10f.).

Hinsichtlich der interessanten Frage, ob die Ethik Kants auch Pflichten gegenüber künftigen Generationen und der Menschheit als Ganzer begründen kann, hat die Auseinandersetzung mit der Kritik von Jonas bereits deutlich gemacht, dass Kants Ethik auch hier anschlussfähig ist und das dazu nötige begriffliche Potential mitbringt.

Es bleibt festzuhalten, dass das kantische Pflichtensystem im Gegensatz zu den meisten anderen Pflichtensystemen seiner Zeit nur zwischen Pflichten gegen sich selbst und gegen andere Menschen unterscheidet. Er reduziert die übliche Trias, indem er die Pflichten gegen Gott auf Pflichten gegen sich selbst zurückführt. Kant war sich darüber im Klaren, dass er mit diesem Schritt erheblich von der Tradition abweicht[134] und er fühlte sich offenbar genötigt, diesen Umstand am

---

134 Die allmähliche Herausbildung dieses Abweichens von der Tradition lässt sich anhand von Kants Vorlesungen zur Moralphilosophie gut nachverfolgen. Die Pflichten gegen Gott wurden in den Schriften zur Pflichtenlehre traditionellerweise vorangestellt; auch Kant hatte diese Anordnung lange Zeit beachtet, was sich anhand der Vorlesungsnachschriften *Kaehler* (1774/75) oder *Collins* (1784/85) nachvollziehen lässt. In der *Vigilantius*-Nachschrift (1793/94) jedoch wird der Abschnitt mit dem Titel *Pflichten gegen Gott* (V-MS/Vigil, AA 27:712.28) – in dem dann auch sogleich klargestellt wird, dass es solche Pflichten gar nicht geben könne – an das Ende der Schrift gerückt; in der *Metaphysik der Sitten* (1797) schließlich wird auf einen eigenen Religionsabschnitt innerhalb der Ethik ganz verzichtet.

Ende seiner *Metaphysik der Sitten* noch einmal explizit zu rechtfertigen. Denn im *Beschluß* kommt er wiederum auf das Thema zu sprechen, weshalb es innerhalb seiner Ethik keine Pflichten gegen Gott geben könne, „wie es sonst wohl gewöhnlich war" (TL, AA 06:488.3). Zu diesem Zweck verweist er auf die Grenzen der reinen praktischen Vernunft, innerhalb derer kein Platz für Pflichten gegen Gott sei. Das Ausmaß dieses Traditionsbruches wird nicht zuletzt auch an dem Umstand ersichtlich, dass Kants Zeitgenossen und auch spätere Generationen ihm in diesem Punkt nicht gefolgt sind. Pflichtenlehren nach Kant – z. B. eine *Sittenlehre für Volksschulen* (1808) oder der *Wissenschaftliche Abriß der christlichen Seelenlehre nach Johanneisch-apostolischen Principien* (1837) von Ludwig August Kähler – enthalten nach wie vor Abschnitte, die die Pflichten gegen Gott ausdrücklich thematisieren und sogar an die Spitze des Systems stellen. Kähler, der seit 1819 Professor für Theologie in Königsberg war, beginnt seine Pflichtenlehre etwa wie folgt:

> Der Ausdruck ‚Pflichten gegen Gott' hat seine besondere Schwierigkeit. Sobald Gott wesentlich gedacht wird, ist sein Wille der Grund des ganzen Pflichtenverhältnisses. Alle einzelnen Pflichten müssen auf ihn bezogen werden, als auf ihren letzten Grund. (Kähler (1837), S. 15)

Für den Theologen Kähler liegt der Grund der Verpflichtung in Gott und die Pflichten gegen Gott werden seinem Pflichtensystem vorangestellt. Doch nicht nur solche theologisch ausgerichteten Pflichtenlehren halten an der Trias fest. Selbst Kant nahestehende Philosophen – wie beispielsweise Gottlob Benjamin Jäsche – nehmen in ihre Sittenlehren nach wie vor eigene Abschnitte zu den Pflichten gegenüber Gott auf. Im Falle der *Grundlinien der Ethik oder philosophische Sittenlehre* (1824) von Jäsche wird ein entsprechender Abschnitt zwar an das Ende gehängt und mit dem Titel *Von den religiösen Tugendpflichten der Frömmigkeit, oder den sogenannten Pflichten gegen Gott* versehen (Jäsche (1825), S. 140), aber in der Subsumtion der religiösen Pflichten unter die Pflichten gegen sich selbst folgt er Kant damit nicht.

Pflichten können – für Kant jedenfalls – nur zwischen Menschen (als Personen) bestehen; darauf und auf die Grenzen der Ethik weist der letzte Satz seiner *Metaphysik der Sitten* hin, in dem es heißt, „daß die Ethik sich nicht über die Grenzen der wechselseitigen Menschenpflichten erweitern könne" (TL, AA 06:491.11 f.). Kants Traditionsbruch sowie dieses letzte Zitat lassen sich systematisch weiter denken und auch in eine Richtung einer „Ethik ohne Metaphysik" (so der programmatische Titel einer Aufsatzsammlung von Günther Patzig) wenden, die freilich in vielen Aspekten von Kants eigener Position abweichen müsste, aber deren Kern wohl bewahren könnte. Eine solche Ethik müsste sich freilich auch mit

Kant und über Kant hinaus erweitern lassen und sowohl die gesamte belebte als auch unbelebte Natur miteinbeziehen.

Ad [2]: Die Abgrenzungs- bzw. Differenzierungsproblematik zwischen vollkommenen und unvollkommenen Pflichten ist ein viel und intensiv traktierter Gegenstand innerhalb der Diskussion um das Naturrecht im 17. und 18. Jahrhundert.[135] Kant übernimmt diesen Pflichtendualismus und führt zur Differenzierung zwischen vollkommenen und unvollkommenen Pflichten in seinem Werk sehr unterschiedliche Kriterien an.[136] In der *Grundlegung* betont er den Unterschied zwischen Handlungen, deren Maxime „ohne Widerspruch nicht einmal als allgemeines Naturgesetz g e d a c h t werden kann", und Handlungen, deren Maxime zwar denkbar, aber „unmöglich zu w o l l e n" ist (GMS, AA 04:424.4 ff.). Die ersteren ergeben die vollkommenen und die letzteren die unvollkommenen Pflichten. Mit Bezug auf die vollkommenen Pflichten stellt Kant außerdem noch fest, dass sie „keine Ausnahmen zum Vorteil der Neigung verstatten" (ebd.421.34 f.). Sollte das so zu verstehen sein, dass unvollkommene Pflichten solche Ausnahmen gestatten? Das bleibt an dieser Stelle unklar.[137]

Diese Differenzierungen spielen in der *Tugendlehre* keine Rolle mehr. Eine „Erlaubniß zu Ausnahmen" (TL, AA06:390.10) gibt es dort weder für vollkommene noch für unvollkommene Pflichten und von einem Unterschied im Nicht-Denken-Können und Nicht-Wollen-Können ist explizit keine Rede mehr. Kant unterscheidet die vollkommenen und unvollkommenen Pflichten in der *Tugendlehre* mithilfe von folgenden Aspekten:

1. Vollkommene (einschränkende bzw. negative) Pflichten sind zunächst einmal dadurch gekennzeichnet, dass sie auf Gesetze für Handlungen abzielen, während unvollkommene (erweiternde bzw. positive) Pflichten lediglich auf Gesetze für Maximen der Handlungen abzielen (vgl. TL, AA 06:388 f.).
2. Damit handelt es sich bei den vollkommenen Pflichten um ganz bestimmte Handlungsverbote (z. B. Lüge nicht!), während die unvollkommenen Pflichten Zweckgebote darstellen, deren Handlungen unbestimmt bleiben (z. B. Kultiviere deine natürlichen Fähigkeiten!). Dem korrespondiert auch die Unterscheidung von Unterlassungs- und Begehungspflichten. Unbestimmt (und damit unvollkommen) bedeutet hierbei, dass die zum Erreichen der gebotenen Zwecke durchzuführenden Handlungen nicht genauer bestimmt sind. Die unvollkommenen Pflichten gestatten also einen Spielraum. Das zugrunde-

---

135 Vgl. Kersting (1982).
136 In der vorkritischen Phase verweist Kant auf das „starke Gesetz der Schuldigkeit" und das „schwächere der Gütigkeit" (TG, AA 02:335.4 f.). Vgl. hierzu Kersting (1982).
137 Zur Diskussion der Unterscheidung zwischen dem Nicht-Denken-Können und Nicht-Wollen-Können vgl. Kersting (1984), Schöndorf (1985) und Henning (2016).

liegende Gesetz bestimmt nicht die Art (wie) und den Grad (wie viel) der Handlungen (vgl. TL, AA 06:390).

3. Der Grund für diese unterschiedlichen Bestimmungsreichweiten liegt in den unterschiedlichen Prinzipien, die den vollkommenen und unvollkommenen Pflichten zugrunde liegen. Die vollkommenen Pflichten basieren auf der (moralischen) Selbsterhaltung (Seinspflichten: *ad esse*), welche es „dem Menschen in Ansehung des **Zwecks** seiner Natur ve r b i e t e n demselben zuwider zu handeln" (TL, AA 06:419.18 ff.). Damit wird hier nur „das Formale" relevant, das darin besteht, die Form der Gesetzmäßigkeit zu beachten und sich selbst nicht als bloßes Mittel zu gebrauchen. Die unvollkommenen Pflichten hingegen gebieten den Zweck der Selbstvervollkommnung und gehen über „das Formale" auf „das Materiale" (nämlich einen zu bewirkenden Zweck) hinaus (ebd. 419.16). Das hierbei zugrunde liegende „oberste Princip der Tugendlehre" geht nicht nur davon aus, dass ich mich selbst nicht bloß als Mittel gebrauchen darf, sondern erweitert sich zu der Forderung, meine Fähigkeiten zu vervollkommnen und auch meine „W o h l h a b e n h e i t (*ad melius esse*)" zu befördern (TL, AA 06:419.28 f.). (Diese unterschiedlichen Prinzipien lassen sich natürlich auch auf die Pflichten gegenüber anderen beziehen. Dann geht es darum, den anderen nicht zu schaden und ihre Glückseligkeit zu befördern.)

4. Der Unterschied zwischen den vollkommenen und den unvollkommenen Pflichten gegen sich selbst kann auch so beschrieben werden, dass die vollkommenen Pflichten das „Recht der Menschheit in unserer eigenen Person" betreffen und die unvollkommenen den „Zweck der Menschheit in unserer Person" (vgl. TL, AA 06:240).

5. Kant fügt noch an, dass der Grundsatz der vollkommenen Pflichten gegen sich selbst in dem stoischen Grundsatz liegt: „lebe der Natur gemäß (*naturae convenienter vive*), d. i. e r h a l t e dich in der Vollkommenheit deiner Natur" (TL, AA 06:419.33 f.). Während für die unvollkommenen Pflichten gegen sich selbst gilt: „mache dich vollkommener, als die bloße Natur dich schuf (*perfice te ut finem; perfice te ut medium*)" (ebd. 419.34 f.).

Der Pflichtendualismus zwischen vollkommenen und unvollkommenen Pflichten ist konstitutiv für die Pflichteneinteilung in der Ethik Kants und basiert – mit dem formalen Gesetz für Handlungen einerseits und dem materialen Tugendprinzip der Zwecklehre andererseits – auf fundamentalen Prinzipien seiner Ethik.

Stellt man die äußerst gedrängten Ausführungen vom losen Blatt F 6 in den *Vorarbeiten* zur *Tugendlehre* (HN, AA 23:393 ff.) als eine von vielen Stellen zur Pflichteneinteilung tabellarisch gegenüber, ergibt sich die Übersicht in Tab. 5.

Tabelle 5: Vollkommene und unvollkommene Pflichten

Aspekt	vollkommene Pflicht	unvollkommene Pflicht
Form der Verbindlichkeit	vollkommene Verbindlichkeit = *obligatio perfecta*	unvollkommene Verbindlichkeit
Form der Verbindlichkeit mit Bezug auf das Gesetz	das Gesetz ist streng bzw. eng verpflichtend = *stricte obligans*	das Gesetz ist von weiter Verbindlichkeit = *late obligans*
Spielräume und Ausnahmen	Keine	*Spielräume* beim *Wie* und *Wieviel* Einschränkung einer Pflicht durch eine andere Wahl mithilfe pragmatischer Imperative
Materie der Verbindlichkeit	keine (nur Form)	Gesetze bestimmen auch einen *Zweck* (Form + Materie)
	schuldige Pflichten	verdienstliche Pflichten
Pflichten aus dem Recht oder dem Zweck	*Rechtspflichten*	*Tugendpflichten*
	Unterlassungspflichten	Begehungspflichten
	negative Pflichten	positive Pflichten
	unnachlassliche Pflichten	nachlassliche Pflichten
Weitere Differenzierungen	Rechtspflichten = *officia iuris* a) innere = *officia iuris interni* ≙ Pflichten gegen sich selbst b) äußere = *officia iuris externi* = *officia iuridica* ≙ Pflichten gegen andere	Tugendpflichten = *officia ethica* a) *officia ethices ethica* b) *officia ethices iuridica* [≙ alle Pflichten]

Bei dieser Gegenüberstellung ist allerdings Vorsicht geboten. Zum einen bezieht sie sich nur auf eine Textstelle aus den *Vorarbeiten* und ist mit anderen Textstellen der *Vorarbeiten* sowie den Veröffentlichungen nicht völlig in Deckung zu bringen. Zum anderen zeigen die vielen und gründlichen Diskussionen zur Einteilung der Pflichten und den terminologischen Unterscheidungen,[138] dass eine solche einfache Gegenüberstellung der komplexen Sachlage nicht gerecht wird. Vier Beispiele mögen das illustrieren: (1) Vollkommene Pflichten – wie z. B. das Selbsttötungsverbot – könnte man auch als Begehungspflichten interpretieren, denn

---

138 Exemplarisch sei hier auf Denis (2006) sowie Ludwig (2013) verwiesen.

wenn man sich nicht tötet, tut man eo ipso etwas für seine Selbsterhaltung. Unvollkommene Pflichten könnten auch als Unterlassungspflichten aufgefasst werden. Wem die Not anderer nicht gleichgültig ist, zeigt Hilfsbereitschaft (vgl. Höffe (³2000), S. 220 f.). (2) Kant selbst bezeichnet sowohl die Unterlassungspflichten als auch die Begehungspflichten als Tugendpflichten (vgl. TL, AA 06:419) und (3) bestimmte Rechtspflichten kennzeichnet er als positive Pflichten (vgl. HN, AA 19:243, R 7078). (4) Die unvollkommene Pflicht gegen sich selbst in sittlicher Absicht wird von Kant ihrer Qualität nach als „enge und vollkommene" Pflicht charakterisiert (TL, AA 06:446.25 f.). Diese Differenzierung deutet an, dass die Sachlage im Detail komplizierter ist, als es die Zusammenstellung suggeriert. Man wird immer der Perspektive und dem Gesichtspunkt Rechnung tragen müssen, aus dem eine bestimmte terminologische Zuschreibung erfolgt. Die Sachlage kann im Einzelnen sehr verwickelt sein.

Diese Beispiele weisen darauf hin, dass die terminologischen Unterschiede nicht in jedem Fall als strenge Disjunktionen aufgefasst werden sollten und dass die Gegenüberstellung cum grano salis zu nehmen ist. Trotz vieler Probleme im Detail kann es als Kants Verdienst angesehen werden, die Diskussion um die Unterscheidung von vollkommenen und unvollkommenen Pflichten auf eine neue Grundlage gestellt zu haben.

Ad [3]: In seiner Vorlesung zur Moralphilosophie im Wintersemester 1793/94 weist Kant darauf hin, dass die vollkommenen Pflichten gegen sich selbst bislang noch nicht systematisch entwickelt worden seien, weil es hierzu an einem Prinzip fehle. Damit bleibt sowohl ihre systematische Einteilung innerhalb einer Pflichtenlehre als auch das Problem ihrer Vollständigkeit ein Desiderat, welches auch Kant in der Vorlesung noch nicht beseitigt. Denn auch er gibt lediglich eine Erläuterung in „fragmentarischer Art" (V-MS/Vigil, AA 27:604.32) und listet dabei folgende Pflichtverletzungen auf: a) Lüge, b) Widerruf, c) Schuldenmachen, d) Betteln, e) Verzagtheit, f) filzige Kargheit, g) Schmarotzertum, h) Beleidigungen, die man nicht vergilt, i) Bilderdienst und Prosternation (Fußfall vor religiösen Gegenständen) (vgl. ebd. 604 ff).

Kant verwirft die traditionelle Einteilung in Pflichten gegen die Seele und gegen den Körper, die er unter anderem in Baumgartens *Ethica Philosophica* finden konnte (vgl. ebd. 607). Denn zum einen kann immer nur der Mensch als verpflichtendes Subjekt fungieren und nicht einzelne Teile von ihm und zum anderen sind wir „weder durch Erfahrung, noch durch Schlüsse der Vernunft hinreichend darüber belehrt, ob der Mensch eine Seele [als vom Körper unabhängige geistige Substanz] enthalte" (TL, AA 06:419.7 ff.). Schließlich wäre – drittens – auch keinerlei Pflicht gegen den Körper (als verpflichtendes Subjekt) denkbar, da dieser alleine keine Person ist.

In der wenige Jahre später veröffentlichten *Tugendlehre* führt Kant dann folgende Differenzierung ein: Mit Hinblick auf eine subjektive Einteilung der vollkommenen Pflichten gegen sich selbst wird der Mensch „entweder als **animalisches** (physisches) und zugleich moralisches, oder **blos als moralisches** Wesen betrachtet" (TL, AA 06:420.2f.). Kant unterscheidet somit zwei Aspekte des Menschen. Zum einen kann der Mensch als Naturwesen betrachtet werden und dann rückt seine physische Beschaffenheit – und damit das die menschliche „Existenz in Raum und Zeit" Betreffende (RL, AA 06:296.22) – in den Vordergrund. Hierbei könnte man wohl im modernen Wortsinn genauer von der physiologischen Beschaffenheit des Menschen als der Gesamtheit aller seiner Lebensvorgänge sprechen. Kant unterscheidet in der *Tugendlehre* drei „Antriebe der Natur", nämlich a) die Selbsterhaltung, b) die Arterhaltung sowie c) „die Erhaltung seines Vermögens zum [...] Lebensgenuß" (TL, AA 06:420.4ff.). Diese menschlichen Grundtriebe verknüpft Kant mit der „Thierheit" des Menschen und betont damit das animalische Moment des Menschen. Zum anderen kann der Mensch aber auch als intelligibles oder moralisches Wesen betrachtet werden und dann steht nur seine „moralische Beschaffenheit" im Fokus (ebd. 390.4). Der Mensch darf sich des „Vorzugs eines moralischen Wesens, nämlich nach Principien zu handeln, d. i. der inneren Freiheit, nicht beraube[n]" (ebd. 420.17f.).

Sowohl die physiologischen Beschaffenheiten und mehr noch die moralischen Beschaffenheiten des Menschen gilt es zu erhalten. Daraus nun ergeben sich für Kant ganz spezifische Erhaltungspflichten[139] bzw. Verbote: die Selbstentleibung (§ 6), die Selbstschändung (§ 7) sowie die Selbstbetäubung (§ 8) auf der einen Seite und die Lüge (§ 9), der Geiz (§ 10) sowie die Kriecherei (§§ 11 und 12) auf der anderen Seite. Hinzu kommen noch die vollkommenen Pflichten zum Gewissen (§ 13) und der moralischen Selbsterkenntnis (§§ 14 und 15) sowie die Pflichten gegenüber nicht-menschlichen Entitäten, insbesondere die Religionspflichten (§§ 16 – 18).

Ad [3a]: In Korrespondenz zu den drei „Antrieben der Natur" nennt Kant drei vollkommene Pflichten gegen sich selbst als animalisches Wesen bzw. drei Verbote: Selbstentleibung (§ 6), Selbstschändung (§ 7) und Selbstbetäubung (§ 8). Kant erläutert nicht, wie und warum er zu genau diesen drei (An-)Trieben bzw. Verboten gelangt. In anderen Zusammenhängen verweist er auf die „natürlichen Triebe zur Nahrung, zum Geschlecht, zur Ruhe, zur Bewegung und (bei der Entwicklung unserer Naturanlagen) die Triebe zur Ehre, zur Erweiterung unserer

---

[139] Der Begriff der Selbsterhaltung hat bei Kant einen doppelten Sinn – einen empirischen und einen moralischen. Die biologische Selbsterhaltung ist zwar die erste und grundlegende Pflicht, steht aber im Dienst der moralischen Selbsterhaltung, welche die vornehmste und – wenn man so will – höherrangige Pflicht darstellt.

Erkenntniß u. d. gl." (MS, AA 06:215.31 f.). Den drei Trieben, welche die Pflichteneinteilung strukturieren, ist gemeinsam, dass es sich um sehr basale Erhaltungstriebe handelt. Das kann man von dem Trieb nach Ehre oder gar vom Erkenntnistrieb nicht in gleicher Weise behaupten, da diese Triebe eine gewisse Entwicklung und auch eine gesellschaftliche Einbettung voraussetzen. Im Hinblick auf den Trieb zur Ruhe und Bewegung (als Komplemente eines gemeinsamen Triebes betrachtet) scheint nun aber eine gewisse Beliebigkeit erkennbar: Warum hat Kant diesen Trieb nicht in die Reihe der Erhaltungstriebe aufgenommen? Warum gibt es beispielsweise kein Verbot exzessiver Bewegung bzw. der Bewegungslosigkeit und damit einhergehender Zustände der Erschöpfung bzw. Verwahrlosung (analog zu den Verboten zum übermäßigen Essen und Trinken)? Oder sollte man das Verbot dieser Zustände unter das Verbot der Selbstbetäubung im weitesten Sinne subsumieren? Es bleiben mit Blick auf die von Kant angeführte Dreiergruppe Fragen offen. Dass den drei „Antrieben der Natur" eine gewisse Beliebigkeit anhaftet, legen auch Ausführungen in der *Religionsschrift* nahe, denn hier ist zwar auch von drei Trieben die Rede, allerdings wird der dritte Trieb als „Trieb zur Gesellschaft" gekennzeichnet (RGV, AA 06:26.12). Da Kant im Kontext der Pflichteneinteilung der *Tugendlehre* die vollkommenen Pflichten allerdings explizit als Erhaltungspflichten charakterisiert und ein Gesellschaftstrieb im engeren Sinne kaum als Erhaltung aufzufassen ist, ist es naheliegend, diesen natürlichen Trieb herauszunehmen und durch den Trieb zur Erhaltung des Lebensgenusses zu ersetzen. Wie auch immer: Eine genauere Erklärung zur Einteilung der vollkommenen Pflichten gegen sich selbst als eines animalischen Wesens und damit eine Explikation der Dreiergruppe bleibt Kant schuldig.

Ad [3b]: Die moralische Selbsterhaltung ist im Grunde durch ein einziges Verbot, nämlich das Verbot der Selbst-Entwürdigung bestimmt: Ich darf mich selbst nicht zu einem bloßen Mittel degradieren und mich meiner Freiheit und Würde berauben. Viele Handlungen sind vorstellbar, in denen das geschieht: lügen, betteln, vor anderen niederknien u. a. Kant legt hier seiner weiteren Einteilung erneut eine Dreiergruppe zugrunde, deren Zustandekommen aber wiederum nicht näher erläutert oder gar begründet wird: Lüge (§ 9) – Geiz (§ 10) – Kriecherei (§§ 11 und 12).

Die Lüge wird als ein Verstoß gegen die Pflicht zur „Wahrhaftigkeit" (TL, AA 06:429.6), der Geiz (besser als *avaritia* also Gier zu verstehen) als ein Verstoß gegen die Pflicht der angemessenen Beachtung seiner „wahren eigenen Bedürfnisse" (ebd. 432.12) und die Kriecherei als ein Verstoß gegen die Pflicht zur „Selbstschätzung" (ebd. 435.21) aufgefasst. Alle drei Verstöße verletzen die eigene Würde. Während Kant dies für die Lüge und die Kriecherei explizit herausarbeitet, nimmt er bei seinen Ausführungen zum Geiz keinen Bezug auf den Würdebegriff. Überhaupt ist diese Pflichtverletzung – verstanden als Verletzung einer vollkommenen Pflicht gegen sich selbst als einem bloß moralischen Wesen – sehr problematisch. Der Sache nach geht es darum, die Mittel des Wohllebens im Hinblick auf meinen Lebensgenuss in dem Maße zu erwerben, zu erhalten und zu gebrauchen, wie es meine „wahren eigenen Bedürfnisse" erfordern. Verschwendung (habsüchtiger Geiz) einerseits und Knausrigkeit (karger Geiz) andererseits würden den Punkt verfehlen. Für Kant ist es somit ausdrücklich verboten, den eigenen Lebensgenuss gemäß seiner wahren Bedürfnisse zu vernachlässigen. Diese Explikation erinnert sehr stark an die bekannte indirekte Pflicht, seine eigene Glückseligkeit zu sichern aus der *Grundlegung*:

> Seine eigene Glückseligkeit sichern, ist Pflicht (wenigstens indirect), denn der Mangel der Zufriedenheit mit seinem Zustande in einem Gedränge von vielen Sorgen und mitten unter unbefriedigten Bedürfnissen könnte leicht eine große Versuchung zu Übertretung der Pflichten werden. (GMS, AA 04:399.3 ff.)

Wie immer es mit dem genauen Verhältnis zwischen dieser indirekten Glückspflicht aus der *Grundlegung* und dem Geiz-Verbot in der *Tugendlehre* aussehen mag, es bleibt problematisch zu erweisen, inwiefern es sich dabei um eine Pflicht gegen sich selbst bloß als eines moralischen Wesen handeln kann. In Bezug auf den Menschen als eines (ausschließlich) intelligiblen und moralischen Wesens betrachtet kann doch von Bedürfnissen gar nicht die Rede sein. Sollte also das Geiz-Verbot nicht besser als eine vollkommene Pflicht gegen sich selbst als ein animalisches (und zugleich moralisches) Wesen aufgefasst werden?

Das Verbot der Kriecherei bzw. (positiv gewendet) das Gebot der Selbstschätzung illustriert Kant anhand von „folgenden Beispielen" (TL, AA 06:436.16 f.) vergleichsweise ausführlich:
- Werdet keine Knechte!
- Lasst eure Rechte von anderen nicht mit Füßen treten!
- Macht keine Schulden, für die ihr keine Sicherheiten leistet!
- Nehmt keine Wohltaten an, die ihr nicht braucht!
- Seid keine Schmarotzer, Schmeichler oder Bettler!
- Seid wirtschaftlich!
- Klagt und jammert nicht bei Schmerzen!
- Zeigt euch standhaft (selbst im Tod)!
- Kniet weder vor Menschen noch vor Göttern nieder!

Ad [3c]: Ob es sich bei dieser Zusammenstellung wirklich noch um eine systematische und zusammenhängende Dreiergruppe (aus einem Prinzip) handelt, kann sowohl mit Blick auf die Überschriften als auch im Hinblick auf die sachlichen Erläuterungen in den Paragraphen bezweifelt werden. Die Dreiergruppe mag mehr der äußeren Struktur als dem inneren Zusammenhang und Sachgehalt geschuldet sein. Den ersten Abschnitt betitelt Kant mit: *Von der Pflicht des Menschen gegen sich selbst, als den angebornen Richter über sich selbst* (ebd. 437.29 f.). Den zweiten Abschnitt mit: *Von dem* **ersten Gebot** *aller Pflichten gegen sich selbst* (ebd. 441.2). Und den dritten Abschnitt, den er allerdings als *episodischen* Abschnitt charakterisiert, betitelt er mit: *Von der* **Amphibolie** *der moralischen* **Reflexionsbegriffe:** *das, was Pflicht des Menschen gegen sich selbst ist, für Pflicht gegen Andere zu halten* (ebd. 442.3 ff.). Allein diese Überschriften verweisen bereits auf sehr heterogene Inhalte: Im ersten Abschnitt wird die Funktionsweise des Gewissens und das damit verknüpfte Problem des „doppelte[n] Selbst" expliziert (ebd. 439.22). Ein direktes Handlungsverbot sucht man aber vergebens. Die Pflicht, auf die es hier ankommt, kann nicht darin bestehen, „sein Gewissen zu cultiviren" und seine „Aufmerksamkeit auf die Stimme des inneren Richters zu schärfen" – wie es Kant in anderem Zusammenhang formuliert (ebd. 401.19 ff.) –, denn dabei handelt es sich eindeutig um weite und somit unvollkommene Pflichten, die einen Spielraum lassen. Als vollkommene Pflicht käme m. E. nur die Forderung in Frage, sein Gewissen nicht „durch Lüste und Zerstreuungen [zu] betäuben" (ebd. 438.18), doch ein solches Verbot findet man im betreffenden Text nicht. Ein solches Verbot würde aber inhaltlich zu den vorangegangenen Erhaltungspflichten passen.

Im zweiten Abschnitt – in dem es um die moralische Selbsterkenntnis als dem ersten Gebot geht – werden zwei Pflichten explizit genannt, welche aus diesem ersten Gebot folgen: (1) „Unparteilichkeit in Beurtheilung unserer selbst in Vergleichung mit dem Gesetz" und (2) „Aufrichtigkeit im Selbstgeständnisse seines inneren moralischen Werths oder Unwerths sind Pflichten gegen sich selbst" (ebd. 441 f. 31 ff.). Dies sind natürlich keine Verbote, sondern Gebote, die sich aber leicht zu entsprechenden Verboten umformulieren lassen: Sei nicht parteiisch oder unehrlich in deiner Selbstbeurteilung! Aber auch hierzu finden sich keine weiteren Erläuterungen.

Schließlich verweist Kant im dritten, episodischen Abschnitt auf (1) Pflichten des Menschen gegen sich selbst im Hinblick auf die unbelebte Natur, (2) im Hinblick auf die belebte, aber vernunftlose Natur (z. B. Tiere) und schließlich noch auf die (3) Religionspflichten. Während die ersten beiden Pflichten als Verbote im Text zu finden sind, nämlich als Zerstörungsverbot und als Verbot der Quälerei, hat man es in der Forderung „Religion zu haben ist Pflicht des Menschen gegen sich selbst" (ebd. 444.7 f.) mit einer positiven Formulierung zu tun, die sich aber auch schnell zu einem Verbot umformulieren ließe.

Die drei Abschnitte weisen m. E. keinen inneren Zusammenhang und kein inneres Prinzip auf, aus dem man sie ableiten könnte; trotz ihrer Heterogenität und sehr verschiedener Funktionen kann man aber in allen dreien (direkt oder indirekt) gewisse vollkommene Pflichten des Menschen gegen sich selbst als einem moralischen Wesen erkennen bzw. daraus rekonstruieren.

Ad [4]: Die unvollkommenen Pflichten gegen sich selbst sind Pflichten der eigenen Vervollkommnung. Kant unterscheidet zwischen der physischen und der moralischen Natur des Menschen. In „pragmatischer Absicht" geht es um die **„Naturvollkommenheit"** des Menschen als ein vernünftiges Naturwesen (ebd. 444.15f.) und „in blos sittlicher Absicht" um die „Erhöhung seiner **moralischen** Vollkommenheit" (ebd. 446.11).

Die Naturvervollkommnung betrifft die Naturanlagen des Menschen als eines frei handelnden und vernünftigen Wesens, d. h., es geht um die Vervollkommnung der Geistes-, Seelen- und Leibeskräfte des Menschen. Kant benennt eine Pflicht zur eigenen „physischen Vollkommenheit" als „der Tauglichkeit oder Untauglichkeit zu allerlei dir beliebigen oder auch gebotenen Zwecke" (ebd. 441.5f.). Und zwar nicht als ein Vorteil, den die Kultivierung der Fähigkeiten verschaffen kann, sondern als ein „Gebot der moralisch-praktischen Vernunft [...] ein dem Zweck seines Daseins angemessener Mensch zu sein" (ebd. 445.3ff.).

Hierbei ist es unmittelbar einsichtig, dass es sich bei dieser Pflicht um eine unvollkommene Pflicht handelt, denn in diesem Fall ist nur der Zweck der Maxime, nicht aber die Handlung, die dahin führt, bestimmt. Mithin besteht ein Spielraum im Hinblick auf die Art und Weise der auszuübenden Handlungen und auch im Hinblick auf den Grad bzw. die Intensität, mit der ich die Vervollkommnung meiner Naturkräfte anstrebe. In diesem Zusammenhang macht Kant auch deutlich, dass es jedem selbst „in Ansehung der Lust zu einer gewissen Lebensart und zugleich der Schätzung seiner dazu erforderlichen Kräfte" (ebd. 445.31f.) überlassen bleiben muss, welche physischen Kräfte er in welchem Maße zu vervollkommnen strebt. Dort, wo es der moralische Spielraum gestattet, wird die Lust bei Kant zu einem Entscheidungskriterium und es ist unangemessen, der Ethik Kants per se eine Lustfeindlichkeit zu unterstellen. Im Gegenteil: Kant hat eine freudlose, finstere und mürrische Mönchsasketik stets genauso zurückgewiesen wie einen schrankenlosen Hedonismus. Die harmonische Verbindung von Tugendhaftigkeit und Lebensgenuss im Leitbild des „jederzeit fröhliche[n] Herz in der Idee des tugendhaften Epikurs" (ebd. 485.5) wird zu einem wichtigen Leitgedanken seiner Ethik.

Die moralische Vollkommenheit bestimmt Kant in zweierlei Hinsicht: zum einen subjektiv als „Lauterkeit (*puritas moralis*) der Pflichtgesinnung", worunter er das Handeln „aus Pflicht" versteht (ebd. 446.13ff.). Und zum anderen objektiv als „Erreichung der Vollständigkeit des moralischen Zwecks" (ebd. 446.19f.). Kant formuliert beide Aspekte auch als Imperative im Plural: „Seid heilig" und „seid vollkommen" (ebd. 446.17ff.). Die zweite Bestimmung bleibt undeutlich, denn es ist nicht ganz klar, was Kant mit der „Vollständigkeit des moralischen Zweckes" meint, die zu erstreben (aber nicht zu erreichen) er zur Pflicht erhebt.

Zusammenfassend lässt sich festhalten, dass die unvollkommenen Pflichten gegen sich selbst sowohl eine Vervollkommnung der menschlichen Naturkräfte als auch eine Vervollkommnung der menschlichen Moral einfordern. Der erste Prozess könnte – zwei Termini aus der *Anthropologie* aufgreifend – als Kultivierung und der zweite als Moralisierung aufgefasst werden (vgl. Anth, AA 07:326). Die Moralisierung umfasst sowohl das Handeln aus Pflicht als auch das Erstreben und die Beförderung des ganzen moralischen Zwecks (vgl. Abschnitt 4.8.2).

Ad [4a]: Die unvollkommenen Pflichten des Menschen gegen sich selbst im Hinblick auf seine Naturvollkommenheit bezieht Kant – ohne diese Einteilung näher zu begründen – auf drei „Naturkräfte", nämlich Geistes-, Seelen- und Leibeskräfte (ebd. 444.18). Er bezieht diese Naturkräfte bzw. Naturanlagen auf die Absicht der „physischen Vollkommenheit" (ebd. 445.28), womit deutlich werden dürfte, dass diese drei Naturkräfte in Zusammenhang mit der physischen (und nicht bloß mit der moralischen) Beschaffenheit des Menschen zu sehen sind. Kant charakterisiert diese drei Naturkräfte zum einen im Hinblick auf die Vermögen, die ihnen zugrunde liegen, und zum anderen im Hinblick auf die Funktionen bzw. Zwecke, die sich mit diesen Naturkräften bewirken lassen: So sind die Geisteskräfte in ihrer Ausübung nur durch die Vernunft bestimmt und bringen Erkenntnisse a priori hervor (z. B. Mathematik, Logik und Metaphysik). Die Seelenkräfte dienen der Befriedigung beliebiger Absichten und stützen sich auf den Verstand und werden „am Leitfaden der Erfahrung" (ebd. 445.18) geführt. Die Leibeskräfte schließlich sind die Mittel bzw. Werkzeuge des menschlichen Körpers (z. B. die Hände), derer sich der Mensch bedient, um seine Zwecke zu erreichen.

Alle drei physischen Naturkräfte soll der Mensch entwickeln und ausbauen, wobei über die Art und Weise und den Grad, in welchem dies geschehen soll, nichts Bestimmtes gesagt bzw. geboten werden kann, denn es handelt sich um unvollkommene Pflichten mit Spielräumen. Es gilt die Maxime: „Baue deine Gemüths- und Leibeskräfte zur Tauglichkeit für alle Zwecke an" (ebd. 392.17f.). Ob man hierbei die Lebensweise eines Gelehrten, eines Kaufmannes oder eines Handwerkers wählt, bleibt jedem nach seinen Interessen und Neigungen selbst überlassen. Diese drei Berufsgruppen scheinen als Repräsentanten den drei Naturkräften zu korrespondieren.

Ad [5] und [5a]: Kant differenziert innerhalb der Pflichten gegenüber anderen Menschen zwischen Pflichten gegen andere „blos als Menschen" (betrachtet) im *Ersten Hauptstück* (TL, AA 06:448.4f.) und „**ethischen Pflichten der Menschen gegen einander in Ansehung ihres Zustandes**" im *Zweiten Hauptstück* (ebd. 468.14f.). Diese Unterscheidung ist nicht im Sinne einer sich ausschließenden Alternative aufzufassen. Vielmehr kommt durch den Begriff des Zustandes[140] eine nähere Bestimmung hinzu, welche den Menschen hinsichtlich seiner „Beschaffenheit" oder seiner „zufälligen Verhältnisse" genauer charakterisiert (ebd. 468.7 f.).[141] Wenn also von der „Pflicht gegen Andere nach Verschiedenheit ihres Zustandes" (ebd. 493.20) die Rede ist, dann sind damit kontingente Eigenschaften und Verhältnisse gemeint, die spezifische Pflichten[142] mit sich bringen. Exemplarisch nennt Kant an verschiedenen Stellen oft drei Zustände: Alter, Geschlecht und Stand.[143] Eine eigene systematische Anordnung dieser Pflichten hat er nicht ausgearbeitet. In seinen Vorlesungen zur Moralphilosophie orientiert er sich im Hinblick auf die Gliederung weitgehend an der *Ethica Philosophica* von Baumgarten. Dort erscheinen diese Pflichten als „officia specialia" und werden gegliedert 1) „respectu animae", 2) „respectu corporis" sowie 3) „respectu status externi" (Baumgarten ap. V-MS/Vigil, AA 27:989). Kant hat diese Einteilung kritisiert,[144] aber nicht durch eine eigene Ordnung ersetzt.

Betrachtet man den § 45 der *Tugendlehre*, so erhält man die folgende Liste von Zuständen, die Kant aus Baumgartens *Ethica Philosophica* übernommen hat:
- den moralischen Zustand eines Menschen (tugendhaft oder lasterhaft),
- den natürlichen Entwicklungsstand eines Menschen (kultiviert oder roh/wild),
- die Unterscheidung des Berufsstandes: Gelehrter oder Ungelehrter,
- den Stand eines Menschen (z. B. im Sinne der Ehre),

---

140 Vgl. Abschnitt 3.1.5.2.
141 Es bleibt eine offene Frage, warum Kant die Differenzierung zwischen Pflichten, die man bloß als Mensch hat, und solchen, die man in Ansehung eines bestimmten Zustandes hat, lediglich auf Pflichten gegenüber anderen bezieht und nicht – was zu erwarten wäre – auch bei den Pflichten gegen sich selbst zur Anwendung bringt. Pflichten gegen sich selbst im Hinblick auf seine Gesundheit, die Arbeit, den Erwerb von Geldmitteln und Besitz sowie die eigene Lebensführung wären möglich und finden sich zum Teil auch recht ausführlich in anderen Pflichtenlehren der Zeit (z. B. Schunck (1778) oder *Sittenlehre für Volksschulen* (1808)). Doch solche spezifischen Pflichten vermisst man in der *Tugendlehre*. Tatsächlich hatte Kant in früheren Vorlesungen zur Moralphilosophie die „Pflichten gegen sich selbst in Ansehung des äusseren Zustandes" ausführlich thematisiert (Kant (2004), S. 250).
142 Ich bezeichne sie als *spezifische Pflichten*, da sie aus derjenigen Anwendungsprozedur hervorgehen, die ich als Spezifizierung bezeichne, vgl. Abschnitt 3.2.
143 Vgl. V-MS/Vigil, AA 27:461.3 und 466.5 und 1578.9 f. sowie TL, AA 06:468 f. und Kant (2004), S. 349 und S. 358.
144 In der Vorlesungsnachschrift *Kaehler* – vom Wintersemester 1774/75 – erfolgt die Gliederung noch zu großen Teilen nach dem Muster von Baumgartens Werk (vgl. Kant (2004), S. 349 ff.). In der *Metaphysik der Sitten* von 1797 wird eine Einteilung in Körper und Seele als verschiedene verpflichtende Substanzen zurückgewiesen, weil immer nur der ganze Mensch verpflichtendes und verpflichtetes Subjekt sein könne (vgl. TL, AA 06:419).

- das Alter,
- das Geschlecht,[145]
- den Gesundheitszustand,
- den Besitzstand, nämlich Wohlhabenheit oder Armut.

Diese Liste lässt sich noch durch andere Stellen und Hinweise wie folgt ergänzen:
- die Abstammung (ebd. 468.8),
- den Zustand von Stärke oder Schwäche (ebd. 468.9),
- den Zustand der Würde (ebd. 468.9),[146]
- Pflichten gegen andere „als unsere Mitbürger" (V-MS/Vigil, AA 27:466.12),
- Pflichten gegen „bemittelte u. unbemittelte" (HN, AA 23:403.10),
- Pflichten gegen „Feinde" (HN, AA 23:403.10).

In der Vorlesungsnachschrift *Colins* wird angemerkt, dass die „Moral ein unerschöpfliches Feld" darstelle, auf dem es nicht nur spezifische Pflichten gegen „Gesunde und Kranke", sondern auch „Pflichten gegen Schöne und Häßliche, gegen Große und Kleine" gebe (V-Mo/Collins, AA 27:466.13 ff.). Es wird damit deutlich, dass die Gesamtheit der menschlichen Zustände und damit auch die Liste der daraus ‚ableitbaren' spezifischen Pflichten als unüberschaubar und wohl auch als unabschließbar angesehen werden muss. Die Liste ist also unvollständig und muss es prinzipiell auch bleiben.

Da es sich um empirische und genauer besehen um anthropologische und sozioökonomische Bestimmungen handelt, kann es auch „keine gesichert-vollständige Classification" geben (TL, AA 06:468, 26). Das System der metaphysischen Anfangsgründe der Tugendlehre im eigentlichen Sinne – als ein System der reinen, nur auf Vernunft gegründeten Prinzipien – wird damit verlassen. Für entsprechende spezifische Pflichten gilt, dass sie „nicht, als Abschnitte der Ethik und Glieder der Eintheilung eines Systems [...] aufgeführt, sondern nur angehängt werden können" (ebd. 469.8 ff.). Es handelt sich – genau besehen – um Anwendungen des Tugendprinzips auf Subjekte im Hinblick auf die Verschie-

---

[145] Den Charakter des Geschlechts thematisiert Kant z. B. in seiner *Anthropologie in pragmatischer Hinsicht* (1798). Vgl. Anth, AA 07:303 ff.
[146] Der Begriff der Würde bezieht sich an dieser Stelle auf eine kontingente Eigenschaft bestimmter Menschen bzw. auf eine durch die Verhältnisse zufällig gegebene Stellung. Er sollte nicht mit demjenigen Würde-Begriff verwechselt werden, den Kant mit der Natur des Menschen – seiner Menschheit bzw. Persönlichkeit – verknüpft bzw. identifiziert. Würde ist hier eher etwas, das man durch ein bestimmtes Amt, eine bestimmte gesellschaftliche Stellung oder einen bestimmten Rang bekommt; etwas, das auch mit einem gesellschaftlich bedingten Ehrbegriff einhergeht.

denheit ihrer Zustände. Kant spricht auch von „Arten der Anwendung" auf spezifische Fälle in der Erfahrung (ebd. 469.7). Als Ergebnis dieser Anwendungsprozedur spricht er von „modificirte[n] Regeln" (ebd. 468.25). Diese Beschreibung verweist auf das Vermögen der Urteilskraft, die klärt, wie Maximen in besonderen Fällen anzuwenden sind und die schließlich in eine Kasuistik mündet (vgl. TL, AA 06:411).

Insofern die spezifischen Pflichten nur unter bestimmten Bedingungen bzw. Zuständen und keineswegs für alle Menschen (bloß als Menschen betrachtet) gelten, kann man sagen, dass die spezifischen Pflichten weder unbedingt noch universell gültig sind – und auch deswegen scheint der Begriff der modifizierten Regel angemessen. Für sämtliche spezifische Pflichten bzw. modifizierte Regeln gilt:

> Allein alle diese Pflichten lassen sich aus den [...] allgemeinen Pflichten der Menschheit ableiten. (V-MS/Vigil, AA 27:461.3 ff.)

> Das sind aber keine besondre Pflichten weil es nur verschiedene Zustände sind, in denen die allgemeine Menschen-Pflicht zu beobachten ist. (ebd. 466.16 f.)

Wie sieht nun eine ‚Ableitung' bzw. Anwendungsprozedur aus, die zu einer spezifischen Pflicht bzw. modifizierten Regel führt? Kant gibt hierüber kaum explizit Auskunft.

In seinen Vorlesungen über Moralphilosophie erörtert Kant vergleichsweise umfassend die Frage: Ob den Gelehrten (als einem eigenen Stand) ein vorzüglicher (innerer) Wert zukomme – etwa im Vergleich zu den Handwerkern. Dies wird – mit Hinweis auf Rousseau[147] – entschieden verneint: „Die Gelehrten sind also Mittel des Zwecks, und tragen was zum Werth bey, aber sie haben dadurch nicht selbst einen vorzüglichen Werth" (V-Mo/Collins, AA 27:462.14 ff.). Im Hinblick auf diese Erörterung drängen sich folgende Fragen auf: Welche spezifischen Pflichten sollen hier ‚abgeleitet' werden? Geht es um Pflichten, die ein Gelehrter befolgen muss oder die andere Menschen im Umgang mit den Gelehrten befolgen müssen?[148] Von welcher allgemeinen Pflicht geht Kant hier überhaupt aus? Und was genau heißt hier ‚Ableitung' (vgl. Abschnitt 2.1)?

---

147 Man denke hier auch an Kants sehr persönliche Bemerkung: „Rousseau hat mich zurecht gebracht. Dieser verblendende Vorzug verschwindet" (HN, AA 20:44.12 f.).

148 Während die allgemeinen Pflichten des Menschen wechselweise symmetrisch sind, ist davon auszugehen, dass die spezifischen Pflichten in Bezug auf eine bestimmte Gruppe von Menschen (z. B. die Gelehrten) eher asymmetrisch sind. Solche Problematisierungen finden sich bei Kant aber nicht.

Mit Blick auf Kants Ausführungen sind die Antworten auf diese Fragen alles andere als offensichtlich. Ausgehend von bestimmten Eigenschaften, Charakterzügen oder Tätigkeitsbeschreibungen usw., die Kant einem speziellen Stand, einer bestimmten Altersgruppe oder dem weiblichen bzw. männlichen Geschlecht zuschreibt, modifiziert er die allgemeinen Liebes- oder Achtungspflichten. D. h., es kommen keine neuen besonderen Pflichten hinzu, die es nicht schon allgemein als Menschenpflichten gibt. Vielmehr werden die bekannten allgemeinen Pflichten im Hinblick auf die Zustände spezifiziert und konkretisiert. Der Begriff der ‚Ableitung' mag hierbei Assoziationen wecken, die der Sache nicht gerecht werden. Denn weder handelt es sich um einen starren Algorithmus noch um ein deduktives Schlussverfahren; vielmehr sollte man die sogenannten ‚Ableitungen' in diesem Kontext als an der Erfahrung orientierte Reflexionen charakterisieren. Bei diesen Reflexionen werden die besonderen Einflüsse des Zeitalters, aber auch die Idiosynkrasien Kants besonders deutlich.[149] In jedem Falle kommen hier empirische und äußerst irrtumsanfällige Bestimmungen in die Anwendung des kategorischen Imperativs hinein.

Um beim konkreten Beispiel des Gelehrten zu bleiben: Kant hatte die allgemeinen Pflichten der Achtung erläutert und dabei den Hochmut als eine Haltung gekennzeichnet, bei der man sich „einen Vorzug vor anderen anmaßet" (V-Mo/Collins, AA 27:457.14 f.) und bei der wir den „anderen Menschen ansinnen, sich selbst in Vergleichung mit uns gering zu schätzen" (TL, AA 06:12 f.). Diese allgemeinen Überlegungen bezieht Kant nun speziell auf die Gruppe der Gelehrten, die der Gefahr des Hochmuts in besonderem Maße zu unterliegen scheinen. Hier arbeitet Kant in seiner Erörterung heraus, dass den Gelehrten kein besonderer Vorzug zukomme und dass sie ihre eigene Rolle selbst richtig einsehen und sich bescheiden müssen. Die Gelehrten sollen sich nicht für etwas Besseres halten. Sie sollen mit ihren Erkenntnissen zum Wohle der Menschheit beitragen und – mit Bezug auf die allgemeine Pflicht der Aufrichtigkeit – sich in intellektueller Redlichkeit üben. Dazu gehört es auch, dass man seine wissenschaftlichen Irrtümer berichtigt und neuralgische Punkte in seiner Argumentation nicht kaschiert. Der Gelehrte soll die Öffentlichkeit nicht hintergehen (vgl. V-Mo/Collins, AA 27:462 f.). Kant beschließt seine Erläuterungen mit dem Satz: „Dieses sind die Pflichten, die wir in Ansehung der Gelehrsamkeit zu beobachten haben" (ebd. 463.3 f.). Das Resultat dieser Reflexionen erweist sich als ambivalent: Mit Bezug auf die Ach-

---

149 So lassen sich – um nur ganz wenige Beispiele anzuführen – die überkommene Ständeordnung, aber auch die spezifischen Geschlechterbeschreibungen als zeitbedingt ansehen. Darüber hinaus sind Kants Einlassungen zum Gelehrtenstand oder auch seine Ansichten zur Erziehung sicherlich nicht frei von biographischen Prägungen.

tung kann und darf der Gelehrte keine besonderen Ansprüche erheben.[150] Mit Bezug auf die Aufrichtigkeit wird vom Gelehrten Redlichkeit in seinen Schriften erwartet.

Das Zustandekommen und vor allem die Legitimation solcher spezifischen Pflichten bzw. modifizierter Regeln ist nicht unproblematisch, da in diesen Fällen auch zeitbedingte soziale Faktoren einfließen. Während beispielsweise die zu Kants Zeiten noch ausgeprägte Ständeordnung zu spezifischen gesellschaftlichen Pflichten führte, haben sich diese Formen heute überlebt und entsprechende Pflichten existieren nicht mehr. Kants vergleichsweise ausführliche Reflexionen zum moralisch richtigen Verhalten der Gelehrten, aber auch zu Erziehungsfragen (in den Vorlesungen) lassen erkennen, wie äußerst detailliert und differenziert hier die Zustände im Einzelnen betrachtet und auseinandergenommen werden. Damit wird auch die eingangs zitierte Bemerkung illustriert, dass die Moral ein „unerschöpfliches Feld" darstelle (V-Mo/Collins, AA 27:466.13). Gleichzeitig sollte man aber auch nicht Kants Warnung vor einer überbordenden und alles umfassenden Moral (im Sinne einer Tugend-Tyrannei) aus den Augen verlieren. Es kann nicht die Aufgabe einer Pflichtenlehre sein, jede Kleinigkeit regeln und erfassen zu wollen. Die Frage der exakten Grenzziehung zwischen notwendigen spezifischen Pflichten einerseits und einer überflüssigen und schädlichen „Mikrologie" und „Tyrannei" andererseits (TL, AA 6:409.18f.) stellt sich hier mit aller Deutlichkeit. Wie weit Zustände und auch Umstände im Einzelnen mitberücksichtigt und in die Pflichtbestimmung einbezogen werden müssen, kann aber nicht allgemeinverbindlich und exakt angegeben werden.

Ad [6]: Kant unterscheidet zwischen *Liebespflichten* gegen andere Menschen und *Pflichten aus der ihnen gebührenden Achtung*. Die Liebespflichten werden von ihm auch als „verdienstlich" und die Achtungspflichten als „schuldige" gekennzeichnet (TL, AA 06:448.13ff.). Die Differenz zwischen beiden wird durch folgende vier Aspekte expliziert:

1) Reziprozität: Liebespflichten verbinden zugleich den anderen, gegen den ich sie ausübe: „ich mache mich um ihn verdient". Pflichten der Achtung tun das nicht. Durch sie „verpflichte ich blos mich selbst, halte mich in meinen Schranken", indem ich die Menschheit bzw. die Würde des anderen achte (ebd. 450.10f.).

2) Bei den Liebespflichten handelt es sich vermöge des „Princips der **Wechselliebe**" um Pflichten der ‚Annäherung', wobei es auf eine Zusammenstimmung aller Zwecke ankommt und bei den Achtungspflichten (durch das Prinzip der

---

[150] Mit Bezug auf andere Berufsstände und eine damit verknüpfte spezifische Würde kommt Kant zu anderen Ergebnissen. So führt er beispielsweise an, dass einem einfachen Soldaten oder auch einem Diener aufgrund ihrer Abhängigkeiten weniger Achtung zukomme (vgl. Kant (2004), S. 259).

Achtung) um Pflichten des ‚Abstandes', bei denen die Freiheit des anderen geachtet werden muss. Beide sittlichen Kräfte sollen (in ihrem Antagonismus) im Einklang miteinander sein (ebd. 449.9).

3) Dadurch wird deutlich, dass die Achtungspflichten im engen Sinne auf dem Prinzip beruhen, dass man keinen Menschen „blos als Mittel, sondern [...] jederzeit zugleich als Zweck" gebrauchen soll (ebd. 462.22f.). Die Liebespflichten aber basieren auf dem „ethischen Gesetz der Vollkommenheit: Liebe deinen Nebenmenschen als dich selbst" und verlangen, dass ich „Anderer ihre Zwecke (so fern diese nur nicht unsittlich sind) zu den meinen [...] machen" soll (ebd. 450.4ff).

4) Somit werden die Pflichten der Achtung von Kant auch als „enge" und „nur negativ[e]" Pflichten qualifiziert (ebd. 449. 32ff.), die einen „rechtmäßigen Anspruch" (ebd. 462.18) mit sich führen und analog zu Rechtspflichten zu sehen sind. Liebespflichten hingegen kennzeichnet er als „weite" Pflichten (ebd. 450.2), die in ihren Ausführungen sehr verschieden sein können (vgl. ebd. 452).

Vergleicht man diese Explikationen mit den Ausführungen zur Unterscheidung von vollkommenen und unvollkommenen Pflichten gegen sich selbst (ad [2]), dann wird deutlich, dass die Unterscheidung zwischen Liebes- und Achtungspflichten mutatis mutandis auf denselben Kriterien beruht. Deswegen lässt sich behaupten, der Unterscheidung [6] zwischen Liebes- und Achtungspflichten liegt die Differenz zwischen vollkommenen und unvollkommenen Pflichten zugrunde.[151] Die Frage bleibt, warum Kant dies in der *Tugendlehre* nicht explizit zum Ausdruck bringt. Weder in seinen Erläuterungen noch in den Überschriften zu diesen Paragraphen tauchen die Begriffe ‚vollkommen' oder ‚unvollkommen' auf, wiewohl es an der sachlichen Beschreibung der Differenz keine Zweifel geben kann.[152] Unterstützt wird dieser Tatbestand zusätzlich dadurch, dass Kant die Achtungspflichten nur durch ein entsprechendes „Verbot des Widerspiels" (ebd. 465.1) zum Ausdruck bringt: „Hochmuth", „Afterreden" und „Verhöhnung" (ebd. 465.5f.).

Ad [6a]: Unter der Überschrift *Eintheilung der Liebespflichten* präsentiert Kant unvermittelt und ohne nähere Erläuterung die folgende Dreiergruppe: „A) Pflichten der Wohltätigkeit, B) der Dankbarkeit, C) der Theilnehmung" (ebd. 452.10ff.).

---

[151] Ein Unterschied liegt darin, dass Liebes- und Achtungspflichten „in einer Pflicht zusammen verbunden" sind, während das für die vollkommenen und unvollkommenen Pflichten nicht gilt (vgl. TL, AA 06:448).
[152] In der *Vigilantius*-Nachschrift wird gesagt, dass die „Menschenliebe nur ad officia lata vel imperfecta gehöre" (V-MS/Vigil, AA 27:669.31f.).

Einige Interpretationsschwierigkeiten mit dem Konzept der Liebe bei Seite gesetzt,[153] kann man zur Konstitution der Dreiergruppe der Liebespflichten Folgendes feststellen: Ausgangspunkt ist für Kant die „Maxime des W o h l w o l l e n s" (ebd. 449.20), wobei Kant zwei Arten des Wohlwollens unterscheidet. Zum einen das „Wohlwollen des W u n s c h e s" (ebd. 452.1), welches er als bloßes Vergnügen am Wohl des anderen charakterisiert, ohne dazu etwas beizutragen. Zum anderen ein „thätiges, praktisches Wohlwollen", welches darin besteht, „sich das Wohl und Heil des Anderen zum Zweck zu machen" (ebd. 452.4 ff.). Letzteres wird von Kant zur Pflicht erhoben: „Die Maxime des Wohlwollens (die praktische Menschenliebe) ist aller Menschen Pflicht gegeneinander" (ebd. 450.31 f.). Aus der Maxime des praktischen Wohlwollens ergibt sich als Folge ein Wohltun und schließlich auch die Dreiergruppe von: Wohltätigkeit, Dankbarkeit und Teilnehmung.

Wohltätigkeit wird von Kant definiert als „anderen Menschen in Nöthen zu ihrer Glückseligkeit, ohne dafür etwas zu hoffen, nach seinem Vermögen beförderlich zu sein" (ebd. 453.2 ff.). Und Dankbarkeit „ist die V e r e h r u n g einer Person wegen einer uns erwiesenen Wohlthat" (ebd. 454.31 f.). Unter der teilnehmenden Empfindung versteht Kant die Fähigkeit, „sich einander in Ansehung seiner G e f ü h l e m i t z u t h e i l e n" (ebd. 456.29 f.). Ein moderner Begriff oder zumindest Teilbegriff hierfür könnte Empathie sein. Hierbei besteht die Pflicht nicht darin, Gefühle wie Mitleid und Mitfreude zu haben, denn diese hat der Mensch bereits von Natur aus, sondern diese Gefühle zu kultivieren, um sie als Mittel zur Beförderung moralischer Zwecke zu nutzen. Kant sieht es als Aufgabe an, unsere Empathie (wie auch andere Gefühle) nicht etwa zu unterdrücken oder auszuschalten, sondern sie in den Dienst der Moralität zu stellen. Er geht davon aus, dass wir sie kultivieren und gleichsam in den Dienst der praktischen Vernunft stellen können. Damit wird die bekannte Auffassung von Hume: „Reason is, and ought only to be the slave of the passions" (Hume (2000), S. 266) gleichsam auf den Kopf gestellt. Unsere Anteilnahme soll nicht etwa *aus* Mitleid, sondern „aus moralischen Grundsätzen" (TL, AA 06:457.28) heraus erfolgen; so dass sich pointiert formulieren ließe: Wir sollen zwar nicht *aus* Mitleid und Mitfreude handeln, aber es gibt doch eine indirekte Pflicht *mit oder mittels* Mitleid und Mitfreude zu agieren, wenngleich diese Gefühle auch nicht der Grund des Handelns sein dürfen.

---

153 Einerseits stellt Kant fest, dass die Liebe das Gefühl sei, welches die Ausübung der verdienstlichen Pflichten begleiten würde (vgl. TL, AA 06:448.14 f.). Andererseits sagt er auch: „Die Liebe wird hier aber nicht als G e f ü h l [...] verstanden" (ebd. 449.17 ff.), sodass das kantische Konzept der Liebe einige Interpretationsprobleme aufwirft. Eine ausführliche Analyse und Interpretation des Konzepts der Liebe bei Kant bietet Horn (2008). Vgl. auch Reinhardt (2019).

Die Dreiergruppe – aus Wohltätigkeit, Dankbarkeit und Teilnehmung – kann nun als struktureller Zusammenhang aufgefasst werden, der sich aus der Maxime des praktischen Wohlwollens ergibt. Und zwar so, dass die Wohltätigkeit bzw. das Wohltun als „Folge" (ebd. 449.22) des Wohlwollens und die Dankbarkeit als eine Verbindlichkeit aufgefasst wird, die sich aus der Wohltat gegenüber dem Wohltäter ergibt. Somit liegt der Grund der Dankbarkeit in der erwiesenen Wohltat und die Dankbarkeit selbst kann als vergeltendes Wohltun (gleichsam als angemessene Gegengabe) aufgefasst werden. Der empfindenden Teilnehmung (≙ Empathie) als dritter Größe weist Kant die Funktion eines Mittels zu: Es ist ein „Mittel" (ebd. 456.24) zur Beförderung des tätigen Wohlwollens. Die gesamte Dreiergruppe lässt sich somit als Struktur von Gabe (Grund) – Gegengabe (Folge) – Mittel wie folgt darstellen:

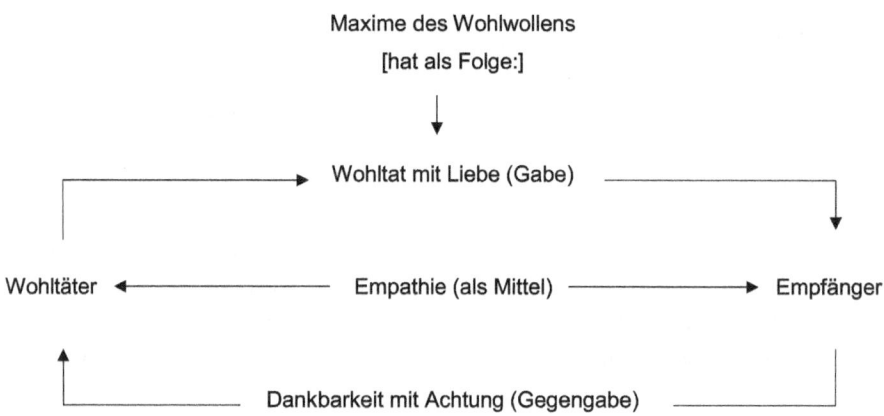

Abb. 18: Maxime des Wohlwollens

Alle drei Größen erweisen sich für Kant als Pflichten, wobei er die empfindende Teilnehmung als eine „nur bedingte Pflicht" (ebd. 456.26) kennzeichnet. Diese Charakterisierung lässt m. E. zwei Interpretationen zu:
1) Empfindende Teilnehmung ist eine nur bedingte Pflicht, weil sie nicht an sich oder um ihrer selbst willen gefordert wird, sondern *nur als Mittel* zur Beförderung des tätigen Wohlwollens.
2) Empfindende Teilnehmung ist eine nur bedingte Pflicht, weil sie nur *unter der subjektiven* und einschränkenden *Bedingung* steht, dass der Mensch nicht nur als vernünftiges Wesen, sondern auch als ein Gefühlswesen betrachtet wird.[154]

---

154 Diese Auffassung hätte freilich zur Konsequenz, dass sämtliche Pflichten, die mit den so-

Neben dieser strukturellen Verknüpfung innerhalb der Dreiergruppe können die Elemente dieser Dreiergruppe auch in Korrespondenz zu ihren jeweiligen Gegenstücken, den „Lastern des Menschenhassens", betrachtet werden: Das ist die „abscheuliche Familie des Neides, der Undankbarkeit und der Schadenfreude" (ebd. 458.21 ff.). Diese negative Dreiergruppe lässt sich – im Gegensatz zur Dreiergruppe der Tugendpflichten – bis in die Moralvorlesung *Kaehler* vom Wintersemester 1774/75 zurückverfolgen. Dort heißt es:

> Diejenigen drey Laster, die wir hier zusammen nehmen können und die den Inbegrif der niederträchtlichsten und boshafftesten Laster sind, sind diese: die Undankbarkeit, der Neid, und die Schadenfreude. (Kant (2004), S. 316)

Diese Laster erscheinen nun auch in der *Tugendlehre* als den drei Liebespflichten entgegengesetzt. So wird beispielsweise der Neid als der „Hang das Wohl Anderer mit Schmerzen wahrzunehmen, obzwar dem seinigen dadurch kein Abbruch geschieht" (TL, AA 06:458.28) bewusst als Gegensatz zur Wohltätigkeit definiert. Die bloße Unterlassung von verdienstlichen Liebespflichten wird von Kant nur als „Untugend" (ebd. 464.22) charakterisiert und vom Laster unterschieden, denn die Nicht-Wohltätigkeit, obgleich pflichtwidrig, impliziert noch keinen Neid.

Die Unterlassung von Liebespflichten kann mit Kant auch als ein „Übel des Mangels", bei dem ich etwas nicht bekomme, aufgefasst werden, wohingegen die Unterlassung von Achtungspflichten als ein „Übel der Beraubung" interpretiert werden kann, bei dem mir etwas entzogen wird, auf das ich ein Recht habe (NG, AA 02:183.24 f.). Demgemäß ist die Unterlassung von Achtungspflichten keine Untugend, sondern ein Laster.

Obwohl die Dreiergruppe der Liebespflichten gemäß einer internen Struktur rekonstruiert werden kann, haftet ihr doch eine gewisse Beliebigkeit an, die nicht zuletzt dadurch deutlich wird, dass auch die Dreiergruppe der entgegengesetzten Laster als unvollständig angesehen werden muss. Denn in der *Religionsschrift* hebt Kant diese Dreiergruppe der sogenannten „Laster der Cultur" lediglich als Beispiele einer viel umfangreicheren Anzahl heraus, wenn er schreibt: „z. B. im Neide, in der Undankbarkeit, der Schadenfreude u. s. w." (RGV, AA 06:27.22 ff.).

Es dürfte deutlich geworden sein, dass Kant bei den Liebespflichten auf anthropologische Bestimmungen zurückgreift, indem er sie als Gegenstücke zu den menschlichen Lastern darstellt, die ihrerseits auf der „vergleichenden

---

genannten ästhetischen Vorbegriffen, das sind moralisches Gefühl, Gewissen, Liebe und Achtung, – als „subjektiven Bedingungen der Empfänglichkeit für den Pflichtbegriff" (TL, AA 06:399.8 f.) – zusammenhängen, bedingte Pflichten wären. Davon ist bei Kant aber nicht die Rede.

Selbstliebe" aller Menschen beruhen (ebd. 27.5). Diese vergleichende Selbstliebe muss als anthropologisches Faktum aus der Erfahrung angesehen werden. Im Übrigen ist es die vergleichende Selbstliebe, auf der neben den Lastern und den Tugenden auch die für die kulturelle Entwicklung der menschlichen Gattung wichtigen Triebkräfte von „Ehrsucht, Herrschsucht oder Habsucht" (IaG, AA 08:21.8) beruhen. Hierbei wird Kants Affinität zu Dreiergruppen ebenfalls deutlich.

Ad [6b]: Die Achtungspflichten gegenüber anderen Menschen werden von Kant als „negative Pflichte[n]" qualifiziert, also als Unterlassungspflichten; sodass sie lediglich durch die ihnen „entgegenstehende[n] Laster" bestimmt werden (TL, AA 6:467.30 ff.). Diese sind: „A) der Hochmuth, B) das Afterreden und C) die Verhöhnung" (ebd. 465.5 f.).

Die Achtungspflichten werden somit nicht durch positive Handlungen und Leistungen gegenüber anderen Menschen, etwa eine bestimmte Achtungsbezeugung oder ein bestimmtes Kommunikationsverhalten gekennzeichnet, sondern nur dadurch, dass ich den anderen Menschen nicht entwürdige und demütige.

Auch für die Zusammenstellung dieser Dreiergruppe gibt Kant keine Begründung an. Es ist zweifelhaft, ob mit dieser Dreiergruppe eine vollständige Erfassung aller menschlichen Phänomene von Entwürdigung und Demütigung gegeben wird und ob das überhaupt Kants Absicht war. Eine strukturelle und institutionelle Demütigung von Menschen durch Diskriminierung wird m. E. in dieser Einteilung ebenso wenig erfasst wie die Missachtung durch soziale Ausgrenzung oder die Demütigung durch unterdrückende Abhängigkeitsverhältnisse.[155] Diese Phänomene hatte Kant kaum im Blick und konnte sie vielleicht zeitbedingt auch nicht erkennen. Aber auch soziale Erscheinungen, wie das Bloßstellen, jemandem absichtlich eine Blamage bereiten oder seine Privatsphäre verletzen, können sicherlich als Vorkommnisse der Demütigung aufgefasst werden, die durch die Dreiergruppe kaum erfasst werden. Man könnte versucht sein, alle diese Arten der Demütigung durch den Begriff des Hochmuts abzudecken, aber dies würde den Begriff wohl überlasten und der Mannigfaltigkeit von Entwürdigung in der Erfahrung nicht gerecht werden. Somit stellen die drei genannten Laster wohl nur (fragmentarische) Repräsentanten oder vielmehr etwas willkürliche Beispiele dar.

Der Hochmut wird als „Ehrbegierde" bzw. Ehrsucht aufgefasst, „nach welcher wir anderen Menschen ansinnen, sich selbst in Vergleichung mit uns geringer zu schätzen" (TL, AA 06:465.11 ff.). In den *Reflexionen zur Anthropologie* findet man auch folgende Charakterisierung:

---

155 Vgl. dazu Margalit (2012).

> Der Hochmuth ist aber iederzeit niederträchtig, namlich: 1. Unterdrükend, 2. hält nicht wort, 3. habsüchtig bis auf Kleinigkeiten, 4. Untreu, 5. ohne Theilnehmung an das allgemeine Gut, ia auch ohne die Ehre, die hieraus entspringt, zu kennen. (HN, AA 15:596.15ff.)

Diese Aufzählung mag das Spektrum der Phänomene andeuten, die Kant mit seinem Begriff des Hochmuts abdecken wollte, ohne dass er dies im Einzelnen ausgeführt hätte.

Unter „üble[r] Nachrede" oder dem „Afterreden" versteht Kant etwas „der Achtung für Andere Nachteiliges ins Gerücht zu bringen" (TL, AA 06:466.10ff.). Und die Verhöhnung schließlich ist „der Hang Andere zum Gelächter blos zustellen" (ebd. 467.4f.). Bei allen drei Handlungen handelt es sich um pflichtwidrige und die Würde des anderen Menschen verletzende Laster, die aber keine rechtlichen Konsequenzen nach sich ziehen, da wir es hier nicht mit Verletzungen von Rechtspflichten zu tun haben.

Bezeichnend für die Unvollständigkeit und Beliebigkeit der aufgeführten Dreiergruppe ist die Tatsache, dass sämtliche Pflichtverletzungen gegen andere, die mit der großen Familie der Unaufrichtigkeiten zu tun haben, hier nicht thematisiert werden. Hat Kant dieses gesamte Feld vergessen? Oder glaubte er dieses Thema innerhalb der Pflichten gegen sich selbst mit dem Lügenverbot abgehandelt zu haben?

Noch in der *Vigilantius*-Nachschrift werden diesem Komplex mehrere Seiten gewidmet (vgl. V-MS/Vigil, AA 27:699ff.) und verschiedene Phänomene, wie Verstellung, Hintergehung, Täuschung, Höflichkeits- und Notlügen sowie Reden in Doppelsinnigkeit, Untreue u. a. thematisiert. Doch davon ist in der *Tugendlehre* keine Rede mehr. Dieses Fehlen sollte zumindest irritieren.

Ad [7]: In einem *Beschluß der Elementarlehre* sowie einem *Zusatz* fügt Kant noch weitere Tugendpflichten an und diskutiert sie. Es sind diese zum einen die *Freundschaft* und zum anderen die *Umgangstugenden*.

Zu den Umgangstugenden zählt Kant: „Zugänglichkeit, [...] Gesprächigkeit, [...] Höflichkeit, Gastfreiheit, Gelindigkeit (im Widersprechen, ohne zu zanken)" (TL, AA 06:473.32ff.). Diese Tugenden sind sowohl Pflicht „gegen sich selbst" als auch „gegen Andere" (ebd. 473.16), sodass hier noch einmal die gesamte *Tugendlehre* in den Fokus rückt und nicht nur die Pflichten gegen andere Menschen. Es geht darum, die „wechselseitige Liebe und Achtung [...] zu cultiviren" (ebd. 473.24ff.) und deswegen soll man sich nicht isolieren, sondern den Umgang mit seinen Mitmenschen pflegen. Gleichwohl kennzeichnet Kant diese Tugenden auch nur als „Außenwerke oder Beiwerke" und als „bloße[...] Manieren des Verkehrs" und grenzt sie qualitativ von den anderen Tugenden ab (TL, AA 06:473.28ff.). Sie haben damit einen geringeren systematischen Stellenwert als in Baumgartens *Ethica Philosophica* (vgl. §§ 378ff.)

Die Freundschaft „in ihrer Vollkommenheit betrachtet" definiert Kant als „die Vereinigung zweier Personen durch gleiche wechselseitige Liebe und Achtung" (TL, AA 06:469.17 f.). Die Betonung liegt hier auf der Gleichheit, die in dreierlei Hinsicht bestehen soll: Zum einen soll *innerhalb* einer Person das Gefühl aus der einen Pflicht (z. B. einer Liebespflicht) genau dem Gefühl aus der anderen Pflicht (z. B. einer Achtungspflicht) entsprechen (kurz: $P_L = P_A$). Zum anderen sollen auch die *zwei* Personen wechselweise gleiche Achtung und Liebe einander gegenüberbringen (kurz: $P1_L = P2_L$ bzw. $P1_A = P2_A$). Und zum Dritten soll auch die Liebespflicht der einen Person der korrespondierenden Achtungspflicht der anderen Person entsprechen (kurz: $P1_L = P2_A$ et v. v.). Da ein solches „Ebenmaß des Gleichgewichtes" (ebd. 470. 3) in der Wirklichkeit nicht zu realisieren ist, erscheint die Freundschaft als bloße „Idee", welche „in der Ausübung zwar unerreichbar [ist]", nach der man aber „als einem Maximum der guten Gesinnung" streben soll (ebd. 469.25 ff.). Voraussetzung dafür scheint auch eine gewisse Gleichheit zwischen den Personen zu sein, da ein Verhältnis zwischen ungleichen Personen eher zu Gunstbezeugungen und Abhängigkeiten führt.

Die Idee der Freundschaft bringt die Pflichtgesetze – genauer besehen die Gesetze der Tugendpflichten aus den Prinzipien von Liebe und Achtung (als sittlicher Kräfte) – in eine wechselseitige Abhängigkeit zueinander. Dieses Verhältnis kann in seinem Optimum als ein filigranes Äquilibrium der sittlichen Kräfte in der Gesellschaft mit anderen beschrieben werden. Die Freundschaft in concreto ist damit eine moralische Idealbeziehung. Dabei ist noch einmal zu betonen, dass diese Beziehung nicht auf Gefühlen der Liebe und Achtung basiert, sondern auf entsprechenden moralischen Grundsätzen und den dazu gehörigen guten Willen beider Personen.

Real existierende Vorkommnisse der Idee der Freundschaft sind dann die „[m]oralische Freundschaft" (ebd. 471.26), die durch ein völliges Vertrauen und eine offenherzige Eröffnung der geheimen Gedanken untereinander gekennzeichnet ist, sowie die allgemeine Menschenfreundschaft, in der die „Gleichheit unter Menschen" zur Leitidee wird (ebd. 473.1 f.).[156]

---

[156] Zum Thema Freundschaft bei Kant vgl. V-MS/Vigil, AA 27:675 ff. sowie Fan (2019).

5.2 Spielraum, Pflichtenkollision und Rangordnung

5.2.1 Spielraum

In der *Tugendlehre* wird das formale um ein materiales Prinzip erweitert und dadurch wird der entscheidende Begriff eines „Zwecks, der zugleich Pflicht ist" (TL, AA 06:389.12), in die Ethik Kants eingeführt. Damit sind nicht nur bestimmte Handlungen, sondern auch bestimmte Zwecke Pflichten. Diese Pflichten sind dadurch charakterisiert, dass sie fordern, man (= jeder) solle sich dies oder jenes zum Zweck setzen, nämlich eigene Vollkommenheit und fremde Glückseligkeit. Bei diesen Zwecken, die sich jeder setzen soll, handelt es sich – Kant zufolge – um allgemeingültige notwendige Zwecke a priori. Solche Pflichten lassen die Handlung zur Erfüllung des Zweckes, der zugleich Pflicht ist, unbestimmt. Diese Unbestimmtheit oder auch Offenheit, die die Moralität in diesen Fällen kennzeichnet, nennt Kant einen *Spielraum*. Dieser „Spielraum (latitudo) für die freie Willkür" ist dadurch charakterisiert, dass man „nicht bestimmt angeben könne, wie und wie viel durch die Handlung zu dem Zweck, der zugleich Pflicht ist, gewirkt werden solle" (TL, AA 06:390.6 ff.).

Die Besonderheit der weiten Pflichten im Hinblick auf ihren Spielraum erläutert Kant in einer kurzen, aber wichtigen Textstelle wie folgt:

> [W]enn das Gesetz nur die Maxime der Handlungen, nicht die Handlungen selbst gebieten kann, so ists ein Zeichen, daß es der Befolgung (Observanz) einen Spielraum (*latitudo*) für die freie Willkür überlasse, d. i. nicht bestimmt angeben könne, wie und wie viel durch die Handlung zu dem Zweck, der zugleich Pflicht ist, gewirkt werden solle. – Es wird aber unter einer weiten Pflicht nicht eine Erlaubniß zu Ausnahmen von der Maxime der Handlungen, sondern nur die [Erlaubnis] der Einschränkung einer Pflichtmaxime durch die andere (z. B. die allgemeine Nächstenliebe durch die Elternliebe) verstanden, wodurch in der That das Feld für die Tugendpraxis erweitert wird. (TL, AA 06:390.4 ff.)

Diese zentrale Textpassage weist auf drei Gesichtspunkte hin, die mit dem Spielraum der weiten Pflichten verknüpft sind:

1) *Die Unbestimmtheit bzw. Unvollkommenheit der Pflichthandlung:* Weite Pflichten bestimmen nicht die Handlung, sondern lediglich die Maxime der Handlung und lassen dadurch die Pflichthandlung hinsichtlich ihrer Art und Weise (wie) und hinsichtlich ihrer Gradualität bzw. Intensität (wie viel) unbestimmt. Dieser Spielraum lässt sich am Beispiel der Hilfspflicht illustrieren: Anderen in Not zu helfen und somit ihre Glückseligkeit zu befördern ist Pflicht; doch in welcher Art und Weise man hilft und wie groß die Hilfe ist, wird durch das moralische Gesetz bzw. die Pflicht nicht exakt vorgeschrieben.

2) *Die Unvollkommenheit der Verpflichtung und die Einschränkung:* Im Konfliktfall (= Pflichtenkollision) kann eine unvollkommene (bzw. weite) Pflicht *ganz* (!) *oder teilweise eingeschränkt* werden. Die Pflichteneinschränkung sollte nicht so aufgefasst werden, dass Ausnahmen von einer Pflicht erlaubt wären, sondern so, dass es eine Erlaubnis gibt, eine Pflichtmaxime durch eine andere einzuschränken. Präzise gesprochen, kann man also nicht sagen, dass eine Verpflichtung bzw. Pflicht durch eine andere Verpflichtung bzw. Pflicht eingeschränkt wird – obgleich auch Kant sich gelegentlich so ausdrückt –, sondern nur, dass ein oder mehrere *Verpflichtungsgründe* durch andere Verpflichtungsgründe eingeschränkt werden. Die Einschränkung einer weiten Pflicht (durch eine andere Pflicht) kann dabei im Extremfall so weit gehen, dass die weite Pflicht überhaupt nicht mehr erfüllt werden kann und gar nicht greift. Dies ist ein Sonderfall, bei dem der Spielraum maximal ausgeschöpft wird und die Wirkung der weiten Pflicht gleichsam Null ist. Wenn man z. B. nur über begrenzte finanzielle Mittel verfügt, die gerade dafür ausreichen, die eigene Familie bzw. die eigenen Kinder zu versorgen, dann kann nicht verlangt werden, dass ich auch noch für andere Menschen Geld spende. Die allgemeine Pflicht zur Nächstenliebe wird unter diesen Umständen eingeschränkt. Das heißt freilich nicht, dass die allgemeine Pflicht zur Nächstenliebe hier nicht gelten würde. Es ist nur nicht möglich, ihr in Form einer Spende nachzukommen.

3) *Die Erweiterung der Tugendpraxis:* Wenn Kant von einer „Erweiterung des Feldes der Tugendpraxis" spricht, so kann man darunter zwei Aspekte verstehen: Zum einen basieren die besonderen Tugendpflichten auf einem materialen Prinzip, das neben dem formalen Pflichtenprinzip zusätzlich, obgleich diesem nachgeordnet, in die Ethik eingeführt wird. In diesem Sinne besteht die Erweiterung in einer (nachgeordneten) Ergänzung. Diese Ergänzung der Ethik um ein materiales Pflichtenprinzip führt seinerseits zu einer Erweiterung bzw. Differenzierung des Pflichtenbegriffes.

Zum anderen wird im Falle von (vermeintlichen) Pflichtenkollisionen deutlich, dass der Spielraum weiter Pflichten es gestattet, dass mehrere Pflichten in einer konkreten Situation gleichzeitig teilweise oder ganz zur Anwendung gelangen, sodass wir hier die Auswirkungen mehrerer Pflichten im Zusammenspiel berücksichtigen müssen. Dieses komplexe Zusammenspiel mehrerer Pflichten in einer konkreten Anwendungssituation lässt sich ebenfalls als Erweiterung eines im Grunde genommen unendlich großen Feldes der Tugendpraxis beschreiben.

Im Folgenden soll das Phänomen der Einschränkung zunächst allgemein und dann speziell im Hinblick auf eine Einschränkung durch andere Pflichten genauer betrachtet werden. Der Spielraum, den weite Pflichten haben, kann durch folgende Faktoren eingeschränkt werden:

(1) situative Faktoren und Umstände in der Welt,

(2) Fähigkeiten und Beschränkungen der beteiligten Subjekte,
(3) andere Pflichten.

Bei (1) und (2) handelt es sich um empirische Faktoren; bei (3) nicht. Die genauere Analyse wird aber zeigen, dass auch hier – zumindest indirekt – empirische Faktoren eine Rolle spielen.

Die unvollkommenen bzw. weiten Pflichten sind auf einen Zweck ausgerichtet, der als „physischer Effekt" verstanden wird und somit „empirische Bedingungen an sich hat" (HN, AA 23:394.16f.). Dabei lassen sich die empirischen Bedingungen der Situation und der Umstände in der Welt (objektbezogene Bedingungen) von den Fähigkeiten und Zuständen der beteiligten Subjekte (subjektbezogene Bedingungen) unterscheiden.

Bei den objektbezogenen Bedingungen weist Kant explizit auf die „Verschiedenheit der Lagen, worin Menschen kommen können" (TL, AA 06:392.13f.), oder auch die „Noth des Anderen" hin (V-MS/Vigil, AA 27:536.33). In Bezug auf die subjektbezogenen Faktoren erwähnt er Möglichkeiten, Fähigkeiten, aber auch die eigenen Bedürfnisse eines Verpflichteten. Alle diese Faktoren sind zu berücksichtigen, um entscheiden zu können, wie und in welchem Maße eine unvollkommene Pflicht ausgeübt werden kann und soll. Kant macht deutlich, dass die Entscheidung, wie und wie viel zu tun ist, eine Frage der „Urtheilskraft nach Regeln der Klugheit [...], nicht denen der Sittlichkeit" ist (TL, AA 06:433.24ff.). Diesen Gedanken kann man auch so formulieren: In die Spielräume der Sittlichkeit halten pragmatische Überlegungen und Vorschriften der Klugheit Einzug. Dadurch dass empirische Faktoren in die Entscheidungen einfließen, wird es zur Aufgabe der Urteilskraft von Fall zu Fall zu entscheiden, was genau und wie viel zu tun ist. Bedingung (3) ist durch die Einschränkung einer (weiten) Pflicht durch eine andere Pflicht gekennzeichnet und beruht auf dem Phänomen der (vermeintlichen) Pflichtenkollision. Die Thematisierung der Pflichtenkollision ist sehr komplex und mündet in die Erörterung einer Rangordnung sowie in etliche Sonderprobleme, die damit einhergehen.

5.2.2 Pflichtenkollision

Da alle moralischen Gesetze und die durch sie bestimmten Pflichten Produkte der Vernunft sind und von dieser ‚abgileitet' werden, kommt ihnen objektive praktische Notwendigkeit zu. Da aber „zwei einander entgegengesetzte Regeln nicht zugleich notwendig sein können" (TL, AA 06:224.13f.), kann und darf es im Gesamtsystem der Pflichten keinen Widerspruch geben. Im Klartext heißt das, dass zwei Pflichten (bzw. Gesetze) im kantischen Pflichtensystem prinzipiell nicht miteinander im Widerstreit liegen können: Es gibt keinen Widerstreit der Pflichten, keine Pflichtenkollision. Mit dieser Forderung steht Kant in einer langen Tradition, die von der Antike (z. B. Platon und Cicero) über das Mittelalter (z. B. Gracián und Suárez) bis hin zu seinen Zeitgenossen (z. B. Crusius und Baumgarten) führt. Auch in der traditionellen Moraltheologie ist es communis opino, dass die Pflichten als Gebote Gottes sich nicht widersprechen können (vgl. Hügli (1989)).

Dennoch war auch dieser Tradition und mithin auch Kant das Phänomen der Pflichtenkollision bewusst: In Alltagssituationen können Gewissenskonflikte auftauchen, in denen sich ein Akteur (scheinbar) zwischen zwei Pflichten bzw. Notwendigkeiten entscheiden muss, die aber nicht beide gleichzeitig erfüllbar sind. Kant selbst gibt einige Beispiele: (1) das Schuldner-Beispiel: Ich verfüge über etwas Geld und sollte damit einem notleidenden Menschen, dem ich überdies Dank schulde, helfen; gleichzeitig muss ich aber auch bei einem Kreditor meine Schulden zurückzahlen. Beides zugleich ist mir unmöglich. Was soll ich tun? (vgl. V-MS/Vigil, AA 27:537); (2) das Verwandtschaftsbeispiel: Ich bin einerseits meinen Verwandten gegenüber (Kant nennt hier den eigenen Bruder oder auch den Vater) zu Dankbarkeit und Loyalität verpflichtet, doch nun soll ich gegen sie aussagen: Und hier bin ich andererseits der Wahrhaftigkeit und der öffentlichen Gerechtigkeit verpflichtet. Beides zugleich kann ich nicht erfüllen. Was soll ich tun? (ebd. 493 und 508). Schließlich stellt auch das Beispiel aus der obigen Textstelle eine solche vermeintliche Pflichtenkollision dar, nämlich (3) zwischen der allgemeinen Nächstenliebe und der besonderen Elternliebe (vgl. TL, AA 06:390). Beiden Verpflichtungen kann ich unter Umständen nicht zugleich nachkommen. Auch hier stehe ich vor der Frage: Was soll ich tun?

Obgleich also theoretisch gar keine Pflichtenkollisionen auftreten dürften, kommt es faktisch und im Bewusstsein moralischer Akteure sehr wohl zum Widerstreit von Pflichten. Wie lässt sich diese Diskrepanz erklären? Während sich Kants Zeitgenossen Crusius und Baumgarten ausführlich und mit ausgefeilten Lösungsansätzen mit diesem Problem auseinandersetzen,[157] findet man in Kants Schriften sowie in seinen Vorlesungen nur verhältnismäßig wenig zu diesem Problemkreis. In seinen Druckschriften reflektiert er das Problem mit nicht einmal zwanzig Textzeilen nur in der *Metaphysik der Sitten*. In dieser äußerst knappen und dichten Argumentation will Kant das Problem lösen, indem er zwischen *Verpflichtung* (bzw. Verbindlichkeit) sowie *Pflicht* einerseits und *Verpflichtungs-*

---

157 Crusius arbeitet eine Kasuistik – bestehend aus einer Haupt- und 24 Einzelregeln – aus, die im Falle von vermeintlichen Kollisionen diese auflösen soll. Baumgarten versucht, den Pflichtenkollisionen durch Transformationsgesetze beizukommen, die sämtliche Pflichtenkollisionen auf eine sogenannte Normalform zurückführen (vgl. Hügli (1989)).

gründen (bzw. Pflichtgründen) andererseits unterscheidet. Unter Verpflichtung ist die „Notwendigkeit einer freien Handlung unter einem kategorischen Imperativ der Vernunft" zu verstehen (MS, AA 06:222.3 f.). Pflicht selbst aber heißt diejenige „Handlung, zu welcher jemand verbunden [= verpflichtet] ist" – es ist die „Materie der Verbindlichkeit" (ebd. 222.31 ff.). Während also Verpflichtung das bloße Bestehen der Normativität an sich meint, ist mit Pflicht die Handlung gemeint, zu der man verpflichtet ist. Mit anderen Worten: Die Verpflichtung bezeichnet das DAS und die Pflicht das WAS (bzw. WOZU) der Normativität. Kant hebt in seinen Begriffsbestimmungen auch hervor, dass es zu ein- und derselben Pflicht verschiedene Arten der Verpflichtung geben könne.

Was aber sind nun „G r ü n d e der Verbindlichkeit *(rationes obligandi)*" oder auch „Pflichtengründe" (V-MS/Vigil, AA 27:537.14)?[158] Gemeint sind offensichtlich im Sinne eines genitivus objectivus Gründe, die ein Subjekt davon überzeugen, eine Verpflichtung zu haben. Diese Gründe können zureichend oder unzureichend für eine Verpflichtung sein. Mit Timmermann möchte ich annehmen, dass solche Gründe sich ergeben, „when an agent correctly applies an ethical principle to a concrete case" (Timmermann (2013a), S. 48). Wenn also ethische Regeln (als normative Komponente) in der Anwendung auf konkrete Situationen und bestimmte (auch empirische) Gegebenheiten für einen Akteur zusammenkommen. Pflichtengründe sind Gründe in ganz konkreten Anwendungskontexten, die sowohl deskriptiv-empirische als auch normative Momente enthalten. Solche Gründe können nun – nach Kant – in Widerstreit miteinander geraten; nicht aber die Pflichten bzw. Verpflichtungen an sich.

Im obigen Schuldner-Beispiel gibt es für einen Akteur gute Gründe, einem notleidenden Freund zu helfen und ihm etwas Geld zu geben (Hilfspflicht); gleichzeitig hat derselbe Akteur aber auch gute Gründe, seine Schulden zurückzuzahlen, weil es so vereinbart worden ist (Vertragspflicht). An sich und auf einer allgemeinen Ebene widerstreiten sich die beiden Pflichten nicht, doch in der konkreten Situationen und unter ganz spezifischen Gegebenheiten (z. B. Knappheit der Geldmittel) kann es faktisch unmöglich sein, beide Pflichten zu erfüllen. Kant beschreibt diesen Fall so, dass wir es hier mit einem Widerstreit der Ver-

---

158 Hierüber gibt es eine Kontroverse in der Kant-Forschung: Während Herman „facts of a certain sort" (Herman (1993), S. 167) als Verbindlichkeitsgründe ansieht, gilt für O'Neill: Verbindlichkeitsgründe sind „obligating reasons" (O'Neill (2002), S. 342). Timmermann beschreibt die Kontroverse wie folgt: „According to O'Neill, grounds of obligation are ‚obligating reasons'. Like general rules or principles, obligating reasons are normative. (Herman's facts are not.) But unlike general rules or principles they ‚can be those of some particular agent in a particular context', which ‚brings out the agent-related character of these reasons'" (Timmermann (2013a), S. 48).

pflichtungsgründe in einem Akteur, nicht aber mit einer Pflichtenkollision an sich oder einer Antinomie der Gesetze zu tun haben.

Zur Lösung des Problems einer Pflichtenkollision führt Kant also gleichsam zwei Ebenen ein: zum einen die Ebene der Gesetze und Pflichten und zum anderen die Ebene der Gründe für eine Verpflichtung. Die erste Ebene kann auch als theoretische Abstraktionsebene aufgefasst werden und die zweite als konkrete Anwendungsebene. Während es zwischen den moralischen Gesetzen an sich keinen Widerspruch und mithin auch keine Pflichtenkollision geben kann, ist auf der Ebene der verschiedenen Gründe, die einen Akteur bei der Anwendung der Pflichten bestimmen, sehr wohl ein Widerstreit denkbar. Das Entscheidungssubjekt erfährt diesen Widerspruch als Gewissenskonflikt. Die Ursache hierfür liegt aber nicht in den Gesetzen (erste Ebene), sondern auf der Ebene der tatsächlichen Gründe des Subjekts. Dieser Widerstreit und diese Gewissensverwirrung – so Kants Überzeugung – ist aber prinzipiell auflösbar. Es kommt nur darauf an, die mitunter recht komplexe Situation und die einander widerstreitenden Verpflichtungsgründe richtig zu analysieren und zu gewichten. Dann würde sich herausstellen, dass nicht alle Gründe hinreichend zu einer *tatsächlichen* bzw. *wirksamen* Verpflichtung führen. Diesem Sachverhalt trägt Kant in der *Kritik der praktischen Vernunft* Rechnung, indem er Gesetze (bzw. Pflichten), welche „bloß einen G r u n d zur Verbindlichkeit an die Hand" geben, von denen unterscheidet, die „in der That v e r b i n d e n d" sind (KpV, AA 05:159.24ff.). Das bedeutet aber nicht, dass die schwächeren Pflichten, die nicht verbinden, auf der allgemeinen Ebene nicht gültig oder verbindlich wären. Sie behalten ihre Gültigkeit auf der ersten Ebene und bestehen gleichsam weiter, aber in der Komplexität der Wirklichkeit werden sie von den anderen Gründen gleichsam ‚überstrahlt'. Für dieses Phänomen benutzt Kant selbst eine eigentümliche Wortwahl, wenn er sagt: Der „stärkere Verpflichtungsgrund behält den Platz" (MS, AA 06:224.25) oder der schwächere ‚verliere sein Gewicht' (vgl. V-MS/Vigil, AA 27:537.28). Außerdem benutzt er auch den lateinischen Ausdruck „*fortior obligandi ratio vincit* [= siegt/ setzt sich durch/ übertrifft[159]]" (ebd. 224.26).[160] Wenn dann in diesem Zusammenhang in der *Vigilantius*-Nachschrift von der „Gegenwirkung der Gründe einer Pflicht" die Rede ist (V-MS/Vigil, AA 27:537.39), liegt der Gedanke nahe, dass Kant hier das Modell einer Realopposition von Kraft und Gegenkraft im Hinterkopf hat.

---

159 Die lateinische Form ‚vincit' (3. P. Sg. Präsens) ist doppeldeutig: Sie kann – wie hier geschehen – auf ‚vinco' zurückgeführt werden, aber auch auf ‚vincio' und dann bedeutet sie ‚binden', ‚fesseln' und auch ‚verpflichten' und ‚einschränken'.
160 Entgegen seiner eigenen expliziten Sprachanweisung, nicht von „stärkere[r] Verbindlichkeit" zu sprechen (MS, AA 06:224.24), findet man in den Vorlesungsnachschriften diese Ausdrucksweise (z. B. V-MS/Vigil, AA 27:537.22f.).

Damit könnte man sagen, dass die beiden Pflichten auf der ersten Ebene bestehen bleiben, aber zugleich auf der zweiten Ebene der eine Pflichtgrund durch den anderen nivelliert oder annulliert wird. Diese Überlegungen können am Schuldner-Beispiel wie folgt veranschaulicht werden:

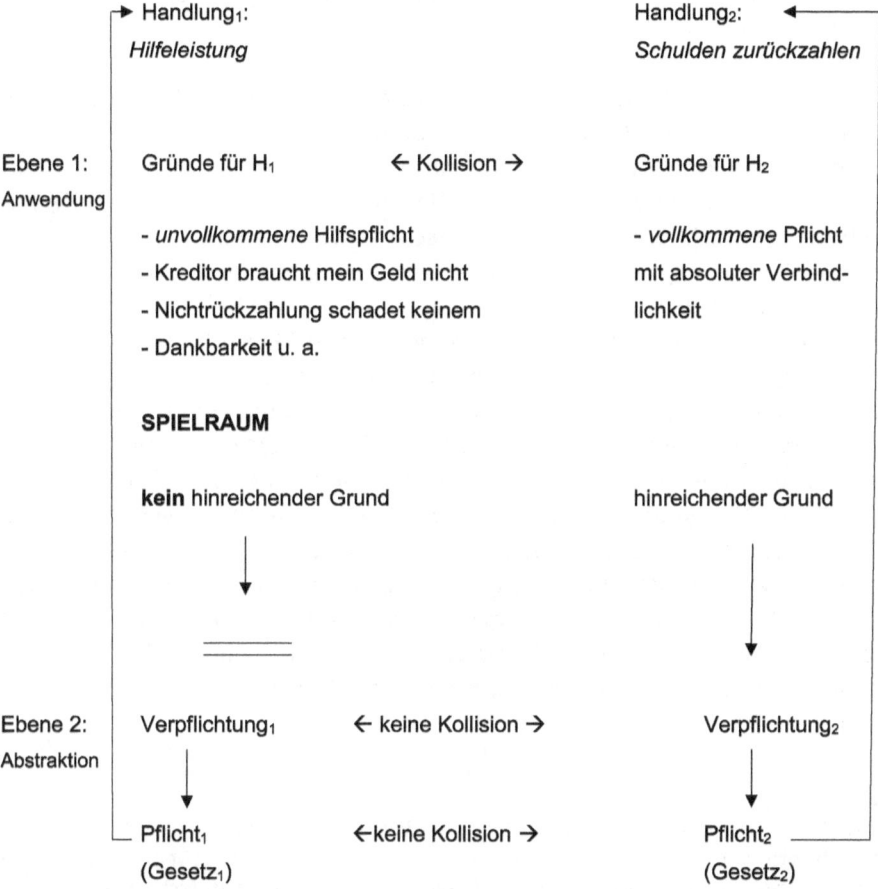

Abb. 19: Schematische Darstellung des Schuldnerbeispiels als Pflichtenkollision

Im Falle des Widerstreits verschiedener Gründe der Verpflichtung auf der Anwendungsebene muss man nun entscheiden, welcher der stärkere und damit zureichend für eine wirksame Verpflichtung ist. Bei der Entscheidung, welche Gründe hinreichend sind und welche nicht, führt Kant als entscheidendes Argument den Grad der Verpflichtung an. Es gibt „größere [und kleinere] Verbind-

lichkeit[en]" (V-MS/Vigil, AA 27:537.22 f.; vgl. auch ebd. 262 f.).[161] Kant erwähnt in der *Vigilantius*-Nachschrift explizit zwei Regeln:
a) „unvollkommene Pflichten unterliegen allzeit den vollkommenen Pflichten" (V-MS/Vigil, AA 27:537.31 f.).[162]
b) „mehrere unvollkommene Pflichten überwiegen eine einzelne" (ebd. 537.31 f.).

Regel (a) gibt die Priorität der Rechtspflichten gegenüber den Tugendpflichten oder die Priorität der Pflichten der Schuldigkeit gegenüber den Liebespflichten wieder. Diese Regel gehört zum allgemeinen Gedankengut bezüglich des Umgangs mit vermeintlichen Pflichtenkollisionen im 18. Jahrhundert: „Als allg. Regeln gelten: Pflicht geht vor Rat, Naturgesetz vor positivem Gesetz, göttliches vor menschlichem, negatives vor affirmativem Gesetz, Rechtspflicht vor Liebespflicht" (Hügli (1989), S. 441).

Den Grund für diese Regel sieht Kant in der stärkeren bzw. größeren Verpflichtung, die von vollkommenen Pflichten ausgeht. Diese stärkere Verpflichtung (auf der abstrakten Ebene) hat ihren Grund offensichtlich darin, dass die unvollkommenen Pflichten nur eine weite Verbindlichkeit mit einem Spielraum haben, der es offen lässt „ob [!], wann, wieviel geleistet werden soll" (V-MS/Vigil, AA 27:536.23 f.). So dass die unvollkommenen Pflichten zwar allgemeine Gültigkeit beanspruchen (auf der abstrakten Ebene), aber auf der Ebene der Anwendung durch strikte Pflichten und auch andere Bedingungen, wie z. B. durch den „Maaßstab meiner Bedürfnisse, [meines] Vermögens, der Noth des Anderen" (ebd. 536.33 ff.), eingeschränkt werden können. Diese empirischen Faktoren greifen erst auf der Anwendungsebene und kommen zuvor auf der Abstraktionsebene gar nicht in Betracht.

---

161 Das Argument der verschiedenen Grade der Verbindlichkeit einzelner Pflichten ist indes etwas verwirrend: Denn dadurch wird gleichsam suggeriert, dass es diese Verbindlichkeiten in einer konkreten Anwendungssituation auch tatsächlich gibt, dass also die Pflichten bestehen und dass diese Verbindlichkeiten den entscheidenden Grund dafür liefern, ob gegebene Verbindlichkeitsgründe in einem bestimmten Fall hinreichend sind oder nicht. Doch im Falle der schwächeren oder geringeren Verbindlichkeit gibt es gar keine Verbindlichkeit, wie Kants Lösungsansatz darlegt. Kant ist in der *Metaphysik der Sitten* eindeutig in seiner sprachlichen Regelung: Die praktische Philosophie „sagt" nicht: „die stärkere Verbindlichkeit" behält die Oberhand, denn diese findet im Grunde genommen gar nicht statt, „sondern der stärkere Verpflichtungsgrund behält den Platz" (MS, AA 06:224.23 ff.). Wenn also in den Vorlesungen zur Moralphilosophie von der stärkeren oder größeren Verbindlichkeit die Rede ist, so ist dies streng genommen nicht korrekt, und es ist im Grunde genommen lediglich eine verkürzende Redeweise für die Tatsache, dass die Verpflichtungsgründe stärker oder größer sind.
162 Vgl. auch V-MS/Vigil, AA 27:669.

Der Regel (b) liegt vermutlich der Gedanke der Priorität durch Quantität zugrunde: „mehrere unvollkommene Pflichten [zusammen] überwiegen eine einzelne". Indes ist aber keineswegs klar, wie diese Regel genau zu verstehen ist. Und es ergeben sich zahlreiche Fragen: Angenommen, jemand kommt in die missliche Situation sich entscheiden zu müssen, entweder einer Gruppe aus drei oder aber einer Gruppe aus acht Personen helfen zu müssen. Beiden Gruppen kann er nicht gleichzeitig helfen. Soll er dann – gemäß Regel b – der Gruppe mit der größeren Personenzahl helfen, weil hier gewissermaßen in der Summe mehr Hilfspflichten (bezogen auf jede Person) vorliegen? Oder soll man der Gruppe helfen, die insgesamt in größerer Not ist? Oder muss die Regel so interpretiert werden, dass *verschiedene* unvollkommene Pflichten zusammen (zum Beispiel eine Hilfeleistung und die Pflicht zur eigenen Vollkommenheit) eine einzelne unvollkommene Pflicht überwiegen? Wie sind überhaupt unvollkommene Pflichten gegen sich selbst gegenüber unvollkommenen Pflichten gegen andere zu gewichten? Diese und viele andere Fragen lässt Regel (b) offen und es zeigt sich an diesen wenigen Andeutungen, dass in der moralischen Praxis ein ziemlich komplexes Regelgeflecht nötig wäre, wenn man jeden Fall regelbasiert lösen möchte: Es droht ein Geflecht unzähliger Subregeln.

Unter den *Reflexionen* zur Moralphilosophie findet sich für unseren Zusammenhang folgende interessante Auflistung:

> Die *motiva Moralia* sind von verschiedenen Graden:
> 1. Das Recht eines Andern.
> 2. Mein eigen Recht.
> 3. Andrer Bedürfnis.
> 4. Mein Bedürfnis.
>   Der eigene Nutz ist kein Grund eines Rechts.
>   Der Nutz vieler giebt ihnen kein Recht gegen einen. (HN, AA 19:97.1ff., R 6585)

Interpretiert man diese Auflistung so, dass die Punkte 1 und 2 den vollkommenen Pflichten gegen andere und gegen sich selbst, und die Punkte 3 und 4 den unvollkommenen Pflichten gegen andere und gegen sich selbst entsprechen und insgesamt eine Art Rangordnung vorliegt, dann ergibt sich daraus nicht nur die Regel (a), sondern eine weitere Regel:

c) Die vollkommenen und unvollkommenen Pflichten gegen sich selbst sind den entsprechenden Pflichten gegenüber anderen nachgeordnet.

Diese Regel steht allerdings in eigentümlicher Spannung zu Kants Aussage, dass die Pflichten gegen sich selbst die Grundlage für alle anderen Pflichten bilden und somit über diesen stehen (vgl. TL, AA 06:417 sowie V-MS/Vigil, AA 27:344 und 433). Hinzu kommt die Aussage Kants, dass es pflichtwidrig wäre, wenn man seine eigenen wahren Bedürfnisse für die Bedürfnisse anderer aufopfern würde (vgl. TL, AA 06:393). Die Auflösung dieser Spannung als ein Sonderproblem wird im nächsten Abschnitt thematisiert. Es ergeben sich aber weitere Fragen: Wie ist zu verfahren, wenn sich zwei gleichrangige Pflichten gegenüberstehen? Und kann es bei vollkommenen Pflichten überhaupt zu einem Widerstreit der Pflichtengründe kommen? Wie sind die Regeln (a), (b) und (c) ihrerseits zu legitimieren?

Kants Lösungsansatz bezüglich der Pflichtenkollision führt zur Frage nach der Priorisierung von Pflichten, um zu entscheiden, ob bestimmte Gründe hinreichend sind oder nicht, und damit zum vielschichtigen Problem einer „Rangordnung" der Pflichten (V-MS/Vigil, AA 27:576.25), dem ich mich im Folgenden zuwende.

5.2.3 Rangordnung der Pflichten

Ob sich unter Zuhilfenahme der Regeln (a), (b) und (c) eine allgemeingültige und überzeugende Rangordnung verschiedener Pflichten eindeutig rekonstruieren lässt, ist eher zweifelhaft. Solche Überlegungen werden von Kant auch nicht systematisch ausgeführt, sondern allenfalls in vereinzelten Beispielen und Ansätzen angedeutet. Obgleich also diese Anwendungsdimension innerhalb der Ethik Kants als ein Desiderat angesehen werden muss, lassen sich doch einige Bausteine zu einer Rangordnung der Pflichten – vor allem aus den Vorlesungsnachschriften zur Moralphilosophie – zusammentragen. Die folgende Darstellung und Diskussion kann allerdings nicht beanspruchen, alle damit zusammenhängenden Probleme zu lösen, da die einzelnen Bemerkungen in Kants Ausführungen zu heterogen und fragmentarisch sind.

Systematisch betrachtet sind folgende Einschränkungen einer unvollkommenen Pflicht denkbar:
i) Einschränkungen durch eine vollkommene Pflicht gegen sich selbst.
ii) Einschränkungen durch eine vollkommene Pflicht gegen andere.
iii) Einschränkungen durch eine andere unvollkommene Pflicht gegen sich selbst oder gegen andere.

Davon gesondert ist der Fall zu diskutieren, ob eine vollkommene Pflicht eine andere vollkommene Pflicht einschränken kann. Mit anderen Worten die Frage: Ob es innerhalb der vollkommenen Pflichten eine Rangordnung geben kann?

Insofern vollkommene Pflichten keine Spielräume lassen, da sie die Handlung exakt bestimmen, können sie einander auch nicht einschränken: Ein Mehr oder Weniger ist in diesen Fällen nicht denkbar. Ein gegebenes Versprechen beispielsweise wird entweder gehalten oder nicht gehalten. Es zu halten, ist eine Rechtspflicht (vgl. MS, AA 06:220). Es kann aber nicht mehr oder minder gehalten werden. Hinsichtlich der Gradualität scheint eine Pflichteneinschränkung unter vollkommenen Pflichten mithin nicht denkbar. Gleichwohl differenziert Kant zwischen der Pflicht „Du solt kein Versprechen thun in der Absicht es zu brechen" und der Pflicht „Du solst die Versprechen halten". Die erste Pflicht „ist viel größer" (HN, AA 19:241.12 ff., R 7067), denn die erste Regel sei eine Regel der Form, die zweite aber eine Regel der Materie des Rechts. Ist dies ein Beispiel für eine Rangfolge zwischen zwei vollkommenen Pflichten? Steht das Verbot eines falschen Versprechens über dem Verbot, ein gegebenes Versprechen zu brechen?

Etwas anders scheint der Sonderfall der ‚*maximalen* Pflichteneinschränkung' gelagert zu sein, bei dem eine vollkommene Pflicht durch eine andere vollkommene Pflicht *vollständig* eingeschränkt wird und in der Anwendung gar keine wirksame Verbindlichkeit entfaltet. Solche Fälle sind denkbar und werden auch in Beispielen, die man zumindest so deuten kann, von Kant thematisiert: Wenn man zum Beispiel gezwungen wird, ein falsches Zeugnis abzulegen, andernfalls aber der eigene Tod droht, dann stehen hier zwei vollkommene Pflichten einander gegenüber: Zum einen die Pflicht, sein Leben zu erhalten und zum anderen die Pflicht zur Wahrhaftigkeit. Solche Beispiele demonstrieren, dass auch vollkommene Pflichten kollidieren können. Die Frage ist, wie Kant diese Fälle (ohne Spielraum) auflöst? Wie hier von unterschiedlich starken Verbindlichkeiten die Rede sein kann? Bei der folgenden systematischen Betrachtung gehe ich davon aus, dass solche Kollisionen denkbar und möglich sind.[163]

Im Folgenden wird mit Bezug auf einzelne Beispiele die Plausibilität möglicher Einschränkungen und Vorrangregeln diskutiert und dabei deutlich gemacht, wie sich die Pflichten gegenseitig einschränken können. Die Komplexität moralischer Konfliktsituationen im Alltag wird aber auch offenlegen, dass die starre Anwendung von Regeln der Einschränkung keineswegs zu allgemeingültigen Ergebnissen führt. In etlichen Fällen wird die Diskussion auf die Erfordernis einer Kasuistik hinweisen.

Um eine systematische Rangordnung der Pflichten zu entwickeln, gehe ich zunächst von vier verschiedenen Pflichtengruppen aus, wie sie in Tab. 6 zu finden sind.

---

[163] Timmermann (2013a) bestreitet die Möglichkeit von solchen Pflichtenkollisionen. In der *Vigilantius*-Nachschrift findet sich mit Bezug auf die Rechtsgesetze folgende Äußerung: „Hier bleibt der Willkür des Verbundenen nichts übrig [sc. kein Spielraum]; jedoch kann von der Verbindlichkeit etwas [?] oder sie ganz [!] erlassen werden" (V-MS/Vigil, AA 27:536.25 f.).

Tabelle 6: Pflichtengruppen

Pflichtenadressat Qualität der Pflicht	Pflicht gegen sich selbst	Pflicht gegen andere
vollkommene Pflicht	vP1	vP2
unvollkommene Pflicht	uP1	uP2

Daraus ergeben sich insgesamt zehn mögliche Typen von Pflichtenkollisionen:

vP1 und vP1	vP2 und vP2	uP1 und uP1	uP2 und uP2
vP1 und vP2	vP2 und vP1	uP1 und uP2	
vP1 und uP1	vP2 und uP2		
vP1 und uP2			

A) Zunächst betrachte ich den Fall, dass zwei Pflichten derselben Gruppe miteinander kollidieren (also vP1 und vP1, vP2 und vP2, uP1 und uP1 sowie uP2 und uP2). Hierbei muss allerdings bei den vollkommenen Pflichten gegen sich selbst noch eine für Kant weitere wichtige Differenzierung berücksichtigt werden, nämlich die Unterscheidung, ob das Subjekt der Pflicht als animalisches und zugleich moralisches (vP1a) oder nur als moralisches Wesen (vP1m) betrachtet wird. Während es sich bei den ersten Pflichten um Erhaltungspflichten handelt, welche die biologische Existenz betreffen, geht es bei den anderen Pflichten um die Aufrechterhaltung bzw. Integrität der eigenen Würde. Für Kant überwiegen nun die Würde-Pflichten die biologischen Erhaltungspflichten. In der Vorlesungnachschrift *Collins* etwa heißt es:

> Wenn ich also mein Leben nur durch Niederträchtigkeit erhalten kann, so spricht mich die Tugend von der Pflicht mein Leben zu erhalten los, weil hier eine höhere Pflicht gebietet und mir das Urtheil fället. (V-Mo/Collins, AA 27:378.18 ff.)[164]

Dieses Zitat bringt die kantische Pflichtenhierarchie deutlich zum Ausdruck, innerhalb derer eine niedere Pflicht durch eine höhere eingeschränkt werden kann. Im Konfliktfall wird die Pflicht, das eigene Leben zu erhalten, der Pflicht, seine

---

[164] Ebenso im *Gemeinspruch:* „Denn mein Leben zu erhalten, ist nur bedingte Pflicht (wenn es ohne Verbrechen geschehen kann)" (TP, AA 08:300.31f.). Kant differenziert hier zwischen bedingten und unbedingten Pflichten.

Würde zu wahren, nachgeordnet.[165] Das mag nicht unbedingt unserer Intuition entsprechen und eine solche Priorisierung ist der Sache nach sicher nicht unproblematisch. Aber sie entspricht der Sichtweise Kants.

Doch haben wir es in solchen Fällen überhaupt mit einer Pflichtenkollision im Sinne Kants zu tun? Kant hatte die Diskussion von Pflichtenkollisionen eng an die unvollkommenen Pflichten mit einem Spielraum gebunden. In solchen Fällen aber handelt es sich ausschließlich um vollkommene Pflichten, die offensichtlich in einen Konflikt geraten: Soll ich beispielsweise lügen (Verbot der Lüge), um mein Leben zu retten (Erhaltungspflicht)? In welchem Sinne könnte man hier von einem stärkeren Verbindlichkeitsgrund sprechen, da doch beide Pflichten ‚absolute' Verbindlichkeit beanspruchen? Zumindest aber doch keinen Spielraum lassen? Für Kant scheint es nun außer Frage zu stehen, dass in solchen Fällen, die strenge Pflicht zur Lebensbewahrung sich nur als eine bedingte Pflicht erweist und durch die Pflicht zu einem Leben in Würde eingeschränkt wird.[166] Kann ich mein Leben nur durch „Niederträchtigkeit erhalten [...], so spricht mich die Tugend von der Pflicht mein Leben zu erhalten los". Die Begründung hierfür ist darin zu sehen, dass Kant eine freie und moralische Existenz höher gewichtet als eine bloße tierische Existenz, die keinerlei Moralität in sich schließt. Eine solche tierische Existenz hat für Kant keinen besonderen Wert und schon gar keine Würde und muss nicht unbedingt erhalten werden. Somit ergibt sich die folgende Regel:

> R1) Die vollkommenen Erhaltungspflichten gegen sich selbst als animalisches und zugleich moralisches Wesen unterliegen den vollkommenen Pflichten gegen sich selbst als einem nur moralischen Wesen. Kurz: vP1m > vP1a (vgl. V-Mo/Collins, AA 27:377f. und V-MS/Vigil, AA 27:629f.).

Diese Regel wird auch durch das Beispiel vom Stier des Phalaris gestützt, das Kant seinerseits von Juvenal übernimmt: Jemand soll zu einer Falschaussage gezwungen werden, indem man ihm tödliche Folter androht. Dabei käme ein eiserner Stier als Folterwerkzeug zum Einsatz, unter dem man Feuer anzündet. Für Kant wie für Juvenal gilt: „Summum crede nefas animam praeferre pudori [Halte es für höchstes Unrecht, das Leben der Ehre vorzuziehen]." (KpV, AA 05:159.3).

---

[165] Man kann die Situation aber auch so deuten, dass das Recht eines anderen höher steht, als das eigene Leben. Diese Art der Pflichtenkollision (nämlich vP1 und vP2) gehört aber nicht in die Gruppe von Fällen, die gegenwärtig diskutiert wird.
[166] Man wird in diesem Zusammenhang schon die Frage stellen müssen, ob eine einzige Lüge bereits die eigene moralische Würde und Integrität untergräbt und wirklich die Pflicht zur eigenen moralischen Selbsterhaltung tatsächlich verletzt?

Kant ist eindeutig der Auffassung, dass es unter keinen Umständen – auch nicht bei Verlust des eigenen Lebens – moralisch erlaubt wäre, ein falsches Zeugnis abzulegen und damit seine eigene Ehre/Würde zu verletzen. Für ihn steht die Pflicht zur Wahrhaftigkeit über allen anderen Pflichten, sie ist die subjektive Bedingung und mithin der Grund für alle anderen Pflichten (vgl. V-PP/Herder, AA 27:60 und HN, AA 23:400):

> Es ist also ein heiliges, unbedingt gebietendes, durch keine Convenienzen [= Erlaubnisse] einzuschränkendes Vernunftgebot: in allen Erklärungen wahrhaft (ehrlich) zu sein. (VRML, AA 8:427.24 ff.)

Diese Verabsolutierung der Pflicht zur Wahrhaftigkeit hat in der Kant-Forschung eine intensive und kaum noch zu überblickende Diskussion ausgelöst.[167] Würde es Kant beispielsweise moralisch erlauben, sein eigenes Leben mit einer einzigen Notlüge (die niemandem schadet) zu retten? Sollte die Antwort tatsächlich negativ ausfallen, so würde dies der – von Kant sonst so geschätzten – gemeinen Menschvernunft sicherlich zuwiderlaufen. Andererseits können sowohl das Beispiel vom Stier des Phalaris als auch Kants Überlegungen in dem berühmten und berüchtigten Aufsatz *Über ein vermeintes Recht aus Menschenliebe zu lügen* in zugespitzter Weise so gedeutet werden, dass eine Lüge moralisch niemals erlaubt sein kann: „Du solst nicht lügen, die Umstände mögen seyn, wie sie wollen" (V-Mo/Collins, AA 27:254.22 f.). Es sind freilich solche zugespitzten Verabsolutierungen und unerbittlichen Aussagen, die Kants Ethik in der Anwendung mitunter in ein schiefes Licht rücken und die Rezipienten berechtigterweise irritieren. Es ist aber äußerst fragwürdig, ob diese eigenwilligen und zugespitzten Auffassungen überhaupt den Geist und die Systematik der kantischen Lehre richtig erfassen.

Die Pflicht zur Wahrhaftigkeit wird von Kant nicht nur als eine Pflicht gegen sich selbst als einem moralischen Wesen aufgefasst (vP1m), sondern – im Falle von Verträgen, Versprechen u. ä. – auch als eine vollkommene Pflicht gegen andere (vP2m). Vor diesem Hintergrund kann man die Frage aufwerfen, ob nun auch

---

[167] Vgl. Patzig (1983), Geismann/Oberer (1986), Timmermann (2000), Esser (2008), Mertens (2016). Kant selbst thematisiert *Lüge*, *Notlüge* und angrenzende Phänomene vergleichsweise ausführlich in seinen Vorlesungen. Dabei scheint sich seine Auffassung auch zu verändern. In den 1770/80er Jahren erörtert er den Lügenbegriff sehr offen und benennt auch Kriterien für Notlügen. In den 1790er Jahren erscheint seine Position rigider und es werden auch keinerlei Kriterien für Notlügen mehr angeführt. Statt dessen heißt es, dass in ethischer Hinsicht das Lügen „unter keiner Rücksicht erlaubt genannt werden" könne (V-MS/Vigil, AA 27:701.5 f.). Den Höhepunkt dieser rigiden Sichtweise stellt der Aufsatz *Über ein vermeintes Recht aus Menschenliebe zu lügen* dar. In der *Tugendlehre* wiederum führt Kant kasuistisch Fragen zum Lügenverbot an, die den Rigorismus zurückdrängen.

solche Pflichten gegenüber existenziellen Erhaltungspflichten (vP2a) den Vorrang hätten:[168] Wie ich mich beispielweise entscheiden müsste, wenn mir nur die Wahl bliebe, einen anderen Menschen anzulügen oder ihn zu töten.[169] Wird dann das Lügenverbot oder das Tötungsverbot eingeschränkt? In beiden Fälle verübe ich ein Unrecht gegen einen anderen: Entweder ich belüge ihn oder ich töte ihn. Beispiele für eine solche Pflichtenkollision liegen vielleicht in folgenden etwas konstruierten, aber nicht ganz unrealistischen Fällen vor: Ein Arzt muss sich entscheiden, einem herzkranken und schwachen Patienten entweder die Wahrheit über seine tödliche Erkrankung mitzuteilen oder nicht. Teilt er ihm die Wahrheit mit, geht er gleichzeitig das Risiko ein, dass der Patient durch die Schockwirkung der Mitteilung zu Tode kommt. Sollte der Arzt in diesem Fall besser lügen und das Leben des Patienten für den Moment wenigstens sichern? Schweigen und Nichtstun scheint hier auch keine Option. Was also soll er tun? Würde Kant in diesem Fall eine Notlüge billigen?[170] Oder wäre es vielleicht gar verfehlt, in diesen Fällen von einer Lüge zu sprechen? Gleichzeitig wäre es auch falsch zu behaupten, dass der Arzt den Patienten töten wollte, als er ihm die Wahrheit sagte. Er hat das Risiko in Kauf genommen, als er ihm die Wahrheit eröffnete.

---

168 Obwohl Kant die Differenzierung zwischen einem bloß moralischen und einem auch animalischen Wesen lediglich mit Bezug auf die vollkommenen Pflichten gegen sich selbst einführt, könnte diese Differenzierung auch auf andere Pflichtengruppen übertragen werden: Im Falle der unvollkommenen Pflichten gegen sich selbst ist dies völlig unproblematisch, da Kant hier selbst zwischen einer Pflicht zur moralischen und einer Pflicht zur physischen Vollkommenheit unterscheidet. Mit Bezug auf vollkommene Pflichten gegenüber anderen scheinen mir Verbotspflichten wie Tötungsverbot, Diebstahlverbot, Betrugsverbot u. a. (als Rechtspflichten) abgrenzbar von Verbotspflichten wie Hochmut, Afterreden und Verhöhnung (reine Achtungspflichten). Schließlich könnte man wohl auch bei den Liebespflichten eine Differenzierung vornehmen, bei der die fremde Glückseligkeit zum einen eher die elementaren Bedürfnisse und zum anderen eher weiterführende Bedürfnisse (im Sinne der Maslow-Pyramide) betrifft.
169 Auf den ersten Blick könnte man meinen, dass Kant in seinem Aufsatz *Über ein vermeintes Recht aus Menschenliebe zu lügen* genau so einen Fall thematisiert, aber dem ist nicht so. In diesem Aufsatz kommt Kant einem solchen Konflikt zwar sehr nahe, aber in der genauen Analyse erweist er sich als ein anderer Konflikt: Kant erörtert in diesem Aufsatz die Frage, ob „die Lüge gegen einen Mörder" erlaubt sei, „der uns fragte, ob unser von ihm verfolgter Freund sich nicht in unser Haus geflüchtet" habe (VRML, AA 08:425.9 ff.). Kant verneint dies. Er würde nun allerdings bestreiten, dass derjenige, der wahrheitsgemäß Auskunft gibt, für den Tod des Freundes verantwortlich ist. Denn dies ist allein der Mörder. Folglich verstößt der Wahrheitsliebende auch gar nicht gegen das Tötungsverbot. Allenfalls verstößt er gegen die (unvollkommene) Hilfspflicht, doch diese ist der vollkommenen Pflicht der Wahrhaftigkeit nachgeordnet.
170 Ein weiterer interessanter Fall liegt im sogenannten Heinz-Dilemma von Kohlberg vor: Ein Mann kann seine Frau nur retten, wenn sie ein bestimmtes Medikament bekommt, welches er sich aber nicht leisten kann. Soll er in die Apotheke einbrechen und es stehlen? Vgl. Kohlberg (1996).

Im Kontext unserer Diskussion stellt sich die Frage nach der Gültigkeit einer allgemeinen Regel:

> R2) Überwiegt die Pflicht zur Wahrhaftigkeit die Pflicht zur Lebenserhaltung eines anderen und gilt somit: vP2m > vP2a [Vorrang der Wahrhaftigkeit]

oder

> R2*) Ist es wichtiger, das Leben einer anderen Person zu retten als ihr gegenüber wahrhaftig zu sein und gilt somit: vP2a > vP2m? [Vorrang des Lebens]

Soweit ich sehe, hat sich Kant mit solchen zugespitzten Fällen nicht beschäftigt und es dürfte problematisch werden, Kants persönliche Auffassung zu solchen Fällen zu extrapolieren. Die Anwendung seiner Lehre – unabhängig von dem, was er hierzu dachte – muss aber doch möglich sein. Ebenso müssen auch analoge Entscheidungen im Hinblick auf die unvollkommenen Pflichten möglich sein. Dabei stehen folgende alternative Regeln auf dem Prüfstand:

> R3) uP1m > uP1a [Vorrang der moralischen Vollkommenheit]

oder

> R3*) uP1a > uP1m [Vorrang der physischen Vollkommenheit]

Sowie:

> R4) uP2m > uP2a [Vorrang der Grundbedürfnisse]

oder

> R4*) uP2a > uP2m [Vorrang weiterer Bedürfnisse]

Ist die moralische Selbstvervollkommnung wichtiger als die physische oder umgekehrt (R3 oder R3*) und sind die elementaren Grundbedürfnisse eines anderen (wie Nahrung, Schlaf usw.) wichtiger als andere Bedürfnisse (wie z. B. Freundschaft und soziale Anerkennung) (R4 oder R4*)? Wenn es – wie in den Regeln R3/R3* und R4/R4* – um unvollkommene Pflichten geht, kommt noch die (in ihrer Auslegung allerdings mehrdeutige) Quantitäts-Regel (b) hinzu, wonach gilt:

> R5) „mehrere unvollkommene Pflichten überwiegen eine einzelne" (V-MS/Vigil, AA 27:537.31 f.)

Es liegt die Vermutung nahe, dass auf einer solch detailreichen Ebene, auf der zudem viele empirische Faktoren eine Rolle spielen, gar keine allgemein-verbindlichen Regeln mehr möglich sind. Die Diskussion und Erläuterung solcher Regeln wäre uferlos. Kant selbst weist den Ausweg aus der Malaise eines unentwirrbaren Regelgeflechts, wenn er auf die Notwendigkeit einer Kasuistik hinweist (vgl. HN, AA 23:389). Eine Kasuistik, bei der jeder moralische Einzelfall für sich geprüft werden muss und bei dem keine allgemeinen Regeln – wie sie oben aufgestellt wurden – greifen. Durch den Verzicht auf Regeln würden auch weniger plausible Entscheidungen, wie das Notlügenverbot im Falle meiner eigenen Rettung aufgehoben.[171]

Zum Abschluss der Erörterung dieses Kollisionstyps möchte ich noch einen Blick auf ein Beispiel werfen, das Kant in der *Tugendlehre* selbst bringt: Er gibt dort das Beispiel, dass die „allgemeine Nächstenliebe" eine Einschränkung durch die „Elternliebe" erfahre (TL, AA 06:390.12). Dieses Beispiel kann sehr verschieden interpretiert werden: Zum einen so, dass hier eine unvollkommene Liebespflicht durch eine andere ebenfalls unvollkommene Liebespflicht eingeschränkt wird; zum anderen aber auch so, dass hier eine unvollkommene Liebespflicht durch eine schuldige und somit vollkommene Pflicht (gegenüber den Kindern) eingeschränkt wird.[172] Die letztere Interpretation wird dadurch gestützt, dass Kant in R 6588 die Pflicht der Eltern wie folgt charakterisiert: „Die Pflicht der Eltern gegen Kinder ist eine [strenge] Pflicht der Schuldigkeit" (HN, AA 19:97.23f., R 6588).[173] Dann hätten wir es in diesem Fall gar nicht mit einer Kollision des Typs uP2 und uP2 zu tun. Diese Interpretation des Beispiels wirft aber Fragen und Schwierigkeiten auf: Die Fürsorgepflicht der Eltern gegenüber ihren Kindern ist sicherlich keine Verbotspflicht, sondern eine Begehungspflicht. Den Eltern bleiben bei der Fürsorge für ihre Kinder gewisse Spielräume. Schließlich wird man doch einräumen müssen, dass es viele Arten und Weisen der Fürsorge der Eltern für ihre Kinder geben kann und dass auch hinsichtlich der Gradualität gewisse

---

171 Neben einer Kasuistik würde auch eine systematische Entwicklung von Regeln zu Notsituationen (Notwehr, Notlüge usw.), wie sie ansatzweise bei Kant zu finden ist, ebenfalls aus der Malaise führen. Vgl. dazu auch Esser (2008).
172 Diese Doppelinterpretation der Elternliebe wird auch durch Kants Erläuterungen in der *Vigilantius*-Nachschrift gestützt, in der er die „Ernährung der Kinder" als schuldige „Zwangspflicht" auffasst, aber die „Erziehung der Kinder" als verdienstliche Liebespflicht und sogar als „opus supererogationis der Eltern" bezeichnet (V-MS/Vigil, AA 27:670.20 ff.). Somit erweist sich die Liebespflicht zur Nachkommenschaft als eine hybride Mischpflicht; damit aber auch die Textstelle als doppelsinnig.
173 Umgekehrt glaubt Kant nicht, dass durch die Zeugung der Kinder, diese gegenüber den Eltern verpflichtet sind (V-Mo/Collins, AA 27:261).

Spielräume denkbar sind, so dass hier eine strenge Pflicht mit Spielraum vorzuliegen scheint, was aber definitionsgemäß gar nicht sein kann.

Streng ist die Pflicht hinsichtlich ihrer Qualität, d. h., sie darf niemals so weit eingeschränkt werden, dass ihre Wirkung Null wäre. Hinsichtlich ihrer Quantität (des Wieviel und auch des Wie) aber bestehen offensichtlich Spielräume. Es liegt hier eine Art hybride „*Mischpflicht*" vor; ähnlich wie bei der Pflicht zur moralischen Vollkommenheit gegen sich selbst, die Kant zufolge ebenfalls ihrer „Qualität nach [als] eng und vollkommen, obgleich dem Grade [= Quantität] nach [als] weite und unvollkommene Pflicht" aufgefasst werden kann (TL, AA 06:446.25 f.). Will man diese Interpretationsschwierigkeiten vermeiden, bleibt die erste Interpretationsmöglichkeit: die Fürsorgepflicht der Eltern als eine weite Pflicht aufzufassen, die eine andere weite Pflicht, in diesem Falle die allgemeine Nächstenliebe, einschränkt. Hierbei scheint dann der Grundsatz zu gelten, dass die Verbindlichkeit gegenüber mir näher stehenden Personen größer ist als die Hilfspflicht im Allgemeinen bzw. gegenüber fremden Personen. Somit ergäbe sich folgende Regel:

> R_{Zusatz}) Unvollkommene Pflichten gegenüber anderen werden hinsichtlich der sozialen (verwandtschaftlichen) Nähe, die man zu den anderen hat, gewichtet. Mit Blick auf das Beispiel von Kant gilt: uP2(Eltern) > uP2(Fremden).

Soweit ich sehe, finden sich aber im Œuvre Kants keinerlei Hinweise, die eine Differenzierung unvollkommener Pflichten nach dem Grad der verwandtschaftlichen Nähe stützen würden; also auch bei dieser Deutung bleiben Fragen offen.

B) Nun betrachte ich Fälle, in denen vollkommene und unvollkommene Pflichten entweder gegen sich selbst oder gegen andere miteinander kollidieren (also Kollisionen des Typs vPx und uPx bzw. konkret: vP1 und uP1 sowie vP2 und uP2). Hierbei lässt Kant keinen Zweifel daran, dass unvollkommene Pflichten den vollkommenen nachgeordnet sind. Diese Regel ist weiter oben bereits mit Bezug auf die Tradition im 18. Jahrhundert erörtert worden und wird hier nur der Systematik wegen noch einmal angeführt:

> R6) „unvollkommene Pflichten unterliegen allzeit den vollkommenen Pflichten" (V-MS/Vigil, AA 27:537.31 f.).

Regel R6 und damit die Priorität der vollkommenen Pflichten wird in einer Reihe von Beispielen von Kant illustriert. Zuerst muss man seine Schulden bezahlen, bevor man anderen, die bedürftig sind und denen man vielleicht auch Dank schuldet, Hilfe leistet (vgl. Päd, AA 09:490). Als Spezialfälle der Regel R6 ergeben sich:

R6.1) Vollkommene Pflichten gegen andere stehen über den unvollkommenen Pflichten gegen andere. Kurz: vP2 > uP2.

R6.2) Vollkommene Pflichten gegen sich selbst stehen über den unvollkommenen Pflichten gegen sich selbst. Kurz: vP1 > uP1.

Innerhalb der Pflichten gegenüber anderen nehmen für Kant die Rechtspflichten die höchste Stelle ein und überwiegen alle Liebespflichten (vgl. V-MS/Vigil, AA 27:415). Kant sagt in einer Vorlesung explizit, dass „die Noth des Anderen, und wenn er den Tod leiden sollte, [mich] nicht zwingen [könne], Schulden zu machen" (V-MS/Vigil, AA 27:537.33 f.). Es ist mehr als zweifelhaft, ob die Regel R6.1 in solchen zugespitzten Anwendungsfällen – wie sie Kant mit der extremen Not eines anderen andeutet – immer noch Gültigkeit beanspruchen darf. Spitzt man etwa das Schuldner-Beispiel zu, so könnte man vor folgender moralischer Problemlage stehen: Soll ich meine Schulden auch dann noch zurückzahlen, wenn es für den Notleidenden um Leben und Tod geht und das Geld beispielsweise für eine lebensrettende Operation benötigt wird? Was ist also, wenn es bei der in Frage stehenden Hilfsleistung um Leben und Tod geht? Man kann aber auch an Fälle wie diesen denken: Soll ich das Versprechen zu einer Verabredung auch dann einhalten, wenn gleichzeitig ein anderer Mensch dringend ärztliche Hilfe benötigt und ins Krankenhaus gefahren werden muss?[174]

Kants dramatische und verstörende Andeutung, dass das Zurückzahlen einer Geld-Schuld im Konfliktfall tatsächlich höher zu gewichten sei, als die Lebensrettung eines anderen oder etwas abgemildert, aber der Sache nach nicht weniger irritierend, dass niemand verpflichtet sei, einem anderen das Leben zu retten, wenn er dadurch Schulden machen müsste, ruft erhebliche Zweifel, wenn nicht gar den Widerspruch der gesunden Menschenvernunft hervor. Es stellt sich die Frage, ob diese problematische Folgerung Kants, aus der Regel R6 und den Grundlagen seiner Ethik insgesamt wirklich gezogen werden muss. Ich denke, dass man den zugespitzten Schuldner-Fall auch anders betrachten kann: Die Pflicht zur Lebensrettung ist sicherlich keine gewöhnliche Hilfspflicht: Wenn ein Leben in Gefahr ist, muss ich versuchen, es zu retten, wenn ich die Mittel dazu habe. Im konkreten Fall würde das Geld, mit dem ich meine Schulden zurückzahlen sollte, als geeignetes Mittel dienen, um einem anderen durch eine Operation das Leben zu retten. Ist es nicht denkbar, in einem solchen Fall die Lebensrettungspflicht als eine vollkommene Pflicht zu betrachten? Dann aber stünden zwei vollkommene Pflichten im Konflikt: Leben retten oder Schulden

---

174 Vgl. Patzig (1983), S. 160.

zurückzahlen. Und wir hätten es dann mit einer Kollision zu tun, bei der die Regel R2 oder R2* Anwendung finden würde.

Damit stehen wir natürlich wieder vor denselben Problemen wie weiter oben: Welche von zwei vollkommenen Pflichten im Konfliktfall höher zu gewichten ist. Wie soll hier eine Entscheidung getroffen werden? Ist es wichtiger, ein Leben zu retten oder die Schulden zurückzuzahlen? Auch hier bietet sich der Ausweg an – wie im Abschnitt A –, dass die Regeln R6.1 und R6.2 nicht schlechterdings zur Anwendung kommen sollten; dass auch hier eine Kasuistik Raum greift.

C) Als vorletzter Kollisionstyp rücken nun Pflichten in den Fokus, die dieselbe Qualität aber unterschiedliche Adressaten aufweisen. Hat mein Recht Vorrang vor dem anderer? Haben meine Bedürfnisse Vorrang vor denen anderer? Was also ist zu tun bei folgenden Konflikten: vP1 und vP2 sowie uP1 und uP2?

Begründungstheoretisch bilden für Kant die Pflichten gegen sich selbst die Basis für alle anderen Pflichten (vgl. V-MS/Vigil, AA 27:344) und die Selbstverpflichtung ist die Grundlage für jede andere Verpflichtung:

> Denn ich kann mich gegen Andere nicht für verbunden erkennen, als nur so fern ich zugleich mich selbst verbinde: weil das Gesetz, kraft dessen ich mich für verbunden achte, in allen Fällen aus meiner eigenen praktischen Vernunft hervorgeht. (TL, AA 06:417.25 ff.)

Begründungstheoretisch kommt der Selbstverpflichtung und damit den Pflichten gegen sich selbst eine eindeutige Vorrangstellung gegenüber den Pflichten gegen andere zu (vgl. auch HN, AA 23:390). Die Frage ist nun, ob man daraus auch eine entsprechende Priorisierung bei der Anwendung dieser Pflichten ableiten darf. Wäre dies der Fall, dann führte dies zu folgenden Regeln:

> R7) Vollkommene Pflichten gegen sich selbst haben Vorrang vor vollkommenen Pflichten gegenüber anderen. Kurz: vP1 > vP2.[175]

> R8) Unvollkommene Pflichten gegen sich selbst haben Vorrang vor unvollkommenen Pflichten gegenüber anderen. Kurz: uP1 > uP2.[176]

---

[175] „Heilig ist nichts auf der Welt als die Rechte der Menschheit in unserer Person [vP1] und das Recht der Menschen [vP2] [...]. Wo sich jene zwey Pflichten widerstreiten, da behält die erstere die Oberhand." (HN, AA 19:308.4 ff., R 7308). Diese Reflexion ist interessant, weil Kant hier den Widerstreit zweier vollkommener Pflichten thematisiert und durch eine Rangordnung eindeutig auflöst.

[176] „Doch gleichwohl sind die Pflichten des Rechts und der Gütigkeit [gegen andere] nicht so hoch, als die Pflichten gegen mich selbst" (V-MS/Vigil, AA 27:433.5 ff.). Vgl. dazu auch HN, AA 23:405 sowie V-MS/Vigil, AA 27:705.20 ff.

Auf den ersten Blick mögen die Regeln R7 und R8 überzeugen. Sie werden auch durch Beispiele Kants gestützt. Kant macht unmissverständlich klar, dass man die eigene Glückseligkeit[177] nicht zugunsten fremder Glückseligkeit aufopfern dürfe (vgl. TL, AA 06:393) und dass die Hilfspflicht anderen gegenüber durch die eigene Armut eingeschränkt wird (V-MS/Vigil, AA 27:537). Des Weiteren könne niemand verpflichtet werden, sein eigenes Leben für andere zu opfern.[178] In allen diesen Fällen steht die Pflicht gegen sich selbst über der Pflicht gegenüber anderen. Hierbei könnte aber die Rettung der anderen auch als extreme Hilfeleistung und damit als unvollkommene Pflicht angesehen werden und dann würde die Priorisierung der Selbstpflicht nicht aus Regel R7, sondern aus der bereits thematisierten Regel R6 folgen.

Auch bei der folgenden moralischen Problemstellung stützt Regel R7 unsere moralische Intuition: Muss jemand seine Schulden auch dann zurückzahlen (vP2), wenn dies den Verlust des eigenen Lebens bedeuten würde (vP1), weil er z. B. eine notwendige Operation nicht mehr bezahlen kann? Mein eigenes Recht auf Leben steht mit Regel R7 über dem Recht eines anderen auf Rückzahlung der Schulden. Doch obgleich in diesem Fall unserer moralischen Intuition Rechnung getragen wird, wissen wir aus der Diskussion in Abschnitt A und Regel R1, dass dies wohl nicht Kants Auffassung entspricht. Wenn ich meine Schulden nicht zurückzahle und stattdessen das Geld verwende, um mein Leben zu retten, geschieht das gleichsam auf Kosten meiner eigenen moralischen Integrität. Indem ich einem anderen Menschen Unrecht tue, verübe ich auch gegen mich selbst ein

---

[177] Inwieweit man die eigene Glückseligkeit überhaupt als eine (indirekte) Pflicht ansehen kann und welchen Status sie genau hat, ist sehr umstritten; muss aber in diesem Zusammenhang auch nicht geklärt werden (vgl. Abschnitt 4.8.1).

[178] Kants Seenotretter ist kein Gegenbeispiel: Kant selbst beurteilt das Beispiel eines Lebensretters, der anderen Menschen in Seenot hilft, dabei aber sein eigenes Leben riskiert und schließlich verliert, als eine verdienstliche (also nicht schuldige) Pflichthandlung, bei der die „Pflicht gegen sich selbst [...] etwas Abbruch zu leiden scheint" (KpV, AA 05:158.16f.). Wenngleich die Pflicht gegen sich selbst (vP1) auch „etwas Abbruch zu leiden scheint" – eine paradox vage Formulierung, die nicht leicht zu interpretieren ist –, sieht es so aus, als ob die Handlung des Lebensretters für Kant durchaus erlaubt ist und sogar eine gewisse moralische Qualität besitzt. Dabei muss man freilich bedenken, dass der Retter hier sein Leben *nur riskieren* und keineswegs opfern wollte. Auch wenn letztendlich der bedauerliche Fall eintritt, dass der Lebensretter selbst ums Leben kommt. Wie aber würde Kant einen Fall beurteilen, in dem ein Lebensretter den sicheren Tod wählt, um andere zu retten? Hier läge nach Kant ein klarer Fall der Selbstinstrumentalisierung vor und dies wäre kaum mit der Selbstzweckformel zu vereinbaren. Sein Leben vorsätzlich hinzugeben – wie beispielsweise der römische Sagenheld Marcus Curtius – ist pflichtwidrig und ganz und gar davon zu unterscheiden, dass jemand sein Leben nur riskiert (vgl. V-MS/Vigil, AA 27:629). Solche Fälle scheinen die Regel R7 also eher zu bestätigen als in Zweifel zu ziehen.

Unrecht, weil ich mein Leben retten möchte. Je nachdem, wie man den Fall des Schuldners interpretiert und welche Regel man anwendet, kommt man zu unterschiedlichen Resultaten.

Kant selbst scheint Regel 7 im Fall des Schuldners nicht zu akzeptieren: Die Begleichung hat oberste Priorität. Solange man die Regel 7 lediglich aus der Perspektive der begrenzten eigenen Ressourcen und der eigenen Not sieht, mag diese Regel überzeugen: Niemand kann von mir Unmenschliches zugunsten eines anderen verlangen. Doch wenn ich die Perspektive etwas verändere und die Frage aufkommt: Wie weit darf ich gehen, um meiner Pflicht zur Selbsterhaltung nachzukommen und mein eigenes Leben zu erhalten? – Dann würde eine entsprechende Pflichtenpriorisierung nach R7 zu einem regelrechten Verbrechertum und einer Unmoral führen. Denn natürlich ist ein Verbrechen nicht gestattet, um das eigene Leben zu retten. Wie wir bereits in Abschnitt A diskutiert haben, ist die Erhaltung des eigenen Lebens nur eine bedingte Pflicht. Doch auch hier führt die moralische Praxis sogleich wieder in ziemlich komplexe Abstufungen und Fragen der Verhältnismäßigkeit: Während der Kohlendiebstahl im kalten Winter 1946/47 – das sogenannte ‚Fringsen'[179] – möglicherweise noch durch R7 zu rechtfertigen sein mag, wäre es vollkommen abwegig, wollte man mittels R7 einen Banküberfall oder gar einen Raubmord rechtfertigen, um dadurch die notwenigen finanziellen Mittel für die eigene lebensnotwendige Operation zu beschaffen. Die vollkommenen Pflichten gegenüber anderen (vP2) gründen auf dem Recht anderer Menschen (Freiheit, Lebensschutz, Schutz des Eigentums usw.) und dieses muss ich unbedingt achten. Ich darf meine Selbstverpflichtungen nicht darüber stellen.

Zieht man zudem noch die Priorisierung gemäß Reflexion R 6585 hinzu, wird man zu folgenden gegenteiligen Regeln gedrängt:

> R7*) Vollkommene Pflichten gegen sich selbst unterliegen den vollkommenen Pflichten gegenüber anderen. Kurz: vP2 > vP1.

> R8*) Unvollkommene Pflichten gegen sich selbst unterliegen den unvollkommenen Pflichten gegenüber anderen. Kurz: uP2 > uP1.

Kants Aussage in der Moralvorlesung *Collins*, wonach „die Pflichten des Rechts und der Gütigkeit nicht so hoch, als die Pflichten gegen mich selbst" sind (V-Mo/Collins, AA 27:433.5 f.), kann unmöglich so aufgefasst werden, dass man sämtliche

---

[179] Josef Kardinal Frings (1887–1978) hatte als Erzbischof von Köln in seiner Silvesterpredigt 1946 den Diebstahl von Nahrungsmitteln und von Kohle als ultima ratio in einer ausweglosen Lage legitimiert, in der man seine Gesundheit und sein Leben schützen muss. Gleichzeitig hatte er aber auch beklagt, dass dieser Notdiebstahl in vielen Fällen zu weit gegangen sei.

Rechtspflichten gegen andere zurückstellen oder gar verletzen darf, um beispielsweise sein eigenes Leben zu retten.

Wie lässt sich dieser (vermeintliche) Widerspruch auflösen? Hierfür ist es entscheidend, einen moralischen Grundsatz zu berücksichtigen, der mit dem Namen Sokrates verbunden ist und auch letztendlich Kants Argumentation leitet: „Βουλοίμην μὲν ἂν ἔγωγε οὐδέτερα · εἰ δ' ἀναγκαῖον εἴη ἀδικεῖν ἢ ἀδικεῖσθαι, ἑλοίμην ἂν μᾶλλον ἀδικεῖσθαι ἢ ἀδικεῖν. [Wenn ich aber unweigerlich wählen müsste zwischen Unrechttun und Unrechtleiden, so würde ich mich lieber für das Unrechtleiden als für das Unrechttun entscheiden.]" (Platon: *Gorgias* 469c).

In extremen Konfliktsituationen, in denen es nicht nur darum geht, dass ich aufgrund der Umstände nur eine Pflicht erfüllen kann, sondern in denen ich eine Pflicht nur erfüllen kann, indem ich eine andere verletze, verneint der sokratische Grundsatz dieses Tun: Tue niemals – unter gar keinen Umständen – Unrecht, lautet die Devise, die sich wohl auch Kant zu eigen macht.[180] Und genau dies ist die Bedingung, unter der die Regeln R7 und R8 stehen. Die eigenen Rechte und Bedürfnisse dürfen Vorrang beanspruchen, solange dadurch kein Unrecht geschieht. Erst dann greifen gewissermaßen die Regeln R7* und R8*.[181]

---

[180] „Die größte Gefahr für Menschen in ihrem Verkehr unter einander ist die, Anderen Unrecht zu thun. Unrecht zu leiden ist hingegen für nichts zu achten, und es zu dulden, ist oft gar verdienstlich" (HN, AA 15:974.18 ff.). Interessant scheint mir die Frage, ob dieser Grundsatz als eine Art Meta-Maxime den Maximentest durchlaufen und bestehen könnte. Allerdings scheint es sich bei diesem Grundsatz wohl nicht um eine Maxime, sondern eher um eine Art Lebensregel zu handeln. Doch dann stellt sich generell die Frage nach dem Status und der Legitimation dieser Regel, da Kant ja immer nur von *einem* obersten Prinzip der Moralität ausgeht.

[181] Mit Hinblick auf R8 und R8* bleibt Folgendes festzuhalten: Die Regel R8 kann so interpretiert werden, dass die unvollkommene Pflicht zur eigenen Vervollkommnung stets höher zu gewichten ist als die Beförderung fremder Glückseligkeit. Wenn ich vor der Entscheidung stehe: Meine eigene Entwicklung (Ausbildung, Familiengründung etc.) dadurch aufzuopfern, dass ich mein Leben lang einem anderen schwerkranken Menschen rund um die Uhr helfe, dann mag die Regel R8 vielleicht noch überzeugen, indem sie meine Selbstvervollkommnung priorisiert. Wenn ich aber vor der Entscheidung stehe: Meine letzte Chance zu nutzen, um ein Examen abzulegen oder aber mit der Pflicht zur Dankbarkeit an das Sterbebett eines Freundes zu eilen, dann scheint die Regel schon nicht mehr so unumstritten. Vollends versagt sie aber in folgenden Fällen: Sollte ich eine wichtige Trainingseinheit (die als wichtig für meine physische Vervollkommnung angesehen werden kann) auch dann absolvieren, wenn ich weiß, dass Freunde von mir zur selben Zeit dringend meine Hilfe benötigen? In Fällen, in denen es um die gleichsam punktuelle oder teilweise Einschränkung meiner Vervollkommnungspflicht zugunsten der dringenden Hilfeleistung gegenüber anderen geht, vermag R8 nicht zu überzeugen. Das Problem liegt hierbei freilich auch in der unscharfen Bestimmung dessen, was genau eine unvollkommene Pflicht gegen mich selbst ist und wie sie in konkreten Situationen anzuwenden ist. Vgl. Steigleder (2002), S. 246 ff.

Nun wird aber der sokratische Grundsatz keineswegs (in allen Fällen) durch die gemeine Menschenvernunft gestützt: Sollte es wirklich moralisch nicht erlaubt sein zu lügen, wenn man dadurch sein eigenes Leben oder das eines anderen retten kann? Hier steht der Grundsatz unter erheblichem Begründungsdruck. Wenn Kant nun auch in solchen Fällen diesem Grundsatz folgt, dann entspricht dies einem „Quietismus der reinen Seele in moralischen Konfliktsituationen" (Forschner (1983), S. 44), der in vielen Fällen schwer nachvollziehbar und kontraintuitiv erscheint.

D) Zum Schluss betrachte ich Regeln für die Pflichtenkollision des Typs vPx und uPy (also konkret: vP1 und uP2 sowie vP2 und uP1). Hierbei sind sowohl die Typen von Pflichtenadressaten als auch die Qualitäten der Pflichten verschieden. Im Falle der Kollision vom Typ vP1 und uP2 kann man mit Regel 6 – vollkommene Pflichten haben Vorrang vor unvollkommenen – sowie der Priorisierung in R 6585 – eigenes Recht vor fremder Bedürftigkeit – auf den Vorrang der vollkommenen Pflicht gegen sich selbst schließen. Aber auch hier sind wieder Fälle denkbar, die diesen Vorrang problematisch erscheinen lassen: Beispielsweise den Vorrang des Lügenverbots (als Pflicht gegen sich selbst) gegenüber der Lebensrettung eines anderen (als Hilfspflicht interpretiert). Hier haben wir also den Fall vor uns, den Kant in seinem berüchtigten Aufsatz *Über ein vermeintes Recht aus Menschenliebe zu lügen* thematisiert.

Im Falle des Kollisionstyps vP2 und uP1 lässt sich wiederum die vollkommene Pflicht mit der Regel R6 sowie mit dem Hinweis darauf, dass das Recht des anderen über meinen eigenen Bedürfnissen steht, priorisieren. Aber auch diese Regel ist nicht unproblematisch: Man denke hier beispielsweise an solche Fälle, wo ein Versprechen (als vollkommene Pflicht gegen andere) der Pflicht zur eigenen Vervollkommnung im Wege stehen würde. Wenn man z. B. den Eltern versprochen hat, immer bei ihnen zu bleiben und ihnen zu helfen und dies aber nur zu dem Preis geschehen kann, dass man seine eigene Entwicklung ganz und gar aufopfern muss. In solchen Fällen lässt sich zumindest nach der Plausibilität einer solchen Regel fragen.[182]

Als Fazit der vorangegangenen Überlegungen bestätigt sich die Eingangsvermutung, dass sich eine systematische und allgemeingültige Rangordnung der Pflichten nicht eindeutig rekonstruieren lässt. Für Kant stellt das Phänomen der

---

[182] Abgesehen von den zehn möglichen Pflichtenkollisionen, die hier in den Abschnitten (A) bis (D) thematisiert wurden, kann man auch noch die Frage aufwerfen, was zu tun ist, falls das positive Gesetz mit dem natürlichen Gesetz in Kollision gerät. Kants Antwort hierfür ist eindeutig: Vorrang hat das natürliche Gesetz, „denn das natürliche [Gesetz] ist die Bedingung aller positiven Gesetze" (V-MS/Vigil, AA 27:355.23 f.). Diese Vorrangregel führt allerdings in die Rechtslehre hinein und soll hier nicht weiter thematisiert werden.

Pflichtenkollision in einem doppelten Sinne nur eine Randerscheinung dar: Einen Widerstreit der moralischen Gesetze und der mit ihnen verbundenen Pflichten kann es nicht geben. Ein Widerstreit – wenn überhaupt – kann nur zwischen Pflichtgründen auftreten und auch hier scheint Kant das vermeintliche Phänomen auf die unvollkommenen Pflichten mit ihren Spielräumen zu begrenzen, obgleich die Sachlage darüber hinaus weisen mag. Die Suche nach den stärkeren Verpflichtungsgründen mündet oft in eine Kasuistik, die auf das weite Feld der Erfahrungstatsachen führt und damit die apriorischen Grenzen des kantischen Pflichtensystems überschreitet. Sowohl die vermeintliche Randständigkeit des Phänomens als auch die Tatsache, dass dadurch die Systemgrenzen überschritten werden, dürften Kant veranlasst haben, diesem Problemkreis weniger Aufmerksamkeit zu schenken, als er verdienen mag. Die Pflichtenkollision kann kein Hauptgegenstand seiner systematischen Theorie sein und wird daher nur rhapsodisch und sehr unsystematisch in seinen Vorlesungen und Druckschriften thematisiert. Hinzu kommt, dass die verschiedenen Einzelstellen, die sich mit dem Problemkreis der Kollision und der Rangordnung der Pflichten beschäftigen, keine vollständig kohärente Darstellung bieten, sondern in vielen Aspekten in größerer und kleinerer Spannung zueinander stehen.

Neben diesen systemimmanenten Gründen wird man dem Königsberger Philosophen vielleicht auch eine gewisse ‚Naivität' im Umgang mit intrikaten moralischen Alltagsproblemen attestieren müssen, wie dies Walter Benjamin mit Bezug auf den Fall der Maria von Herbert getan hat. Gewiss wird man auch mit dem Kant-Forscher Herbert J. Paton an die „Grenzen in Kants Persönlichkeit" erinnern dürfen (Paton (1962), S. VII). Kants „völlige Naivität"– wie Benjamin sagt – mag ein Grund dafür sein, dass er die Tiefen und die Komplexität solcher Probleme unterschätzt und marginalisiert haben mag (Berger/Macho (1989), S. 127). Ein solches argumentum ad hominem mag als psychologisches Erklärungsmuster für bestimmte Eigenheiten der kantischen Theorie dienen, bringt aber die Sachproblematik nicht wirklich voran.

Ein weiterer sachlicher Grund für das Theorienmanko liegt indes in der Mehrdeutigkeit einiger Beispiele, mit denen Kant seine Ausführungen illustriert, und in der Unbestimmtheit seiner Vorrangregeln: Handelt es sich bei der Elternliebe um eine vollkommene oder unvollkommene Pflicht? Oder um beides? Ist die Lebensrettung eines anderen Menschen nur eine Hilfspflicht? Wie ist die Quantitätsregel (R5) genau zu verstehen? Die kantische Darstellung lässt diese und viele andere Fragen offen. Die Gründe für diese Mehrdeutigkeiten und Unbestimmtheiten liegen indes nicht allein in der Darstellung und Ausdrucksweise Kants, sondern gehen auch auf die Komplexität der moralischen Praxis selbst zurück. Und hierin liegt vermutlich der systematisch maßgebliche Punkt dafür, dass eine allgemeingültige und eindeutige Rangordnung der Pflichten nicht rekonstruiert werden kann.

Die Betrachtungen haben offen gelegt, dass die vielen Einzelfälle und ihre fortgesetzten Zuspitzungen und Erweiterungen sowie die Komplexität und die mannigfaltigen Bedingungen der moralischen Praxis durch starre, allgemeine Regeln kaum in den Griff zu bekommen sein dürften. Meines Erachtens erhebt sich hier prinzipiell die Frage, ob es einer rein prinzipienorientierten Ethik überhaupt gelingen kann und soll, sämtliche Einzelfälle zufriedenstellend in den Griff zu bekommen, oder ob nicht an irgendeiner Stelle eine Kasuistik (im Sinne einer Einzelfallerörterung) notwendigerweise hinzukommen muss. Kant hat auf diesen Umstand selbst hingewiesen und keinen Zweifel daran gelassen, dass der Ethik noch eine Kasuistik hinzugefügt werden muss. Sowohl eine fallbezogene Kasuistik als auch ein Theoriestück zum Thema Notlage und Notwehr sind als systemimmanente Ergänzungen erforderlich. Solche Theorieelemente sind zwar in den letzten Jahren vermehrt in den Fokus der Aufmerksamkeit gerückt,[183] haben in der Kant-Rezeption aber immer noch nicht die Bedeutung und das Interesse gefunden, das ihnen zukommen sollte.

Die Erörterung hat auch gezeigt, dass der Anspruch an eine Theorie der Moralität nicht überzogen sein sollte. Wenn man sich vor Augen führt, dass selbst die Theorien der Physik – als die am weitesten entwickelten naturwissenschaftlichen Theorien – im Hinblick auf ihren Anwendungsbereich immer wieder revisionsbedürftig sind, dann wäre es schon sehr erstaunlich, wenn eine Theorie der Ethik – gerade eine so hoch entwickelte wie die Kants – im Falle extremer Anwendungssituationen nicht auch mit ‚Anomalien' zu kämpfen hätte. Diese Anwendungsschwierigkeiten sollten aber nicht dazu verleiten, die gesamte Theorie in Bausch und Bogen zu verurteilen, sondern ihre Grenzen auszuloten und sie systematisch weiterzuentwickeln.

5.3 Kasuistische Reflexionen

5.3.1 Jesuitenkasuistik, kasuistische Fragen und Kasuistik

Kants Prinzipienethik führt in ihrem Anwendungskontext zu kasuistischen Reflexionen, die vor dem Hintergrund einer Ethik im Ganzen eine notwendige Ergänzung darstellen. In den folgenden Überlegungen soll dieser Zusammenhang herausgearbeitet werden. Dabei treten folgende Fragen in den Fokus: Wie beurteilt

---

[183] Vgl. Esser (2008).

Kant die traditionelle Kasuistik? Welches Konzept von Kasuistik entwickelt er? Welche Funktion kommt der Kasuistik bzw. den kasuistischen Fragen in seiner Ethik im Ganzen zu?

Kant verwendet den Begriff *Kasuistik* in mindestens vier verschiedenen Bedeutungen:

(1) Er spricht von „Jesuitencasuistik" (ZeF, AA 08:344.6) bzw. „Casuistik" (ZeF, AA 08:385.15) und bezieht sich dabei abwertend auf ein Mittel der Verwirrung, Täuschung und Manipulation. Die Kasuistik in diesem Sinne wird in Verbindung gebracht mit betrügerischen Winkelzügen wie der *reservatio mentalis*, also heimlichen Vorbehalten, dem *peccatum philosophicum*, das unrechte Taten durch gute Zwecke zu rechtfertigen suche, und auch mit dem *Probabilismus*, der bloße Vermutungen und Unterstellungen zur Grundlage des Handelns mache (vgl. ZeF, AA 08:385 und V-MS/Vigil, AA 27:622 sowie 702).

(2) Mit dem Adjektiv „*casuistisch*" tituliert Kant auch eine besondere Art von „Curiosa" (HN, AA 15:119.15 ff., R 308), also eher unwesentliche und nebensächliche Dinge, die den Verstand zu Abschweifungen veranlassen (vgl. Anth, AA 07:203). In diesem Sinne spricht Kant auch von der „Casuistic" eines „micrologische[n] Gewissen[s]" (Kant (2004), S. 197), also eines Gewissens, das sich mit vielen kleinen und unwesentlichen Vorwürfen plagt. Die „Casuistic" als eine „Art von micrologie" wird auch in der Vorlesungsnachschrift *Mrongovius* II thematisiert (V-Mo/Mron II, AA 29:615.27). Da Kant diese Tätigkeiten auch als „Zeichen eines sich erweiternden Gemüths" sowie als „Übungen der Urtheilskraft" (HN, AA 15:119.14 f., R 308) charakterisiert, kann man hier von einem eher neutralen Begriffsgebrauch ausgehen. In diesem Sinne ist auch der Begriff der „müssigen Casuistik" zu verstehen (HN, AA 22:621.24).

(3) In der *Ethischen Methodenlehre* weist Kant den „casuistische[n] Fragen" eine didaktische Funktion „zur sittlichen Bildung" zu (TL, AA 06:483.32 ff.). Kasuistische Fragen wie auch Beispiele sind Kant zufolge von „großem Nutzen" (TL, AA 06:483.33), wenn es darum geht, im Unterricht theoretisches Wissen und praktisches Können im Bereich der Moral zu vermitteln und einzuüben (vgl. auch Päd, AA 09:490). Zu diesem Zweck sollen den Kindern „verfängliche Aufgabe[n]" (TL, 06:483.36) zur eigenständigen Auflösung vorgelegt werden. Die zugrunde liegende Methode weist zwei Schritte auf: (1) In einer theoretischen Übung (der Anwendung im Rahmen der ethischen Didaktik) muss (a) zunächst geklärt werden, ob eine vorgegebene Handlung überhaupt dem moralischen Gesetz entspricht, ob sie pflichtgemäß oder pflichtwidrig ist. Ist die Handlung pflichtgemäß und kommen in dieser Handlung mehrere Pflichten zusammen (vermeintliche Kollisionen), dann muss weiterhin bestimmt werden, welche Pflicht bzw. welches Gesetz verpflichtend wirkt. Anschließend (b) ist zu prüfen, ob die Handlung um des Gesetzes willen vollzogen wurde, ob also aus Pflicht gehandelt wurde oder

nicht. Durch diese theoretischen Übungen werde einerseits das Erkenntnisvermögen der Kinder geschärft und zum anderen Interesse an der Sittlichkeit geweckt (vgl. TL, AA 06:483 f. und KpV, AA 05:160 f.). (2) Im zweiten Schritt (der Ausübung im Rahmen der ethischen Asketik) geht es schließlich darum, die gewonnenen Einsichten in die Praxis umzusetzen und sowohl das Tugendvermögen als auch den Willen der Kinder zu kultivieren: Den moralischen Gesetzen und Pflichten soll „Eingang in den Willen des Menschen und Nachdruck zur Ausübung" verschafft werden (GMS, AA 04:389.32 ff.). Die kasuistischen Fragen dienen in diesem Kontext der sittlichen Bildung und motivieren die Moralunterweisung. Vor allem innerhalb des ersten Schrittes kommt ihnen die Aufgabe zu, die Urteilskraft der Kinder zu schärfen und den Tugendbegriff anschaulich zu vermitteln; darüber hinaus soll auch ein Interesse an der Sittlichkeit geweckt und damit zum zweiten Schritt übergeleitet werden.

Es scheint mir angemessen, in diesem Kontext von einer *didaktischen Kasuistik* zu sprechen, deren Aufgabe darin besteht, vorgelegte Rätsel (= verfängliche Aufgaben) mittels festgelegter Regeln zu lösen. Die vorgegebenen Regeln bzw. Pflichten gelten (im Unterrichtskontext) als sicher und gewiss. Es kommt darauf an, die einzelnen Fälle mittels bestimmender Urteilskraft unter die passenden Regeln zu subsumieren. Es ist eine Subsumtionsleistung top-down, mit deren Hilfe etwas demonstriert und geübt wird. Kant spricht in anderen Zusammenhängen auch von einem „apodiktischen Gebrauch der Vernunft" (KrV, AA 03:429.14). Deswegen kann die didaktische Kasuistik auch als „Wissenschaft" tituliert werden (TL, AA 06: 484.6).

(4) Eine ganz andere Funktion kommt derjenigen Kasuistik zu, die ich im Folgenden als *moralische Kasuistik* kennzeichnen möchte.[184] Nicht ohne einen Unterton der Besorgnis stellt Kant in der *Tugendlehre* fest, dass die Ethik „unvermeidlich" in eine „Casuistik" gerät, „von welcher die Rechtslehre nichts weiß" (TL, AA 06:411.11 ff.). Im Gegensatz zur didaktischen Kasuistik sollte die moralische Kasuistik eher als ein bottom-up-Prozess interpretiert werden, der seinen Ausgangspunkt von bestimmten Problemfällen nimmt und zu allgemeinen Regeln bzw. Maximen führt, die allerdings nur als *problematisch* angenommen werden und den Status vorläufiger Urteile haben. Es geht hierbei nicht darum, Rätsel nach vorgegeben Spielregeln zu lösen, sondern das Spiel selbst und seine Regeln zumindest teilweise neu zu bestimmen und zu modifizieren. Damit wird auch verständlich, warum Kant in der (moralischen) Kasuistik das Potential zu „große[n] Vermehrungen und manche[n] neue[n] Entdeckungen" erblickt (HN, AA 23:389.24). Die Kasuistik in diesem Sinne ist kreativ und innovativ. In anderen

---

184 Dieser Ausdruck erscheint in der *Vigilantius*-Nachschrift (V-MS/Vigil, AA 27:701.36).

Zusammenhängen bezeichnet Kant diese geistige Tätigkeit auch als „hypothetischen Gebrauch der Vernunft" (KrV, AA 03:429.22). Insofern der Ausgangspunkt in den empirischen Fällen liegt, die in ihrer Gesamtheit gar nicht vollständig zu erfassen sind, und insofern die gewonnen Regeln nur den Status von vorläufigen Urteilen besitzen, kann dieses Unternehmen insgesamt nicht den Status einer Wissenschaft beanspruchen. Die Kasuistik ist und bleibt somit eine „Übung", die „fragmentarisch" und unsystematisch in die Ethik „verwebt" ist (TL, AA 06:411.20). Die empirischen Fälle müssen hier natürlich im Sinne einer Praxis[2] gedeutet werden (vgl. Abschnitt 2.2.1) und führen zu einer Erweiterung der kantischen Pflichttheorie.

Bei näherer Betrachtung stellt sich heraus – wie im Folgenden zu zeigen sein wird –, dass Kant zwei verschiedene Konzepte einer moralischen Kasuistik entworfen hat, die durch unterschiedliche Vorgehensweisen und Zielsetzungen bestimmt sind und zu einer Reihe von Interpretationsproblemen führen.

Von einer negativ konnotierten Kasuistik als Mittel der Sophisterei und Täuschung, über eine Kasuistik der kuriosen Nebensächlichkeiten bis hin zu einer didaktischen und schließlich einer moralischen Kasuistik werden höchst unterschiedliche Kasuistik-Begriffe von Kant verwendet. Während die didaktische Kasuistik als paradigmengeleitete Methode zur Vermittlung sittlicher Bildung im Moralunterricht aufgefasst werden sollte, kommt der moralischen Kasuistik eine explorative und argumentative Funktion im System einer wissenschaftlichen Ethik zu. In Bezug auf Kants Ethik und ihrer Anwendung ist somit vor allem das Konzept einer moralischen Kasuistik von Bedeutung.

5.3.2 Zwei Konzepte einer moralischen Kasuistik

Mit Blick auf die Forschungsliteratur ergeben sich mehrere Fragen: Sind die in der *Ethischen Elementarlehre* an acht Stellen mehr oder minder unsystematisch aufgeführten „Casuistischen Fragen"[185] Ansätze zu einer Kasuistik, wie sie Kant in der *Einleitung* entworfen hatte, oder haben diese Fragen damit nichts zu tun? Haben die „Casuistischen Fragen" lediglich eine didaktische Funktion oder bilden sie den Ansatz zu einer rudimentären moralischen Kasuistik?[186] Unterstellt man, dass

---

185 Solche Fragen wirft Kant im Anschluss an die vollkommenen Unterlassungspflichten der „Selbstentleibung" (§ 6), der „wohllüstigen Selbstschändung" (§ 7), der „Selbstbetäubung" (§ 8), der „Lüge" (9), dem „Geize" (§ 10) sowie der „Kriecherei" (§ 12) und nach den unvollkommenen Pflichten der „Wohltätigkeit" (§ 31) sowie der „Theilnehmende[n] Empfindung" (§ 35) auf.
186 Nach meinem Wissen ist Schüssler (2012) der erste, der diese Fragen thematisiert und gegen eine sehr breite Tendenz in der Kant-Forschung – vgl. Herman (1993), Denis (2001), Forkl (2001),

die „Casuistischen Fragen" zumindest Aspekte einer moralischen Kasuistik zum Ausdruck bringen, dann stellt sich die intrikate Frage, wie eine solche Kasuistik bei vollkommenen Pflichten überhaupt zur Anwendung kommen kann, da Kant in seinen programmatischen Ausführungen die Kasuistik immer nur mit den unvollkommenen bzw. weiten Pflichten verknüpft?[187] Nimmt man auch diese Hürde der Kant-Interpretation und liefert eine Erklärung dafür, dass auch den vollkommenen Pflichten eine Kasuistik zukommen kann, dann steht man vor der nicht minder schwierigen Aufgabe, die Rolle und Funktion einer solchen Kasuistik (mit Bezug auf die unvollkommenen und die vollkommenen Pflichten) auszubuchstabieren. Zusätzlich erschwert wird diese Problemlage noch dadurch, dass Kant sich zu diesen Themenkreis nur sehr vereinzelt und disparat äußert und dass die veröffentlichte *Tugendlehre* überdies eine problematische Textstruktur aufweist.[188] Obwohl Kants Überlegungen zur Kasuistik in der veröffentlichten *Tugendlehre* und in den entsprechenden *Vorarbeiten* große Gemeinsamkeiten aufweisen, hat man es auf den ersten Blick mit zwei recht verschiedenen Konzepten zu tun.

5.3.2.1 Das Kasuistik-Konzept in den *Vorarbeiten*

Lange Zeit verwendet Kant den Begriff *Kasuistik* eher abwertend. Ein neutraler oder gar positiver Gebrauch lässt sich erst in seinen späteren Überlegungen konstatieren: In der *Vigilantius*-Nachschrift vom Wintersemester 1793/94 wird die Rede vom Nutzen einer „moralische[n] Casuistic" (V-MS/Vigil, AA 27:701.36) zum ersten Mal greifbar. Im Zusammenhang mit seinen Überlegungen zur Anwendung der reinen Moralphilosophie scheint Kant nolens volens zu der Auffassung gekommen zu sein, dass sich eine moralische Kasuistik zumindest als eine Art Anhang zum System der Metaphysik der Sitten als unvermeidlich erweist. In den *Vorarbeiten zur Tugendlehre* wird die Kasuistik mit Einschränkung auf die „weite[n] Pflichten" als eine „Art Dialectik der practischen Vernunft" bezeichnet, in welcher der Urteilskraft die Aufgabe zukommt, den „Wiederstreit der Maximen" (HN, AA 23:389.15 ff.) oder auch Fälle der „Collision der Verbindlichkeitsgründe" aufzulösen (HN, AA 23:419.8 f.). Die Urteilskraft muss also entscheiden, was in bestimmten Fällen „ethisch-erlaubt" ist und was nicht (HN, AA 23:389.22). Die Kasuistik fokussiert hier also Konfliktfälle oder Kollisionsfälle, in denen verschiedene Maximen bzw. Gründe der Verbindlichkeit miteinander kollidieren.

Esser (2004), O'Neill (2013), Graband (2013), Schönecker/Schmidt (2017) – die kasuistischen Fragen strikt von der moralischen Kasuistik trennt.
187 Vgl. zu diesem Problem Denis (2001), Unna (2003) und Graband (2013).
188 Vgl. Ludwig (2017).

Konstitutiv für diese Kennzeichnung der Kasuistik ist es, dass man vor mehreren sich widerstreitenden Alternativen steht.

Obwohl Kant in den *Vorarbeiten* keine Beispiele anführt, findet man an anderen Stellen folgende Problemfälle:[189] i) Was ist zu tun, wenn zwei Hilfspflichten (z. B. die allgemeine Nächstenliebe und die Elternliebe) miteinander kollidieren und nicht beide zugleich erfüllbar sind (vgl. TL, AA 06:390)? ii) Soll man im Konfliktfall erst seine Schulden bezahlen oder mit dem Geld Notleidenden helfen (vgl. Päd, AA 09:490)? iii) Kann unter bestimmten Bedingungen eine Notlüge erlaubt sein (vgl. Päd, AA 09:490)? iv) Ist eine Tat wie die des Curtius „Selbstmord" oder „Heldenthat" (TL, AA 06:423. 18 ff.)?[190]

Diesen Fragen – wie im übrigen auch vielen kasuistischen Fragen in der *Tugendlehre* – ist gemeinsam, dass es sich um Entscheidungsfragen (und zwar sowohl Erlaubnis- (i – iii) als auch um Subsumtionsfragen (iv)) handelt, bei denen zwischen zwei sich widerstreitenden Alternativen eine Entscheidung getroffen werden muss. Dabei mag es sowohl gute Gründe für die eine wie für die andere Option geben. Eine Kasuistik hat hier die Aufgabe mittels Urteilskraft zu entscheiden, wo ein hinreichender Grund zur Verbindlichkeit besteht und wo das nicht der Fall ist. Es ist zu entscheiden, was in diesen Kollisionsfällen Pflicht ist und was nicht. Kant weist die Möglichkeit von echten Pflichtenkollisionen auf der objektiven Ebene letztendlich zurück und geht davon aus, dass sich solche Konfliktfälle eindeutig auflösen lassen, indem sich die einen Gründe der Verbindlichkeit als hinreichend erweisen und die anderen nicht. Daher kann es auch nicht überraschen, dass sich für die angeführten Beispiele *eindeutige* Antworten bei Kant finden lassen: i) Die Hilfspflicht der Eltern schränkt die allgemeine Hilfspflicht eindeutig ein (vgl. TL, AA 06:390). ii) Man muss erst seine Schulden bezahlen, bevor man anderen in der Not helfen kann (vgl. Päd, AA 09:490). iii) Eine Notlüge ist niemals erlaubt (vgl. Päd, AA 09:490) und iv) die Tat von Curtius war Selbstmord und somit „pflichtwidrig" (V-MS/Vigil, AA 27:629.38).[191]

Allerdings wird man die Frage aufwerfen müssen, wie Kant zu diesen Antworten gelangt und ob sie als apodiktisch gewiss und endgültig angesehen wer-

---

[189] Dass es sich bei diesen Beispielen nicht nur um weite Pflichten handelt, soll an dieser Stelle nicht weiter thematisiert werden (vgl. Abschnitt 5.2.3).
[190] Marcus Curtius war ein römischer Sagenheld, der im Jahre 362 v. Chr. in voller Rüstung mit seinem Pferd in einen Spalt auf dem Forum sprang, um sich für die Ewigkeit Roms und das römische Volk zu opfern. Ein Orakel hatte verkündet, dass sich der Spalt erst schließen werde, wenn Roms höchstes Gut geopfert werde; Curtius hatte dies auf die kriegerische Tapferkeit bezogen und war in den Spalt gesprungen.
[191] Zur Beantwortung der kasuistischen Selbstmordfragen vgl. Unna (2003).

den können. Hier soll nun die These vertreten und im Folgenden plausibilisiert werden, dass es sich der Sache nach nicht um apodiktische, sondern vielmehr um problematische und vorläufige Urteile handelt.

In Bezug auf das Thema der Notlüge beispielsweise finden sich in verschiedenen Nachschriften zu seinen Moralvorlesungen Überlegungen, die eine Notlüge unter ganz bestimmen Bedingungen rechtfertigen (vgl. Kant (2004), S. 330 sowie V-Mo/Mron I, AA 27:1564).[192] Kant erwägt auch Fälle, in denen „es recht ist, die Unwahrheit zu reden" (HN, AA 19:199.27 f.). Kants Überlegungen zur Selbsttötung bei den Stoikern und besonders seine Gedanken zum Fall Cato sind vergleichsweise umfangreich und vorsichtig abwägend. Seine Darstellung ist von starken Gegenargumenten und diffizilen Abwägungen des Für und Wider gekennzeichnet. Über sein Werk verstreut bestimmen Fragen und auch Unsicherheiten die Auseinandersetzung mit solchen Problemfällen (vgl. V-MS/Vigil, AA 27:628), sodass man die vermeintlich eindeutigen Urteile vielleicht nicht ganz so apodiktisch auffassen sollte. Wie auch immer man Kants Antworten auf die angeführten Fragen im Einzelnen beurteilen möchte, so dürfte doch klar sein, dass sein in den *Vorarbeiten zur Tugendlehre* skizziertes Kasuistik-Konzept moralisch zweifelhafte Kollisions- und Konfliktfälle explizit zum Gegenstand erhebt und der Kasuistik in diesem Bereich eine moralische Entscheidung zuweist.

5.3.2.2 Das Kasuistik-Konzept in der *Tugendlehre*

Das Kasuistik-Konzept aus den *Vorarbeiten* findet sich aber in der veröffentlichten *Tugendlehre* von 1797 so nicht wieder. Dort wird ein anderes Konzept skizziert:

> Die Ethik hingegen führt wegen des Spielraums, den sie ihren unvollkommenen Pflichten verstattet, unvermeidlich dahin, zu Fragen, welche die Urtheilskraft auffordern auszumachen, wie eine Maxime in besonderen Fällen anzuwenden sei und zwar so: daß diese wiederum eine (untergeordnete) Maxime an die Hand gebe (wo immer wiederum nach einem Princip der Anwendung dieser auf vorkommende Fälle gefragt werden kann);[193] und so gerät sie in eine Casuistik, von welcher die Rechtslehre nichts weiß. (TL, AA 06:411.10 ff.)

---

192 Wird jemand (1) mit Gewalt zu einer Aussage gezwungen, von der dann (2) unrechtmäßiger Gebrauch gemacht werden soll und ist (3) Schweigen keine Option, dann stellt für Kant eine Notlüge eine legitime Gegenwehr dar.
193 So wie der erste subjektive Grund der Annahme einer moralischen Maxime unerforschlich ist und auf das Problem eines regressus ad infinitum weist (vgl. RGV, AA 06:21), so scheint auch dem letzten Schritt der Anwendung einer Maxime etwas Rätselhaftes anzuhängen. Zumindest klingt der Klammerzusatz nach einer Art progressus ad infinitum.

Im Gegensatz zu den *Vorarbeiten* ist hier weder von einem Widerstreit der Maximen noch von einer Kollision von Gründen die Rede. Es geht also nicht um die Frage, *ob* eine bestimmte Maxime anzuwenden ist, sondern vielmehr, um die Frage, „wie eine Maxime in besonderen Fällen anzuwenden sei". Damit scheint die Kasuistik erst dann eine Rolle zu spielen, wenn bereits geklärt ist, welche Maxime in einem bestimmten Fall zur Anwendung kommt. Das spezifische Vermögen der Urteilskraft zu entscheiden, ob ein bestimmter Fall unter eine gegebene Regel bzw. Maxime fällt oder nicht, kommt nach dieser Kasuistik-Konzeption gar nicht zum Einsatz. Die Kasuistik zielt lediglich auf das nachgeordnete Wie der Anwendung. Dies kann an einem Beispiel verdeutlicht werden: In Bezug auf die unspezifische Maxime: *Ich helfe anderen Menschen in Not*, können in besonderen Notsituationen folgende Fragen auftauchen: Wie genau und wie viel soll ich helfen? So gibt es zum Beispiel bei einer Naturkatastrophe verschiedene Möglichkeiten zu helfen. Ich kann anderen Menschen ein Obdach geben, dabei helfen, ihren Besitz zu retten, oder auch Geld spenden und es ist dabei natürlich auch nicht bestimmt, wie viele Stunden ich helfen oder wie viel Geld ich spenden soll. Alle diese Fragen können nur anhand der konkreten Umstände und anhand der Möglichkeiten, die zur Verfügung stehen, entschieden werden. Es scheint hierbei lediglich um Konkretisierungs- oder Präzisierungsprobleme (nicht um Konflikt- oder Kollisionsfälle) zu gehen, mit denen sich die Kasuistik zu befassen hat. Doch dieser erste Eindruck könnte täuschen, wie sich gleich noch zeigen wird.

Wie ist es nun genau zu verstehen, dass „eine (untergeordnete) Maxime an die Hand" gegeben wird? Soll das heißen, dass eine eher unspezifische übergeordnete Maxime, wie z. B. *Ich helfe Menschen in Not*, durch eine konkretere untergeordnete Maxime präzisiert wird, die genauere Handlungsanweisungen gibt, wie: *Ich helfe meinen Nachbarn bei der Beseitigung ihrer Schäden am Haus* oder *Ich spende fünf Prozent meines Einkommens*? Sind das überhaupt noch Maximen oder sind diese subjektiven Handlungsvorsätze nicht viel zu spezifisch, um noch Maximen sein zu können? Wo beginnen die untergeordneten Maximen, wo hören sie auf? Außerdem lässt sich bezweifeln, ob z. B. die Untermaxime: *Ich spende fünf Prozent meines Einkommens* überhaupt den Maximentest bestehen könnte. Denn eine Reihe von Menschen wären finanziell sicherlich nicht in der Lage, fünf Prozent spenden zu können. Sie würden sich damit möglicherweise in eine Not-Situation bringen und selbst hilfebedürftig werden. Es wäre allerdings sehr seltsam, wenn eine Untermaxime zu einer verallgemeinerbaren Obermaxime selbst nicht verallgemeinerbar wäre. In welchem Sinne kann dann noch von einer Untermaxime gesprochen werden? Abgesehen von diesen Schwierigkeiten, ist es denkbar, dass es zu einer übergeordneten Maxime sehr viele verschiedene untergeordnete Maximen gibt, die (zwar einander nicht widerstreiten) aber miteinander konkurrieren und zwischen denen sich ein Akteur entscheiden muss. In diesem Falle würde der Kasuistik wieder eine Entscheidungsfunktion zufallen, aber nicht darüber, was ethisch erlaubt ist und was nicht, denn ethisch betrachtet, müssten doch alle untergeordneten Maximen erlaubt sein (insofern die Obermaxime erlaubt ist), sondern nur eine Entscheidung darüber, was in einem bestimmten Fall im Sinne einer rationalen Klugheitsabwägung am geschicktesten und am zweckmäßigsten ist. In diesem Sinne hätten wir es nach diesem Kasuistik-Konzept gar nicht mehr mit einer moralischen Kasuistik, sondern eher mit einer Kasuistik der Klugheit zu tun. Doch ganz so klar und eindeutig ist das eben nicht.

Eine solche Konzeption scheint sich durch eine Fußnote in der *Tugendlehre* zu bestätigen, in der Kant die Frage, wie viel Offenheit bzw. Zurückhaltung (in Sachen Wahrhaftigkeit) man unter bestimmten Umständen an den Tag legen soll, wie folgt beantwortet: „was zu thun sei, kann nur von der Urtheilskraft nach Regeln der Klugheit (den pragmatischen), nicht denen der Sittlichkeit (den moralischen) [...] entschieden werden" (TL, AA 06:433.24 ff.). In der *Vigilantius*-Nachschrift wenige Jahre zuvor heißt es über denselben Problemkreis:

> Es würde eine moralische Casuistic sehr nützlich und ein unser Urtheil sehr schärfendes Unternehmen seyn, wenn man die Grenzen bestimmte, wie weit man die Wahrheit ohne Nachtheil der Sittlichkeit zu verhelen befugt wäre. (V-MS/Vigil, AA 27:701.35 ff.)

Insofern es hierbei um eine moralische Grenzziehung geht, ist es offensichtlich kein reines Unternehmen der Klugheit. Sondern es geht um die moralische Bewertung der Frage, wie viel man verschweigen darf, ohne dass eine Aussage zur Lüge wird? Es geht also auch hier um ethische Erlaubnisfragen und solche Fragen überschreiten den engen Kreis der pragmatischen Wie-Anwendung und fragen nach dem Ob: Ist eine bestimmte (untergeordnete) Maxime oder Vorschrift (z. B. das Verschweigen bestimmter Aspekte) moralisch noch erlaubt oder nicht? Wo genau liegt bei Gradualitäten die Grenze? Wann hilft man zum Beispiel zu wenig? Ist das Zuviel oder das Zuwenig eine Frage der Moral oder doch nur der Klugheit? Es bleibt unklar, ob Kant solche und ähnliche Fragen überhaupt als Gegenstände der Kasuistik ansieht. Mit Blick auf die sehr begrenzte Frage nach dem Wie der Anwendung und die technische Anweisung, untergeordnete Maximen zu bilden, scheint es wohl eher so, dass diese Fragen keinen Gegenstand einer Kasuistik ausmachen. Denn solche Fragen fokussieren nicht auf das Wie, sondern eher auf das Ob der Anwendung und solche Fragen sind auch nicht allein durch die Bildung untergeordneter Maximen zu entscheiden. Dennoch dürfte deutlich geworden sein, dass das enge Minimalkonzept der Kasuistik der *Tugendlehre* unweigerlich an Grenzfälle stößt und sich somit eine Annäherung an das Kasuistik-Konzept in den *Vorarbeiten* andeutet. Das Minimalkonzept im engeren Sinne weist keine moralische Funktion auf, da es hierbei nur um pragmatische Fragen der

Maximenanwendung geht. Dieses Konzept ist minimalistisch, da es Fragen der Subsumtion, der Kollision sowie Grenz- und Sonderfälle außen vor lässt und allein auf die Modalität sowie die Gradualität bei der Maximenanwendung abzielt. Im Sinne der Klugheit kommt es lediglich darauf an, die Zwecke bestmöglich zu realisieren.

5.3.3 Gemeinsame Merkmale beider Konzepte

Trotz ihrer Unterschiede können beide Kasuistik-Konzepte durch eine Reihe von gemeinsamen Merkmalen charakterisiert werden. In beiden Konzepten liegt die Hauptkompetenz bei der Urteilskraft, die konkrete Einzelfälle mit Regeln bzw. Maximen in Beziehung setzt. Insofern konkrete Fälle in der Praxis erfasst und kontextualisiert werden, kommen notwendigerweise empirische Daten in die Kasuistik hinein. Die situativen Welt-Umstände, d. s. die natürlichen und soziokulturellen Bedingungen, aber auch „die Verschiedenheit der Lagen" (TL, AA 06:392.13f.) und Zustände der betroffenen Subjekte, wie z.B. Alter usw. (vgl. TL, AA 06:468), ihre inneren und äußeren Möglichkeiten und Fähigkeiten und andere Elemente müssen bei der Anwendung Berücksichtigung finden. So ist zum Beispiel die Anwendung der Maxime *Ich helfe Menschen in Not* davon abhängig, um was für eine Not es sich handelt (Krankheiten, Naturkatastrophen, Alltagssorgen usw.) und welche Möglichkeiten dem Helfer überhaupt zur Verfügung stehen (Geld, Arbeitskraft, Zeitressourcen etc.). Die mögliche konkrete Hilfshandlung ist aber nicht nur von diesen umstands- und subjektbedingten Elementen und Kontexten abhängig, sondern auch von einschränkenden moralischen Bestimmungen. Eine Hilfeleistung sollte nicht so weit gehen, dass der Helfer seine eigene Glückseligkeit aufopfert oder gar in eine Situation gerät, in der er selbst zum Notfall wird. Auch ist es – nach Kants Auffassung – moralisch nicht erlaubt, sich selbstlos zu opfern, um anderen zu helfen. Diese auch empirische Mannigfaltigkeit situativer Bedingungen sowie die Tatsache, dass der historische Wandel die Akteure immer wieder vor neue und bis dahin unbekannte Situationen stellen wird, machen es prinzipiell unmöglich, eine systematische und vollständige Kasuistik zu entwickeln. Die Kasuistik kann daher nie als Wissenschaft oder auch nur als „Theil derselben" aufgestellt werden. Sie ist ihrem Wesen nach „f r a g m e n t a r i s c h" in die Wissenschaft „v e r w e b t" und wird „gleich den Scholien [= Anmerkungen zu Texten] zum System hinzu gethan" (TL, AA 06:411.19ff.).[194]

---

194 Es sei an dieser Stelle der Hinweis eingefügt, dass Kant in ganz ähnlicher Weise bis in die Wortwahl hinein die „empirische Rechtspraxis" charakterisiert (TL, AA 06:206.2).

Die Kasuistik ist auch keine „Lehre, wie etwas ge f u n d e n, sondern Übung, wie die Wahrheit solle g e s u c h t werden" (TL, AA 06:411.19 f.). Um die volle Bedeutung dieses Merkmals zu erfassen, sollte man sich folgende allgemeine Auskunft Kants in der *Ethischen Methodenlehre* in Erinnerung rufen:

> Denn es ist eine an die Logik ergehende, noch nicht genugsam beherzigte Forderung: daß sie auch Regeln an die Hand gebe, wie man zweckmäßig s u c h e n solle, d. i. nicht immer blos für b e s t i m m e n d e, sondern auch für v o r l ä u f i g e Urtheile (*iudicia praevia*), durch die man auf Gedanken gebracht wird; eine Lehre, die selbst dem Mathematiker zu Erfindungen ein Fingerzeig sein kann und die von ihm auch oft angewandt wird. (TL, AA 06:478.20 ff.)

Diese Stellen lassen sich zusammen so interpretieren, dass es sich bei den Urteilen der Kasuistik um *vorläufige Urteile* handelt. Und ein vorläufiges Urteil ist ein Urteil,

> wodurch ich mir vorstelle, daß zwar mehr Gründe für die Wahrheit einer Sache, als w i d e r dieselbe da sind, daß aber diese Gründe noch nicht zureichen zu einem b e s t i m m e n d e n oder d e f i n i t i v e n Urtheile, dadurch ich geradezu für die Wahrheit entscheide. Das vorläufige Urtheilen ist also ein mit Bewußtsein bloß problematisches [= mögliches und somit kein assertorisches oder gar apodiktisches (vgl. Log, AA 9:108)] Urtheilen. (Log, AA 09:74.16 ff.)

Nehmen wir den Gedanken ernst, dass es sich bei den Urteilen der Kasuistik um vorläufige und fallibele Urteile, also um Vermutungen und Hypothesen, handelt, die sowohl Gründe für, aber auch Gründe gegen sich haben, dann liegt der Gedanke nahe, dass wir es hier nicht mit der bestimmenden, sondern mit der reflektierenden Urteilskraft zu tun haben. Die reflektierende Urteilskraft geht von den Einzelfällen aus und subsumiert diese unter eine Regel, die aber noch nicht gegeben ist, sondern gleichsam nur als vorläufige Hypothese gesetzt wird (vgl. KU, AA 05:385 f.). Es ist nun durchaus denkbar, dass die Urteilskraft in ihrer Reflexion zwei einander widerstreitende Maximen bildet, was dann zu einer gewissen Dialektik und notwendigen Abwägungen von Gründen führt (vgl. KU, AA 05:386 f.). Damit nähern wir uns – durch Interpretation der zweiten Konzeption – dem Kasuistik-Konzept aus den *Vorarbeiten*. Eine vorläufig gebildete untergeordnete Maxime könnte auf eine andere, ihr widerstreitende untergeordnete Maxime treffen. Es bleibt freilich das gravierende Problem, wie beide Maximen eine gemeinsame Obermaxime haben können.

Trotzdem werden beide Konzepte durch dieses Merkmal einander angenähert und das dialektische Moment wird in das zweite Konzept integriert. Darüber hinaus wird deutlich, dass eine moralische Kasuistik nur zu vorläufigen, keinesfalls endgültigen oder gar apodiktisch gewissen Urteilen kommt. Zwei Arten der Urteilskraft und somit auch der Subsumtion sind zu unterscheiden: 1. Die

Subsumtion mittels bestimmender Urteilskraft geht von einer sicheren Regel aus und entscheidet, ob ein gegebener Fall unter diese Regel fällt oder nicht. 2. Die Subsumtion mittels reflektierender Urteilskraft geht von gegebenen Fällen aus und subsumiert diese unter eine mögliche (aber noch nicht sicher gegebene) Regel.

Sieht man die Überlegungen Kants vor diesem Hintergrund, erscheinen viele Fall-Diskussionen in den Vorlesungen und auch der vermeintliche Rigorismus in einem ganz anderen Licht: Wir haben es – wenn wir sie als Kasuistik lesen, nämlich als Übung im Suchen, nicht aber im Finden der Wahrheit – mit hypothetischen Ausarbeitungen und Erörterungen zu tun, deren Ergebnisse als vorläufig und fallibel angesehen werden sollten. Vor diesem Hintergrund lassen sich – entgegen Schüssler (2012) – auch die kasuistischen Fragen als Aspekte einer rudimentären moralischen Kasuistik interpretieren. Denn gerade Fragen drücken den Status des Problematischen und Vorläufigen aus.

Damit wird allerdings auch deutlich, warum Kant behaupten kann, dass eine Kasuistik „großer Vermehrungen und mancher neuer Entdeckung über die moralische Anlage der Menschen fähig" ist (HN, AA 23:389.24 f.). Denn eine Kasuistik geht nicht von den sicheren Regeln und Maximen der reinen Moralphilosophie aus, sondern gewinnt gleichsam bottom-up aus den vorgesetzten Fällen neue Regeln und Maximen, die zwar als irrtumsanfällig und nur vorläufig angesehen werden können, sich aber möglicherweise als neue Wahrheiten rechtfertigen lassen.

Zuletzt bleibt noch auf ein gemeinsames Merkmal beider Kasuistik-Konzepte hinzuweisen, das in gewissem Sinne das erste und wichtigste Merkmal ist und die Kant-Forschung vor erhebliche Probleme stellt: Sowohl in den *Vorarbeiten* als auch in der publizierten *Tugendlehre* ergibt sich die Notwendigkeit einer Kasuistik für Kant stets nur im Zusammenhang mit weiten bzw. unvollkommenen Pflichten (vgl. TL, AA 06:411 sowie HN, AA 23:389). Beide Kasuistik-Konzepte sind somit auf weite Pflichten beschränkt. Umso mehr Verwunderung muss es dann freilich auslösen, wenn die „Casuistischen Fragen" der *Tugendlehre* vor allem als Anmerkungen zu vollkommenen Pflichten auftauchen (vgl. TL, AA 06:423ff.).[195] Diese Problematik soll noch in den folgenden Abschnitten thematisiert werden.

Als Fazit bleibt vorerst festzuhalten, dass eine moralische Kasuistik dadurch gekennzeichnet ist, dass sie als fragmentarischer Anhang zu einer Wissenschaft

---

[195] Mit Bezug auf diese Problematik lassen sich in der Kant-Forschung verschiedene Strategien ausmachen: Schüsslers strikte Trennung zwischen Kasuistik einerseits und kasuistischen Fragen andererseits; die interpretatorische Deutung der vollkommenen Pflichten als weite Tugendpflichten mit Spielraum (so z. B. Graband (2013) und Denis (2001)). Oder auch die Nichtthematisierung dieses Problems: Forkl (2001).

auftritt, aber selbst keine systematische Wissenschaft darstellt, sondern sich als Übung zur Aufsuchung von Wahrheiten, als exploratives Unternehmen charakterisieren lässt, das nur zu vorläufigen und gleichsam hypothetischen Urteilen und somit neuen Entdeckungen kommt.

5.3.4 Eine Systematik der *Casuistischen Fragen*

In der *Tugendlehre* listet Kant in acht Anhängen zu bestimmten Pflichten jeweils unter dem Titel „Casuistische Fragen" sehr verschiedene Fragestellungen mehr oder minder ungeordnet auf. In einer Zusammenstellung lassen sich etwa[196] dreißig Fragen unterscheiden:

Kasuistische Fragen
1. Ist eine Tat wie die von Marcus Curtius Selbstmord oder Heldentat?
2. Ist es erlaubt, einem ungerechten Todesurteil durch Selbsttötung zuvor zu kommen (wie Seneca)?
3. Ist es ein Verbrechen eines Monarchen, sich mittels Gift zu töten, um sich der Gefangennahme und damit der möglichen Erpressung durch den Feind zu entziehen?
4. Beging ein Selbstmörder Unrecht, der unheilbare Tollwut hatte und drohte, für andere Menschen zur Gefahr zu werden?
5. Ist Pockenimpfung erlaubt? (vgl. TL, AA 06:423 f.)
6. Ist Sexualität auch ohne Fortpflanzungsabsicht erlaubt?
7. Gibt es ein Erlaubnisgesetz, zur Verhütung einer größeren Übertretung etwas an sich Unerlaubtes zu tun?
8. Wie weit soll man eine weite Verbindlichkeit einschränken und den Neigungen einen Spielraum lassen? (Oder: Ab wann beginnt der Purismus?) (vgl. TL, AA 06:426)
9. Wie viel Wein darf man trinken?
10. Wie viel Opium und Branntwein darf man konsumieren?
11. Wie weit geht die Befugnis, an unmäßigen Gelagen teilzunehmen? (vgl. TL, AA 06:428)
12. Darf man aus Höflichkeit lügen (z. B. in der Grußformel eines Briefes)?
13. Darf man einem Autor nach dem Munde reden?

---

196 Die genaue Zahl der Fragen erweist sich als problematisch und schwankt in der Sekundärliteratur, da Kant einerseits Doppelfragen, andererseits Wiederholungsfragen und andere Fragen nicht klar voneinander abgrenzt. James (1992) z. B. listet zwanzig Fragen auf.

14. Muss ich die Folgen, die sich aus einer Unwahrheit/Lüge ergeben, verantworten?
15. Wenn ein Diener auf Befehl seines Herrn lügen soll und dadurch ein großes Verbrechen ermöglicht wird, ist dann der Diener nach ethischen Grundsätzen auch schuldig? (vgl. TL, AA 06:431)
16. Sind Verschwendung und Geiz überhaupt Laster oder bloße Unklugheit?
17. Was ist das für ein Gesetz, dessen innerer Gesetzgeber selbst nicht weiß, wo es anzuwenden ist?
18. Ist Sparsamkeit überhaupt eine Tugend?
19. Wann soll ich sparsam sein: schon in der Jugend oder erst im Alter? (vgl. TL, AA 06:433f.)
20. Liegen Eigendünkel (Hochmut) und (wahre) Selbstschätzung nicht zu dicht zusammen, sodass man zu letzterer nicht ermuntern sollte?
21. Oder würde (eigene) Demut (als Selbstverleugnung) nicht andere Menschen dazu veranlassen, uns gering zu schätzen und somit der Pflicht zur eigenen Achtung zuwider sein?
22. Sind die vorzüglichen Achtungsbezeigungen in Wort und Tat (z. B. das Erzen, Ihrzen, die besonderen Anreden und die Beachtung von bestimmten Standesregeln) nicht Beweise für Kriecherei? (Oder: Wo beginnt Kriecherei und wo hört Höflichkeit auf?) (vgl. TL, AA 06:437)
23. Wie weit soll Wohltätigkeit gehen?
24. Wie viel ist Wohltätigkeit wert, die man mit kalter Hand erweist?
25. Ist es wohltätig, Untertanen die Freiheit zu rauben, um sie an ein Gut zu binden und (nach den Begriffen des Herrschers) wohl zu versorgen?
26. Wirft ein Untertan, der sich in eine solche Abhängigkeit freiwillig begibt, nicht seine Menschheit weg?
27. Kann die Wohltätigkeit des Herrschers so groß sein, dass sie die Verletzung des Menschenrechtes (nämlich den Freiheitsentzug) aufwiegt?
28. Ist es Wohltätigkeit, wenn die Reichen (die durch Ungerechtigkeit reich geworden sind) den Armen etwas geben? (vgl. TL, AA 06:454)
29. Sollte man nicht das Wohlwollen unter die Adiaphora zählen (und die gesamte Moralität auf die Rechtspflichten einschränken)? (Oder: Sind Liebespflichten überhaupt Pflichten?)
30. Ist Dankbarkeit nicht eher eine Achtungs- als eine Liebespflicht? (vgl. TL, AA 06:458)

Diese Fragen lassen sich in einer ersten groben Einteilung in *Entscheidungsfragen* und *Ergänzungsfragen* (Fragen nach dem Wie viel) unterteilen. Die Entscheidungsfragen wiederum lassen sich in *Subsumtionsfragen* und *Erlaubnisfragen* einteilen. Die Subsumtionsfragen wiederum können Typen von Einzelfällen betreffen (z. B. Nr. 1: Ist eine Tat wie die von Marcus Curtius Selbstmord oder Heldentat?) oder eher allgemeinere Subsumtionsprobleme (z. B. Nr. 18: Ist Sparsamkeit überhaupt eine Tugend?). Subsumtionsfragen insgesamt betreffen Probleme der Ein- und Unterordnung. Erlaubnisfragen hingegen betrachten eine bestimmte Handlung – die bereits klassifiziert ist – und fragen danach, ob sie unter bestimmten Bedingungen erlaubt sein könnte oder nicht. Zum Beispiel wird Senecas Tat von Kant eindeutig als Selbstmord klassifiziert und vor dem Hintergrund dieser Einordnung wird danach gefragt, ob es erlaubt sein kann, einem ungerechten Todesurteil durch Selbstmord zuvorzukommen?

Ein solches Einteilungsschema führt nicht für jede der dreißig Fragen zu einer eindeutigen Zuordnung. Es gibt Zweifelsfälle, die hier in Klammern erscheinen, und auch Fragen, die sich dem Klassifikationsschema entziehen und unter die Rubrik *Restfragen* fallen:

Tabelle 7: Klassifikation der kasuistischen Fragen

Subsumtionsfragen	Erlaubnisfragen	Ergänzungsfragen	Rest
1, 3, 16, 18, 22, 25, 28, 29, 30	2, 4, 5, 6, 12, 13, 26, (27)	8, 9, 10, 11, 19, (20), (21), 23, (24)	7, 14, 15, 17

Diese Auswertung zeigt, dass die meisten kasuistischen Fragen keine Ergänzungsfragen sind, es also nicht darum geht zu entscheiden, wie und wie viel oder wie weit gehandelt werden soll. Die meisten Fragen sind Fragen, in denen es um Subsumtions- oder um Erlaubnisentscheidungen geht. In beiden Fällen handelt es sich um Entscheidungsfragen, also nicht um Fragen nach dem Wie, sondern dem Ob.

Damit passen die meisten kasuistischen Fragen nicht auf das minimale Kasuistik-Konzept, denn es kommt bei diesen Fragen gar nicht darauf an, irgendwelche untergeordneten Maximen zu bilden. Will man nicht die Konsequenz von Schüssler ziehen und die kasuistischen Fragen lediglich als Teil einer didaktischen Kasuistik auffassen, dann muss man ein anderes Kasuistik-Konzept zugrunde legen, nämlich jenes aus den *Vorarbeiten* zur *Tugendlehre*.

Die meisten kasuistischen Fragen beziehen sich auf vollkommene Pflichten gegen sich selbst. Und hier lautet die systematisch-exegetische Frage: Wie ist das möglich, da Kant doch stets nur in Bezug auf die unvollkommenen bzw. weiten Pflichten, die einen Spielraum haben, von einer Kasuistik spricht? Zur Beantwortung dieser Frage stehen prinzipiell zwei Strategien zur Verfügung: Entweder man interpretiert die vollkommenen Pflichten der *Tugendlehre* so, dass auch sie in irgendeinem Sinne weite Pflichten sind und somit einen Spielraum haben. Diese

Strategie führt aber zu einer Reihe von Nachfolgeproblemen: Zum einen müsste man die gängige Einteilungssystematik enge = vollkommene sowie weite = unvollkommene Pflichten modifizieren; zum anderen müsste man darlegen, was es genau heißen soll, dass vollkommene Pflichten, wie zum Beispiel das Selbstmordverbot und das Lügenverbot, einen Spielraum gestatten. Wie kann es bei Unterlassungspflichten einen Spielraum, ein Mehr oder Weniger geben?

Die andere Strategie besteht darin, das Konzept der Kasuistik – entgegen den programmatischen Bemerkungen Kants – auszuweiten und begründete Zweifelsfälle der Subsumtion, Kollisionsfälle sowie Grenzfälle als Gegenstände einer Kasuistik aufzufassen. Dann wäre nicht nur bei Pflichten mit Spielräumen, sondern auch bei allen anderen Pflichten eine Kasuistik möglich. Zugunsten einer solchen Ausweitungsstrategie können drei – allerdings eher vage und periphere – Textbelege herangezogen werden: i) Eine jede Subsumtion besteht darin, zu entscheiden, *ob* ein bestimmter Fall (*casus*) unter einer Regeln steht oder nicht: *casus datae legis* (KrV, AA 03:131.15). Bei diesen Entscheidungen kann es nun Zweifelsfälle oder Grenzfälle geben, bei denen eine Subsumtion weder eindeutig noch endgültig vorgenommen werden kann. Kant selbst hält in seinen Vorlesungen fest: „In der subsumtion kann aber Ungewißheit und Wahrscheinlichkeit herrschen" (V-PP/Powalski, AA 27:128.1f.). Und an dieser Stelle könnte eine Kasuistik greifen; nicht im Sinne eines Spielraums, sondern im Sinne der Ungewissheit und der Wahrscheinlichkeit, wenn es darum geht, einen bestimmten Fall bzw. eine bestimmte Handlung unter eine Regel zu ordnen oder eben nicht. Hier können Gründe dafür und dagegen abzuwägen sein und in diesem Zusammenhang ließe sich von einer Kasuistik sprechen.

ii) In der *Vigilantius*-Nachschrift gibt es eine Stelle, an der Kant im Zusammenhang mit engen Gesetzen bemerkt, dass zwar der Willkür bei ihnen kein Spielraum bleibe, „jedoch kann von der Verbindlichkeit etwas oder sie ganz erlassen werden" (V-MS/Vigil, AA 27:536.26f.). Wenn es sich bei dieser Stelle nicht um einen Fehler des Schreibers handelt, wäre es schon sehr merkwürdig, dass Kant mit Blick auf die engen Pflichten davon spricht, dass auch bei ihnen, die Verbindlichkeit ganz oder teilweise erlassen werden könne. Wie soll man sich das vorstellen? Wie kann eine enge Pflicht eine andere enge Pflicht teilweise oder ganz einschränken? Nach welchen Regeln würde das geschehen? Sollte Kant aber tatsächlich davon ausgehen, dass es auch zwischen engen bzw. vollkommenen Pflichten zu Kollisionsphänomenen kommen kann, dann wäre dies – ohne dass Spielräume eine Rolle spielen – auch ein Bereich einer möglichen Kasuistik.

iii) Schließlich ist darauf hinzuweisen, dass Kant in seinen *Vorarbeiten* zur *Rechtslehre* unter dem Stichwort *Ehrenpunkt* von einer „gewissen Casuistik" spricht, die erforderlich ist, um zu entscheiden, „ob etwas und wie viel in diesem Kreise [...] gehöre" (HN, AA 23:369.22f.). Was auch immer Kant genau mit dieser

Metapher des mathematischen Kreises veranschaulichen wollte, fest steht, dass er zumindest in diesem Kontext der Kasuistik nicht nur die Aufgabe zuweist, zu entscheiden wie viel, sondern auch ob, etwas in einen Kreis gehört oder nicht. Dies aber könnte genau die Aufgabe sein, die auch bei vollkommenen Pflichten eine Rolle spielt.

Diese Textindizien lassen es immerhin als Möglichkeit erscheinen, dass Kant zumindest komplexe und ungewisse Subsumtions- und Erlaubnisfragen als Teil einer moralischen Kasuistik betrachten könnte, womit sich das Kasuistik-Konzept über die Enge von Spielraumphänomenen hinaus weiten würde.

Betrachtet man von diesem Befund ausgehend die kasuistischen Fragen in der *Tugendlehre* unvoreingenommen und mit dem Ergebnis, dass weit über die Hälfte aller Fragen Entscheidungsfragen sind, also Fragen, die auf Alternativen abzielen, ob etwas erlaubt ist oder nicht (Erlaubnisfragen) bzw. ob etwas unter einen bestimmten Begriff fällt oder nicht (Subsumtionsfragen), dann macht es Sinn, auch diese kasuistischen Fragen einer rudimentären moralischen Kasuistik zuzurechnen. Meines Erachtens ist die folgende Sichtweise plausibel: Die kasuistischen Fragen der *Tugendlehre* können je nach Kontext eine doppelte Funktion einnehmen. Entweder – im Kontext der Moralunterweisung – kommt ihnen im Sinne der didaktischen Kasuistik die Funktion zu, die Kinder mit verfänglichen (aber im Grunde bereits gelösten) Aufgaben im Sinne des Rätsellösens zu konfrontieren, die das Erkenntnisvermögen schärfen und das Tugendvermögen ausbilden sollen. Oder im Kontext der Ethik als Wissenschaft kommt ihnen im Sinne einer moralischen Kasuistik die Funktion zu, mittels hypothetischem Vernunftgebrauch und reflektierender Urteilskraft vorläufige Hypothesen und Vermutungen über das moralisch Richtige und Falsche aufzustellen. Diese vorläufigen Urteile sind selbst keine Wissenschaft, sondern müssen in einem weiteren Schritt erst noch gesichert werden. Beide Funktionen können diese kasuistischen Fragen qua Fragen übernehmen.

5.3.5 Fazit: Drei Stufen kasuistischer Reflexionen

Die Kasuistik gewinnt zunehmend an Bedeutung in den Überlegungen Kants und wird im Kontext der Anwendung „unvermeidlich" (TL, AA 06:411.11). Aus den diversen und rudimentären Überlegungen zu einer moralischen Kasuistik bei Kant lässt sich kein völlig einheitliches und kohärentes Konzept gewinnen. Funktion, Reichweite und Relevanz einer moralischen Kasuistik werden von Kant nicht näher ausgearbeitet, bleiben skizzenhaft unscharf und damit ein kontroverser Punkt für die Kant-Interpretation. Drei verschiedene Bereiche bzw. Stufen der kasuistischen Reflexion lassen sich unterscheiden:

(1) Zunächst der Bereich der Subsumtionsfragen: Im Hinblick auf konkrete Handlungen bzw. Einzelfälle muss zuerst entschieden werden, ob diese objektiv einem moralischen Gesetz gemäß sind (= pflichtgemäß) oder nicht (= pflichtwidrig). Bei diesem ersten Beurteilungsschritt hat man es mit Subsumtionsfragen zu tun: Fällt zum Beispiel Catos Tat überhaupt unter den Begriff des Selbstmordes und damit unter das Selbstmordverbot (vgl. V-Mo/Collins, AA 27:371 sowie Anth, AA 07:258)? Ist eine Höflichkeitsfloskel im Brief wirklich eine Lüge? Hierbei spielt die genaue Situationsbeschreibung und Kontextualisierung eine entscheidende Rolle. Neben empirischen Daten über die Akteure, ihre Handlungen sowie die Umstände müssen auch definitorische Bestimmungen in den Subsumtionsprozess einfließen: Was genau ist Selbstmord? Was genau ist eine Lüge? Subsumtionsfragen sind somit eher erkenntnistheoretischer als moralischer Natur. Sie stellen keine moralischen Abwägungsentscheidungen dar, sondern bilden die Voraussetzung für eine moralische Kasuistik und sind dieser eher vorgelagert.

Kann zum Beispiel die Schlussformel eines Briefes – *Ihr gehorsamster Diener* (zu Kants Zeiten) oder *Mit freundlichen Grüßen* (heutzutage) – eine Unwahrheit sein, die man als Lüge ansehen muss (vgl. TL, AA 06:431)? Hat eine solche Formel überhaupt einen propositionalen Gehalt und einen Wahrheitswert? Kommt der Sprache in solchen Kontexten und Verwendungsweisen nicht eher eine pragmatische Funktion zu, bei der es gar nicht darum geht, wahre oder falsche Gedanken zu äußern? Und selbst, wenn man eine solche Phrase als ‚Unwahrheit' betrachtet, weil sie nicht der ehrlichen Haltung und Einstellung des Briefschreibers entspricht, kann und muss sie dann schon als Lüge aufgefasst werden? Zumal doch der Adressat dem Kontext entnehmen kann, dass es sich nicht um den Ausdruck eines wahren oder falschen Gedankens, sondern lediglich um eine übliche Schlussformel handelt? Anders mag es sich verhalten, wenn der Brief insgesamt in schmeichlerischer Täuschungsabsicht verfasst worden ist und mit einer entsprechenden Schlussformel endet; dann mag auch diese Formel als Teil einer Lüge aufgefasst werden. Solche und viele ähnliche Fragen und Abwägungen – wie sie unter anderem die kasuistischen Fragen Kants evozieren – machen jedenfalls deutlich, dass sich bestimmte Subsumtionsfragen im Kleinen wie im Großen oft als sehr komplex erweisen und zu einem kontroversen Gegenstand werden können. Zusätzliche Informationen oder geringfügige Modifikationen in den Definitionen können zu entscheidenden Verschiebungen führen: In der Subsumtion können – wie Kant betont – „Ungewißheit und Wahrscheinlichkeit herrschen" (V-PP/Powalski, AA 27:128.2). Und in diesem Sinne ergibt sich ein erster Bereich bzw. eine erste Stufe einer Kasuistik – nämlich die abwägende Einordnung und Klassifikation von Einzelfällen als mehr oder minder problematische *Grenzfälle* –, die an sich noch keine moralischen Beurteilungen aufweist, aber eine wesentliche Voraussetzung für eine moralische Kasuistik darstellt.

(2) Der weite Bereich der Prioritäts- und Erlaubnisfragen: In einem nächsten Beurteilungsschritt kann es sich zeigen, dass in einer Handlung verschiedene Pflichten zusammenkommen und man entscheiden muss, welche in der Tat verpflichtet. Hier geht es um eine kasuistische Erörterung der Anwendung von Pflichten bzw. Maximen auf konkrete Einzelfälle. Ein- und dieselbe Handlung kann aus der einen Perspektive verboten und aus einer anderen Perspektive erlaubt oder sogar geboten sein: In diesem Zusammenhang wird auch von verschiedenen Handlungs*charakteren* gesprochen.[197] Kant wirft zum Beispiel die Frage auf, ob man seine Geldschulden auch dann zurückzahlen muss, wenn man mit diesem Geld einem Menschen in Not helfen könnte. Ein- und dieselbe Handlung lässt sich dann einerseits als pflichtgemäße Begleichung seiner Schulden, aber wohl auch als unterlassene Hilfeleistung charakterisieren (vgl. V-MS/Vigil, AA 27:537). Solche Situationen lassen sich als Prioritätsfragen auffassen, in denen man entscheiden muss, welche Pflicht den Vorrang hat. Im Beispiel: Die vollkommene Rechtsflicht der Rückzahlung der Schulden oder die unvollkommene Tugendpflicht der Hilfeleistung? Um solche Prioritätsfragen zu entscheiden, muss Kant zusätzliche Regeln einführen, die den Vorrang regeln und die eine Pflicht durch eine andere einschränken. Im Beispiel gilt für Kant die Regel, dass vollkommene Pflichten den Vorrang vor unvollkommenen haben; dass also die Geldschulden vorrangig zurückzuzahlen sind. Der Status und die Rechtfertigung solcher zusätzlicher Regeln ist freilich eine Frage für sich, die hier nicht weiter verfolgt werden kann (vgl. Abschnitt 5.2). Deutlich wird allerdings, dass mit Blick auf *Prioritätskonflikte* und auch mit Blick auf *Kollisionsfälle* kasuistische Reflexionen vonnöten sind. Kollisionsfälle möchte ich in diesem Zusammenhang als zugespitzte Prioritätskonflikte auffassen, in denen zwei gleichrangige Pflichten miteinander kollidieren. Wenn man das obige Beispiel etwas abwandelt und sich einen Fall denkt, in dem ein Akteur in der misslichen Lage ist, entweder seine Schulden zurückzuzahlen oder das Geld für eine notwendige und lebensrettende Operation für sich selbst zu verwenden, dann treten hier auf einmal zwei vollkommene Pflichten miteinander in Konflikt. Nämlich die Pflicht zur Rückzahlung der Schulden auf der einen Seite und die Pflicht, sein Leben zu erhalten, auf der anderen Seite. Welcher Pflicht soll man hier den Vorrang einräumen? Da es Kant zufolge Pflichtenkollisionen im eigentlichen Sinne nicht geben kann, muss er auch hier einen hinreichenden Grund für die eine oder andere Pflicht anführen. Ihm zufolge würde wohl der Grundsatz, dass es besser ist Unrecht zu leiden als Unrecht zu verüben, zur Anwendung kommen und er würde auch hier – vielleicht gegen die gemeine Menschenvernunft – der Schulden-

---

[197] Vgl. Patzig (1967), S. 60.

rückzahlung den Vorrang einräumen vor der eigenen Lebensrettung, weil – ganz gleich mit welcher Absicht – ein Unrecht nie erlaubt sein kann (vgl. Abschnitt 5.2). Wie auch immer Kant oder wir über diesen Einzelfall denken und urteilen mögen, man gerät immer tiefer in eine moralische Kasuistik.

In solchen Fällen sind die Subsumtionsfragen im Grunde geklärt und man muss bei Prioritätskonflikten oder Kollisionsfällen den Vorrang zwischen verschiedenen Pflichten (ihre Einschränkung) und genauer den Vorrang zwischen sich widerstreitenden Maximen klären. Dabei treten neben bestimmten Vorrangregeln (z. B. vollkommene Pflichten vor unvollkommenen Pflichten) auch hier wiederum empirische Faktoren in die Beurteilung ein, um zu entscheiden, welcher Verpflichtungsgrund der stärkere ist. So hat für Kant zum Beispiel die Hilfspflicht der Eltern den Vorrang vor der allgemeinen Pflicht zur Nächstenliebe und das Einhalten von Verträgen ist für ihn vorrangig vor einer (auch lebensrettenden) Hilfspflicht. Kant hat die verschiedenen Handlungscharaktere in solchen Fällen zwar gesehen und erfasst, allerdings die bestehenden moralischen Konflikte im Ergebnis bisweilen so aufgelöst, dass der „gemeinen Menschenvernunft" (GMS, AA 04:405.20), die ihm doch stets als moralischer Kompass dient, erhebliche Zweifel kommen können. Ist es wirklich moralisch richtig, seine Schulden zurückzuzahlen, wenn ich mit dem Geld einem anderen Menschen in Not helfen oder gar mein eigenes Leben retten könnte?

Solche kasuistischen Reflexionen münden schließlich in die Diskussion von Ausnahmen, Notfällen und Erlaubnisfragen: Könnte es unter gewissen Bedingungen nicht erlaubt sein, einen Vertrag (im Beispielfall die Rückzahlung der Schulden) zu brechen? Erlaubnisfragen werden auch bei Kant explizit zum Thema. Wie wir gesehen haben, kann man einen Großteil der kasuistischen Fragen als Erlaubnisfragen auffassen: Ist es erlaubt, einem ungerechten Todesurteil durch Selbsttötung (wie im Fall Senecas) zuvorzukommen? Ist Sexualität auch ohne Fortpflanzungsabsicht erlaubt? usw. Es besteht kein Zweifel, dass Kant solche und ähnliche Fälle als *Abwägungsfälle* betrachtet hat, obwohl er sie selbst eindeutig entgegen der Erlaubnis entschieden hat. Doch vielleicht sollte man die Tatsache, dass und wie Kant – im Kontext seiner Zeit – solche Prioritäts- und Erlaubnisfragen entschieden hat, nicht so sehr in den Vordergrund stellen, sondern vielmehr den Abwägungsprozess als solchen betonen und hervorheben, dass in diesen Prozessen Regeln, Gründe und empirische Faktoren hineinkommen, die nicht mehr auf dem Boden einer reinen Moralphilosophie liegen. Es geht hier nicht nur um eine top-down-Anwendung von kategorischem Imperativ und Maximentest, sondern um bottom-up-Prozesse, in deren Folge Maximen und moralische Regeln erst generiert werden, die ihrerseits den Status von vorläufigen Urteilen haben. Ausgehend von konkreten und spezifischen Einzelfällen werden durch die reflektierende Urteilskraft bestimmte moralische Urteile und Handlungsvorschriften als Hypothesen gewonnen, die zu neuen moralischen Einsichten führen können. Kants strikte und rigorose Urteile sollten in diesem Lichte zurückhaltender beurteilt werden. Sonderfälle, Prioritätskonflikte, Kollisionsfälle sowie die aufkommenden Erlaubnisfragen lassen sich als bottom-up-Reflexionen der reflektierenden Urteilskraft deuten, deren Ergebnisse den Status von vorläufigen Urteilen, Vermutungen und Hypothesen haben.

Das letzte Wort sind nicht Kants strenge Verbote und seine mitunter drastischen und irritierenden Antworten auf moralische Zweifelsfälle, sondern die kasuistischen Fragen selbst, die in gewissem Sinne auch sein letztes großes Werk – die *Tugendlehre* – abschließen. Am Schluss stehen die Fragen und nicht die Antworten und die Fragen sind der treffende Ausdruck für problematische und strittige Propositionen. Kant lässt uns in der *Tugendlehre* nicht mit Verbotslisten und dogmatischen Antworten, sondern mit Fragen zurück, die in einem emphatischen Sinne auch als echte Fragen und nicht nur als didaktisches Schulmaterial zu verstehen sind. Der Status der Ungewissheit und der Vorläufigkeit, der allen echten moralischen Zweifelsfällen anhaftet, kommt durch die Frageform deutlich zum Ausdruck. Kants wissenschaftliches Denken ist nicht nur ein unnachgiebiges Streben nach apodiktischer Gewissheit, sondern es ist ebenso durch eine kritisch-skeptischen Prüfung und eine Zurückhaltung und Vorsicht im Urteilen gekennzeichnet. Dieser doppelte Charakter kommt auch in den kasuistischen Fragen zum Vorschein und erweist sie als ein echtes Stück kantischer Denkkunst.

(3) Schließlich kann es in einem dritten und letzten Schritt – mit Bezug auf die Pflichten mit einem Spielraum – darum gehen, das Wie und das Wieviel in der Anwendung dieser Pflichten zu bestimmen, um auf diese Weise eine Konkretisierung und Präzisierung von Handlungsarten (z. B. der Hilfe) zu bekommen. Ergänzungsfragen der Modalität und der Intensität bzw. Gradualität spielen hierbei eine wichtige Rolle. Dabei hat man es mit pragmatischen Regeln der Klugheit zu tun, in die auch wiederum empirische Momente einfließen. Doch auch diese kasuistischen Diskussionen im engeren Sinne können zu moralischen Zweifelsfällen werden, wenn es um Fragen danach geht, wie viel man in konkreten Situationen helfen muss oder wie viel man verschweigen darf, ohne die Wahrhaftigkeitspflicht zu verletzen. Somit wird neben der Erörterung strittiger Maximen und Pflichten (Bereich 2) auch die Erörterung der Bildung von untergeordneten Maximen (Bereich 3) zu einem genuinen Bereich der moralischen Kasuistik.

Alle drei Bereiche bzw. Stufen lassen sich als abgestufte Kasuistik-Konzepte auffassen: In der stärksten Lesart (Maximalkonzept) umfasst die moralische Kasuistik bei Kant nicht nur die pragmatischen Fragen des Wie und Wieviel (Bereich 3), sondern auch die Subsumtionsfragen als eine Art Vorstufe (Bereich 1) und die Prioritäts- und Erlaubnisfragen (Bereich 2). Damit stehen Grenzfälle, Konfliktfälle,

Notfälle und Ausnahmefälle zur Diskussion, in die auch vollkommene Pflichten einbezogen werden. Im abgeschwächten Konzept einer Minimalkonzeption (nur Bereich 3) werden lediglich unvollkommene Pflichten und damit verbundene Klugheitsregeln zum Gegenstand der Kasuistik. Zwischen diesen beiden Konzepten – einem Minimal- und einem Maximalkonzept – sind verschiedene Abstufungen denkbar. Es ist deutlich geworden, dass der moralischen Kasuistik – als Minimal- oder Maximalkonzept aufgefasst – neben der didaktischen auch eine explorative Funktion zukommt und dass sie im Kontext der Anwendung eine unverzichtbare Rolle spielt. Wenngleich die moralische Kasuistik als eine Art von praktischer Dialektik zu neuen moralischen Einsichten und Entdeckungen führt, kommt ihr doch im Rechtfertigungsprozess keine Funktion zu. Denn die neuen Entdeckungen haben zunächst nur den Status von vorläufigen Urteilen.

5.4 Pockeninokulation als „moralische Waghälsigkeit"

Infolge großer Pockenschübe in Deutschland und ganz Europa sind die Pocken und ihre Bekämpfung am Ende des 18. Jahrhunderts ein großes und intensiv diskutiertes Thema. Zeitgenössische Quellen gehen von einer Sterblichkeit von etwa 10% aus. Schätzungen zufolge forderten Pockenepidemien in Deutschland jährlich 65.000 – 70.000 Todesopfer. In Preußen ist für das Jahr 1796 eine Zahl von 24.646 und in Deutschland von 65.220 Pocken-Opfern belegt. Vor allem Kinder waren betroffen.[198] Das Durchstehen der Krankheit führt zur Immunität und ließ bereits damals den Gedanken an eine Impfung (Inokulation, Variolation) aufkommen. Diese Praxis, die bereits im Orient und Indien verbreitet war, wurde im 18. Jahrhundert auch in Europa eingeführt. Über die Gefahren und den Nutzen der Variolation – ein Verfahren, bei dem der Pustelinhalt von Leichtkranken entnommen und den zu Immunisierenden eingeritzt wird – gibt es unter den zeitgenössischen Fachleuten einen heftigen und kontroversen Diskurs. Der Hallenser Mediziner Juncker erwähnt in seiner Abhandlung *Gemeinnützige Vorschläge und Nachrichten über das beste Verhalten der Menschen in Rücksicht der Pockenkrankheit* (1792) insgesamt 1163 Veröffentlichungen zum Thema *Pockenkrankheit*.[199] Durch die bahnbrechende Entdeckung des englischen Landarztes Edward Jenner 1796 und deren Veröffentlichung im Jahre 1798 bekommt die Debatte völlig neue Impulse. Jenner hatte mit der Vakzination, der Kuhpockenimpfung, eine

---

[198] Zu diesen Angaben vgl. Kerscher (2010), S. 20 – 22.
[199] Juncker (1792), S. 30.

völlig neue und Erfolg versprechende Impfmethode entwickelt.[200] Ab 1799 wird diese neue Impfmethode auch in Preußen angewendet und erprobt. Schließlich wird 1802 die „Empfehlung" der Vakzination durch einen königlichen Erlass „allen Obrigkeiten" in Preußen zur Pflicht gemacht. Die Impfpflicht wird bereits 1807 im Großherzogtum Hessen und erst 1874 in Preußen eingeführt (Kerscher (2010), S. 52 und 73).

Kant hatte das moralische Problem der Pockeninokulation in seiner *Tugendlehre* als kasuistische Frage unter dem Thema „Selbstentleibung" aufgeworfen, aber darauf keine Antwort gegeben:

> Wer sich die Pocken einimpfen zu lassen beschließt, wagt sein Leben aufs Ungewisse, ob er es zwar thut, um sein Leben zu erhalten, und ist so fern in einem weit bedenklicheren Fall des Pflichtgesetzes, als der Seefahrer, welcher doch wenigstens den Sturm nicht macht, dem er sich anvertraut, statt dessen jener die Krankheit, die ihn in Todesgefahr bringt, sich selbst zuzieht. Ist also die Pockeninoculation erlaubt? (TL, AA 06:424.3 ff.)

Daraufhin wendet sich Juncker wiederholt an Kant (vgl. Br, AA 12:312) und auch der Reichsgraf zu Dohna bittet in einer persönlichen Angelegenheit um Rat bezüglich der Variolation:

> Nun fällt mir heute besonders die Stelle wegen der Einimpfung der Blattern unter den *Casuistischen* Fragen auf. Ich halte sie für erlaubt, da ich doch mein Leben noch auf etwas Ungewisseres wage, wenn ich es darauf ankommen laße, von einem böseren Gifte, zu einer gefährlicheren Zeit, und unvorbereitet angesteckt zu werden. Ich bitte Sie herzlich lassen Sie mich wissen, was das Gesetz spricht, sobald als möglich. (Br, AA 12:282)

Wie Kants Notizen aus dem Nachlass zeigen, beabsichtigte er eine öffentliche Stellungnahme zur Pockenimpfung. Ob er darunter sowohl die Variolation als auch die Vakzination begriff, lässt sich nicht mit Sicherheit sagen, da keine entsprechende Differenzierung in den Notizen auszumachen ist. Allerdings findet sich die Bemerkung: „Die Kuhpocken-seuche mit eingeschlossen" (HN, AA 15:970.19), sodass sich die kantische Argumentation wohl gegen beide Impfmethoden wendet. Auch den Gesprächen mit Rink und Wasianski[201] lässt sich ent-

---

200 Neuere Untersuchungen verweisen auf Kuhpocken-Impfungen vor Jenner. Vgl. Kordelas/ Grond-Ginsbach (2000), S. 25.
201 Vgl. Malter (1990), S. 480 sowie Gross (1993), S. 205. Aus Kants Bekanntenkreis haben Christoph Friedrich Elsner (1749–1820), Professor der Medizin in Königsberg, mit der Abhandlung *Ein Paar Worte über die Pocken und über die Inoculation derselben* (1787) sowie William Motherby (1776–1847) mit der Schrift *Über Kuhpocken-Impfung* (1801) Veröffentlichungen zum Thema Pockenkrankheit vorgelegt. William Motherby war auch der erste, der 1801 eine Kuhpocken-Impfung in Königsberg durchführte (vgl. *Neue Preußische Provinzial-Blätter*, Band III, 1847, S. 137).

nehmen, dass Kant die Innovation von Jenner kannte; sie aber als Übertragung einer gewissen „Bestialität in die Menschennatur" (Malter (1990), S. 480) noch entschiedener als die Variolation kritisierte und ablehnte. Kant jedenfalls unternimmt in seinen Notizen mehrere Anläufe, um sich mit diesem sehr kontroversen und noch unklaren medizinethischen Thema auseinanderzusetzen. Eine zentrale Stelle, auf die im Folgenden mehrfach Bezug genommen wird, soll zunächst einmal im Zusammenhang wiedergegeben werden:

> In Todesgefahr zu g e r a t h e n ist ein Übel (etwas physisch Böses), sich aber darinn willkührlich zu b e g e b e n, eine Pflichtverletzung (etwas moralisch Böses), man mag sich nun sie vorsetzlich zuziehen, oder sich auch nur hierin dem Zufall überlassen, denn die Maxime des Verhaltens in solchen Umständen zieht dem hiebey gleichgültigen doch den Vorwurf des Selbstmordes zu.
>
> Wer sich oder andere, wenn er es hat verhüten können, in Todes-Gefahr kommen läßt, f e h l t (*peccat*), der sich darinn begiebt, v e r b r i c h t (*delinquit*). Beyde sind strafbar, der eine blos vor dem Richterstuhl seiner eigenen Vernunft (ethisch), oder dem eines äußeren Machthabers (juridisch). (HN, AA 15:975.9 ff.)[202]

Kants Argumentation über die Unzulässigkeit der „Pockeneinimpfung" (HN, AA 15:971.3) ist keine ausgearbeitete und abgeschlossene Stellungnahme, sondern eher eine Sammlung verschiedener Gründe und mehrerer Anläufe, um das Thema zu bearbeiten. Im Einzelnen lassen sich aus Kants Überlegungen folgende Gründe bzw. Argumente für die Impfung entnehmen:

P1) Argument des größeren Nutzens: Es ist von „größerer Gefahr" (HN, AA 15: 974.25) sich der Natur zu überlassen als durch Impfung vorzubeugen. Das Adjektiv ‚größer' wird hier im *quantitativen* Sinne verwendet und verweist darauf, dass die Wahrscheinlichkeit und Häufigkeit der Todesgefahr durch eine natürliche Epidemie größer ist, als wenn man mittels Impfung vorbeugen würde. Mit der Impfung sind also erhebliche Vorteile sowie eine größere Gesundheitssicherheit für die Bevölkerung verbunden.

P2) Argument der guten Absicht: Bei der Impfung wird eine gute Absicht verfolgt, nämlich sein Leben zu erhalten (vgl. HN, AA 15:973).

P3) Psychologisches Argument: Menschen, deren Leib und Leben durch die Pockengefahr beständig in Gefahr und Not ist, beschließen, sich aus dieser Lage zu befreien und entscheiden sich schließlich für eine Impfung (vgl. HN, AA 15:976). Dieses Argument plausibilisiert die Entscheidung der Menschen für eine Schutzimpfung und macht diese auf einer psychologischen Ebene nachvollziehbar, hat aber im engeren Sinne keine rechtfertigende Funktion.

---

[202] Kant verwendet den Begriff „Übel" hier im weiten Sinne und scheint – im Gegensatz zu anderen Stellen (vgl. KpV, AA 05:60) – nicht zwischen dem *Übel* und dem *Bösen* zu differenzieren. Deswegen spielen entsprechende Differenzierungen auch im Folgenden keine Rolle.

P4) Legalisierungsargument: Wenn die „Regierung die Pockeninoculirung durchgängig anbefehle", dann wäre sie „für jeden Einzelnen unvermeidlich: mithin erlaubt" (HN, AA 15:972.8 ff.). Dieses Argument verschiebt das Problem in die Rechtssphäre und scheint den einzelnen Menschen von seiner Verantwortung zu entbinden. Entgegen Brandt (2010) scheint mir weder gewiss, dass dieses Argument Kants eigene Position widerspiegelt noch dass diese Argumentation zentral für die genuin moralische Frage ist. Diese Bemerkung taucht nur ein einziges Mal auf und steht zudem in Anführungszeichen. Es könnte also möglich sein, dass Kant nur eine andere Position referiert. Deswegen wird diese Argumentation hier auch nicht weiter verfolgt (vgl. Brandt (2010), S. 112 ff.).

Gegen die Impfung lassen sich folgende Gründe und Argumente bei Kant finden:

K1) Argument der Vorsehung: In der Natur ist alles zweckmäßig und die Vorsehung hat tödliche Krankheiten (z. B. Pocken) in unsere Natur gepflanzt, um eine Überbevölkerung zu verhindern. Der Mensch soll „naturwidrige Mittel" (nämlich die Impfung) nicht dagegen einsetzen (HN, AA 15:971.10 f.). Ähnliche Argumente hatte Kant bereits in Bezug auf Erdbeben (vgl. GNVE, AA 01:455 ff.) und Kriege (MAM, AA 08:121) entwickelt und von deren Nutzen gesprochen. Solche Argumente sind für Kant und seine Zeitgenossen von großer Relevanz. Sie basieren auf erheblichen metaphysischen Voraussetzungen und sollen im Folgenden keine weitere Berücksichtigung finden.

K2) Bagatellisierungsargument: Aufgrund der „Seltenheit" und der prinzipiellen „Unsicherheit des Lebens der Kinder" wird die Pockennot nicht so stark „gefühlt" wie zum Beispiel die „Hungersnoth, Holznoth, u. d. g." und außerdem wollen die Ärzte sich mit der Impfung nur profilieren (HN, AA 15:973. 22 ff.). Die Pockengefahr ist nicht so groß, dass man ihr mit einer Impfung begegnen müsste. Diese – auch gemessen an den historischen Tatsachen (vgl. Juncker (1792)) – sehr eigenwillige Auffassung Kants dürfte kaum überzeugen.

K3) Argument der Bestialisierung: Kant bezweifelt generell die Wirksamkeit der Impfung und äußert zum Beispiel im Gespräch mit Rink Bedenken, dass gerade durch die Kuhpocken-Impfung eine „gewisse Bestialität in die Menschennatur übertragen" werde (Malter (1990), S. 480). Ähnliche Bemerkungen finden sich auch in den Aufzeichnungen des Kant-Biographen Wasianski (vgl. Gross (1993), S. 205). Solche Argumente sind in der zeitgenössischen Diskussion und darüber hinaus verbreitet, werden aber durch empirische Untersuchungen und ein zunehmendes Verständnis dessen, was bei der Vakzination geschieht, entkräftet.

K 4) Argument der Pflichtverletzung: Durch die Impfung selbst begibt man sich in Todesgefahr. Dies ist ein Akt der „Pflichtverletzung" (HN, AA 15:975.10) und es ist die größte und ärgste Gefahr gegen das moralische Gesetz zu verstoßen (vgl. HN, AA 15:975). Hierbei ist die Gefahr eine *qualitative* Gefahr, „etwas moralisch Böses", das „den Vorwurf des Selbstmordes" auf sich zieht und nicht mehr aus der Welt getilgt werden kann (HN, AA 15:975.10 ff.).

Die Argumente weisen einerseits auf den historisch bedingten Wissensstand, andererseits aber auch auf bestimmte Idiosynkrasien ihres Autors hin. Sieht man davon ab, bleiben vor allem das Argument des Nutzens (P1 zusammen mit P2) und das Argument der Pflichtverletzung (K4), auf die im Folgenden der systematische Fokus gerichtet werden soll.

5.4 Pockeninokulation als „moralische Waghälsigkeit" —— 269

In der Diskussion um die Pockennot geht es um zwei Handlungsalternativen und zwei damit verbundene Gefahren: Entweder man lässt sich impfen und bringt sich damit in die qualitativ größere Gefahr einer Pflichtverletzung. Man riskiert einen Impfschaden und im schlimmsten Fall sein Leben. Oder man unterlässt die Impfung und setzt sich damit der quantitativ größeren Gefahr aus, im Falle einer Epidemie zu erkranken und im schlimmsten Fall zu sterben. Die erste Alternative wird von Kant als eine Gefahr beschrieben, bei der man sich selbst – aktiv und vorsätzlich – in eine Todesgefahr *begibt*. Er beschreibt diese Gefahr als eine *Gefahr der Pflichtverletzung* und kennzeichnet sie als etwas moralisch Böses. Die zweite Alternative wird von Kant als eine Todes*gefahr* beschrieben, in die man *gerät* und die etwas physisch Böses darstellt. Auch dafür ist man verantwortlich, aber nicht im Sinne einer moralischen Pflichtverletzung, sondern im Sinne einer Einbuße des eigenen Vorteils. Man hätte den eigenen Seuchentod durch eine Impfung zwar verhindern können, doch hat man diesen Vorteil und Nutzen sowie den Gesundheitsschutz ausgeschlagen. Daraus resultiert ein Nachteil und ein physischer Schaden. Beide Verhaltensweisen bezeichnet Kant als „strafbar" (HN, AA 15:975.17),[203] doch in der Gegenüberstellung sind sie unterschiedlich zu gewichten: In der Abwägung stehen sich einerseits die Gefahr der Pflichtverletzung (im Falle der Impfung) und andererseits die Gefahr des Schadens (im Falle der Impf-Unterlassung) gegenüber. An diesem Punkt tritt der anti-utilitaristische und anti-konsequentialistische Wesenszug der kantischen Ethik klar und deutlich hervor: Die moralische Gefahr der Pflichtverletzung wiegt für Kant schwerer als die Gefahr des physischen Übels. Wie groß dieses auch immer sein mag, es kann das moralisch Böse (der Gefahr) des Verstoßes gegen das moralische Gesetz nicht aufwiegen. Die quantitative Aufrechnung und Abwägung der negativen Folgen bzw. der möglichen Vorteile spielt für Kant keine Rolle, solange der Preis in einer Pflichtverletzung besteht. Solche utilitaristischen Abwägungen werden von Kant ausdrücklich „nicht in Betrachtung gezogen" (HN, AA 15:975.31). Deswegen ist die qualitative Gefahr einer Pflichtverletzung durch die Impfung für Kant „ärger" (HN, AA 15:975.31) als die quantitative Todesgefahr, die aus der Unterlassung resultiert.

Für diese Auffassung führt Kant in den Nachlassnotizen zwei Autoritäten an, mit denen er seine Argumentation stützt. Zum einen wird der Apostel Paulus zi-

---

203 Der Begriff „strafbar" ist in diesem Zusammenhang erläuterungsbedürftig und führt zu einigen Fragen. Er bezieht sich m. E. auf die Impfung *anderer* Menschen. Wenn ich sie impfe und sie sterben an den Folgen eines Impfschadens, dann mache ich mich strafbar und kann vor ein (äußeres) Gericht gestellt werden. Wenn ich sie nicht impfe und sie sterben an den Folgen einer Epidemie, kann ich zwar nicht juridisch zur Verantwortung gezogen werden, aber auch hier bin ich schuldig und muss dies vor meinem eigenen Gewissen als innerem Gerichtshof verantworten – meine Unterlassung ist in gewissem Sinne ethisch „strafbar".

tiert, der im *Römerbrief* die böse Tat in guter Absicht eindeutig verdammt mit den Worten:

> Ist es etwa so, wie wir verlästert werden und einige behaupten, dass wir sagen: Lasst uns Böses tun, damit Gutes daraus komme? Deren Verdammnis ist gerecht. (Röm. 3, 8)

Eine Pflichtverletzung um der guten Absicht willen kann vor dem Tribunal der kantischen Ethik nicht bestehen. Der gute Zweck heiligt nicht die bösen Mittel. Wenn ich also im Falle der Impfung mich selbst oder gar einen anderen in Gefahr bringe, tue ich dies zwar in guter Absicht (P2), aber es ist dem Apostel und Kant zufolge doch Unrecht, insofern die Handlung selbst pflichtwidrig ist. Sodann wird noch die Lehre des Sokrates angeführt, der zufolge Unrecht tun stets schlimmer ist als Unrecht leiden:

> Βουλοίμην μὲν ἂν ἔγωγε οὐδέτερα · εἰ δ' ἀναγκαῖον εἴη ἀδικεῖν ἢ ἀδικεῖσθαι, ἑλοίμην ἂν μᾶλλον ἀδικεῖσθαι ἢ ἀδικεῖν. [Wenn ich aber unweigerlich wählen müsste zwischen Unrechttun und Unrechtleiden, so würde ich mich lieber für das Unrechtleiden als für das Unrechttun entscheiden.] (Platon, *Gorgias* 469c)

Wenn ich die Impfung unterlasse, kann es im schlimmsten Falle geschehen, dass ich sterbe und mir somit ein Unrecht bzw. ein Leid angetan wird. Führe ich die Impfung aber durch, dann verübe ich nach Kant selbst das Unrecht. Dies ist aber nach der Lehre des Sokrates viel schlimmer und ärger als das erlittene Unrecht. Unrecht zu tun, kann nach Kant niemals – auch nicht durch eine noch so gute Absicht und ein noch so gutes Ergebnis – moralisch gerechtfertigt sein. Der Grund für diese sokratische Auffassung liegt in der Grundlegung der kantischen Ethik, die auf das Prinzip des Wollens und nicht auf die Folgen und Wirkungen des Handelns fokussiert.[204] Kant würde die Konfliktsituation im Falle der Pockennot nicht als ein moralisches Dilemma oder gar eine Pflichtenkollision beschreiben, sondern es stehen sich zwei kategorial verschiedene Alternativen gegenüber: eine moralische und eine pragmatische Alternative.

Diese Gegenüberstellung sollte aber nicht voreilig auf die Alternative Pflichtverletzung (Moralität) einerseits oder Klugheitsschaden andererseits verkürzt werden. Denn es geht zunächst um die bloße *Gefahr* der Pflichtverletzung und dementsprechend um die bloße *Gefahr* eines pragmatischen Nachteils. Kant selbst ist in seiner Ausdrucksweise schwankend: Einerseits redet er von der *Pflichtverletzung* andererseits von der *Gefahr der Pflichtverletzung*. Es sollte aber

---

[204] Forschner hat in diesem Zusammenhang vom „Quietismus der reinen Seele" bei Kant gesprochen und diese Haltung kritisiert. Vgl. Forschner (1983), S. 40 f.

klar sein, dass die Gefahr einer Pflichtverletzung und eine Pflichtverletzung zwei verschiedene Dinge sind. So wie der Begriff Todes*gefahr* nur das Risiko und die Möglichkeit des Todes beschreibt, so muss man sich fragen, ob der Begriff der *Gefahr der Pflichtverletzung* nicht auch nur das Risiko und die Möglichkeit einer Pflichtverletzung anzeigt oder aber selbst schon eine Pflichtverletzung beschreibt. Wollte man den Begriff analog zur Todesgefahr so verstehen, dass im Falle einer Impfung bloß das Risiko und die Möglichkeit einer Pflichtverletzung vorliegt, dann wäre dies mit der Position Kants überhaupt nicht zu vereinbaren. Denn die Frage, ob bei einer bestimmten Handlung oder Unterlassung eine Pflichtverletzung vorliegt oder nicht, kann sich unmöglich erst ex post durch das Resultat und die Folgen der Handlung erweisen. Es muss folglich so sein, dass die Gefahr der Pflichtverletzung selbst oder wie Kant auch sagt die „moralische Waghälsigkeit" (HN, AA 15:975.3) selbst bereits eine Pflichtverletzung darstellt. Die Pflichtverletzung besteht hier konkret darin, dass man bei der moralischen Waghalsigkeit der Impfung sein Leben vorsätzlich aufs Spiel setzt oder wie Kant sagt, „sein Leben aufs Ungewisse" wagt (TL AA 06:424.3 f.); ganz gleich, wie es ausgeht. Bereits Kants Zeitgenossen konnten zu einem ganz anderen Schluss gelangen und dafür stellvertretend sei nur Hufeland zitiert:

> [U]nd wir sind nun dahin gekommen, daß nicht mehr der Tod eines Kindes an den inokulierten Pocken, sondern der Verlust desselben an den natürlichen jedem Menschen von Gefühl und Gewissen ein ewiger peinigender Vorwurf bleiben muß; denn erstrer war der unwahrscheinlichste Fall, die Folge unseres vernünftigen besten Bestrebens zur Rettung; dieser die Folge unserer Indolenz, der Verabsäumung des Rettungsmittels, das Vernunft und Erfahrung uns nun als das einzige und beste gezeigt hatten. (Hufeland (1793), S. 4)

Der Dreh- und Angelpunkt der kantischen Argumentation liegt in der Behauptung, dass die Pocken-Impfung eine Pflichtverletzung darstellt. Die entscheidende Frage lautet daher: Wie begründet Kant diese Auffassung? Um diese Frage zu klären, müsste man sich die zugrunde liegende Maxime anschauen. Es findet sich allerdings in den Notizen Kants keine explizite Formulierung für die Maxime, sondern nur die Behauptung, dass die Maxime sich den „Vorwurf des Selbstmordes" zuzöge (HN, AA 15:975.13 f.). Diese Einschätzung stimmt auch damit überein, dass Kant die kasuistische Frage der Pockennot in der *Tugendlehre* unter das Verbot des Selbstmordes subsumiert. Tentativ könnte man folgende Maxime in den Blick nehmen:

> Impf-Maxime (IM): Ich lasse mich impfen, um mein Leben zu schützen.

Die Herausforderung liegt nun in der kantischen Interpretation des Sich-Impfen-Lassens: Es ist für Kant ein absichtliches Hineinbegeben in die Todesgefahr bzw.

ein absichtliches Aufs-Spiel-setzen seines Lebens. Im Unterschied zu einem Seefahrer, der in einen tödlichen Sturm gerät, den er nicht selbst gemacht hat, begibt sich der Impfwillige aktiv und gleichsam ‚selbstgemacht' in die Todesgefahr (vgl. TL, AA 06:424). Damit rückt die Impf-Maxime in den Augen Kants in die Nähe einer Selbstmordmaxime. Doch schauen wir uns Kants Hauptargumentation genauer an, soweit sie sich überhaupt rekonstruieren lässt. Für ihn bringt die Impf-Maxime Folgendes zum Ausdruck:

1) Ich begebe mich aktiv und vorsätzlich in Gefahr.
2) Diese Gefahr besteht darin, dass ich mein Leben aufs Spiel setze.
3) Diese Haltung kennzeichnet Kant als moralische Waghalsigkeit und sieht in ihr eine *Pflichtverletzung*.
4) Eine Pflichtverletzung ist etwas moralisch Böses und somit weitaus schlimmer als jede andere Gefahr, die (nur) ein physisch Böses ist.

Das Grundproblem liegt m. E. in den Behauptungen (1) und (2) und der daraus gefolgerten Pflichtverletzung (3). Natürlich handelt der Impfwillige aktiv und vorsätzlich, aber kann seine Handlung wirklich als ein vorsätzliches Sich-in-Gefahrbringen beschrieben werden. Im Gegensatz zum Selbstmörder will der Impfwillige sein Leben schützen und hat nicht die geringste Absicht, es zu schädigen oder gar zu beenden. Es besteht also subjektiv weder die Absicht noch der Vorsatz, sein Leben aufs Spiel zu setzen. Ein Impfschaden ist eine nicht intendierte Nebenwirkung. Daher ist es m. E. abwegig, die Impf-Maxime als Selbstmordmaxime zu deuten oder auch nur den Vorwurf des Selbstmordes an sie heranzutragen. Kant verzerrt mit seiner Deutung aber nicht nur die zugrunde liegende Absicht, sondern überzeichnet mit der Beschreibung des Sich-in-Todesgefahr-begebens den Sachverhalt. Die Impfhandlung an sich als aktive Tat besteht nur in der Aufnahme des Impfstoffes – zu Kants Zeiten die Einritzung und das Einbringen der Lymphe in den Körper. Was nun im Körper geschieht, liegt nicht in der Hand des Impfwilligen. Kommt es tatsächlich zu einer Impfschädigung, kann dies als ein Zufall aufgefasst werden. Man kann also – analog zum Seefahrerargument – sagen, dass der Impfling die Komplikation keineswegs selbst hervorgerufen hat; sie ist ihm zugestoßen wie dem Seefahrer der Sturm. Die Unterscheidung zwischen einem Seefahrer, der in Todesgefahr gerät, und einem Impfwilligen, der sich die Todesgefahr selbst zuzieht, vermag nicht zu überzeugen. Die Impfhandlung an sich sollte genauso wenig wie die zufällige Erkrankung eines Nichtgeimpften als Pflichtverletzung angesehen werden. Die eigentliche Impfhandlung stellt keine pflichtwidrige Tat – wie beispielsweise das Töten oder Lügen – dar. Es ist nicht verwerflich, sich zu impfen, obwohl sich daraus – ohne eigenes Zutun – ein Übel entwickeln kann. Doch dieses Übel sollte nicht als moralisch, sondern als physisch qualifiziert werden. Die vordergründige Unterscheidung von Unterlassung und Handlung, die Kant ins Spiel bringt, vermag in diesem Fall nicht wirklich zu überzeugen. Man sollte sich an dieser Stelle auch ins Gedächtnis rufen, dass Kant Unterlassungs- und Begehungsfehler als moralisch gleichwertig ansieht (vgl. NG, AA 2:183). Wenn es Pflichtverletzungen sind, sind es Pflichtverletzungen und es spielt keine Rolle, ob sie ihre Ursache in einer Unterlassung oder in einer Begehung haben.

Dennoch könnte man bei der Impfung die Frage aufwerfen, wie das objektive Impf-Risiko (welches der Impfling kennt) moralisch zu bewerten ist. Kann man angesichts einer Risiko-Quote von 1:500 (wie sie Hufeland (1793), S. 4 für die Variolation angibt) oder von etwa 1:15.000 (wie sie für die Pockenimpfung im 20. Jahrhundert ermittelt wurde[205]) davon sprechen, dass der Impfling objektiv sein Leben aufs Spiel setzt? Das ist schwer zu entscheiden und führt weit über Kants Abwägungen hinaus. Sicher ist, dass es hier nicht um die reine Zahl gehen kann. Das Risiko muss im Kontext betrachtet werden: Es ist ein Unterschied, ob jemand das Risiko um des Risikos willen sucht, weil er zum Beispiel den ‚ultimativen Kick' erleben will (etwa beim Bungeejumping: 1:500.000). Oder ob das Risiko qua Risiko eigentlich gar keine Rolle spielt – etwa beim Autofahren: 1:6.700. Hier wäre es befremdlich, wollte man mit Kant dafür argumentieren, dass das Autofahren pflichtwidrig sei. Eine ganz andere Einstellung zum Risiko liegt in dem Fall vor, wenn jemand nolens volens in einer Notlage ein bestimmtes Risiko in Kauf nimmt, um ein weit größeres Risiko zu vermeiden; etwa bei einer Impfung zum Schutz vor einer drohenden Epidemie. Neben der reinen Zahl sollte die Einstellung, die jemand zum Risiko hat, als Teil seiner Maxime mit Berücksichtigung finden, um zu entscheiden, ob eine Pflichtverletzung vorliegt. Dies könnte beim Bungeejumping eher der Fall sein, als beim Impfen oder Autofahren, obgleich die Todesgefahr bei diesen Aktivitäten objektiv betrachtet mehr als 30mal bzw. beim Autofahren fast 75mal so hoch ist. Diese Überlegungen führen in den Bereich einer Ethik des Risikos und haben mit der Argumentation Kants kaum etwas zu tun. Sie verweisen aber auf Folgeprobleme bestimmter Maximen, in die Risiko-Abwägungen eingehen, und denen sich eine systematische Weiterentwicklung der Ethik Kants stellen muss.

Kants in verschiedenen Gesprächen mehrfach bezeugte Ablehnung der Vakzination dürfte aber noch einen anderen Grund haben. Wie wohl nicht wenige seiner Zeitgenossen sah Kant in der Kuhpocken-Impfung die Gefahr, eine „gewisse Bestialität in die Menschennatur" zu übertragen (Malter (1990), S. 480). Die Vakzination stellte zu Kants Lebzeiten ein unklares und durchaus kontroverses Problemfeld dar und man muss bei Kant von einem unzureichenden Verständnis dieser Impfmethode ausgehen. In zeitgenössischen Schriften etwa kursierten

---

[205] Kerscher (2010), S. 38. Die folgenden Zahlen sind www.besthealthdegrees.com/health-risks/ (Stand: 11.7.2019) entnommen.

drastische Karikaturen gegen die Vakzination. Diese zeigten unter anderem geimpfte Personen mit Kuhköpfen u. ä.[206] Auch Kant erblickte wohl in der Vakzination die Gefahr, dass sich der Mensch durch diese Impfung „zu sehr mit der Tierheit familiarisiere" (Gross (1993), S. 205) und somit gegen den eigentlichen Menschheitszweck und gegen die Menschheit in seiner Person verstoßen würde. Vielleicht hat er auch deswegen die Vakzination abgelehnt. Falls dies tatsächlich Kants Auffassung widerspiegelt und hierin ein Grund dafür gelegen haben mag, die Impfung als Pflichtverletzung zurückzuweisen, muss man – wie schon Kants Zeitgenossen dies taten – schlicht und ergreifend feststellen, dass sich Kant in diesem Punkt geirrt hat.

Diese Überlegungen verdeutlichen nicht nur, dass Kants Interpretation der Impf-Maxime äußerst anfechtbar ist und im Lichte späterer Erkenntnisse und Erfahrungen zurückgewiesen werden sollte, sondern sie weisen auch prinzipiell darauf hin, dass Maximen in einem doppelten Abhängigkeitsverhältnis stehen. Das Verständnis und die Anwendung einer Maxime steht zum einen in Abhängigkeit vom historischen und empirischen Kenntnisstand: Um 1800 herrschte sicherlich ein anderes Verständnis von Impfung als dies in unserer Zeit der Fall ist. Deswegen ist bei der moralischen Bewertung von Maximen, die neue Methoden und Erkenntnisse zum Gegenstand haben – wie beispielsweise bestimmte biotechnische Prozeduren heutzutage –, besondere Vorsicht und Zurückhaltung geboten. Die Ergebnisse können im Lichte der Kenntnisse immer nur einen vorläufigen Status beanspruchen. Zum anderen müssen Maximen, die implizit oder explizit Risikoabwägungen enthalten, immer die Einstellung und den Kontext des Risikos mit berücksichtigen: So bedeutet auch heutzutage die Impfunterlassung etwas anderes, wenn eine schwere Epidemie droht, als wenn dies nicht der Fall ist. Und das Risiko eines Bungee-Jumpers ist moralisch betrachtet sicherlich auch anders zu gewichten als das eines Autofahrers. Der Risiko-Kontext hat einen Einfluss auf die moralische Beurteilung der Maxime. Solche Aspekte gilt es im Sinne einer systematischen Fortentwicklung der Ethik Kants mit zu berücksichtigen. Darüber hinaus bleiben Kants Hinweise auf die medizinethischen Probleme der Fremdgefährdung sowie der Einwilligungsunfähigkeit – bei anderen Menschen, die „selbst kein Urtheil haben (Kinder)" (HN, AA 15:974.28 f.) – von großer Aktualität. Mit der Diskussion um die Zulässigkeit der Pockeninokulation hat Kant das weite und besonders in der Gegenwart herausfordernde Feld der medizinethischen Anwendung seiner Ethik betreten, ohne die ganze Komplexität der Materie erahnen zu können.

---

206 Solche Karikaturen finden sich wiederabgedruckt in Lindenberg (1963), S. 120 ff.

Exkurs: Rigorismus

Unter dem Stichwort *Rigorismus* (lat. rĭgŏr: Starrheit, Strenge, Unbeugsamkeit und Härte) werden verschiedene, aber miteinander zusammenhängende Einwände gegen die Ethik Kants vorgebracht. Timmermann unterscheidet „moralische ‚Rigorismen' des Urteils, des Sollens, der Gebote, der Motivation, der Handlung und des Charakters" in der Moralphilosophie Kants (Timmermann (2001), S. 59) und konstatiert somit einen „sechsfachen Rigorismus" (ebd. S. 81). Im Folgenden werden unter den Stichwörtern *Rigorismus der Reinheit, Absolutheit der Pflichten* sowie *Rigorismus als moralische Durchdringung aller Lebensbereiche* einige Spielarten thematisiert.

1) *Rigorismus der Reinheit:* Kants zentrale Forderung nach einer reinen Moralphilosophie bezieht sich zum einen auf das Prinzip der Beurteilung (principium diiudicationis) bzw. das Urteil und zum anderen auf das Prinzip der Ausführung (principium executionis) bzw. die Motivation. In beiden Fällen hat man es mit einem Rigorismus der Reinheit zu tun, der sämtliche empirischen Elemente von den rationalen Elementen streng abtrennt. Das moralische Urteil soll keine empirischen Kriterien zugrunde legen, sondern sich (zunächst) nur auf das rationale und genauer das rein formale Kriterium der allgemeinen Gesetzestauglichkeit der Maximen stützen. Nur wenn die moralischen Grundsätze in dieser Hinsicht streng und unnachsichtig rein sind, können sie die Qualität der Allgemeingültigkeit und Notwendigkeit und damit apodiktische Gewissheit beanspruchen. Die Rechtfertigung moralischer Grundsätze darf folglich nicht auf der Natur des Menschen (seinen Bedürfnissen, Begierden und Neigungen oder gar privaten Zwecken) beruhen; vielmehr geht es um eine rationale, unparteiische und vorurteilsfreie Rechtfertigung dieser Grundsätze unabhängig von der Erfahrung. Allerdings dürfte auch deutlich geworden sein, dass die Anwendung des obersten Prinzips der Moralität auf den Menschen (als einem besonderen Objekt der Erfahrung) zu materialen Prinzipen und moralischen Zwecken führt, womit der Bereich der reinen Moralphilosophie verlassen wird. Mit dem Übergang vom Begründungs- in den Anwendungskontext vollzieht sich auch ein Übergang von einem reinen Apriori zu einem nicht reinen Apriori und somit kommt es zu gewissen ‚Kontaminationen'. Der Rigorismus der Reinheit (im Urteil) sollte also nicht als ein Verharren im Formalismus oder als eine inhaltsleere und zwecklose Tätigkeit fehlgedeutet werden.[207]

Des Weiteren soll die moralische Handlung darüber hinaus auch aus Pflicht erfolgen und nicht auf neigungsbedingten Motiven beruhen, d. h., sie soll unab-

---

[207] Zur Diskussion dieser Spielart des Rigorismus vgl. Pippin (2005), Kap. 2.

hängig von sinnlichen Antrieben und allein aus Achtung für das Gesetz vollzogen werden. Dieser Rigorismus der Reinheit kennzeichnet den inneren Kern und gleichsam das Fundament der kantischen Ethik. Kant wendet sich damit gegen alle Ethiken, die sich auf Erfahrung oder eine Verknüpfung aus Erfahrung und Vernunft gründen; eine solche Symbiose ist für ihn nichts weiter als ein „ekelhafte[r] Mischmasch von zusammengestoppelten Beobachtungen und halbvernünftelnden Principien" (GMS, AA 04:409.30 f.).

Der Rigorismus der Reinheit begründet zwar eine strenge und sorgfältige Unterscheidung zwischen Sittenlehre und Glückseligkeitslehre, sollte aber nicht als eine Entgegensetzung beider Lehren interpretiert werden (vgl. KpV, AA 05:93). Kant fordert keinesfalls, dass man der Glückseligkeit entsagen solle. Dies – so antwortet Kant seinem Kritiker Garve – könne der Mensch als ein endliches vernünftiges Wesen auch gar nicht, denn die eigene Glückseligkeit ist sein natürlicher Zweck (vgl. TP, AA 08:278), wohl aber müsse man bei der Grundlegung der Moralphilosophie von der Glückseligkeit zunächst *abstrahieren*. In vielen Fällen stehen moralische und neigungsbedingte Motive einander nicht entgegen, sondern weisen in dieselbe Richtung. Eine moralische Handlung kann und darf *aus* Pflicht und *mit* Neigung vollzogen werden. Und es spricht einiges dafür, dass Kant dies sogar als den Normalfall seiner Theorie angesehen haben dürfte. Schillers berühmte Spott-Verse in den *Xenien* überzeichnen und verzerren mithin die kantische Ethik:

> *Gewissensskrupel*
> Gerne dien' ich den Freunden, doch tu ich es leider mit Neigung,
> Und so wurmt es mir oft, daß ich nicht tugendhaft bin.
>
> *Entscheidung*
> Da ist kein anderer Rat, du mußt suchen, sie zu verachten,
> Und mit Abscheu alsdann tun, was die Pflicht dir gebeut. (Schiller (2004), S. 215)

Weder ist eine Handlung „mit Neigung [...] nicht tugendhaft" noch fordert Kant dazu auf, „mit Abscheu [...] die Pflicht" zu befolgen. Es wäre verfehlt, Kant eine herzlose und asketische Ethik zu unterstellen. Gegenüber Schiller hat er eine „kartäuserartige Gemüthsstimmung" deutlich zurückgewiesen (RGV, AA 06:23.20 f.). Mit dem Hinweis auf das fröhliche Herz Epikurs, das leitmotivisch Kants gesamtes Werk durchzieht[208], erkennt er in einer wackeren und fröhlichen Gemütsstimmung geradezu „selbst eine Pflicht" (TL, AA 06:485.5 ff.). In den „Casuistischen Fragen" zur Sexualmoral wirft Kant unter anderem die Frage auf,

---

208 Z. B. KpV, AA 05:115.35; TL, AA 06:24.26 und 485.5; Anth, AA 07:235.24 f.; Log, AA 09:30.6 sowie Kant (2004), S. 18; V-PP/Powalski, AA 27:100.37 f. wie auch R 4971 und R 6616 u. a.

welchen „Spielraum" der Mensch seinen „thierischen Neigungen" einräumen solle, um nicht in einen moralischen „Purismus" zu geraten (TL, AA 06:426.15 ff.), den er entschieden ablehnt. Wenn diese Frage nicht nur zu didaktischen Zwecken oder als bloße Rhetorik aufgeworfen wird, dann zeigt sich darin, die ernste Aufgabe zu einer Grenzziehung zwischen einem Bereich der moralischen Strenge und einem Bereich, der ausdrücklich einen Spielraum für sinnliche Neigungen erlaubt. Was auch immer Kant mit einem solchen Bereich im Sinne hatte und welche geringe Dimension er auch bekommen mag, er ist doch ein Indiz gegen einen totalen Rigorismus der Reinheit. Der Rigorismus der Reinheit hat seine Berechtigung und Notwendigkeit bei der Grundlegung der Moralphilosophie, verliert aber seine Starrheit und Strenge in der Anwendung und Ausführung.

2) *Rigorismus als Absolutheit der Pflichten:* Es ist ein gewichtiger und ernster Einwand gegen die kantische Ethik, dass sämtliche Pflichten uneingeschränkte und ausnahmslose Gültigkeit beanspruchen – ganz unabhängig von den Umständen. Kant würde – so der Einwand – mit seiner unbedingten Sollensforderung keinerlei Konzessionen oder gar Ausnahmen gestatten: Gebote und Verbote gelten absolut und apodiktisch. Kant hat diese Sichtweise in der Tat noch dadurch befördert, dass er die moralischen Gesetze im Hinblick auf ihre absolute und unumstößliche Geltung (vgl. RL, AA 06:225 und V-Mo/Collins, AA 27:301) sowie im Hinblick auf ihre Strenge und Genauigkeit (vgl. RL, AA 06:233) mit mathematischen bzw. geometrischen Postulaten vergleicht. Sehr pointiert kommt diese Forderung in der *Grundlegung* zum Ausdruck, wo er deutlich macht, dass moralische Gesetze „nicht bloß für Menschen, sondern alle v e r n ü n f t i g e n   W e s e n   ü b e r h a u p t, nicht bloß unter zufälligen Bedingungen und mit Ausnahmen, sondern   s c h l e c h t e r d i n g s   n o t h w e n d i g   gelten müssen" (GMS, AA 4:408.15 ff.) und das heißt bedingungslos und ohne Ausnahme. An dieser Stelle muss erneut darauf hingewiesen werden, dass Kant solche Forderungen im Rahmen des Grundlegungskontextes bzw. der Pflichtenbegründung erhebt, nicht aber im Kontext ihrer Anwendung. Im Anwendungszusammenhang spielen die menschliche Natur sowie Zustände und Umstände sehr wohl eine Rolle und dürfen nicht außen vorgelassen werden. Es stellt sich nun mit Blick auf bestimmte Pflichten allerdings die Frage, ob diese ausnahmslos unter allen Umständen in der Anwendung gelten oder eingeschränkt werden können? Zugespitzt ergibt sich die Frage, ob Ausnahmen gestattet werden können.

Es scheint lebensfern und unrealistisch, ein Pflichtensystem ohne Ausnahmen und begründete Konzessionen zu fordern. Seine geradezu empörende Überspitzung erfährt dieser Rigorismus der Absolutheit in einigen Beispielen. Kants Forderungen nach einem rigorosen Lügenverbot, selbst wenn dadurch ein Unschuldiger gerettet werden könnte, sowie sein striktes und ausnahmsloses Selbsttötungsverbot und die rigorose Vollstreckung der Todesstrafe an Mördern (vgl. RL, AA 06:333) rufen Widerspruch hervor und leuchten der sonst so gelobten und als Orientierungsgröße ausgewiesenen gemeinen Menschenvernunft nicht ohne Weiteres ein (vgl. KpV, AA 05:155).

Die kasuistischen Reflexionen bei Kant haben indes deutlich gemacht, dass er die Umstände und Kontexte konkreter Einzelfälle sehr wohl berücksichtigt und der moralischen Kasuistik im Anwendungskontext eine wichtige Rolle zukommt. Subsumtions- und Erlaubnisfragen spielen in der *Tugendlehre* sowie in Kants Vorlesungen zur Moralphilosophie eine wichtige Rolle. Strittige Einzelfälle und berechtigte Zweifel der gemeinen Menschenvernunft, wie z. B. die Selbsttötung Catos oder das Thema Notlügen, werden immer wieder aufgegriffen und in diversen Argumentationen thematisiert. Es ist deutlich geworden, dass die Ergebnisse einer solchen moralischen Kasuistik nur den Anspruch von vorläufigen und problematischen Urteilen erheben können; dass hier keine apodiktischen und absoluten Ergebnisse vorliegen. Nimmt man den epistemischen Status der moralischen Kasuistik und ihre Rolle im Anwendungskontext ernst, dann mindert sich der Rigorismus der Absolutheit. Im Hinblick auf ihre Grundlegung und ihren gleichsam abstrakten Status kommt den moralischen Gesetzen eine absolute und apodiktische Geltung zu, doch in ihrer praktischen Anwendung treten empirische und andere Faktoren hinzu, die die in Frage stehenden Pflichten einschränken und in gewissem Sinne kontextualisieren. So dass beispielsweise eine konkrete Selbsttötung nicht notwendigerweise unter das Selbstmordverbot fällt oder bestimmte Unwahrheiten nicht als Lügen gelten.

Des Weiteren kommt die Frage nach Erlaubnissen und entsprechenden Erlaubnisgesetzen auf. In Kants Schriften lassen sich zwei Arten von Erlaubnis unterscheiden: „Erlaubt ist eine Handlung (*licitum*)" (RL, AA 06:222.27), die nicht verboten ist und zu ihr hat man eine Befugnis. In diesem Sinne könnte man von einer *Ausnahme* von bestimmten Verboten sprechen. Und tatsächlich thematisiert Kant solche „Ausnahmen" (V-MS/Vigil, AA 27:514.21) von bestimmten Verbotsgesetzen in der *Rechtslehre* (vgl. 6:246 f.) sowie in der Schrift *Zum ewigen Frieden* (vgl. ZeF, AA 08:348) und in seinen Vorlesungen (vgl. V-MS/Vigil, AA27:514 f.).[209] Dagegen gilt eine Handlung, die „weder geboten noch verboten ist [als] bloß e r l a u b t" und „heißt sittlich-gleichgültig (*indifferens, adiaphoron, res merae facultatis*)" (RL, AA 06:223.5 ff.). Zu ihr braucht man keine Befugnis, indes wirft Kant aber auch hier die Frage nach gewissen Erlaubnisgesetzen auf.[210] Für das vorliegende Thema des rigoristischen Absolutismus der moralischen Gesetze ist nur

---

209 In der „Tafel der Kategorien der Freiheit" führt Kant auch „Praktische Regeln der Ausnahmen (*exceptivae*)" auf (KpV, AA 05:66.16 ff.).
210 Vgl. zu dieser Unterscheidung Hruschka (2015).

die Frage nach *Ausnahmen* relevant; die Frage nach den moralisch gleichgültigen Handlungen wird im Zusammenhang mit der dritten Spielart des Rigorismus thematisiert.

Kant wendet sich an verschiedenen Stellen gegen den Begriff der Ausnahme und will diese nicht zulassen (vgl. ZeF, AA 08:348 sowie TL, AA 06:390), führt sie der Sache nach aber als Befugnisse und einschränkende Bedingungen in (modifizierten) Verbotsgesetzen ein. Im Folgenden werden Beispiele zu solchen Befugnissen und Ausnahmen aufgelistet:

(1) die „Billigkeit" und das „Nothrecht" als Sonderfälle der Rechtslehre (RL, AA 06:233 f.), (2) die Erlaubnis zur Sexualität unter der Bedingung der Ehe[211] (vgl. HN, AA 23:358 f. sowie HN, AA 23:405), (3) die Erlaubnis zur Notlüge in der *Kaehler*-Nachschrift (Kant (2004), S. 327 f. sowie V-Mo/Mron I, AA 27:1564), (4) die Erlaubnis, eine verdiente Todesstrafe in eine Deportation umzuwandeln (RL, AA 06:334), sowie (5) die Erlaubnis zur ‚Verstümmelung' (Kant spricht auch von einem ‚partiellen Selbstmord'), wenn die Amputation medizinisch angezeigt ist (TL, AA 06:423.10 f.). (6) Normalerweise ist Gewalt gegen andere Personen verboten, doch im Zustand der Rechtlosigkeit – wie man ihn beispielsweise im Naturzustand vorfindet oder in einer Situation, wie sie im Fall vom Brett des Karneades besteht –, „bleibt nur die Gewalt des Stärkeren übrig" (V-MS/Vigil, AA 27:514, 32) und dann ist sie als Ausnahme gerechtfertigt, um einen rechtlichen Zustand (wieder-) herzustellen.

Die hier aufgelisteten Ausnahmen liegen auf verschiedenen Ebenen und gehören in ganz verschiedene Kontexte, doch ihnen ist allen gemeinsam, dass sie auf Maximen beruhen, die den Anspruch erheben, sich zum allgemeinen Gesetz zu qualifizieren. Damit dürfte deutlich werden, dass das oberste Prinzip der Moral seine unumschränkte Gültigkeit besitzt, die daraus abzuleitenden Gesetze bzw. Regeln in der Anwendung aber einschränkende Modifikationen erfahren können. Mit Bezug auf das letzte Ausnahme-Beispiel soll dies kurz illustriert werden: Gewalt gegen andere Menschen ist verboten und ein entsprechender Maximentest würde dies bestätigen. Die Maxime *Ich wende Gewalt an, um meine Ziele durchzusetzen* kann sicher kein allgemeines Gesetz werden. Wird diese Maxime aber modifiziert und nimmt gewisse einschränkende Bedingungen in sich auf, so sind Ausnahmen der Gewalt denkbar. Kant selbst spricht von der Maxime, dass „zur Stiftung eines Rechts Gewalt vor Recht gehe" (V-MS/Vigil, AA 27:516.32); mithin scheint für ihn also in einem Zustand der Rechtlosigkeit Gewalt genau dann legitim, wenn sie dem Ziel dient, einen rechtlichen Zustand herzustellen. Auf diese Weise können bestimmte Ausnahmebedingungen in die Maximen integriert

---

[211] Vgl. dazu Hüning (2017).

werden und somit ergeben sich eingeschränkte Verbotsgesetze. Solche Maximen mit inkludierten Einschränkungsbedingungen müssen ihrerseits natürlich den Maximentest bestehen.

Der Übergang vom Grundlegungskontext moralischer Gesetze zu deren Anwendung, die damit verknüpfte moralische Kasuistik und die zuletzt aufgezeigten Ausnahmen im kantischen Pflichtensystem machen deutlich, dass der Vorwurf eines unumschränkten Rigorismus als Absolutismus nicht gerechtfertigt ist und dass Kant der Einzelfallbetrachtung samt Umständen sowie der Diskussion von Ausnahmen weit mehr Raum gibt, als dies bei seinen Kritikern und im gängigen Kant-Bild zum Vorschein kommt.

3) *Rigorismus als moralische Durchdringung aller Lebensbereiche:* Die dritte Spielart des Rigorismus bezieht sich auf die Handlungen und den menschlichen Charakter. In dieser Hinsicht charakterisiert Kant sich selbst in der *Religionsschrift* als „Rigoristen" und grenzt sich von den „Latitudinarier[n]" explizit ab (RGV, AA 06:22.25f.). Dieser Rigorismus ist durch die Behauptung gekennzeichnet, dass eine Handlung bzw. der menschliche Charakter entweder moralisch gut oder böse ist. Eine dritte Option, wonach der Mensch weder gut noch böse (Indifferentismus) oder beides zugleich (Synkretismus) ist, schließt Kant aus. Des Weiteren wird behauptet, dass sich dieser Rigorismus auf sämtliche menschlichen Handlungen erstreckt, wobei Kant gleich einschränkend hinzufügt: „so lange es möglich ist" (RGV, AA 06:22.21). Moralisch gleichgültige Dinge (ἀδιάφορα bzw. *indifferentia*) möchte Kant aus seiner Moralphilosophie so weit wie möglich heraushalten, kann sie aber in einer Handlungstheorie nicht gänzlich ausschließen. Auch er kennt moralisch gleichgültige Handlungen, die keinerlei Bezug auf ein moralisches Gesetz haben und somit weder geboten noch verboten und auch nicht bloß erlaubt sind. Solche Handlungen erfolgen „bloß aus Naturgesetzen" (RGV, AA 06:23.14) und haben keine moralische Relevanz. Damit wendet sich Kant gegen einen Purismus, demzufolge auch die geringste Kleinigkeit noch zum Gegenstand der Moral werden sollte. So ist es beispielsweise moralisch irrelevant, was man isst oder trinkt, solange es einem bekommt (vgl. TL, AA 06:409 und V-MS/Vigil, AA 27:513). Es hat auch keinerlei Bezug auf das moralische Gesetz, ob „ich auf meinem Hof spazieren gehen oder sitzen will" (V-MS/Vigil, AA 27:512.19f.) oder ob ich „einem Armen das Almosen mit der rechten oder linken Hand geben soll u. s. w." (V-Met/L1/Pölitz, AA 28:253.25f.). Solcherlei „grüblerische Peinlichkeit und unnütze Genauigkeit" (Log, AA 09:46.32) sowie „Kleinigkeitskrämerei" (TL, AA 06:440.15) verwirft Kant als „Mikrologie", die er als „[p]hantastisch-tugendhaft" zurückweist: Sollten solche Überlegungen in die Tugendlehre aufgenommen werden, würde dies eine Herrschaft der „Tyrannei" bedeuten (TL, AA 06:409.13ff.). Eine genaue Grenzziehung, wo die moralisch irrelevanten Petitessen beginnen und wo sie enden, hat Kant nicht vorgenommen

und dies dürfte im Allgemeinen auch kaum möglich sein. Das Nahrungsbeispiel macht deutlich, dass die Entscheidung, ob jemand Fisch oder Fleisch isst, nur dann moralisch irrelevant ist, wenn ihm beides bekommt (vgl. TL, AA 06:409). Das heißt, die Frage, ob eine Handlung moralisch gleichgültig ist, hängt vom Einzelfall und vom Kontext ab und liegt nicht an den Handlungen an sich.

In unserer Zeit, wo eine beliebige Kaufhandlung (aus Sicht des fairen Handels) oder eine Ernährungsentscheidung (aus Sicht des Tierschutzes) bzw. die Frage, welches Verkehrsmittel man benutzt (aus Sicht des Klimaschutzes), durchaus schon moralische Relevanz beanspruchen kann, scheint die Ausweitung der Moral auf nahezu alle Lebensentscheidungen besonders ausgeprägt. Kant jedenfalls hat die moralische Erfassung aller Lebensbereiche als „moralischen Purismus" (V-Mo/Collins, AA 27:301.23f.) gesehen und entschieden zurückgewiesen (vgl. Anth, AA 07:282). Die Frage der Grenzziehung wird von Kant selbst in den kasuistischen Fragen aufgeworfen, aber nicht beantwortet. Mit Bezug auf die Sexualität stellt Kant die Frage, von wo an man die „Einschränkung einer weiten Verbindlichkeit zum Purism [...] zählt" (TL, AA 06:426.16f.)? Was auch immer Kant an dieser Stelle mit der weiten Verbindlichkeit genau im Auge haben mag, es wird durch die Frage deutlich, dass die relevante Spielraumabwägung irgendwo in irrelevante Kleinigkeitskrämerei überzugehen droht. Dieses Problem der Grenzziehung kommt bei allen weiten Pflichten auf: Mit Blick auf die unvollkommene Pflicht zur physischen Vervollkommnung macht Kant deutlich, dass es ganz ins Belieben des einzelnen Menschen gestellt sei, ob er zum Beispiel Handwerker, Kaufmann oder Gelehrter werde. Die Pflicht schreibt hier weder die Art noch den Grad der Beschäftigung vor. Doch handelt es sich hierbei bereits um moralisch gleichgültige Handlungen oder stehen sie unter einem (moralischen) Erlaubnisgesetz? Wenn ich mich für eine Gelehrtenlaufbahn entscheide, ist dann die Wahl der Universität moralisch gleichgültig oder nicht? Ist die Wahl eines bestimmten Forschungsthemas oder eines bestimmten Lehrbuches moralisch gleichgültig oder nicht? Ist die Wahl, mit welchem Stift ich meine wissenschaftlichen Studienergebnisse niederschreibe, moralisch gleichgültig oder nicht? Wo beginnt hier die Grenze des Purismus? Eine genaue Abgrenzung der moralisch gleichgültigen Handlungen von denjenigen Handlungen, die als bloß erlaubt einzustufen sind und denen (moralische) Erlaubnisgesetze zugrunde liegen, dürfte schwierig sein.[212] Für Kant ist es zum Beispiel weder verboten noch geboten

---

[212] Im Falle von Erlaubnishandlungen – also Handlungen, die weder verboten noch geboten sind, aber unter einem Erlaubnisgesetz stehen – handelt es sich um Handlungen, die moralisch gut sind, insofern sie dem Sittengesetz entsprechen, obgleich natürlich auch ihr Gegenteil dem Gesetz entspricht. Problematisch ist allerdings die Klassifizierung solcher Handlungen als *pflichtgemäß*, denn es gibt keine Pflicht, sie zu befolgen oder sie nicht zu befolgen (vgl. RL, AA

Eigentum zu erwerben, Verträge mit anderen zu schließen, zu heiraten oder einen bestimmten Beruf zu ergreifen; für alle diese Handlungen scheint Kant aber Erlaubnisgesetze anzunehmen (vgl. Hruschka (2015)). Dies sind gewiss keine Kleinigkeiten, moralisch aber zumindest insofern gleichgültig, als sie weder geboten noch verboten sind. Und doch sind es keine Adiaphora (im eigentlichen Sinne), da Kant bei ihnen einen Bezug zu (moralischen) Erlaubnisgesetzen unterstellt (vgl. HN, AA 15:468f., R 1047). Wo liegt hier genau die Grenze? Ein Kriterium liegt sicherlich in der Möglichkeit eines rechtlichen Vertrages mit anderen. In Fällen, in denen dieser möglich ist, kann auch von Erlaubnisgesetzen die Rede sein und dann liegen keine Adiaphora vor. Wenn es aber lediglich um Handlungsentscheidungen geht, die mich selbst betreffen und die moralisch weder verboten noch geboten sind (wie z. B. die Fragen, ob ich zu Hause bleibe oder nicht, ob ich ins Dorf A oder B gehe, ob ich zu Fuß gehe oder mit dem Rad fahre usw.), dann liegen wohl echte Adiaphora vor. Kant hält beispielsweise auch die Frage, ob man einer anderen Person etwas vorlügen darf, um mit ihr einen Aprilscherz zu machen, für eine Belanglosigkeit (vgl. V-Mo/Collins, AA 27:356). Echte Grenzfälle könnten schon sein: Übe ich heute am Klavier oder nicht, treffe ich mich mit Person P oder nicht usw. In allen diesen Grenzfällen haben wir es mit einer Art von Kasuistik, nämlich der Entscheidung zu tun, ob etwas moralisch relevant ist oder nicht. Auch wenn Kant dieses Thema nicht weiter ausführt, wird zumindest deutlich, dass er sowohl einen moralisch relevanten Bereich der Erlaubnisse als auch einen moralisch gleichgültigen Bereich der Adiaphora kennt und unterscheidet. Somit dürfte auch klar sein, dass Kant nicht alle menschlichen Handlungen unter die Moral subsumiert und damit der Rigorismus auch nicht alle Lebensbereiche und Tätigkeiten durchdringt.

Im Hinblick auf die vollständige Disjunktion bleibt es aber bei der rigorosen Behauptung: Eine Handlung (bzw. der Charakter) ist entweder moralisch gut oder böse. Dieser Rigorismus ist eng mit Kants Handlungstheorie und seinem Lehrstück von den Anlagen zum Guten in der menschlichen Natur verknüpft. Kant geht davon aus, dass die Idee des moralischen Gesetzes als Anlage der Persönlichkeit in jedem Menschen vorhanden ist. Das moralische Gesetz wird zum stets verfügbaren Maßstab und zur Triebfeder des menschlichen Handelns. Außerdem liegt jeder Handlung eine Maxime zugrunde. Diese Maxime wird nun am Maßstab des moralischen Gesetzes gemessen. Sie kann entweder damit übereinstimmen oder nicht. Eine dritte Option ist ausgeschlossen. Der Indifferentismus ist inner-

---

6:223). Sie können dementsprechend auch nicht *aus Pflicht* erfolgen. Dies sind Probleme, die sich im Zusammenhang mit Kants Handlungs- und Freiheitstheorie ergeben, aber in diesem Rahmen nicht weiter verfolgt werden können.

halb der kantischen Theorie keine Option, weil das moralische Gesetz stets da ist; es ist ein Teil der menschlichen Persönlichkeit und kann nicht eliminiert werden. Somit herrscht auch niemals ein moralischer Mangel. Der Synkretismus ist ebenfalls keine Option, da das moralische Gesetz nur ein einziges ist und nicht aus mehreren Stücken besteht. Ich kann außerdem nicht gleichzeitig aus Pflicht und aus Neigung handeln: Entweder ich ordne (im Konfliktfall) die Neigungen der Pflicht unter oder nicht. Eine dritte Option ist ausgeschlossen. Somit ergibt sich in der Tat eine vollständige Disjunktion und ein moralischer Rigorismus der Handlung.

Insofern die Handlungen der sichtbare Ausdruck bzw. die Erscheinungen des zugrunde liegenden moralischen Charakters des Menschen (bzw. seiner Gesinnung (vgl. KpV, AA 05:99)) sind, besteht zwischen dem Rigorismus der Handlungen und dem Rigorismus des moralischen Charakters eine enge Beziehung. Der moralische Charakter bzw. die Gesinnung ist nicht von Natur aus gegeben, sondern wird erworben:

> Die Gesinnung, d. i. der erste subjective Grund der Annehmung der Maximen, kann nur eine einzige sein und geht allgemein auf den ganzen Gebrauch der Freiheit. (RGV, AA 06:25.5ff.)

Der Akt der Annahme der obersten Maxime – ob ich dem moralischen Gesetz gemäß oder zuwider handle, ob ich die Neigungen der Pflicht als Triebfeder unterordne oder nicht – entscheidet über den moralischen Charakter und damit, ob der Mensch gut oder böse ist. Dieser Akt selbst und die damit verbundene Möglichkeit, das moralische Gesetz zu übertreten, wird von Kant als „intelligible That" bezeichnet (RGV, AA 06:31.32), die sich als solche jeder ursächlichen Erklärung entzieht (vgl. RGV, AA 06:32 sowie TL, AA 06:380.32f.). Da der moralische Charakter bzw. die Gesinnung gleichsam durch die angenommenen Maximen ‚gebildet' wird und die Maximen ihrerseits dadurch gekennzeichnet sind, dass sie beständige und feste Grundsätze des Subjekts darstellen, muss auch der moralische Charakter als dauerhaft und beständig aufgefasst werden. Wollte man also sagen, dass ein Mensch ganz verschiedene Handlungen an den Tag legt und etwa heute gut und morgen böse agiert, wie es uns die Erfahrung zeigt, so wäre das mit dem Begriff eines moralischen Charakters im Sinne Kants nicht vereinbar.

Der Exkurs hat gezeigt, dass die einzelnen Spielarten des Rigorismus aus verschiedenen Dichotomien folgen: Reinheit und Empirismus, Pflicht und Neigung, Absolutheit und Partikularismus, gute und böse Gesinnung sind nur einige Entgegensetzungen, die in der Moralphilosophie Kants eine wichtige Rolle spielen, aber auch nicht auf allen Ebenen strikt aufrecht erhalten werden können. Der Übergang vom Grundlegungs- zum Anwendungskontext dissoziiert den Rigorismus der Reinheit und die kasuistischen Fragen zeigen die Relevanz von Umständen und Kontexten. Zusammen mit den Überlegungen zu den Erlaubnisgesetzen wird deutlich, dass von einem Absolutismus der Pflichtenlehre nicht die Rede sein kann, obgleich der Begriff der Ausnahme für Kant ein problematischer Begriff bleibt. Mit Bezug auf die Schillersche Invektive wurde deutlich, dass eine Handlung aus Pflicht mit Neigung sehr wohl sittlich hochwertig sein kann und dass der Purismus nicht so weit getrieben werden darf, dass die Neigungen verschwinden, sie sollen sich im Konfliktfall nur der Pflicht unterordnen. Darüber hinaus hat sich gezeigt, dass Kant einen kleinen – wenn auch schwer einzugrenzenden – Bereich von Adiaphora kennt und dass somit die menschliche Praxis nicht restlos moralisch durchdrungen ist. Gleichwohl bezeichnet sich Kant selbst in Bezug auf die moralisch relevanten Handlungen und damit auch in Bezug auf die zugrunde liegende Gesinnung als Rigoristen, insofern er Mischformen und Zwischenabstufungen aus Gut und Böse mit seiner Theorie für unvereinbar hält.

6 Fazit: Kants Ethik im Ganzen

Mit seiner 1764 veröffentlichten *Untersuchung über die Deutlichkeit der Grundsätze der natürlichen Theologie und der Moral* wendet sich Kant in der Mitte seines Lebens einer Aufgabe zu, die ihn bis zum Ende seines Nachdenkens beschäftigen wird. Die von der Akademie der Wissenschaften zu Berlin für das Jahr 1763 gestellte Preisaufgabe fragte allgemein nach der Evidenz metaphysischer Wahrheiten und nach der Gewissheit der ersten Grundsätze der natürlichen Theologie und der Moral. Kant erhielt – hinter Moses Mendelssohn – den zweiten Preis für seine Abhandlung. Im letzten Paragraphen dieser *Untersuchung* findet man folgende Grundzüge der Ethik Kants vorgeprägt, die zu einer fundamentalen Umgestaltung – um nicht zu sagen ‚Revolution' – der Moraltheorie führen werden:
(1) die strikte methodische Separation von apriorischer und empirischer Grundlegung bzw. von Vernunfterkenntnis und Gefühl (bzw. Erfahrung),
(2) die Fokussierung auf den Begriff der Verbindlichkeit sowie die Frage nach dem *Grund der Verbindlichkeit*,
(3) die Differenzierung zwischen formalen und materialen Gründen bzw. Grundsätzen sowie (3a) das Primat der formalen über die materialen Grundsätze und (3b) die Einsicht in die Unverzichtbarkeit der materialen Grundsätze, um inhaltlich bestimmte Verbindlichkeiten (bzw. Pflichten) abzuleiten: „[D]iese [materialen] Grundsätze [können] nicht entbehrt werden." (UD, AA 02:300.22).

Diese Grundzüge sind in der Preisschrift nur wie ein Keim angelegt und noch weit von der späteren Reife entfernt. Für Kant scheint es zu diesem Zeitpunkt auch noch unausgemacht, ob die ersten Grundätze der Moral auf die Vernunft oder das Gefühl – im Sinne der schottischen *moral-sense-philosophy* – zurückzuführen sind. Erst im Zuge seiner allmählichen Ausarbeitung der kritischen Philosophie gelangt er 1770 zu der Überzeugung, dass die ersten Grundsätze der Moralphilosophie nur durch reine Vernunft erkannt und fundiert werden können.[213]

Das Projekt einer reinen Moralphilosophie wird dann erst 1785 in der *Grundlegung* entworfen und 1788 in der *Kritik der praktischen Vernunft* ausgeführt. Bei diesem Projekt macht Kant unmissverständlich klar, dass der „Grund der Verbindlichkeit" weder in der (besonderen) „Natur des Menschen" noch „den Umständen in der Welt" gesucht werden kann, sondern ausschließlich in formalen Grundsätzen liegen muss (GMS, AA 04:389.16 f.) und dass eine „reine Moralphilosophie" von allem, „was nur empirisch sein mag [...], völlig gesäubert"

---

[213] Vgl. § 9 der Inauguraldissertation *De mundi sensibilis atque intelligibilis forma et principiis*.

sein sollte (ebd. 389.8 f.). Das Verhältnis von formalen zu materialen Grundsätzen sowie die Unverzichtbarkeit der letzteren ist kein Thema der Grundlegungsschriften, sondern wird erst in der *Metaphysik der Sitten* 1797 entfaltet. Besonders im Hinblick auf die einschlägige Formalismus-Kritik sollte allerdings die Bedeutung der materialen Grundsätze nicht verkannt werden. Kant war sich ihrer Relevanz und Unverzichtbarkeit bewusst. Davon zeugt die Preisschrift. Die reine Moralphilosophie der Grundlegungsschriften wird erst durch die Anwendungsschrift komplettiert. Und erst hier wird die Programmatik der Preisschrift voll entfaltet, erst mit ihr ‚konstituiert' sich *Kants Ethik im Ganzen*.

Ein bekanntes Diktum von Einstein lautet: „Insofern sich die Sätze der Mathematik auf die Wirklichkeit beziehen, sind sie nicht sicher, und insofern sie sicher sind, beziehen sie sich nicht auf die Wirklichkeit." (Einstein (1921), S. 3 f.). Ähnlich könnte man zu unserem Thema anmerken: Die Ethik Kants ist nur apodiktisch gewiss, wo sie sich nicht auf die Erfahrung bezieht, dort, wo sie das tut, ist sie es nicht. Eine apodiktisch gewisse Ethik kann man wohl vollkommen nennen, aber in Bezug auf den Menschen und seine Welt wird sie immer unvollständig und unzureichend sein. Sie ist dann keine ganze Ethik, keine Ethik im Ganzen.

Die reine Moralphilosophie ist so *abstrakt*, dass in ihr die Welt gleichsam ‚verschwindet' und nicht einmal mehr ein leerer Ort und eine stillstehende Zeit zurückbleiben, denn selbst Raum und Zeit sind ‚verschwunden'. Die Subjekte dieses Empyreums sind nahezu eigenschaftslos, ‚ätherisch' und nur noch als reine Vernunftwesen bestimmt. Selbst die Sprache kommt hier an ihre Grenzen und man ‚erahnt', dass man eine neuartige Ausdrucksweise, wie etwa die Mathematik (oder die Dichtung) bräuchte, um diese ‚Sphäre' adäquat wiederzugeben. Die reine und ‚weltlose' Moralphilosophie ist nichts weiter als die Beschreibung des ‚Verhaltens' eines reinen Vernunftwesens gemäß dem ewigen moralischen Gesetz – ohne Gebote und Verbote, ohne Abweichungen, Hindernisse und Störungen; ganz rein im Empyreum, unendlich weit ‚entfernt' von *uns*.

Wenn Kant – und wir mit ihm – aber der Frage nachgeht: *Was soll ich tun?* –, dann bezieht sich das Pronomen *ich* auf ein menschliches Wesen aus Fleisch und Blut. Denn der Gegenstand einer Disziplin vom Tun und Lassen ist nicht Gott, sondern der Mensch. Für ein solches Wesen und aus der Sicht eines solchen Wesens aus Fleisch und Blut aber muss eine reine Moralphilosophie unvollständig und unzulänglich erscheinen. Zur Beantwortung der Frage: *Was soll ich tun?*, fehlen wesentliche Aspekte: die Situierung in Raum und Zeit, der Rückgriff auf die (besondere) menschliche Natur, ihre wesentlichen und zufälligen Eigenschaften, die Zustände und Umstände, in denen der Mensch lebt. Die reine Moralphilosophie ist für den Menschen ‚unbrauchbar'. Erst in der *Anwendung* auf den Menschen und seine Welt kann das moralische Gesetz (für den Menschen) eine ‚Bedeutung' gewinnen. Es modifiziert sich zu Geboten und Verboten, zu moralischen Regeln und Vorschriften. Erst durch diese Anwendungsprozedur und Erweiterung ‚konstituiert' sich überhaupt eine Ethik für den Menschen. Die (konkreten) Pflichten werden mithin nicht – wie Kant sich gelegentlich ausdrückt – ‚abgeleitet' vom moralischen Gesetz, sondern genau besehen durch Anwendung ‚gebildet'. Es ist die Anwendung des moralischen Gesetzes (in abstracto) auf die Erfahrung (in concreto); wobei es sich nicht um eine faktische Betrachtung und Beobachtung des tatsächlichen Geschehens und Handelns in der Erfahrung handelt – das wäre eher eine Ausübung bzw. Ausführung des Gesetzes –, sondern um einen theoretischen Bezug auf Gegenstände und Fälle der Erfahrung. Diese Anwendung und Bezugnahme lässt sich in einem vierstufigen Modell erfassen. Die vier Stufen sind: (1) die reine Moralphilosophie, (2) die Sittenlehre*[214], (3) die Tugendlehre und schließlich (4) eine moralische Kasuistik. Dabei wird das moralische Gesetz in einer sukzessiven Anwendungsprozedur auf immer konkretere und spezifischere Akteure und Situationen bezogen. Dieser stufenweise Prozess kann als *Konkretisierung* und – komplementär dazu – als eine *Spezifizierung* charakterisiert werden.

Durch die fortschreitende Konkretisierung (als Umkehrprozess und Gegensatz zur ursprünglichen Abstraktion) werden immer mehr konkrete Umstände und Situationen in die moralische Beurteilung hineingenommen. Für diese Anwendung des Gesetzes in concreto bedarf es der (bestimmenden) Urteilskraft. Im Ergebnis dieses Prozesses ergeben sich auf der kasuistischen Ebene modifizierte moralische Regeln, von denen Kant sogar behauptet, dass solche Regeln nicht ohne Ausnahme seien (vgl. HN, AA 18:127 f., R 5237). Mithin ergibt sich hier die Notwendigkeit einer moralischen Kasuistik. Der Prozess der Konkretisierung geht einher mit einer allmählichen ‚Kontamination' der reinen Moralphilosophie mit empirischen Elementen, insofern sowohl anthropologische als auch diverse situative Weltbezüge hergestellt werden. Komplementär zur Konkretisierung findet eine Spezifizierung (als Umkehrprozess und Gegensatz zur Verallgemeinerung) statt, bei der die Handlungssubjekte durch immer mehr Merkmale genauer bestimmt werden. Bei diesem ‚Artbildungsprozess' nimmt die Begriffsextension ab, aber die Begriffsintension zu. Auf diese Weise findet ein Übergang von den sinnlich-vernünftigen Wesen zum Menschen und noch spezifischer zu Menschen mit bestimmten Zuständen (z. B. Stand, Alter, Geschlecht usw.) statt. Auch hier ergeben sich auf der kasuistischen Ebene ganz spezifische moralische Vor-

---

[214] Mit dem Begriff *Sittenlehre** im Unterschied zu dem von Kant mehrdeutig gebrauchten Begriff *Sittenlehre* bezeichne ich in diesen Studien die gesamte zweite Anwendungsebene. Sittenlehre* bezieht sich also auf denjenigen Bereich, der durch Anwendung des deskriptiven moralischen Gesetzes auf natürliche vernünftige Wesen (freilich noch nicht Menschen) hervorgeht und in dem die Begriffe der Nötigung, des Sollens, der Maxime usw. ihren Platz haben.

schriften für alte und junge, gesunde und kranke, faule und fleißige u.v.a. Menschen. Kant macht deutlich, dass sich das moralische Feld unendlich weit ausdehnt und durch den Empirie-Bezug keine vollständige Klassifikation mehr möglich ist. Der Bereich einer nicht-reinen, aber apriorischen Metaphysik der Sitten wird damit überschritten. Diese Hinwendung zur Praxis, die der Ethik Kants im Ganzen wesentlich zukommt, macht deutlich, dass der Vorwurf der formalen Leere oder der Unanwendbarkeit, aber auch der Vorwurf der sterilen Gesinnungsethik und der Rigorosität spätestens auf den Ebenen der Tugendlehre und der moralischen Kasuistik zurückgewiesen werden muss. Kants Ethik im Ganzen ‚ergibt' sich erst als mehrfacher Übergang und ‚Durchlauf' von der Ebene der reinen Moralphilosophie zur Ebene der moralischen Kasuistik. Erst wenn diese Ebenen integrativ zusammenkommen, ergibt sich ein angemessenes Bild von Kants Ethik.

Durch die Anwendungsprozesse ‚konstituiert' sich eine besondere (nicht reine) Metaphysik der Sitten a priori, die Kant in anderen Zusammenhängen auch als *philosophia moralis applicata theoretica* charakterisiert (vgl. HN, AA 19:112, R 6618). Hierbei wird sogar der Anwendungsbegriff in die Bezeichnung aufgenommen.

Von der Sittenlehre* als einer ‚Ebene sui generis' findet ein Übergang zur Tugendlehre (und Rechtslehre) statt. Durch diese Transformation kommen materiale Elemente in die Ethik Kants. Diese Elemente und Grundsätze sind keine beliebigen Beiwerke, sondern integrale und notwendige Bestandteile seiner Ethik im Ganzen. Ohne diese Transformation bzw. Erweiterung bliebe die Ethik Kants in Bezug auf den Menschen unvollständig. Erst die Tugendlehre ist überhaupt eine Ethik für Menschen. Und die menschliche Moralität in ihrer höchsten Stufe kann nichts anderes sein als Tugendlehre (vgl. TL, AA 06:383).

In seiner *Metaphysik der Sitten* unterscheidet Kant zwischen Rechtslehre und Tugendlehre. Während die Rechtslehre einer äußeren Gesetzgebung unterworfen und fähig ist, gilt dies nicht für die Tugendlehre. Außerdem wird die Tugendlehre als der Bereich ‚definiert', der die innere Freiheit unter Gesetze bringt. Durch diese Doppelbestimmung – *äußere* Gesetzgebung und *innere* Freiheit – kommt es zu Mehrdeutigkeiten im Begriff der Tugendlehre. Orientiert man sich an der tatsächlichen Ausführung Kants in der *Ethischen Elementarlehre*, ist es sinnvoll, von einem *weiten* Konzept der Tugendlehre auszugehen. Dieser weite Begriff umfasst nicht nur die besonderen Tugendpflichten – die auf dem Begriff von einem *Zweck, der zugleich Pflicht* ist, basieren – sowie alle jene Pflichten, die die Idee der Pflicht zur Triebfeder machen, sondern auch sämtliche innere Rechtspflichten, also die Rechtspflichten gegen sich selbst (wie z.B. das Selbstmordverbot). Gleichwohl liegt das Augenmerk der Tugendlehre auf den besonderen Tugendpflichten, bei denen ein Zweck zugleich Pflicht ist. Kant nennt in der *Tugendlehre* zwei Zwecke:

eigene Vollkommenheit und *fremde Glückseligkeit*. Durch diese moralische Zwecklehre kommen unweigerlich *materiale Bestimmungsgründe* sowie teleologische Elemente in die Ethik Kants.

Bereits bei der Grundlegung seiner Maximenethik hatte Kant deutlich gemacht, dass jede Maxime „eine Materie, nämlich einen Zweck" hat (GMS, AA 04:436.19). Der Zweck war hier aber nur negativ als einschränkende Bedingung aller relativen Zwecke bestimmt worden, nämlich als die *vernünftige Natur als Zweck an sich* (= material^0). Davon zu unterscheiden ist ein durch das Handlungssubjekt zu bewirkender und mithin positiver (also zu setzender) Zweck an sich (= material^1). Dieser wird erst durch das oberste Prinzip der Tugendlehre ‚konstituiert'. Es handelt sich bei diesem Zweck an sich um einen unbedingten und zu bewirkenden Gegenstand. Aber nicht um den Bezug auf ein empirisches Objekt. Somit geht Kant davon aus, dass es notwendige Zwecke a priori gibt. Es handelt sich dabei nicht um Gegenstände der Erfahrung und deshalb gelangt durch diese ‚Materie' auch nichts Empirisches in seine Ethik.

Wie genau erweitert Kant die formale Grundlage seiner Ethik um die materialen Bestimmungsgründe? Dies geschieht durch die *Anwendung* des moralischen Gesetzes auf die besondere Natur des Menschen. Durch die im Rahmen dieser Studien entwickelte *Anwendungsthese* wird den in der Forschungsliteratur vertretenen Thesen zum Verhältnis von *Grundlegung* (1785) und *Kritik der praktischen Vernunft* (1788) zur späteren *Metaphysik der Sitten* (1797) eine weitere an die Seite gestellt. Während die Diskontinuitätsthese eine Diskrepanz oder sogar einen Bruch zwischen den beiden früheren Schriften und dem Spätwerk konstatiert, behauptet die Kontinuitätsthese eine Kohärenz und nahtlose Fortentwicklung der Grundlegungsschriften in der *Metaphysik der Sitten:* Die spätere objektive Zwecklehre sei schon in den früheren Schriften angelegt. Der hier vertretenen Anwendungsthese auf der Grundlage eines viergliedrigen Stufenmodells kommt gleichsam eine vermittelnde Position zu: Zwischen den einzelnen Stufen bzw. Ebenen besteht durchaus eine Differenz, gleichwohl stellen die einzelnen Anwendungsschritte kontinuierliche Übergänge dar, in deren Ergebnis sich Kants Ethik im Ganzen überhaupt erst ‚konstituiert'.

Der Übergang von der Sittenlehre* zur Tugendlehre und somit zur materialen Zwecklehre wird durch zwei verschiedene Zugänge plausibilisiert: Zum einen wird – ausgehend vom moralischen Gesetz – die Moral um notwendige Zwecke erweitert: „aus der Moral geht doch ein Zweck hervor" (RGV, AA 06:5.2). Die reine, von jedem Zweck *abstrahierende* Moral, die nur ein formales Wie kennt – nämlich die Orientierung am allgemeinen Gesetz –, wird durch ein materiales Wohin bzw. Wozu der Handlung ergänzt. Dies geschieht aber erst mit Bezug auf den Menschen, denn die Willensbestimmung „im Menschen" kann nicht ohne „Zweckbeziehung" sein (RGV, AA 06:4.16f.). Der Mensch hat notwendigerweise ein Interesse an der Wirksamkeit seines Tuns und Lassens (Wirksamkeitsthese). Und hier zeigt sich der zweite Zugang: Ausgehend von der besonderen menschlichen Natur ergibt sich ein rationales Bedürfnis nach Zwecken, die bewirkt werden *sollen*. Der Mensch als vernünftiges Wesen muss sich stets einen zu bewirkenden Zweck setzen. Beide Zugänge zur objektiven Zwecklehre Kants stehen vor dem Hintergrund seiner Lehre vom höchsten Gut. Damit ergeben sich – die bereits genannten – beiden Zwecke: *eigene Vollkommenheit* und *fremde Glückseligkeit*. Erst durch diese Zwecklehre wird die Ethik Kants durch weitere notwendige materiale Bestimmungsgründe komplettiert (vgl. TL, AA 06:381), die gemäß der frühen Preisschrift unverzichtbar für jede Ethik sind, insofern es darum geht, bestimmte Pflichten inhaltlich zu bestimmen. Das integrative Zusammenspiel zwischen formalen und materialen Bestimmungsgründen spiegelt sich auch im Maximentest wider, dessen genauere Analyse eine formale und eine materiale Dimension manifestiert.

Durch die Anwendung des obersten Prinzips der Moralität auf die besondere Natur des Menschen gelangen unvermeidlich materiale Bestimmungsgründe in die Ethik. Das oberste Prinzip der Tugendlehre fordert, dass sich jeder Mensch bestimmte Zwecke setzen soll: *eigene Vollkommenheit* und *fremde Glückseligkeit*. Erst das Wechselspiel – ein interdependentes Bedingungs- und Einschränkungsverhältnis – von formalen und materialen Elementen bzw. Grundsätzen ‚konstituiert' Kants Ethik im Ganzen. Dabei liegt das Primat explizit beim formalen Bestimmungsgrund. Er ‚markiert' die oberste und größte einschränkende Bedingung des moralischen Handelns. Aber er ist nicht das Ganze und bleibt für sich genommen unvollständig: Zwecke als materiale Bestimmungsgründe werden zur Vervollständigung der Ethik benötigt. Dieser Sachverhalt lässt sich durch die Metapher des Grenzsteins oder des Kompasses illustrieren: Die formale Bestimmung allein ermöglicht noch keine Grenzziehung zwischen dem Moralischen und dem Unmoralischen. Erst wenn der Grenzstein in einen Boden gesetzt bzw. der Kompass in ein magnetisches Feld gebracht wird, vermögen diese ‚Instrumente der Grenzkonstitution' ihre Funktion zu erfüllen. Lediglich in einem ‚materialen' Kontext ermöglichen sie Orientierung und eine Bestimmung dessen, was zu tun und zu lassen ist. Nur in einem solchen Kontext gewinnen sie Bedeutung. Eine ‚funktionierende' Einheit entsteht, wenn Kompass und magnetisches Feld zusammenkommen. Erst wenn formale und materiale Bestimmungsgrößen zusammenkommen, ‚konstituieren' sich *moralische Gesetze* (im Plural) – notwendige, allgemeine Gesetze a priori, die das Zusammenleben bestimmen.[215] Das

---

215 Kant war vermutlich auf einer ganz abstrakten Ebene der Auffassung, dass es sich um Grenzsteine in einem gleichsam ewigen Grunde bzw. um einen Kompass in einem ewigen Felde

moralische Gebot *Du sollst nicht lügen*, von dem Kant in der *Grundlegung* ausdrücklich sagt, dass es nicht nur für Menschen, sondern für alle vernünftigen Wesen Geltung beansprucht (vgl. GMS, AA 04:389), kann nicht unter allen Bedingungen (und Umständen) zur Anwendung kommen. Man stelle sich beispielsweise Wesen vor, bei denen Denken und Mitteilung niemals voneinander abweichen können, Wesen, die der Verstellung überhaupt nicht fähig sind (vgl. Anth, AA 07:332); für sie hätte das Gebot keine Anwendung. Folglich gibt es für die Anwendung der moralischen Gesetze bestimmte materiale Anwendungsbedingungen. Der Kompass *allein* (quasi im feldleeren Nichts) – der formale Bestimmungsgrund *allein* – bietet keinerlei Bestimmung. Er bliebe funktions- und bedeutungslos. Folgender Gedanke liegt also nahe: Ohne Kontextualisierung – das heißt ohne Anwendung – bleibt das oberste Moralprinzip funktionslos (leer). Gleichwohl steht alles konkrete Handeln unter der obersten formalen Bedingung der allgemeinen Gesetzesförmigkeit (der Maxime). Konkrete Handlungen ohne formale Orientierung wären gleichsam ‚blind'. Kurz: Eine Ethik ohne materiale Grundsätze ist leer und ohne formale Grundsätze blind. Jede Ethik ist auf beide Grundsätze angewiesen und beide Grundsätze stehen in einer Wechselbeziehung.

Der Kontext, in dem sich konkrete moralische Gebote und Verbote überhaupt erst ‚konstituieren', wird aber nicht nur durch die besondere Natur des Menschen bestimmt, sondern ebenfalls durch spezifische *Zustände* und *Umstände*. Verfolgt man diesen Gedanken konsequent, so scheinen beispielsweise selbst für ein sprachbegabtes und verstellungsfähiges Wesen (wie den Menschen) Zustände und Umstände denkbar, unter denen die Anwendung des Gebotes *Du sollst nicht lügen* einzuschränken ist. Das moralische Gesetz in abstracto verliert dadurch nichts an seiner Universalität und Notwendigkeit, aber in concreto wird es eben durch die Anwendung modifiziert. Während dieser Gedanke in den frühen Vorlesungen zur Moralphilosophie vom Königsberger Philosophen ausgebreitet wird und unter dem Stichwort der *Notlüge* Raum bekommt, wird er in den späteren Abhandlungen mehr und mehr zurückgedrängt, bis in die unerbittliche Zuspitzung des Aufsatzes *Über ein vermeintes Recht aus Menschenliebe zu lügen* (1797) hinein. Für eine solch extreme Zuspitzung besteht indes gar kein Anlass: Die systematische Anlage der Ethik Kants im Ganzen liefert keine zwingenden Gründe für eine solche Zuspitzung bzw. Verabsolutierung des Lügenverbots. Moralische Gesetze bzw. Pflichten verlieren nicht ihre Geltung, können aber im Kontext der

---

handelt; sein Apriori hat somit ‚Ewigkeitsanspruch'. Doch analog zu dem, was Friedman als ein relativiertes Apriori an die theoretische Philosophie Kants heranträgt (vgl. Friedman (2001)), scheint es m. E. möglich, ein entsprechendes Konstrukt auch für die praktische Philosophie zu ersinnen. Ein solches Projekt liegt freilich jenseits dieser Studien und in gewissem Sinne auch jenseits von Kant.

Anwendung durch bestimmte Situationen und andere Pflichten ganz oder teilweise eingeschränkt werden. Die Idee der wechselseitigen Einschränkung von Pflichten ist zentral für Kants Ethik. Ebenso wie die wechselseitige Einschränkung von Zwecken, die zugleich Pflicht sind. Kants Ethik beschreibt auf dieser Ebene ein verflochtenes Äquilibrium von mannigfaltigen wechselseitigen Bedingungen und Einschränkungen. Dieses komplexe Äquilibrium betrifft auf verschiedenen Ebenen das Zusammenspiel von formalen und materialen Bestimmungsgründen, von eigener Vollkommenheit und fremder Glückseligkeit, von vollkommenen und unvollkommenen Pflichten, von Pflichten gegen sich selbst und gegen andere usw.

Pflichten in abstracto können – Kant zufolge – einander nicht widerstreiten, in concreto können sie dies schon. Und zwar in dem Sinne, dass die verschiedenen Gründe der Verpflichtung miteinander kollidieren. Dann aber lässt sich nach Kant das Problem auflösen, indem letztendlich nur *ein* Verpflichtungsgrund sich als hinreichend erweist und in der Tat verbindet. In diesem Zusammenhang findet man bei Kant auf der Ebene der Tugendlehre Ansätze zu einer *Rangordnung* der Pflichten.

Tendenziell kann man einigen Notizen Kants (z. B. HN, AA 19:96 f., R 6586) folgende Rangordnung der Pflichten entnehmen:
1. Rechtspflichten gegen andere
2. Rechtspflichten gegen sich selbst
3. Tugendpflichten gegen andere
4. Tugendpflichten gegen sich selbst

Schließlich können – insofern die Forderungen der Sittlichkeit erfüllt sind – auch vernünftige Nutzenabwägungen gemäß dem Prinzip der Selbstliebe Berücksichtigung finden. Gänzlich ausgeschlossen wäre es für Kant gleichsam in utilitaristischer Manier, das Recht eines einzelnen für den Nutzen vieler aufzuopfern. Eine solche Rangordnung der Pflichten, in der die vollkommen Pflichten über den unvollkommenen stehen und die Pflichten gegen andere über den Pflichten gegen sich selbst, beruht auf einer Reihe von zusätzlichen Grundsätzen, deren Legitimation allerdings problematisch erscheint. Außerdem haben die Studien gezeigt, dass diese Rangordnung in bestimmten Einzelfällen zu Ergebnissen führt, die mit der von Kant sonst so geschätzten gesunden Menschenvernunft nur schwer in Einklang zu bringen sind. Die Hilfe gegenüber einem anderen Menschen darf nicht so weit gehen, dass der Helfer seine eigenen wahren Bedürfnisse aufopfert und am Ende selbst Hilfe benötigt. Hier wird der Liebespflicht anderen gegenüber eine Grenze durch meine eigenen Bedürfnisse gesetzt. Analog könnte man auch fragen, ob nicht den schuldigen Pflichten anderen gegenüber durch die Rechte und Würde der eigenen Person bestimmte Grenzen gesetzt werden: Offensichtlich wäre es unmoralisch, würde man sich in eine sklavische Abhängigkeit und Ausbeutung begeben, um seine Schulden zu begleichen. Hier stellt die eigene Würde eine Grenze des fremden Rechts dar: Man darf seine eigene Person nicht zum bloßen Mittel machen. Diese wenigen Andeutungen weisen bereits auf ein komplexes Wechselspiel von gegenseitigen Bedingungen und Einschränkungen der Pflichten hin. Es ergibt sich ein komplexer Gleichgewichtszustand zwischen schuldigen und verdienstlichen Pflichten, den Kant unter anderem auch am Beispiel der Freundschaftspflicht auseinandersetzt. Diese Zusammenhänge können nicht in einer einfachen Rangordnung erfasst werden. Ein algorithmisches Vorgehen verbietet sich und die Urteilskraft mündet unvermeidlich in eine moralische Kasuistik. Wir haben es hier mit einer Art Binnenraum zu tun, der sich als Spielraum öffnet und sich durch das mannigfaltige Zusammenspiel von formalen und materialen, empirischen und apriorischen Elementen ergibt. Dieser Binnenraum ist offen und in gewissem Sinne unterbestimmt. Dies ist aber kein Manko, sondern eine Stärke der Ethik Kants: Kants Ethik im Ganzen ist eben kein starrer Algorithmus, der die moralische Beurteilung ein für allemal festlegt, sondern eher ein ‚lebendiges und offenes System'. Im Horizont eines veränderlichen Kontextes, einer neuen Situation, neuer Zustände und Umstände usw. ist es notwendig, immer wieder neu zu denken und zu urteilen.

Auf der vierten und letzten Stufe mündet Kants Ethik im Ganzen somit *unvermeidlich* in eine moralische Kasuistik. Das moralische System als Ganzes bleibt damit grundsätzlich unabgeschlossen und offen. Durch zusätzliche empirische Faktoren und eine zunehmende Komplexität erweisen sich moralische Regeln in concreto als fallibel. Das weite Feld der moralischen Praxis ist somit „großer Vermehrungen und mancher neuer Entdeckung" fähig (HN, AA 23:389.24). Dabei kommt sowohl der bestimmenden als auch der reflektierenden Urteilskraft eine wesentliche explorative Funktion zu. Die Studien haben gezeigt, dass bei Kant verschiedene Kasuistik-Konzepte angelegt sind. Diese reichen von einem Minimal- bis zu einem Maximalkonzept. Bringt man eine moralische Kasuistik lediglich in Bezug auf die unvollkommenen und weiten Pflichten in Geltung, so ergeben sich Fragen nach dem Wie und dem Wieviel einer Handlung. Das sind Fragen, die einen *Spielraum* für pragmatische Klugheitserwägungen innerhalb der Grenze der Sittlichkeit eröffnen. Hierbei kommen für Kant auch individuelle Neigungen und Vorlieben zum Zuge, und ganz allgemein spielt die „Lust zu einer gewissen Lebensart" (TL, AA 06:445.31f.) eine wichtige Rolle innerhalb dieser Spielräume und erweist sich als integraler Bestandteil. Insofern die Ethik Kants keine bestimmte Lebensweise vorschreibt und individuelle Präferenzen berücksichtigt, kann sie in einem emphatischen Sinne als ‚liberal' charakterisiert werden. Das minimale Kasuistik-Konzept lässt sich sowohl im Hinblick auf Konflikt- und Priorisierungsfälle, aber auch im Hinblick auf bestimmte Notfälle auf vollkommene und enge Pflichten ausweiten. Mit Bezug auf das hochkontroverse Thema *Lüge* wirft Kant selbst die kasuistische Frage auf, wie viel man verschweigen darf, bevor eine Äußerung zur Lüge wird (vgl. V-MS/Vigil, AA 27:701). Darüber hinaus lassen sich etliche kasuistische Fragen in der *Ethischen Elementarlehre* als echte Konflikt- bzw. Priorisierungsfragen interpretieren. Kommt es zwischen zwei Pflichten zu einer (vermeintlichen) Kollision, so müssen – gemäß der Rangordnung der Pflichten – zusätzliche Beurteilungsprinzipien herangezogen werden, um den Vorrang zu klären. Obgleich Kant der Auffassung zu sein scheint, dass sich alle Konflikte eindeutig auflösen lassen, haben die Untersuchungen doch erhebliche Zweifel an der Eindeutigkeit einer solchen Rangordnung offenbart und damit den Raum für eine moralische Kasuistik eröffnet, die über das Minimalkonzept hinausweist. Schließlich verweisen manche kasuistischen Fragen auch auf Grenzfälle, bei denen zunächst die Subsumtionsfrage zu klären ist: Fällt eine bestimmte Handlung überhaupt unter ein bestimmtes Gebot oder Verbot? Ist beispielsweise die Todesgefahr, in die man sich bei der Pockenimpfung begibt, unter das Selbstmordverbot zu subsumieren oder nicht? Neben Fragen und Problemen der Begriffsdefinition kommen hier komplexe empirische Situations- und Abwägungsfaktoren hinzu, welche die entsprechenden moralischen Urteile stets ungewiss und fallibel machen. So müssen wir beispielsweise Kants eigenwilliges und ablehnendes Urteil zur Pockenimpfung vom heutigen Kenntnisstand her zurückweisen.

Die Ethik Kants erweist sich aus der Perspektive der vierten Stufe als ein komplexes ‚lebendiges und offenes' System und Gebilde, das mit den einseitigen Verzerrungen seiner Kritiker – und den entsprechenden Vorwürfen der Unanwendbarkeit, des Formalismus, der Gesinnungsethik sowie des Rigorismus – nichts zu tun hat.

Der Königsberger Philosoph hat die traditionellen und zeitgenössischen Theorien der Moral kritisch durchleuchtet. Ihm erscheinen „alle bisherigen Bemühungen" einer Fundierung der Ethik als Fehlschlag (GMS, AA 04:432.25). Vor diesem Hintergrund entwickelt er sein epochemachendes Projekt einer reinen und autonomen Moralphilosophie a priori. Während sich also Kants Grundlegungsanspruch als ‚revolutionär' erweist, ist dies im Hinblick auf die Anwendung dieser Grundlagen gewiss nicht der Fall. Hier überschneiden sich Kants Theorie und die klassischen Vorstellungen in ihren wesentlichen Anwendungsresultaten und scheinen sogar in gewissem Sinne zu ‚konvergieren': Zentrale Grundsätze der stoischen oder auch der christlichen Moraltheorie finden sich – nicht bei der Grundlegung, wohl aber – in der Anwendung in Kants Ethik im Ganzen wieder. Die Grundsätze *Lebe der Natur gemäß* oder *Liebe deinen Nächsten* sind hierfür nur zwei Beispiele. Dieser Sachverhalt einer Integration traditioneller und zeitgenössischer Ethiken in die kantische Gesamtkonzeption sollte indes nicht verwundern, denn schließlich wollte der Königsberger Philosoph auch keine neuen Pflichten aufzeigen oder gar die Moral revolutionieren, so als hätten die Menschen vor ihm nicht gewusst, was richtig und falsch ist. Vielmehr ist für ihn das moralische Gesetz der gemeinen Menschenvernunft als großartige Richtschnur und Kompass zur Beurteilung unseres Tuns und Lassens schon immer eingeschrieben. Die Aufgabe des Philosophen besteht darin, das oberste Prinzip aufzusuchen und darüber aufzuklären. Dies hat Kant vielleicht gründlicher und angemessener, aber auch origineller als seine Vorgänger getan.

Literaturverzeichnis

Adelung, Johann Christoph (Hrsg.) (1793 ff.): *Grammatisch-kritisches Wörterbuch der hochdeutschen Mundart*, Wien.
Allison, Henry E. (1990): *Kant's Theory of Freedom*, Cambridge.
Altman, Matthew (2014): *Kant and applied Ethics. The Uses and Limits of Kant's Practical Philosophy*, Chichester.
Anderson, Elisabeth (2008): „Emotions in Kant's Later Moral Philosophy: Honour and the Phenomenology of Moral Value", in: *Kant's Ethics of Virtue* hrsg. von Monika Betzler, Berlin und New York, S. 123–145.
Anderson, Georg (1921): „Die ‚Materie' in Kants Tugendlehre und der Formalismus in der kritischen Ethik", in: *Kant-Studien* 26, S. 289–311.
Baum, Manfred (2017): „Drei kategorische Imperative bei Kant", in: *Das Verhältnis von Recht und Ethik in Kants praktischer Philosophie* hrsg. von Bernd Dörflinger, Dieter Hüning und Günter Kruck, Hildesheim, Zürich und New York, S. 131–152.
Baumgarten, Alexander Gottlieb (2019): *Anfangsgründe der praktischen Metaphysik*, Hamburg.
Beck, Lewis White (1985): *Kants „Kritik der praktischen Vernunft". Ein Kommentar*, München.
Berger, Wilhelm/Macho, H. Thomas (Hrsg.) (1989): *Kant als Liebesratgeber. Eine Klagenfurter Episode*, Wien.
Betzler, Monika (Hrsg.) (2008): *Kant's Ethics of Virtue*, Berlin und New York.
Betzler, Monika (2019): „Die Pflicht zur Selbstvervollkommnung. Zu Kants Konzeption der unvollkommenen Pflichten des Menschen gegen sich selbst in Ansehung seines Zwecks (§§ 19 – 22)", in: *Immanuel Kant: Metaphysische Anfangsgründe der Tugendlehre* hrsg. von Otfried Höffe, Berlin und Boston, S. 145–161.
Borges, Maria (2019): *Emotion, Reason, and Action in Kant*, London u. a.
Brandt, Reinhard (1999): *Kritischer Kommentar zu Kants Anthropologie in pragmatischer Hinsicht (1798)*, Hamburg.
Brandt, Reinhardt (2007): *Die Bestimmung des Menschen bei Kant*, Hamburg.
Brandt, Reinhard (2010): *Immanuel Kant – Was bleibt?*, Hamburg.
Carl, Wolfgang (1992): *Die Transzendentale Deduktion der Kategorien in der ersten Auflage der Kritik der reinen Vernunft. Ein Kommentar*, Frankfurt am Main.
Cohen, Hermann (1877): *Kants Begründung der Ethik*, Berlin.
Cramer, Konrad (1985): *Nicht-reine synthetische Urteile a priori. Ein Problem der Transzendentalphilosophie Immanuel Kants*, Heidelberg.
Cramer, Konrad (1997): „Metaphysik und Erfahrung in Kants Grundlegung der Ethik", in: *Kant in der Diskussion der Moderne* hrsg. von Gerhard Schönrich und Yasushi Kato, Frankfurt am Main, S. 280–325.
Cramer, Konrad (2001): „‚Depositum'. Zur logischen Struktur eines kantischen Beispiels für moralisches Argumentieren", in: *Kant und die Berliner Aufklärung. Akten des IX. Internationalen Kant-Kongresses*, Band I: Hauptvorträge hrsg. von Volker Gerhardt, Rolf-Peter Horstmann und Ralph Schuhmacher, Berlin und New York, S. 116–30.
Denis, Lara (2001): *Moral Self-Regard. Duties to Oneself in Kant's Moral Theory*, New York und London.
Denis, Lara (2006): „Kant's conception of virtue", in: *The Cambridge Companion to Kant and Modern Philosophy* hrsg. von Paul Guyer, Cambridge, S. 505–537.
Denis, Lara (Hrsg.) (2010): *Kant's Metaphysics of Morals: A Critical Guide*, Cambridge.

Dietrichson, Paul (1964): „When is a Maxim Fully Universalizable?", in: *Kant-Studien* 55, S. 143–170.
Dörflinger, Bernd / Hüning, Dieter / Kruck, Günter (Hrsg.) (2017): *Das Verhältnis von Recht und Ethik in Kants praktischer Philosophie*, Hildesheim, Zürich und New York.
Düsing, Klaus (1971): „Das Problem des höchsten Gutes in Kants praktischer Philosophie", in: *Kant-Studien* 62, S. 5–42.
Ebbinghaus, Julius (1968): „Die Formeln des kategorischen Imperativs und die Ableitung inhaltlich bestimmter Pflichten", in: *Julius Ebbinghaus: Gesammelte Aufsätze, Vorträge und Reden*, Hildesheim, S. 140–160.
Einstein, Albert (1921): *Geometrie und Erfahrung*, Berlin.
Esser, Andrea (2004): *Eine Ethik für Endliche. Kants Tugendlehre in der Gegenwart*, Stuttgart.
Esser, Andrea (2008): „Kant on Solving Moral Conflicts", in: *Kant's Ethics of Virtue* hrsg. von Monika Betzler, Berlin und New York, S. 279–302.
Euler, Werner / Tuschling, Burkhard (Hrsg.) (2013): *Kants „Metaphysik der Sitten" in der Diskussion. Ein Arbeitsgespräch an der Herzog August Bibliothek Wolfenbüttel 2009*, Berlin.
Fan, Dahan (2019): „Kant über Freundschaft und Umgangstugenden (§§ 46–48)", in: *Immanuel Kant: Metaphysische Anfangsgründe der Tugendlehre* hrsg. von Otfried Höffe, Berlin und Boston, S. 199–210.
Forkl, Markus (2001): *Kants System der Tugendpflichten. Eine Begleitschrift zu den ‚Metaphysischen Anfangsgründen der Tugendlehre'*, Frankfurt am Main u. a.
Forschner, Maximilian (1993): „Guter Wille und Haß der Vernunft", in: *Grundlegung zur Metaphysik der Sitten. Ein kooperativer Kommentar* hrsg. von Otfried Höffe, Frankfurt am Main, S. 66–82.
Forschner, Maximilian (1983): „Reine Morallehre und Anthropologie", in: *Neue Hefte für Philosophie* 22, S. 25–44.
Friedman, Michael (2001): *Dynamics of Reason*, Stanford.
Garve, Christian (1967a): „Versuch über verschiedene Gegenstände aus Moral und Literatur", in: *Kant. Gentz. Rehberg. Über Theorie und Praxis* hrsg. von Dieter Henrich et al., Frankfurt am Main, S. 134–138.
Garve, Christian (1967b): „Über die Grenzen des bürgerlichen Gehorsams und den Unterschied zwischen Theorie und Praxis, in Beziehung auf zwei Aufsätze in der Berlinischen Monatsschrift", in: *Kant. Gentz. Rehberg. Über Theorie und Praxis* hrsg. von Dieter Henrich et al., Frankfurt am Main, S. 139–159.
Geismann, Georg / Oberer, Hariolf (Hrsg.) (1986): *Kant und das Recht der Lüge*, Würzburg.
Geismann, Georg (2010): *Kant und kein Ende. Band 2. Studien zur Rechtsphilosophie.* Würzburg.
Gentz, Friedrich (1967): „Nachtrag zu dem Räsonnement des Herrn Professor Kant über das Verhältnis zwischen Theorie und Praxis", in: *Kant. Gentz. Rehberg. Über Theorie und Praxis* hrsg. von Dieter Henrich et al., Frankfurt am Main, S. 89–111.
Goy, Ina / Höffe, Otfried (2015): „Apathie, moralische", in: *Kant-Lexikon* hrsg. von Marcus Willaschek, Jürgen Stolzenberg, Georg Mohr und Stefano Bacin, Bd. 1, Berlin und Boston, S. 144.
Graband, Claudia (2015): *Klugheit bei Kant*, Berlin und Boston.
Gregor, Mary J. (1963): *Laws of Freedom. A Study of Kant's Method of Applying the Categorical Imperative in the Metaphysik der Sitten*, Oxford.

Gregor, Mary J. (1990): „Kants System der Pflichten in der Metaphysik der Sitten", in: *Immanuel Kant Metaphysische Anfangsgründe der Tugendlehre* hrsg. von Bernd Ludwig (³2017), Hamburg, S. XXIX–LXV.

Grimm, Jacob / Grimm, Wilhelm (Hrsg.) (1854 ff.): *Deutsches Wörterbuch*, Leipzig.

Gross, Felix (Hrsg.) (1993): *Immanuel Kant. Sein Leben in Darstellungen von Zeitgenossen. Die Biographien von L. E. Borowski, R. B. Jachmann und E. A. Ch. Wasianski*, Darmstadt.

Gutschmidt, Holger (2016): „Depositum. Ein Fall moralischer Zuschreibung bei Immanuel Kant", in: *Kant-Studien* 107, S. 369–388.

Guyer, Paul (2000): *Kant on Freedom, Law, and Happiness*, Cambridge.

Habermas (2009): „Treffen Hegels Einwände gegen Kant auch auf die Diskursethik zu?", in: Jürgen Habermas: *Diskursethik*, Frankfurt am Main, S. 116–140.

Haffner, Sebastian / Venohr, Wolfgang (⁴2008): *Preußische Profile*, Berlin.

Hegel, Georg Wilhelm Friedrich (⁷2013): *Über die wissenschaftlichen Behandlungsarten des Naturrechts, seine Stelle in der praktischen Philosophie und sein Verhältnis zu den positiven Rechtswissenschaften*, in: Georg Friedrich Wilhelm Hegel: *Werke*. Auf der Grundlage der Werke von 1832–1845 neu edierte Ausgabe (Theorie-Werkausgabe) hrsg. von Eva Moldenhauer und Karl Markus Michel, Frankfurt am Main, Bd. 2, S. 434–530.

Hegel, Georg Wilhelm Friedrich (¹³2014): *Phänomenologie des Geistes*, in: Georg Friedrich Wilhelm Hegel: *Werke*. Auf der Grundlage der Werke von 1832–1845 neu edierte Ausgabe (Theorie-Werkausgabe) hrsg. von Eva Moldenhauer und Karl Markus Michel, Frankfurt am Main, Bd. 3, S. 1–591.

Hegel, Georg Wilhelm Friedrich (¹⁵2015): *Grundlinien der Philosophie des Rechts*, in: Georg Friedrich Wilhelm Hegel: *Werke*. Auf der Grundlage der Werke von 1832–1845 neu edierte Ausgabe (Theorie-Werkausgabe) hrsg. von Eva Moldenhauer und Karl Markus Michel, Frankfurt am Main, Bd. 7, S. 1–531.

Henning, Tim (2016): *Kants Ethik. Eine Einführung*. Stuttgart.

Henrich, Dieter (1963): „Über Kants früheste Ethik", in: *Kant-Studien* 54, S. 404–431.

Henrich, Dieter (1967): „Über den Sinn vernünftigen Handelns im Staat", in: *Kant. Gentz. Rehberg. Über Theorie und Praxis* hrsg. von Dieter Henrich et al., Frankfurt am Main, S. 7–36.

Herman, Barbara (1993): „Obligation and Performance", in: Barbara Herman: *The Practice of Moral Judgement*, Cambridge, Mass., S. 159–183.

Himmelmann, Beatrix (2003): *Kants Begriff des Glücks*, Berlin und Boston.

Hirsch, Philipp-Alexander (2017): *Freiheit und Staatlichkeit bei Kant*, Berlin und Boston.

Höffe (1977): „Kants kategorischer Imperativ als Kriterium des Sittlichen", in: *Zeitschrift für philosophische Forschung* 31, S. 354–384.

Höffe, Otfried (1995): *Kategorische Rechtsprinzipien. Ein Kontrapunkt der Moderne*, Frankfurt am Main.

Höffe, Otfried (³2000): „Kants nichtempirische Verallgemeinerung: zum Rechtsbeispiel des falschen Versprechens", in: *Grundlegung zur Metaphysik der Sitten. Ein kooperativer Kommentar* hrsg. von Ottfried Höffe, Frankfurt am Main, S. 206–233.

Höffe, Otfried (2011): „Einführung in die *Kritik der praktischen Vernunft*", in: *Immanuel Kant: Kritik der praktischen Vernunft* hrsg. von Otfried Höffe, Berlin, S. 1–20.

Höffe, Otfried (2012): *Kants Kritik der praktischen Vernunft. Eine Philosophie der Freiheit*, München.

Hoffmann, Thomas S. (2001): „Vollkommenheit", in: *Historisches Wörterbuch der Philosophie* hrsg. von Joachim Ritter, Karlfried Gründer und Gottfried Gabriel, Basel und Stuttgart, Bd. 11, S. 1115–1131.
Horn, Christoph (2008): „The Concept of Love in Kant's Virtue Ethics", in: *Kant's Ethics of Virtue* hrsg. von Monika Betzler, Berlin und New York, S. 147–173.
Horn, Christoph (2011): „Wille, Willensbestimmung, Begehrungsvermögen (§§ 1–3: 19 – 26)" in: *Immanuel Kant: Kritik der praktischen Vernunft* hrsg. von Otfried Höffe, Berlin, S. 37–53.
Horn, Christoph (2018): *Einführung in die Moralphilosophie*, Freiburg und München.
Hruschka, Joachim (2015): *Kant und der Rechtsstaat und andere Essays zu Kants Rechtslehre und Ethik*, Freiburg und München.
Hufeland, Christoph Wilhelm (1793): *Ueber die wesentlichen Vorzüge der Inoculation*, Leipzig.
Hume, David (2000): *A Treatise of Human Nature*, hrsg. von David F. Norton und Mary J. Norton, Oxford.
Hügli, Anton (1989): „Pflichtenkollision", in: *Historisches Wörterbuch der Philosophie* hrsg. von Joachim Ritter, Karlfried Gründer und Gottfried Gabriel, Basel und Stuttgart, Bd. 7, S. 440–456.
Hüning, Dieter (2017): „Kant und die crimina carnis. Zur Anwendungsproblematik innerer Rechtspflichten", in: *Das Verhältnis von Recht und Ethik in Kants praktischer Philosophie* hrsg. von Bernd Dörflinger, Dieter Hüning und Günter Kruck, Hildesheim, Zürich und New York, S. 257–288.
James, David N. (1992): „Twenty Questions: Kant's Applied Ethics", in: *The Southern Journal of Philosophy* 30 (3), S. 67–87.
Jäsche, Gottlob Benjamin (1824): *Grundlinien der Ethik oder philosophische Sittenlehre*, Dorpat.
Jauch, Ursula Pia (2014): *Friedrichs Tafelrunde & Kants Tischgesellschaft. Ein Versuch über Preußen zwischen Eros, Philosophie und Propaganda*, Berlin.
Jonas, Hans (1984): *Das Prinzip Verantwortung. Versuch einer Ethik für die technologische Zivilisation*, Frankfurt am Main.
Juncker, Johann Christian Wilhelm (1792): *Gemeinnützige Vorschläge und Nachrichten über das beste Verhalten der Menschen in Rücksicht der Pockenkrankheit*, Halle.
Kähler, Ludwig August (1837): *Wissenschaftlicher Abriß der Christlichen Sittenlehre nach Johanneisch-apostolischen Prinzipien*, Königsberg.
Kang, Ji Young (2015): *Die allgemeine Glückseligkeit. Zur systematischen Stellung und Funktion der Glückseligkeit bei Kant*, Berlin und Boston.
Kant, Immanuel (1831): *Immanuel Kant's Menschenkunde oder philosophische Anthropologie (Nach den handschriftlichen Vorlesungen)* hrsg. von Friedrich Starke, Quedlinburg und Leipzig.
Kant, Immanuel (2004): *Immanuel Kant Vorlesung zur Moralphilosophie* hrsg. von Werner Stark, Berlin und New York.
Kany, Roland (2016): „Ursprünge der Pflichtentrias", in: *Gliederungssysteme angewandter Ethik* hrsg. von Wilhelm Korff und Markus Vogt, Freiburg, S. 443–488.
Kelsen, Hans (2016): *Was ist Gerechtigkeit?*, Stuttgart.
Kerscher, Wolfram (2010): *Der preußische Weg zum Impfzwang. Die Entwicklung der preußischen Pockenschutzgesetzgebung 1750–1874*, Baden-Baden.

Kersting, Wolfgang (1982): „Das starke Gesetz der Schuldigkeit und das schwächere der Gütigkeit. Kant und die Pflichtenlehre des 18. Jahrhunderts", in: *Studia Leibnitiana* XIV, S. 184–220.
Kersting, Wolfgang (1984): „Der kategorische Imperativ, die vollkommenen und die unvollkommenen Pflichten", in: *Zeitschrift für philosophische Forschung* 37, S. 404–421.
Kersting, Wolfgang (²2016): *Wohlgeordnete Freiheit*, Frankfurt am Main.
Kleingeld, Pauline (2001): „Nature or Providence? On the Theoretical and Moral Importance of Kant's Philosophy of History", in: *American Catholic Philosophical Quarterly* 75, S. 201–219.
Kleingeld, Pauline (2007): „Kant's Second Thoughts on Race", in: *Philosophical Quarterly* 57, S. 1–20.
Kleingeld, Pauline (2017): „Contradiction and Kant's Formula of Universal Law", in: *Kant-Studien* 108, S. 89–115.
Klemme, Heiner F. (2017): *Kants „Grundlegung zur Metaphysik der Sitten". Ein systematischer Kommentar*, Stuttgart.
Klinge, Hendrik (2018): *Die Moralische Stufenleiter. Kant über Teufel, Menschen, Engel und Gott*, Berlin und Boston.
Klingner, Stefan (2013): *Technische Vernunft. Kants Zweckbegriff und das Problem einer Philosophie der technischen Kultur*, Berlin und Boston.
König, Peter (1994): *Autonomie und Autokratie. Über Kants Metaphysik der Sitten*, Berlin und New York.
Kohlberg, Lawrence (1996): *Die Psychologie der Moralentwicklung*, Frankfurt am Main.
Kordelas, Lambros / Grond-Ginsbach, Caspar (2000): „Kant über die ‚moralische Waghälsigkeit' der Pockenimpfung", in: *International Journal of History & Ethics of Natural Science, Technology and Medicine* (NTM), Vol. 8, Issue 1, S. 22–33.
Korsgaard, Christine M. (1996a): *Creating the Kingdom of Ends*, Cambridge.
Korsgaard, Christine M. (1996b): *The Sources of Normativity*, Cambridge.
Korsgard, Christine M. (2021): *Tiere wie wir. Warum wir moralische Pflichten gegenüber Tieren haben*, München.
Kreimendahl, Lothar / Oberhausen, Michael (2011): „Einleitung" und „Anmerkungen des Herausgebers", in: *Immanuel Kant: Der einzig mögliche Beweisgrund zu einer Demonstration des Daseins Gottes* hrsg. von Lothar Kreimendahl und Michael Oberhausen, Hamburg.
Kronenberg, Tobias (2016): *Maximen in Kants praktischer Philosophie* [Publikation als elektronische Dissertation].
Kuhn, Thomas (³1996): *The Structure of Scientific Revolutions*, Chicago und London.
Kühn, Manfred (2004): „Einleitung", in: *Immanuel Kant Vorlesung zur Moralphilosophie* hrsg. von Werner Stark, Berlin und New York, S. VII–XXXV.
Lessing, Gotthold Ephraim (1968): *Gesammelte Werke in zehn Bänden: Philosophische und theologische Schriften* II, Bd. 8, hrsg. von Paul Rilla, Berlin.
Lindenberg, Wladimir (1963): *Ärzte im Kampf gegen Krankheit und Dummheit*, München und Basel.
Louden, Robert B. (2000): *Kant's Impure Ethics. From Rational Beings to Human Beings*, Oxford.
Ludwig, Bernd (1988): *Kants Rechtslehre*, Hamburg.

Ludwig, Bernd (³2009): „Einleitung", in: *Immanuel Kant Metaphysische Anfangsgründe der Rechtslehre* hrsg. von Bernd Ludwig, Hamburg, S. XIII–XL.
Ludwig, Bernd (2013): „Die Einteilung der *Metaphysik der Sitten* im Allgemeinen und die der *Tugendlehre* im Besonderen", in: *Kant's „Tugendlehre"* hrsg. von Andreas Trampota, Oliver Sensen und Jens Timmermann, Berlin und Boston, S. 59–84.
Ludwig, Bernd (2014): „Die Freiheit des Willens und die Freiheit zum Bösen. Inhaltliche Inversionen und terminologische Ausdifferenzierungen in Kants Moralphilosophie zwischen 1781 und 1797", in: *Kants Rechtfertigung des Sittengesetzes in Grundlegung III. Deduktion oder Faktum?* hrsg. von Heiko Puls, Berlin u. a., S. 227–268.
Ludwig, Bernd (³2017): „Einleitung", in: *Immanuel Kant Metaphysische Anfangsgründe der Tugendlehre* hrsg. von Bernd Ludwig, Hamburg, S. XIII–XXVII.
Ludwig, Ralf (1992): *Kategorischer Imperativ und Metaphysik der Sitten. Die Frage nach der Einheitlichkeit von Kants Ethik*, Frankfurt am Main u. a.
Malter, Rudolf (Hrsg.) (1990): *Immanuel Kant in Rede und Gespräch*, Hamburg.
Margalit, Avishai (2012): *Politik der Würde. Über Achtung und Verachtung*, Frankfurt an Main.
Mertens, Thomas (2016): „On Kant's Duty to Speak the Truth", in: *Kantian Review* 21, S. 27–51.
Mill, John Stuart (2006): *Utilitarismus*, Hamburg.
Newmark, Catherine (2008): *Passion – Affekt – Gefühl. Philosophische Theorien der Emotionen zwischen Aristoteles und Kant*, Hamburg.
Nida-Rümelin, Julian (2005): *Angewandte Ethik. Die Bereichsethiken und ihre theoretische Fundierung*, Stuttgart.
Niggemeier, Frank (2002): *Pflicht zur Behutsamkeit? Hans Jonas' naturphilosophische Ethik für die technologische Zivilisation*, Würzburg.
O'Neill, Onora (2002): „Instituting Principles: Between Duty and Action", in: *Kant's Metaphysics of Morals: Interpretative Essays* hrsg. von Mark Timmons, Oxford, S. 331–347.
O'Neill, Onora (2013): *Acting on Principle. An Essay on Kantian Ethics*, Cambridge.
Parfit, Derek (2017): „Ein Kantisches Argument für den Regelkonsequentialismus", in: *Derek Parfit: Personen, Normativität, Moral. Ausgewählte Aufsätze* hrsg. von Matthias Hoesch, Sebastian Muders und Markus Rüther, Frankfurt am Main, S. 257–348.
Paton, Herbert James (1953/54): „An alleged right to lie. A problem in Kantian ethics", in: *Kant und das Recht der Lüge* hrsg. von Georg Geismann und Hariolf Oberer (1986), Würzburg, S. 46–60.
Paton, Herbert James (1962): *Der kategorische Imperativ. Eine Untersuchung über Kants Moralphilosophie*, Berlin.
Patzig, Günther (1967): „Die Begründbarkeit moralischer Forderungen", in: Günther Patzig: *Ethik ohne Metaphysik*, Göttingen, S. 32–61.
Patzig, Günther (1978): „Der kategorische Imperativ in der Ethik-Diskussion der Gegenwart", in: Günther Patzig: *Ethik ohne Metaphysik*, Göttingen, S. 148–171.
Patzig, Günther (1983): *Ethik ohne Metaphysik*, Göttingen.
Pippin, Robert (2005): *Die Verwirklichung der Freiheit. Der Idealismus als Diskurs der Moderne*, Frankfurt am Main und New York.
Rawls, John (2004): *Geschichte der Moralphilosophie*, Frankfurt am Main.

Rehberg, August Wilhelm (1967): „Über das Verhältnis der Theorie zur Praxis", in: *Kant. Gentz. Rehberg. Über Theorie und Praxis* hrsg. von Dieter Henrich et al., Frankfurt am Main, S. 113–130.

Reinhardt, Karoline (2019): „Von den Liebespflichten gegen andere Menschen. Wohltätigkeit, Dankbarkeit und Teilnehmung (§§ 23–36)", in: *Immanuel Kant: Metaphysische Anfangsgründe der Tugendlehre* hrsg. von Otfried Höffe, Berlin und Boston, S. 163–179.

Scheler, Max (1913/16): *Der Formalismus in der Ethik und die materiale Wertethik*, Halle a. d. Saale.

Schiller, Friedrich (2004): *Sämtliche Gedichte und Balladen* hrsg. von Georg Kurscheidt, Frankfurt am Main und Leipzig.

Schmucker, Josef (1955): „Der Formalismus und die materialen Zweckprinzipien in der Ethik Kants", in: *Kant und die Scholastik heute* hrsg. von Johannes B. Lotz, Pullach, S. 155–205.

Schöndorf, Harald (1985): „'Denken-Können' und 'Wollen-Können' in Kants Beispielen für den kategorischen Imperativ", in: *Zeitschrift für philosophische Forschung* 39, S. 543–573.

Schönecker, Dieter / Wood, Allen W. (⁴2011): *Kants „Grundlegung zur Metaphysik der Sitten". Ein einführender Kommentar*, Paderborn u. a.

Schönecker, Dieter / Schmidt, Elke Elisabeth (2017): „Kant über Tun, Lassen und lebensbeendende Handlungen", in: *Lebensbeendende Handlungen* hrsg. von Franz-Josef Bormann, Berlin und Boston, S.135–168.

Schopenhauer, Arthur (2007): *Über die Grundlage der Moral*, Frankfurt am Main.

Schunck, Ignaz (1778): *Unterricht in den Pflichten des Menschen nach dem Gesetze der Natur*, Burghausen.

Schüssler, Rudolf (2012): „Kant und die Kasuistik: Fragen zur Tugendlehre", in: *Kant-Studien* 103, S. 70–95.

Schwartz, Maria (2006): *Der Begriff der Maxime bei Kant. Eine Untersuchung des Maximenbegriffs in Kants praktischer Philosophie*, Berlin.

Sidgwick, Henry (1907): *The Methods of Ethics*, London.

Simmel, Georg (1904): *Kant. Sechzehn Vorlesungen gehalten an der Berliner Universität*, München und Leipzig.

Singer, Marcus George (1975): *Verallgemeinerung in der Ethik. Zur Logik moralischen Argumentierens*, Frankfurt am Main.

Steigleder, Klaus (2002): *Kants Moralphilosophie. Die Selbstbezüglichkeit der reinen praktischen Vernunft*, Stuttgart und Weimar.

Stiening, Gideon (2017): „Von der ‚Natur des Menschen' zur ‚Metaphysik der Sitten'", in: *Das Verhältnis von Recht und Ethik in Kants praktischer Philosophie* hrsg. von Bernd Dörflinger, Dieter Hüning und Günter Kruck, Hildesheim, Zürich und New York, S. 13–44.

Stolzenberg, Jürgen (2007): *Kant in der Gegenwart*, Berlin und New York.

Tafani, Daniela (2006): *Virtù e felicità in Kant*, Florenz.

Taylor, Charles (1983): *Hegel*, Frankfurt am Main.

Timmermann, Jens (2000): „Kant und die Lüge aus Pflicht", in: *Philosophisches Jahrbuch* 107. Jahrg. II, S. 267–283.

Timmermann, Jens (2001): „Alles halb so schlimm: Bemerkungen zu Kants ethischem Rigorismus", in: *Ethik ohne Dogmen* hrsg. von Achim Stephan und Klaus Peter Rippe, Paderborn, S. 58–82.

Timmermann, Jens (2003a): „Sollen und Können. ‚Du kannst, denn du sollst' und ‚Sollen impliziert Können' im Vergleich", in: *Philosophiegeschichte und logische Analyse* 6, S. 113–122.
Timmermann, Jens (2003b): „Depositum I – Zu Konrad Cramers Diskussion der logischen Struktur eines kantischen Beispiels für moralisches Argumentieren", in: *Zeitschrift für philosophische Forschung* 57, S. 589–600.
Timmermann, Jens (2003c): *Sittengesetz und Freiheit. Untersuchungen zu Immanuel Kants Theorie des freien Willens*, Berlin und New York.
Timmermann, Jens (2004) (Hrsg.): *Immanuel Kant Grundlegung zur Metaphysik der Sitten* hrsg., eingeleitet und erläutert von Jens Timmermann, Göttingen.
Timmermann, Jens (2005): „Why Kant could not have been an Utilitarian?", in: *Utilitas* 17, S. 243–264.
Timmermann, Jens (2013a): „Kantian Dilemmas? Moral Conflict in Kant's Ethical Theory", in: *Archiv für Geschichte der Philosophie* 95 (1), S. 36–64.
Timmermann, Jens (2013b): „Duties to Oneself as Such", in: *Kant's „Tugendlehre"* hrsg. von Andreas Trampota, Oliver Sensen und Jens Timmermann, Berlin und Boston, S. 207–219.
Timmons, Mark (Hrsg.) (2002): *Kant's Metaphysics of Morals: Interpretative Essays*, Oxford.
Timmons, Mark (2013): „The Perfect Duty to Oneself as an Animal Being", in: *Kant's „Tugendlehre"* hrsg. von Andreas Trampota, Oliver Sensen und Jens Timmermann, Berlin und Boston, S. 221–243.
Trampota, Andreas / Sensen, Oliver / Timmermann, Jens (2013): *Kant's „Tugenlehre". A Comprehensive Commentary*, Berlin und Boston.
Trampota, Andreas (2013): „The Concept and Necessity of an End in Ethics", in: *Kant's „Tugendlehre"* hrsg. von Andreas Trampota, Oliver Sensen und Jens Timmermann, Berlin und Boston, S. 139–157.
Treml, Alfred K. (2003): „Kants praktische Philosophie im Unterricht", in: *Ethik & Unterricht* 2/03, S. 13–18.
Tugenhat, Ernst (1993): *Vorlesungen über Ethik*, Frankfurt am Main.
Unna, Yvonne (2003): „Kant's Answers to the Casuistical Questions Concerning Self-Disembodiment", in: *Kant-Studien* 94, S. 454–473.
Varden, Helga (2010): „Kant and Lying tot he Murderer at the Door... One More Time: Kant's Legal Philosophy and Lies to Murderers and Nazis", in: *Journal of Social Philosophy* 41, S. 403–421.
Vuillemin, Jules (1982): „On Lying: Kant and Benjamin Constant", in: *Kant und das Recht der Lüge* hrsg. von Georg Geismann und Hariolf Oberer, Würzburg, S. 103–117.
Weber, Max (1992): *Politik als Beruf*, Stuttgart.
Wickert, Johannes (1991): *Albert Einstein*, Hamburg.
Wieland, Wolfgang (2007): „Die Lust im Erkennen. Kants emotionales Apriori und die Rehabilitierung des Gefühls", in: *Kant in der Gegenwart* hrsg. von Jürgen Stolzenberg, Berlin und New York, S. 291–316.
Willaschek, Marcus (1992): *Praktische Vernunft. Handlungstheorie und Moralbegründung bei Kant*, Stuttgart.
Williams, Bernard (1985): *Ethics and the Limits of Philosophy*, London und New York.
Wood, Allen (1998): „Kant on Duties Regarding Nonrational Nature I", in: *Proceedings of the Aristotelian Society Supplement* 72, S. 189–210.

Wood, Allen (2002): „The Final Form of Kant's Practical Philosophy", in: *Kant's Metaphysics of Morals* hrsg. von Mark Timmons, Oxford, S. 1– 21.
Zedler, Johann Heinrich (Hg.) (1731ff.): *Grosses vollständiges Universal-Lexicon aller Wissenschaften und Künste, welche bißhero durch menschlichen Verstand und Witz erfunden und verbessert worden*, Leipzig und Halle.

Ohne Angabe des Verfassers:

Von den Pflichten des Menschen und des Bürgers, ein Lesebuch für die Volksschulen in den Städten des russischen Reichs (1790), St. Petersburg.
Tabellarischer Auszug von den Pflichten des Menschen (1800), Wien.
Sittenlehre für Volksschulen; oder Lesebuch für unstudirte Leute über die Pflichten gegen Gott, und den Nächsten: mit Beyspielen, Texten und Erläuterungen aus dem neuen Testamente (1808), Stadtamhof.

Personenregister

Baumgarten, Alexander Gottlieb   10, 19, 30, 63f., 154, 156, 193, 200, 207, 217, 222
Benjamin, Walter   243

Cato, Marcus Porcius   250, 261, 278
Cicero   222
Cramer, Konrad   23, 40, 42, 54–56, 70–76, 80, 82, 141
Crusius, Christian August   154, 222
Curtius, Marcus   65, 239, 249, 256, 258

Dohna, Leopold Emil Fabian   266

Einstein, Albert   286
Epikur   2, 114, 153, 205, 276

Feder, Johann G. H.   70
Frings, Josef   240

Garve, Christian   21, 32, 36, 48–50, 70, 276
Geismann, Georg   21, 23–25, 143, 232
Gentz, Friedrich   21, 36, 48
Gracián, Baltasar   222

Habermas, Jürgen   48f., 92, 181
Hegel, Georg Friedrich Wilhelm   20, 49, 51f., 87, 90–103
Herbert, Maria von   243
Hobbes, Thomas   11
Höffe, Otfried   8, 23–25, 55, 76, 143, 183, 200
Hufeland, Christoph Wilhelm   271, 273
Hume, David   131, 213
Hutcheson, Francis   70, 114, 130, 153

Jäsche, Gottlob Benjamin   196
Jenner, Edward   30, 265–267
Jonas, Hans   21, 179–183, 195
Juncker, Johann Chr. W.   265f., 268

Kähler, Ludwig August   196
Kelsen, Hans   20, 52
Kleingeld, Pauline   76f., 164, 195

Kohlberg, Lawrence   233
Korsgaard, Christine M.   51, 75f.
Kuhn, Thomas S.   33, 94

Leibniz, Gottfried Wilhelm   154
Liebsch, Wilhelm   38
Louden, Robert B.   23f., 127

Mendelssohn, Moses   285
Motherby, William   266

Paton, Herbert J.   21, 25, 27–30, 50, 76, 101, 142f., 243
Patzig, Günther   50f., 196, 232, 237, 262
Platon   222, 241, 270
Popper, Karl R.   33
Pufendorf, Samuel von   193

Rawls, John   73–76, 89, 171
Rehberg, August Wilhelm   20f., 36, 48–51, 92
Rink, Friedrich Theodor   266, 268
Rousseau, Jean-Jacques   11, 209

Schiller, Friedrich   21, 276
Schmid, Carl   190
Schopenhauer, Arthur   16, 20–22, 52, 85, 92, 171, 174
Schunck, Ignaz   193, 207
Seneca, Lucius Annaeus   30, 65, 68, 164, 256, 258, 263
Shaftesbury, A. A. C. Earl of   70
Sidgwick, Henry   171
Simmel, Georg   21, 52, 92
Singer, Marcus G.   20, 49f., 76, 92
Smith, Adam   11, 27
Steigleder, Klaus   174, 241
Suárez, Francisco   222

Timmermann, Jens   21, 23, 29, 33, 80, 132, 141, 187, 223, 229, 232, 275
Treml, Alfred K.   48, 93

Wasianski, Ehregott A. Chr. 266, 268
Weber, Max 21, 180

Wolff, Christian 19, 70, 114, 153f., 193
Wood, Allen 24, 28, 76, 143, 194

Sachregister

Ableitung 28 f., 31, 46, 52, 209 f.
Achtungspflichten 210–212, 215 f., 233
adiaphora 186
Amphibolie 204
Antagonismus 134, 212
Anthroponomie 37, 39, 42, 44, 60
Anthropozentrismus 51
Anwendung 1 f., 5–9, 11–27, 29–31, 33–39, 42–52, 57–59, 61–64, 66–68, 70–73, 77, 79 f., 87–90, 98 f., 102, 104 f., 116, 120, 122 f., 136, 145, 151 f., 162, 184, 188, 207, 209 f., 220, 223 f., 226, 229, 232, 234, 238, 245, 247 f., 250–253, 260, 262–265, 274 f., 277–280, 286 f., 289–291, 294
Anwendungskontext 3, 6–8, 22, 84 f., 244, 275, 278, 283
Anwendungsschrift 7, 17, 23, 105 f., 115, 126, 286
Anwendungsthese 8, 22, 105, 289
Argument des Non-Indifferentismus 137
Argumentation aus den Folgen 99, 183
Ausnahme 13, 30, 277–279, 284, 287
Ausübung 34 f., 37–39, 45–47, 59, 64, 206, 213, 218, 246, 287
Autokratie 16, 60 f., 66, 106, 132, 134
Autonomie 28, 60 f., 66, 91, 93, 95, 102, 106, 118, 132–134, 164

Bedürfnis 72, 122 f., 127, 170, 180, 227, 290
Bildung 171, 245, 247, 252, 264
Binnenraum 1, 19, 22, 293

circulus vitiosus 94, 97

Ehrenpunkt 259
eigene Vollkommenheit 59 f., 110 f., 117, 146, 150–152, 154, 160 f., 176 f., 185, 219, 289 f.
Erweiterung 22, 35, 45 f., 59 f., 68, 89, 106, 116, 120, 127, 134, 141, 184, 201, 220, 247, 287 f.

Ethik im Ganzen 1–3, 5 f., 8, 14 f., 18 f., 21 f., 24 f., 30, 44, 51, 53, 55, 57, 67, 71, 77, 90, 161, 184, 186, 188, 244, 285 f., 288–290, 293 f.

Folgen 19, 21, 31, 75 f., 82 f., 100, 102 f., 179 f., 183 f., 187, 257, 269–271
Folgen-Indifferenz 19, 21, 179 f., 183 f., 187
Form 3, 8 f., 18, 24, 33, 49, 56, 70 f., 73 f., 77, 79, 86, 100 f., 105, 112, 116–120, 144, 147, 182, 198 f., 220, 224, 229
Formalismus 7, 19 f., 23, 49, 51 f., 63, 90–93, 95 f., 98 f., 102 f., 115, 120, 275, 286, 294
Freiheit 3, 10, 32, 35 f., 52, 58 f., 73, 88, 108–111, 126, 131 f., 135 f., 138, 143, 145, 148, 158, 164, 201 f., 212, 240, 257, 278, 283, 288
fremde Glückseligkeit 113, 150 f., 153, 161, 171, 176 f., 187
fremde Vollkommenheit 152

Gebot 10, 12, 28, 56, 60, 69 f., 72, 110, 120, 131, 158–161, 195, 203–205, 291, 294
Gesetz 18, 27, 38 f., 52, 54, 56, 58, 61, 66, 68–75, 77, 79–84, 87–90, 96–99, 102, 108, 110, 118–123, 126–128, 132 f., 135, 139, 142–148, 158, 161–163, 172 f., 176, 181–184, 186 f., 194, 197–199, 204, 212, 219, 226, 238, 242, 245, 257, 261, 266, 268 f., 276, 279–283, 286, 289, 291, 295
Gesinnungsethik 19, 21, 48, 93, 161, 179 f., 183, 288, 294
Glückseligkeit 1, 11, 14, 32, 59 f., 62, 77, 110 f., 113 f., 117, 120, 124, 128, 144, 146, 148–152, 154, 160 f., 164–169, 171, 174–177, 184–188, 198, 203, 213, 219, 233, 239, 241, 253, 276, 289 f., 292
Grenze 1 f., 62, 169, 187, 195, 252, 281, 292 f.
Grundlegungskontext 19, 280

Gut   31, 78, 120–122, 124f., 128f., 132f., 139, 151–153, 217, 249, 257, 284, 290

Heteronomie   121
Hierarchie   13, 80, 186f.
Hinwendung   15–17, 22, 31, 37, 161, 288

Imperativ   2, 12f., 17f., 20f., 23, 27–29, 46, 48f., 52, 55f., 59, 61, 66, 69–74, 92, 122f., 126, 137–142, 144–146, 179f., 183, 223, 263
integrative Ethik   2, 13, 17–19, 22

Kasuistik   3, 5, 7, 16, 19, 24f., 34, 38, 50, 61, 66f., 145, 186, 189, 209, 222, 229, 235, 238, 243–255, 258–261, 263f., 278, 280, 282, 287, 293
KI-Argument   137, 140f.
KI-Verfahren   73–76, 84, 86f., 90, 118
Kollision   235, 238, 242f., 251, 253, 294
Konflikt   131, 231, 233, 237, 251, 262, 293
Konkretisierung   7, 18, 22, 36, 46f., 49, 63, 67–69, 264, 287
Kontinuitätsthese   105, 289
Kritikerthese   22
Kultivierung   156–159, 161, 180, 185, 205f.

Lauterkeit   158, 162, 205
Liebespflichten   107, 170, 189f., 211–213, 215, 226, 233, 237, 257

Maximen   31, 49, 52, 62, 71, 74, 76, 80, 87f., 90, 98, 100f., 103, 113, 131, 135, 141–147, 150f., 162, 176, 182, 184, 186, 197, 209, 246, 248, 251–255, 258, 262–264, 273–275, 279, 283
Maximenethik   101, 289
Maximennetz   80
Maximentest   24, 74f., 77, 79, 84–87, 89f., 92–99, 101–103, 118, 179f., 182, 187f., 241, 251, 263, 279, 290
Menschheit   17, 54, 112, 137, 145f., 149, 156f., 179f., 185, 194f., 198, 208–211, 238, 257, 274
Metaphysik   3, 6f., 9, 16f., 22–25, 28, 37, 40–45, 47, 51, 54, 57f., 60, 71–73, 101, 104–107, 116, 125–127, 129, 131, 143, 156, 184, 189f., 195f., 206f., 222, 226, 248, 286, 288f.
Mikrologie   211, 280
Mischpflicht   235f.
missing link   15, 125, 129, 134
modifizierte Regel   68
Moralisierung   180, 185, 206

Natur des Menschen   6f., 10f., 16, 18, 43–45, 49, 55, 57f., 63, 66, 69, 71, 84f., 89, 105, 122f., 125–127, 129, 132f., 205, 208, 275, 285, 289–291
Naturkräfte   156f., 205f.
Neigung   9, 59, 72, 81, 88, 114, 132f., 159, 177, 197, 276, 283
Notfall   172, 253
Nötigung   55, 66, 72, 106, 126, 134, 153, 287

Optionsräume   186

Person   10, 111, 116f., 128, 135, 137, 149, 152, 157, 167, 180, 185, 193, 198, 200, 213, 218, 227, 234, 238, 274, 282, 292
Pflichten   3, 7, 10, 15, 24, 28f., 46, 48, 51, 58–64, 66, 73, 86, 91f., 97, 104–110, 112, 123f., 126, 131, 139, 145f., 150–152, 156–160, 170, 174, 176, 182–187, 189–191, 193–201, 203–214, 217, 219–224, 226–234, 236–238, 240, 242, 244–250, 255–260, 262–265, 275, 277f., 281, 285, 287f., 290–293, 295
Pockeninokulation   265f., 274
Präfiguration   125
Präsupposition   83, 85, 97, 99, 102f., 180
Praxis   1, 9, 15–17, 22, 31–38, 46, 48, 60, 65f., 68, 74f., 78, 81–90, 102f., 227, 240, 243f., 246, 253, 265, 284, 288, 293
principium diiudicationis   92, 158, 275
principium executionis   92, 158, 275
Publizität   173, 182
Purismus   256, 277, 280f., 284

Quietismus   161, 242, 270

Rangordnung 187, 189, 219, 221, 227–229, 238, 242, 244, 292, 294
Rechtslehre 4, 7, 23, 25, 36f, 43f., 47, 57, 59, 72f., 106, 108, 112, 126, 134, 143–145, 189, 242, 246, 250, 259, 278f., 288
reine Moralphilosophie 3, 7, 17, 19, 37, 42, 54f., 57, 70–73, 285f.
Reziprozität 211
Rigorismus 7, 19, 21, 232, 255, 275–280, 282f., 294

Selbstliebe 32, 77, 85, 172f., 216, 292
Selbstzwang 58f., 66, 106, 111, 135, 138
Selbstzweckformel 116f., 137–139, 141, 143, 180, 239
Sittengesetz 3, 18, 37, 59, 69–71, 73, 95, 281
Sittenlehre 3, 5, 44, 53, 55, 57–62, 66f., 73, 105, 112, 120, 132f., 139–141, 196, 207, 276, 287–289
Spezifizierung 7, 18, 22, 46f., 64, 67–69, 207, 287
Spielraum 62, 66, 144f., 162, 167, 174, 197, 204f., 219f., 226, 229, 231, 236, 255f., 258f., 264, 277, 293
Stufenmodell 2, 5, 17, 24f., 31, 188
Subsumtion 39, 196, 253f., 259, 261
Subsumtionsfrage 294

Tugend-Tyrannei 211
Tugendprinzip 18, 59, 66, 146, 148, 198

Umstand 2, 15, 27, 62, 78f., 97, 102, 107f., 123, 126, 133, 151, 195, 244
Unanwendbarkeit 16, 19–21, 48, 288, 294
Universalisierungstest 118
Urteilskraft 10, 17, 30f., 36, 38, 47, 62, 79, 171, 209, 221, 246, 248f., 251, 253f., 260, 263, 287, 293

Vorrangregel 242
Vorschrift 12, 27, 29, 70, 80f., 132, 172, 186, 252
Vorwurf 8f., 20, 48f., 51, 63, 66, 91, 93, 95–101, 181, 267f., 271f., 280, 288

Wechselliebe 211
Widerspruch 48, 74–77, 81, 83, 85, 89f., 92, 94f., 97–99, 102, 119, 121, 134, 136, 139, 141, 147f., 150, 164, 173f., 179f., 183, 197, 221, 224, 237, 241, 278
Wirksamkeitsthese 123, 127, 141, 290
Würde 82, 116, 157, 170, 185, 202, 208, 211, 217, 230–233, 292

Zivilisierung 180, 185
Zustand 63f., 167, 177, 207f., 279
Zwang 106, 108, 126, 134f., 181
Zweck, der zugleich Pflicht ist 16, 106, 115, 124, 134–138, 140, 142, 148, 150, 156, 160, 168, 219, 288
Zwecklehre 14, 16, 49, 58, 101, 106, 115, 120, 124f., 129, 133f., 140, 150, 154, 160f., 168, 180, 183f., 188, 198, 289

www.ingramcontent.com/pod-product-compliance
Lightning Source LLC
Chambersburg PA
CBHW020221170426
43201CB00007B/278